Emmanuel Levinas,
philosophie et judaïsme

Emmanuel Levinas, Philosophie et judaïsme

**Sous la direction
de Danielle Cohen-Levinas et Shmuel Trigano**

Collection *Lettres promises*
dirigée par Shmuel Trigano

IN PRESS ÉDITIONS
Serge et France Perrot, Éditeurs
12, rue du Texel, 75014 Paris
Tél. : 01 43 35 40 32
Fax : 01 43 21 05 00
www.inpress.fr

Maquette : Christian Millet

Cet ouvrage reprend la plupart des articles parus dans le numéro 26 (1999) de la revue *PARDÈS* consacré à Emmanuel Levinas.

EMMANUEL LEVINAS, PHILOSOPHIE ET JUDAÏSME

ISBN 2-912404-73-8

Les auteurs

PAOLO AMODIO est professeur de philosophie à l'université de Naples « Federico II ». Auteur de plusieurs travaux notamment sur Hannah Arendt. Co-organisateur et co-éditeur avec G. Lissa et R. De Maio des actes du colloque international *Olocausto. La Sho'ah tra interpretazione e memoria* (Naples, Vivarium, 1999).

ANNETTE ARONOWICZ, spécialiste de l'histoire des religions, a enseigné à UCLA, Stanford et actuellement est professeur au Franklin and Marshall College (Pennsylvanie). Parmi ses publications : *Freedom from ideology : secrecy in modern expression* (Garland, 1987), *Nine talmudic readings by Emmanuel Levinas* (Indiana, 1991), *Jews and Christians on time and eternity : Charles Péguy's portrait of Bernard Lazare* (Stanford, 1998).

HENRI BACRY est professeur émérite à l'université de la Méditerranée. Outre ses nombreuses publications en mathématiques et en physique, il a rédigé un certain nombre d'articles d'intérêt juif notamment dans Pardès (13/1991, 23/1996).

DAVID BANON, professeur aux universités de Strasbourg et de Lausanne. Auteur de *Le Midrach* (Puf, Paris, 1995) et *Le Messianisme* (Puf, Paris, 1998). S'apprête à publier *L'Être au crible de la lettre*, Essais sur la pensée d'Emmanuel Levinas.

GÉRARD BENSUSSAN, professeur de Philosophie à l'université. Traducteur et auteur de plusieurs ouvrages, il enseigne la philosophie du judaïsme à l'IECJ d'Aix-en-Provence et a dirigé la publication de *La philosophie allemande dans la pensée juive* (Puf, 1997).

CLAUDE COHEN-BOULAKIA, docteur ès-lettres (philosophie). A publié plusieurs travaux notamment l'*Utérus du Christ*. A co-organisé et co-édité avec S. Trigano le colloque de Cerisy *Les Figures du Messie* (In Press éditions).

DANIELLE COHEN-LEVINAS, professeur de musicologie et d'esthétique musicale à l'université Paris Sorbonne (Paris IV), directrice du Centre de recherches en esthétiques et théories musicales, auteur de *La voix au-delà du chant* (1987, Vrin, 2003), *Le présent de l'opéra au XXe siècle* (Kimé, 2001).

ALEX DERCZANSKI, chargé de recherches au CNRS, directeur du Groupe de recherches sur l'épistémologie des études juives (EHESS). Parmi ses articles *Judaïsme et monde moderne* (1973), *Introduction à Gershom Scholem* (1975), *Le monde du Yiddisch* (1976).

BERNARD DUPUY, dominicain, directeur du Centre d'études œcuméniques Istina, secrétaire du Comité épiscopal français pour les relations avec le judaïsme, auteur de *La révélation divine* (1968), *Le peuple de Dieu* (1970).

YAHEL GOLDSCHMIDT prépare actuellement une thèse de doctorat de philosophie consacrée à E. Levinas et à F. Nietzsche. Traduit actuellement en hébreu *Difficile Liberté* de Levinas.

STÉPHANE HABIB prépare actuellement une thèse de doctorat de philosophie consacrée à Levinas et Rosenzweig. Auteur de *La responsabilité chez Sartre et Levinas* (L'Harmattan, 1988).

STÉPHANIE LAHACHE prépare actuellement l'agrégation de philosophie.

ZE'EV LÉVY, professeur de philosophie et de pensée juive à l'université de Haïfa. Auteur de *Otherness and Responsibility. A study of Emmanuel Levinas' Philosophy* (hébreu), The Magness Press, The Hebrew University, Jérusalem, 1997, et de *Between Yafeth and Shem : On the relationship between Jewish and general philosophy* (hébreu), Tel-Aviv, Kibbutz Meuchad Publishing House, 1982.

GIUSEPPE LISSA, professeur de philosophie et directeur du département de philosophie à l'université de Naples «Federico II». A écrit de nombreux essais et articles notamment sur Levinas, Fackenheim et Neher. Co-organisateur et éditeur d' un colloque international *Olocausto. La Sho'ah tra Interpretazione e memoria* (Naples, Vivarium, 1999).

EPHRAIM MEIR, professeur au département de Philosophie à l'université de Bar-Ilan, à Ramat-Gan. Il y enseigne la philosophie juive contemporaine. Il a publié des livres sur le sionisme, la pensée juive moderne et Franz Rosenzweig. Il est le premier traducteur de Levinas en hébreu et a publié une dizaine d'articles à son propos.

GUY PETITDEMANGE, enseignant au Centre Sèvres, rédacteur à *Études*, rédacteur en chef des *Archives de philosophie*. Traducteur de la correspondance de Walter Benjamin, auteur d'articles sur Spinoza, Hegel, Kant, Levinas, Adorno, Rosenzweig, Edmond Jabès, Michel de Certeau, etc.

JACQUES ROLLAND, auteur d'interprétations littéraires de Racine à Kafka ou Dostoïevski. A publié aux PUF, collection Epiméthée : *Parcours de l'autrement, essai sur Emmanuel Levinas*.

SILVANA RABINOVICH, maîtrise de philosophie de l'Université Hébraïque et doctorante en philosophie de l'Université Nationale Autonome du Mexique (UNAM).

PERRINE SIMON-NAHUM, chargée de recherche au CNRS, est membre du Centre de recherche philologique de l'université de Lille-II. A publié *La cité investie, la Science du judaïsme français et la République*, Le Cerf, 1991.

SHMUEL TRIGANO, professeur à l'université Paris X-Nanterre, directeur du Collège des études juives de l'Alliance israélite universelle. Parmi ses livres : *La demeure oubliée. Genèse religieuse du politique* (Tel, Gallimard, 1994) et *La séparation d'amour* (Arléa, 1998).

Emmanuel Levinas
Philosophie et judaïsme

Étudier le rapport du judaïsme et de la philosophie chez Emmanuel Levinas, c'est se mettre en quête du fil directeur de toute une pensée abreuvée à une double source. Le projet est difficile. Il ne s'agit pas d'examiner en quoi Levinas inscrit le judaïsme dans la philosophie (ou l'inverse) ni, encore moins, de penser en termes de « contributions » ou d'« emprunts » mais de remettre en débat des idées souvent trop facilement reçues. La pensée d'Emmanuel Levinas ne saurait être en effet ramenée à ses seules sources juives (ni à ses seules sources philosophiques). Elle n'est pas l'expression de la quintessence du judaïsme, qui est, par ailleurs, un chant original et aux multiples voix.

Remettre en chantier le cœur le plus profond de sa réflexion nous a semblé être la meilleure façon de respecter dans son œuvre l'objet de pensée. L'hagiographie est la pire des choses qui puisse arriver à une pensée.

L'entreprise est cependant fort complexe, comme les contributions que nous réunissons le montrent, chacun à sa manière. En partageant très formellement son œuvre en deux inspirations, Emmanuel Levinas aurait-il brouillé les véritables pistes de son architecture intime ? On pourrait y voir – à la façon de Léo Strauss commentant Maïmonide et les philosophes juifs médiévaux – une ruse de l'écrivain, dont l'œuvre déborde les domaines stricts de la philosophie et du judaïsme et qui, peut-être, a tenté de se prémunir des critiques inévitables des « gardiens du Temple » de chacun de ces univers intellectuels. On pourrait y voir également une inspiration d'un type nouveau qui demanderait encore à être comprise dans son intention. La démarche levinassienne diffère de ce que fut, à travers l'histoire, la « philosophie juive » (cf. annexe), même si elle en recoupe les principaux moments. La dimension judaïque s'y manifeste en effet sans spécification et n'est pas appréhendée sous le signe de l'identité, mais étendue, si l'on peut dire, à l'universel. C'est justement ce qu'il y aurait à penser quand on se confronte à la question du rapport de la philosophie et du judaïsme dans l'œuvre d'Emmanuel Levinas.

Notre livre ne fait qu'ouvrir cette ligne de recherche. On y remarquera une participation éclectique et la contribution de jeunes doctorants, ce qui est une façon pour nous d'approfondir et d'ouvrir un débat dont nous avons conscience qu'il est ici juste amorcé.

Danielle Cohen-Levinas
professeur à l'université
Paris IV-Sorbonne

Shmuel Trigano
professeur à l'université
Paris X-Nanterre

Au plus près
des textes

La Bible, le Talmud, la connaissance et la théorie du visage de Levinas

HENRI BACRY

Philosophie et religion

Le titre de notre article pourra paraître suspect à plus d'un disciple de Levinas. Il se demandera si on ne cherche pas à lui proposer une intrusion intempestive de la religion juive en philosophie. Dans un article nécrologique sur Levinas, Alain Finkelkraut exprime une telle crainte et il nous prévient : *Il y a des gens qui sont, soit dans la philosophie, soit dans la religion. J'ai bien peur qu'après Levinas nous ne régressions dans l'alternance brutale et abêtissante entre religion et philosophie* [1]. Il est vrai que Levinas se veut avant tout un philosophe. Finkelkraut semble justement avoir retenu que le philosophe Levinas a rejeté lui-même le mot de religion : *Le mot n'existe pas en hébreu, et j'éprouve de la gêne quand, de près ou de loin, on veut faire ressembler le judaïsme à la religion, même chrétienne.* Que Finkelkraut se rassure. Sur ce point, notre position rejoint celle de Levinas ; le mot *dat* ne signifie *religion* qu'en hébreu moderne, en langue biblique, il désigne la loi. Quant à la philosophie, si cela peut le conforter, disons que le texte que nous présentons ici est celui d'un philosophe amateur et d'un

---

1. *L'Arche*, février 1996, page 66.

hébraïsant modeste qui s'efforce de tenir compte également, du mieux qu'il peut, de son expérience de physicien et d'enseignant. Notre but est des plus respectueux envers l'œuvre de Levinas. Nous tentons seulement de replacer son admirable théorie du visage dans un contexte qui soit en accord avec la science, la philosophie classique et la tradition juive de la Bible et du Talmud. Cette dernière précision peut sembler superflue, vu l'attachement de Levinas aux textes fondateurs du judaïsme, que le même Finkelkraut tient à nous rappeler : *la Bible et le Talmud ne se présentent pas comme vérité révélée ou comme argument d'autorité ; ils engagent une pensée, non une croyance.* Cette phrase – qui reflète effectivement la pensée du maître et que nous comptons analyser en détail – demande, dès maintenant, quelques précisions de notre part. C'est un fait difficilement contestable que la Torah se présente, au moins en partie, comme une vérité révélée et que le Talmud se veut, quant à lui, équivalent à un enseignement également révélé[2] et source d'autorité. Ajoutons cette précision. Que ces textes engagent une pensée et non une croyance est évident si l'on remarque que la notion de croyance est étrangère à la Bible[3] et si l'on prend en compte les raisonnements mêmes des maîtres talmudistes. Cela dit, nous ne pouvons connaître les liens directs entre Levinas et la religion juive, liens sur lesquels il s'est montré lui-même très discret, comme le montre le dialogue suivant :

H. PHILIPSE. — Quelle est la relation entre la religion et la philosophie et entre votre religion et votre philosophie ?

LEVINAS. — La religion en sait beaucoup plus. La religion croit en savoir beaucoup plus. Je ne crois pas que la philosophie puisse consoler. La consolation est une fonction tout à fait différente ; elle est religieuse[4].

---

2. Georges Hansel, *Explorations talmudiques,* page 30, Odile Jacob, 1998.
3. La notion de croyance est d'origine chrétienne. Citons Léon Askénazi : *La diffé-rence entre l'existence juive et l'existence chrétienne, c'est que l'existence chrétienne est une existence de croyant, alors que l'existence juive est une existence d'existant* (*L'autre dans la conscience juive,* ouvrage collectif, page 288, PUF, 1973).
4. Emmanuel Levinas, *De Dieu qui vient à l'idée*, page 137, Vrin, 1992.

Bien que Philipse ait personnalisé sa question : *quelle est la relation entre* votre *religion et* votre *philosophie ?* la réponse de Levinas, sur ce point, est nette. Il n'évoque pas *sa* religion mais *la* religion, en général. C'est pourquoi nous nous en tiendrons à ce que nous a confié Levinas dans ses écrits.

Levinas et Maïmonide

Comme Marie-Anne Lescourret l'a laissé entendre dans la biographie dont elle est l'auteur[5], la tentation est grande de comparer Levinas à Maïmonide. Les ressemblances sont effectivement frappantes et d'énoncé facile. Il ne semble pas cependant que l'on ait cherché à déterminer avec soin les oppositions entre les deux hommes. Pourtant l'éclairage qu'une telle comparaison apporte sur Levinas est précieux. Certes, on a là deux philosophes qui ont, l'un et l'autre, tenté de concilier judaïsme et pensée grecque. Tous deux ont attribué à la Bible et au Talmud une place de choix dans leur œuvre et ont exercé une influence considérable sur la philosophie de leur époque. Tous deux ont magnifié le rôle de la raison. Ces quatre éléments sont importants mais là s'arrête la ressemblance et les différences entre les deux hommes sont plus profondes, voire considérables. Ainsi, Levinas recommande d'*aimer la Torah plus que Dieu*[6].

> Le rapport entre Dieu et l'homme est une relation entre esprits, par l'intermédiaire d'un enseignement, par la Torah. La confiance en un Dieu qui ne se manifeste par aucune autorité terrestre ne peut que reposer sur l'évidence intérieure et la valeur d'un enseignement.

Il se réfère à Fackenheim, dont le point de vue est plus nuancé sur ce sujet :

> Fackenheim dit qu'il faut aimer la Torah plus que Dieu, c'est-à-dire que l'enseignement de l'éthique est si important que les consolations

---

5. Marie-Anne Lescourret, *Emmanuel Levinas*, Flammarion, 1994.
6. C'est le titre d'une allocution de Levinas prononcée en 1955 (Emmanuel Levinas, *Difficile liberté*, page 189, Albin Michel, 1976).

essentielles et que la vraie piété consistent à admettre les valeurs sans admettre les récompenses [7].

Il faut reconnaître que cette idée [8], que Levinas défend avec vigueur, est étrangère à la Bible qui, elle, se contente de recommander l'amour de *YHVH*, amour sur lequel Maïmonide se prononce de façon insistante. Le texte du *chéma*'sur ce point est clair : *Tu aimeras YHVH ton Élohim, de tout ton cœur, de toute ton âme et de tout ton pouvoir.* Cependant, même si *YHVH* joue un rôle central dans la pensée du maître cordouan, on peut encore rapprocher les deux philosophes car *YHVH* n'est perçu, ni par l'un ni par l'autre, comme l'Acteur véritable de l'Alliance, dont le souvenir s'est transmis de génération en génération. Une telle transmission est indépendante du récit rapporté par la *Torah*. Certes, on *lit* dans la Bible que *YHVH* s'est présenté par les mots *Moi YHVH, votre Élohim, vous ai fait sortir d'Égypte* (première parole), que l'on ne peut traduire par *Je suis YHVH*, sous peine d'avoir à expliquer qui est *Je*, mais qu'il vaut mieux comprendre : *C'est Moi, YHVH, qui vous ai fait sortir d'Égypte. Vous êtes sortis grâce à ma main puissante et mon bras étendu.* On notera que, pour la Torah, *YHVH* est l'auteur *incontesté* des miracles de la sortie d'Égypte et de la révélation sinaïtique. L'Alliance prend ainsi place *dans l'histoire* et passe, par conséquent, en tant qu'événement, avant son contenu ou le récit qu'en donne la *Torah*. On pourrait citer de nombreux passages de la Bible pour appuyer cette idée. Ce texte du *Deutéronome*, par exemple, est on ne peut plus clair.

> Reconnaissez en ce jour la leçon de YHVH votre Dieu, sa grandeur, sa main puissante, son bras étendu, ses signes, les actions qu'Il a accomplies au milieu de l'Égypte [9]...

Ainsi, pour la Bible, la première parole du Décalogue a été effectivement prononcée ; elle est considérée comme vraie par

---

7. *Océaniques*, juin 1988, début de la deuxième partie.
8. Marc-Alain Ouaknin va même plus loin en déclarant que *Dieu, c'est la Torah* (*La plus belle histoire de Dieu*, Le Seuil, 1997).
9. *Deutéronome*, XI, 2-4.

Maïmonide qui l'interprète comme une proclamation en l'unicité de *YHVH* :

1. Le principe des principes et le pilier des sciences, c'est de connaître qu'il y a un Être premier et que c'est lui qui impartit l'existence à tout ce qui existe.

2. Que si tu admets en ta pensée que cet Être premier n'existe pas, aucune autre chose ne pourra exister.

3. Mais si, au contraire, tu imagines que rien, à l'exclusion de lui seul, n'a d'existence, lui seul continuera à connaître l'existence et ne cessera pas d'être du fait de la suppression de tous les autres objets.

6. La connaissance de cette vérité est obligatoire en vertu d'un commandement positif, selon les termes de l'Écriture : Moi YHVH, ton Dieu (*Exode*, XX, 2) [10].

Malheureusement, il semble bien que, de son côté, Levinas n'ait jamais commenté cette première parole. Faut-il comprendre cette position à partir de sa déclaration : *L'histoire n'a pas été au départ de ma réflexion* [11] ?

Mais le contraste entre Maïmonide et Levinas est plus facilement perceptible si l'on se rapporte au texte suivant du philosophe français :

Je ne voudrais rien définir par Dieu, parce que c'est l'humain que je connais. C'est Dieu que je peux définir par les relations humaines et non pas inversement. La notion de Dieu — Dieu le sait, je ne suis pas opposé ! Mais, quand je dois dire quelque chose de Dieu, c'est toujours à partir des relations humaines [12].

Ce n'est pas seulement l'homme qui sert à définir Dieu, mais les relations humaines. Il ne peut donc s'agir du Dieu d'Abraham,

---

10. Moïse Maïmonide, *Le livre de la connaissance*, pages 29-30, PUF, 1961.
11. *De Dieu qui vient à l'idée*, page 131.
12. *Emmanuel Levinas,* page 110, Les Cahiers de l'Herne, n° 60, 1991.

d'Isaac et de Jacob, ni de celui qui s'est présenté au Sinaï par les mots : *Moi YHVH.*

On constatera que Levinas ne commente pas non plus le premier verset de la Bible qui affirme qu'*au commencement Élohim créa le ciel et la terre.* Est-il possible d'expliquer la Création du monde (dont celle de l'homme) par *Élohim* à partir des relations humaines ?

Je ne pars pas de l'existence d'un être très grand ou très puissant [11].

Je ne remonte jamais vers un Dieu créateur [13].

Pour Levinas, le Juif se définit bien à partir de la Bible et du Talmud, mais à partir de la seule intelligence de ces textes.

Être juif, c'est croire à l'intelligence des pharisiens et de leurs maîtres. À travers l'intelligence du Talmud, accéder à la foi dans la Bible [14].

Malgré l'importance qu'il attache au Talmud, Maïmonide n'était pas allé jusque-là à propos du Talmud. Dans son introduction au *Guide des égarés,* il laisse même entendre que des contradictions sérieuses peuvent être décelées dans certains passages de ce texte.

Qu'entend Levinas par intelligence du texte ? Répondant à une question de François Poirié, il se contente de déclarer : *le verset peut permettre la recherche d'une raison, mais je ne prouve pas par le verset* [15]. Ailleurs, il précise qu'un verset ne lui sert qu'à *illustrer* une idée. Cela ne l'empêche pas cependant, dans l'entretien avec Philipse déjà cité, de prononcer des paroles significatives que ne réfuterait certainement pas un Maïmonide.

LEVINAS. — Mon souci partout c'est justement de traduire ce non-hellénisme de la Bible en termes helléniques et non pas de répéter les formules bibliques dans leur sens obvie, isolé du contexte, lequel, à la hauteur d'un tel texte, est toute la Bible […].

---

13. *De Dieu qui vient à l'idée*, page 152.
14. *Simone Weil contre la Bible*, dans *Difficile liberté.*

Mais un tout autre problème sépare nettement Maïmonide de Levinas. Pour le philosophe cordouan, la connaissance est un acte fondamental, qu'il s'agisse de la connaissance de l'œuvre de création divine (qui se rapporte à la fois au livre de la Genèse et à la physique d'Aristote) ou de la connaissance de *YHVH* (rattachée au livre d'Ézéchiel et à la métaphysique d'Aristote). Cette division de la connaissance évoluera par la suite vers la distinction entre connaissance scientifique et science de l'être (ontologie). En situant l'éthique à la base de la philosophie, Levinas fait passer le problème de la connaissance au second plan.

La première question métaphysique n'est plus la question de Leibniz : « Pourquoi y a-t-il quelque chose et non plutôt rien ? », mais « Pourquoi y a-t-il du mal et non plutôt du bien [16] ? »

Dans un entretien télévisé, il déclare :

Pour la philosophie, l'acte de connaître doit être considéré comme l'acte spirituel par excellence.

Pour la Bible, l'homme est celui qui aime son prochain.

Le fait d'aimer son prochain est plus fondamental que la connaissance [17].

Pour Levinas, il y a *priorité de l'éthique par rapport à l'ontologie* [18]. Cette position se précise dans un chapitre intitulé *L'ontologie est-elle fondamentale ?*

Le primat de l'ontologie parmi les disciplines de la connaissance ne repose-t-il pas sur l'une des plus lumineuses évidences ? Toute connaissance des rapports qui rattachent ou opposent les êtres les uns aux autres n'implique-t-elle pas déjà la compréhension du fait que ces êtres et ces rapports existent ? Articuler la signification de ce fait — reprendre le problème de l'ontologie — implicitement résolu par

---

15. François Poirié, *op. cit.,* page 111.
16. *De Dieu qui vient à l'idée*, page 201.
17. *Océaniques,* 2e partie, juin 1988, 35e minute.
18. *De Dieu qui vient à l'idée*, page 202.
19. Emmanuel Levinas, *Entre nous,* page 13, Grasset et Fasquelle, 1991.

chacun, fût-ce sous forme d'oubli — c'est, semble-t-il, édifier un savoir fondamental sans lequel toute connaissance philosophique, scientifique ou vulgaire demeure naïve [19].

N'y a-t-il pas quelque contradiction à vouloir attribuer une place fondamentale à l'ontologie dans la philosophie et la situer en même temps parmi les disciplines de la connaissance ? Certes, les arguments énoncés par Levinas sont à prendre au sérieux ; en effet, la philosophie (comme la connaissance) étant une affaire humaine, il est naturel de la fonder sur les rapports humains. Peut-on dire pour autant que Maïmonide a tort de vouloir échapper à cette règle fondamentale ? La question mérite d'être posée dans toute son intégrité.

Examinons la position de Maïmonide sur ce problème. La distinction qu'il propose entre physique et métaphysique va nous aider à la cerner. Pour lui, le raisonnement et l'observation permettent d'atteindre à une certaine connaissance de la nature, non pas, certes, celle qu'en a la Divinité et que l'on peut qualifier d'absolue, mais une connaissance qui s'en approche. Seules les qualités humaines mises en œuvre dans cette tentative traceront les limites des résultats acquis [20]. Comme nous l'avons signalé, la connaissance de *YHVH* est d'une nature différente de celle de l'œuvre divine puisque son point de départ est la Bible. Il s'ensuit que la connaissance, dans son ensemble, est intimement associée à *YHVH*, même si elle est partiellement accessible à l'homme. On peut dire que, de ce point de vue, Maïmonide s'écarte sensiblement de la philosophie aristotélicienne [21].

---

20. Bien entendu, Maïmonide ignore les travaux que Karl Popper développera au vingtième siècle. Pour lui, un raisonnement parfait conduit à une connaissance certaine.

21. Cette divergence est soulignée par Jacob Gordin dans un article consacré au maître cordouan : *Maïmonide part de l'idée aristotélicienne de Dieu comme d'une raison supérieure ; il se sert même des démonstrations cosmologiques aristotéliciennes, ce qui contribue encore à faire croire qu'il accepte cette déformation intellectualiste de l'idée de Dieu* [...]. *La conception intellectualiste n'a pour Maïmonide qu'une signification préliminaire, didactique, conventionnelle* (Actualité de Maïmonide, article publié dans *Les Cahiers juifs* (juillet 1934), reproduit *in* Jacob Gordin, *Écrits*, page 137, Albin Michel, 1995).

Levinas n'a pas la même attitude que Maïmonide sur le rôle de la Divinité. Il est plus proche de la philosophie traditionnelle, celle qui affirme que l'homme est capable d'appréhender le monde par lui-même. Selon Levinas, Dieu ne vient à l'idée qu'après coup. Il se veut avant tout philosophe et, comme il dit, *Dieu n'a pas de sens en dehors de la recherche de Dieu* [22] et *il n'y a rien à faire, la philosophie se parle en grec* [23]. Que l'homme s'interroge sur ce qu'il peut comprendre, soit ! mais il semble impossible d'isoler l'ontologie du reste de la connaissance *que l'homme peut acquérir par ses propres moyens*. Reste que la prétention de l'homme à la possession de la connaissance absolue est vaine. Levinas a beau déclarer :

> Tout l'homme est ontologie. Son œuvre scientifique, sa vie affective, la satisfaction de ses besoins et son travail, sa vie sociale et sa mort articulent, avec une rigueur qui réserve à chacun de ces moments une fonction déterminée, la compréhension de l'être ou la vérité [24].

il ne saurait aller jusqu'à affirmer que l'homme atteint la Vérité, avec un *V* majuscule. Cette Vérité est absolue, donc unique. L'homme ne peut en avoir qu'une image approchée, la sienne. Levinas cite la première phrase de la métaphysique d'Aristote : *Tous les hommes aspirent par nature à la connaissance.* À la connaissance vraie, aurait dû préciser Aristote. Pour Levinas, la phrase citée *demeure vraie pour une philosophie qu'à la légère on a crue méprisante pour l'intellect* [25].

Théorie du visage et Talmud

Pour tous ses lecteurs, Emmanuel Levinas est celui qui a, entre autres choses, élaboré la théorie du visage qui pose l'amour du prochain [26] comme fondement de la métaphysique et qui lui a

22. *De Dieu qui vient à l'idée*, page 150.
23. *Ibid.*, page 137.
24. *Entre nous*, page 14.
25. *Ibid.*, page 16.
26. *Je n'aime pas beaucoup le mot amour qui est usé et frelaté. Parlons d'une prise sur soi du destin d'autrui*, écrit Levinas en 1982 dans *Philosophie, justice et amour* (*Entre nous*, page 121).

intimement associé la notion du tiers, dans le souci de concilier la justice avec l'amour du prochain, amour difficile à exercer puisqu'il s'applique indifféremment au persécuteur et au persécuté. Face à un problème concret, comme celui du procès du tortionnaire Barbie, il semble contradictoire de faire à la fois abstraction de la nécessaire défense des victimes et d'évoquer l'amour qu'on doit porter à l'accusé selon le précepte biblique. Levinas n'élude pas la question. Voici comment il réagit.

Jean-Toussaint Desanti demandait à un jeune Japonais qui commentait mes travaux au cours d'une soutenance de thèse, si un SS a ce que j'entends par un visage. Question bien troublante qui appelle, à mon sens, une réponse affirmative. Réponse affirmative chaque fois douloureuse ! J'ai pu dire, lors de l'affaire Barbie : Honneur à l'Occident ! Même à l'égard de ceux dont la «cruauté» n'a jamais passé par le tribunal, la justice continue d'être exercée. Le prévenu considéré comme innocent a droit à une défense, à des égards. Il est admirable que la justice ait fonctionné de cette manière-là, malgré l'atmosphère apocalyptique (*Les Dossiers du Globe*, page 21) [27].

Le texte est ambigu. Tout se passe comme si Levinas affirmait que, pendant le procès, l'un des principaux soucis des témoins et du tribunal consistait à témoigner à Barbie leur amour alors qu'il régnait une «atmosphère apocalyptique». Le fait que Barbie ait bénéficié de l'assistance d'un avocat n'a rien à voir avec la fameuse présomption d'innocence proclamée de façon toute formelle par le droit français ; il était clair, en effet, que l'accusé se savait condamné d'avance pour des crimes évidents. D'ailleurs la défense s'est contentée d'utiliser l'argument que des crimes analogues avaient été commis par des Français en Algérie et que ces derniers étaient restés impunis. Curieuse jurisprudence qui consiste à réclamer la relaxation d'un criminel en se référant à une absence de jugement !

---

27. *L'autre, utopie et justice*, 1988 (*Entre nous*, page 262).

Levinas donne ici l'impression d'avoir pris très au sérieux le problème de l'amour du prochain dans un cas douloureux, mais cela pose problème car, dans un autre texte, s'appuyant sur le Talmud, il présente cet amour sous une tout autre forme ; il loue, en effet, la position prise par Rabbi Akiba lorsque celui-ci tente de résoudre une contradiction entre deux versets bibliques :

> Car YHVH, votre Élohim, c'est le Élohé des Élohim et le Maître des maîtres, le El grand, puissant et redoutable QUI NE TOURNE PAS SA FACE vers les personnes ; Il n'accepte pas de don corrupteur (Deut, X, 17).

Que YHVH TOURNE SA FACE vers toi (Nb, VI, 26).

Cette contradiction se présente à deux reprises [28,29] dans le Talmud et Rabbi Yéochoua ben Hanania comme Rabbi Akîba ont la même réaction, formulée de façon très brève : *Ici, avant le verdict, là, après le verdict.* Voici comment Levinas présente lui-même, de façon détaillée, la réponse d'Akiba.

> J'ai toujours admiré l'apologue talmudique qui se présente comme essai de réduire la contradiction apparente entre ces deux versets. Le premier texte enseignerait la rigueur et l'impartialité stricte de la justice voulue par Dieu ; en est exclue toute *acception du visage.* Le deuxième tient un autre langage. Il prévoit la face lumineuse de Dieu tournée vers l'homme soumis au jugement, l'éclairant de sa lumière, l'accueillant dans la grâce. La contradiction se résoudrait dans la sagesse de Rabbi Akiba. D'après ce docteur rabbinique éminent, le premier texte concernerait la justice telle qu'elle se déroule avant le verdict et le deuxième précise les possibles de l'après-verdict. Justice et charité. Cet après-verdict, avec ses possibilités de miséricorde, appartient encore pleinement — de plein droit — à l'œuvre de la justice [30].

---

28. *Nidda,* 70b.
29. *Roch Hachana,* 18a.
30. *Entre nous,* page 261.

On pourrait croire que l'admiration que porte Levinas à Akiba le conduit à défendre le point de vue du Talmudiste. Il y aurait alors deux étapes distinctes dans le déroulement de la justice, l'une avant le verdict, l'autre après le verdict, la miséricorde divine ne faisant son apparition que dans la deuxième phase. Tout en énonçant en quoi consiste la justice divine, le Talmud s'adresse aux hommes et le message a bel et bien été entendu par les juges d'Israël qui se conformaient à la même règle que la Divinité. Pendant le jugement, ils se couvraient soigneusement le visage pour éviter d'être influencés par les regards des plaignants[31]. Mais une fois le verdict prononcé, ils se découvraient pour les réconcilier et pour réconforter le condamné. Avant la sentence, les juges évitent de regarder le *visage* du présumé coupable. Après, la théorie du *visage* de Levinas prend tout son sens.

À ce propos, citons ce que rapporte Alain Finkelkraut au sujet du jugement de Barrès sur le *J'accuse* de Zola : *Qu'est-ce que ce M. Zola ? Je le* regarde *à ses racines : cet homme n'est pas un Français*[32].

Si l'on compare l'attitude prônée par Rabbi Akiba à celle du Tribunal qui jugeait Barbie, le moins qu'on puisse dire c'est que les accusations dont l'accusé faisait l'objet ne l'ont guère épargné pendant le procès. La justice agissait de façon implacable, ce qui semble justement confirmer le premier aspect de la recommandation d'Akiba. Cependant, une fois condamné, le Tribunal ne s'est nullement soucié de la façon dont la détention de Barbie était pratiquée. Son rôle était terminé. Force est de constater que la miséricorde ne s'est manifestée d'aucune manière après le verdict. Il aurait été pourtant loisible de déduire de l'enseignement du Talmud que la théorie du visage de Levinas ne s'applique qu'à la deuxième phase du procès.

---

31. Selon Denis Guedj, au huitième siècle, le calife de Bagdad se dissimulait derrière un rideau lorsqu'il arbitrait un conflit entre deux plaignants (*Le théorème du perroquet*, page 218, Roman Seuil, 1998).

32. A. Finkelkraut, *La sagesse de l'amour*, page 101, Gallimard, 1984.

Notons, en passant, qu'un texte de la Bible corrobore l'analyse que nous venons de donner[33]. Il s'agit de *Deutéronome* XXV, 1-3.

> Si des hommes ont une dispute, ils se présenteront devant le tribunal et on les jugera : on acquittera le juste et on condamnera le MÉCHANT[34]. Si le méchant mérite la flagellation, le juge le fera étendre par terre et frapper par devant lui, en proportion de sa faute, d'une quantité de quarante coups il le fera frapper, pas davantage, de peur qu'en continuant il ne lui en inflige trop, et ainsi TON FRÈRE *serait avili à tes* yeux.

Rachi souligne : *Tout ce jour-là, appelle-le* méchant, *mais après la flagellation, appelle-le* ton frère. Soulignons une petite précision. Le méchant devient «ton frère» dès le jugement prononcé.

Levinas cite la Bible à propos de l'amour du prochain

Aime ton prochain comme toi-même, recommande le Lévitique. Cette phrase, donnée ici dans sa traduction courante, impose une symétrie dans l'amour de tous les prochains et semble, comme nous l'avons vu, incompatible avec l'idée de justice qui nous pousse à condamner sévèrement le tortionnaire et à manifester de la compassion pour le torturé. Bien que le précepte biblique nous y invite, il nous semble impossible de les aimer *autant*. C'est pour résoudre cette difficulté que Levinas propose d'instaurer une dissymétrie entre Moi et le Prochain. Ce faisant, il affirme se référer explicitement à l'Écriture :

> La Bible c'est la priorité de l'autre par rapport à moi […]. Toujours autrui passe avant. C'est ce que j'ai appelé, en langage grec, la dissymétrie de la relation interpersonnelle[35].

---

33. Nous sommes reconnaissant au rabbin Jonas d'Aix-en-Provence pour nous avoir, à ce propos, rappelé ce passage biblique.
34. Nous traduisons le mot *racha'* par méchant, faute d'une meilleure traduction. Il serait plus acceptable de choisir un antonyme de *juste*.
35. Levinas, *De Dieu qui vient à l'idée*, page 145.

On chercherait en vain, cependant, l'idée d'une telle dissymétrie dans le texte sacré. Levinas est bien conscient du fait que le
précepte biblique *Aime ton prochain comme toi-même* semble
contredire sa devise *Toujours autrui passe avant*. C'est probablement pour cette raison qu'il s'efforce d'en chercher une autre
traduction, qu'il est – il faut bien le dire – le seul à défendre.

> Que signifie «comme toi-même»? Buber et Rosenzweig étaient ici
> très embarrassés par la traduction[36] [...]. Ils ont traduit «aime ton
> prochain, il est comme toi». Mais si on consent déjà à séparer le
> dernier mot du verset hébraïque (kamokha) du début du verset, on
> peut lire le tout encore autrement : «c'est cet amour du prochain qui
> est toi-même»[37].

Il nous faut examiner soigneusement cette phrase et, comme
nous l'y invite implicitement Levinas, la confronter aux deux passages du Lévitique où il est question de l'amour du prochain[38] :

> (VERSET 17) Ne hais point ton frère en ton cœur ; reprends ton
> prochain, et tu n'assumeras pas de péché à cause de lui.

> (VERSET 18) Ne te venge ni ne garde rancune aux enfants de ton
> peuple, mais aime (véahavta) ton prochain (léré'akha) comme toi-
> même (kamokha) : Je suis YHVH[39].

> Si un étranger vient séjourner avec toi dans votre pays, ne le moles-
> tez pas.

> Il sera pour vous comme un de vos compatriotes, l'étranger qui
> séjourne avec vous, et tu l'aimeras comme toi-même (véahavta lo
> kamokha), car vous avez été étrangers dans le pays d'Égypte : Je suis
> YHVH votre Dieu[40].

---

36. Buber et Rosenzweig sont auteurs d'une traduction de la Bible en allemand. Nous
    avouons notre ignorance quant à la difficulté mentionnée par Levinas.
37. Levinas, *De Dieu qui vient à l'idée*, page 144.
38. Nous laissons de côté ceux où il est question de l'amour de l'étranger, comme dans
    Deutéronome X, 19.
39. *Lévitique* XIX, 17-18.
40. *Lévitique*, XIX, 33-34.

Nous avons, pour simplifier, utilisé la traduction usuelle de ces versets. Il ressort du contexte que le passage auquel se réfère Levinas est le premier. On notera que la séparation qu'il souhaite introduire avant le mot *kamokha* (comme toi) couperait en fait le verset 18 de la façon suivante :

> Ne te venge ni ne garde rancune aux enfants de ton peuple, mais aime ton prochain
> comme toi-même : Je suis YHVH.

Seulement, contrairement à ce qu'il affirme, *kamokha* n'est pas le dernier mot du verset. La recommandation de l'amour du prochain se termine en fait par la proposition *Je suis YHVH*. Cette précision doit avoir une certaine importance puisqu'elle est également présente dans le deuxième extrait. On est alors en droit de se poser les cinq questions suivantes :

– Au nom de quoi Levinas introduit-il une césure ignorée en principe par le texte ?

– Pourquoi déclare-t-il que *kamokha* est le dernier mot du verset ?

– Quel argument conduit Levinas à sa nouvelle interprétation du texte ?

– Est-il réellement possible d'identifier un être humain à un principe ?

– En admettant la césure qu'il propose, comment comprendre le rapprochement qui fait suite *comme toi-même : Je suis YHVH ?*

Nous ne chercherons pas à donner des réponses à toutes ces questions. Ce que nous avons en vue, c'est d'examiner les difficultés de la nouvelle traduction de Levinas des versets bibliques. On notera que celle-ci va à l'encontre de toutes les interprétations traditionnelles des versets du Lévitique en abolissant la référence de l'amour du prochain à l'amour qu'on porte à soi-même. Comme cette référence oblige à aimer ses prochains avec le *même* amour, Levinas, en la rejetant, devient libre d'aimer *différemment* son prochain *A* et son prochain *B*. Il lui est alors permis d'aimer différemment un persécuteur et sa victime. Serait-ce cela qu'il désirait inconsciemment ?

Parmi les commentateurs qui se sont exprimés sur ces versets, certains insistent, à juste titre, sur le fait que la recommandation d'aimer son prochain est suivie chaque fois de la proposition *Je suis YHVH*. L'explication avancée fréquemment est que *YHVH* ne fait aucune différence entre les hommes, donc, en particulier, entre mon prochain et moi. Pour cette raison, on notera que la traduction de Levinas s'accommoderait mal de la présence de la précision *Je suis YHVH*. Mais en situant *kamokha* à la fin du verset, Levinas évacue ce problème.

Ajoutons que le fait que *léré'akha* soit un datif est interprété traditionnellement de la manière suivante :

Nous devons aimer le bien-être [du prochain] comme s'il s'agissait du nôtre, nous devons nous sentir affligés de ses peines comme si elles nous avaient frappés et nous devons écarter de lui des épreuves comme si nous en étions menacés. Ceci est une exigence que nous pouvons, que nous devons accomplir même à l'égard du plus antipathique de nos semblables [41].

On remarquera que Levinas est en accord avec cette façon de voir. Mais pour mieux cerner le point de vue de Levinas, il nous faut citer son principe de substitution qui définit l'approche du prochain :

Et que peut signifier la mise en mouvement pour se mettre à la place de l'autre, sinon littéralement l'approche [42] du prochain ?

J'ai essayé, en regardant derrière ou dans la responsabilité, de formuler la notion — en philosophie très étrange — celle de la substitution, comme sens ultime de la responsabilité [...]. La tâche principale qui est derrière tous ces efforts, consiste à penser l'autre-dans-le-Même sans penser l'Autre comme un autre Même [43].

---

41. Élie Munk, *La voix de la Thora, Lévitique,* page 176 (commentaire d'après Nahmanide et S.R. Hirsch).

42. Le mot hébreu *qéravah* signifie *approche* ; il est de la même famille que *qorban,* qui signifie *sacrifice.* Sur ce rapprochement, voir Elisabeth Weber, *Approche, Ritspa, Esther, quelques remarques sur Martin Buber et Emmanuel Levinas*, dans *Emmanuel Levinas*, Les Cahiers de l'Herne.

43. Levinas, *De Dieu qui vient à l'idée*, pages 129-130.

Il nous faut montrer le caractère original de ce principe ; pour cela, il nous paraît opportun de le confronter à celui que propose Épictète [44] :

> Quand le jeune esclave du voisin casse une coupe, nous sommes prêts à dire : « Ce sont des choses qui arrivent. » Sache donc que, si c'est une de tes coupes qu'on a cassée, tu dois avoir la même réaction que pour celle du voisin. Applique cette règle aux choses les plus graves. Quelqu'un perd son enfant, sa femme ? Chacun de dire : « Nous sommes tous mortels. » Mais si l'on est soi-même frappé par un deuil, on s'écrie aussitôt : « Hélas, pauvre de moi ! » Nous devrions avoir à l'esprit la réaction que nous avons eue en apprenant la nouvelle à propos de quelqu'un d'autre.

Il s'agit là d'un autre principe de substitution, exactement à l'opposé de celui de Levinas. Lorsqu'une épreuve atteint ton prochain, tu dois lui conseiller de prendre suffisamment de distance avec lui-même en se substituant *à toi* qui, non concerné par ce qui lui arrive, auras un regard plus lucide sur lui. La différence entre les deux attitudes est que, dans le cas du judaïsme, l'exclamation *Pauvre de moi !* est le nœud de l'affaire, alors que dans celui d'Épictète, cette réaction doit être ignorée [45].

Revenons au principe de Levinas. Il est important de savoir que c'est justement ce principe qui lui est quelquefois opposé par ceux qui ressentent une certaine gêne devant la dissymétrie qu'il propose (*Toujours autrui passe avant*). Voici ce qu'il répond aux deux objections formulées par le professeur Heering :

> PROF. HEERING. — Quand autrui me fait du mal, il se fait mal à lui-même aussi généralement. Vous dites : c'est à moi de me substituer à lui et c'est immoral d'exiger qu'il se substitue à moi. N'est-il pas

---

44. Épictète, *Manuel*, Éditions Mille et une nuits, Paris, 1991.
45. Notons que le principe de Levinas dépasse la simple compassion. Il ne suffit pas de prendre en compte le *Pauvre de moi* de son prochain, ce qui reviendrait à partager l'affliction, il faut également que l'affligé soit conscient de ce partage et qu'il soit dans la mesure du possible réconforté.

vrai qu'en certains cas la substitution peut impliquer qu'il me faut m'opposer à autrui pour lui-même ?

LEVINAS. — La substitution à autrui [46], cela veut dire : dans mon ultime refuge de moi ne pas me sentir innocent même du mal que fait autrui [...]. Quant à l'objection qu'on pourrait me faire [...] : « Vous êtes responsable de l'autre et cela vous est égal que l'autre doive accepter votre responsabilité. » Je réponds : ce que l'autre peut faire pour moi, c'est son affaire [47].

À la première objection « il est immoral d'exiger qu'il se substitue à moi », Levinas répond très clairement : « c'est son affaire ». Notons que le Lévitique est implicitement en accord avec cette réponse car, après tout, le texte de la Bible ne dit pas *aime ton prochain comme toi-même à condition qu'il t'aime comme lui-même*. Le comportement de celui qui fait sien le précepte biblique ne saurait dépendre de l'attitude du prochain vis-à-vis de ce précepte. Cependant, dans un autre passage, Levinas se montre plus exigeant :

> L'idée de la substitution signifie que je me substitue à autrui, mais que personne ne peut se substituer à moi.

Ici intervient une difficulté : cette dernière idée est contradictoire. Voici pourquoi. Lorsque je me substitue à autrui, j'ai bien le droit d'affirmer que je désire effectivement me substituer à autrui ; même si cela lui déplaît, rien ne m'empêche de le faire ; or Levinas n'hésite pas à *l'interdire* aux autres, on se demande au nom de quoi. Ne donne-t-il ce conseil qu'à ceux qui l'interdisent aux autres ? N'écrit-il pas pour tout le monde ? Pourquoi ne se contente-t-il pas *d'ignorer* la position d'autrui sur ce point ? Ne suffit-il pas de déclarer, comme il le fait justement, que *quand on commence à dire que*

---

46. Sur la signification exacte de ce principe, voir l'excellent résumé qu'en donne Alphonso Lingis dans sa préface à l'édition américaine d'*Autrement qu'être ou au-delà de l'essence* ; la traduction française de cette préface est donnée dans *Emmanuel Levinas*, Les Cahiers de l'Herne. Nous nous intéressons ici plus à la forme du principe qu'à son contenu.
47. *De Dieu qui vient à l'idée*, page 148.

quelqu'un peut se substituer à moi, commence l'immoralité[48] ?
Quant à la deuxième objection de Heering, Levinas évite de l'aborder de front. Disons seulement que dans sa très longue «réponse» il définit ce qu'il entend par la substitution à autrui et en vient à expliquer pourquoi cette idée de substitution lui a permis de mieux comprendre certaines pages de Heidegger.

Le même embarras se manifeste devant une autre attaque qui s'appuie, elle aussi, sur le principe de substitution.

N.N. — Est-ce que la notion de substitution offre aussi quelque espace pour l'idée qu'il est parfois nécessaire de s'opposer à l'autre pour son bien ou pour le bien d'un tiers ?

LEVINAS. — S'il n'y avait qu'autrui en face de moi, je dirais jusqu'au bout : je lui dois tout. Je suis pour lui. Et cela tient même pour le mal qu'il me fait. Ma résistance commence lorsque le mal qu'il me fait, est fait à un tiers qui est aussi mon prochain. C'est le tiers qui est la source de la justice, et par là de la répression justifiée [49].

On s'aperçoit qu'à cette réponse «je suis pour lui, même pour le mal qu'il me fait», il serait facile de rétorquer qu'en me substituant à lui, je prends justement conscience du mal qu'il me fait et, *dans la nouvelle situation où je me trouve*, puisque autrui passe avant moi, je dois *logiquement* passer avant lui, ce qui contredit le principe selon lequel autrui passe avant moi. On voit qu'en combinant le principe de substitution de Levinas avec celui qui veut qu'autrui passe avant moi, on aboutit à une contradiction. Pourquoi donc une telle dissymétrie ? Il serait pourtant facile de vérifier – mais ce n'est pas notre propos pour le moment – que le principe de substitution est totalement compatible avec le précepte biblique de l'amour du prochain dans son interprétation habituelle [50].

On peut faire aussi une objection d'un autre type à la dissymétrie de Levinas. Si je dois plus à mon prochain qu'il ne me doit,

---

48. *Ibid.*, page 135.
49. *Ibid.*, page 134.
50. Prendre sur soi la responsabilité des mauvaises actions des hommes est une chose, partager la souffrance des hommes en est une autre. Désirer que la justice soit instaurée peut impliquer les manquements à la Loi dont on est victime.

si ma responsabilité est *supérieure* à la sienne, ne se trouve-t-il pas d'une certaine manière en état d'*infériorité* par rapport à moi ? Après tout, je décide de porter son fardeau sans lui demander son avis ! N'est-ce pas de la condescendance, voire de la pitié ? Levinas tient à s'en défendre :

> Quant à l'objection qu'on pourrait me faire : cette idée de responsabilité implique un certain paternalisme : « Vous êtes responsable de l'autre et cela vous est égal que l'autre doive accepter votre responsabilité. » Je réponds : ce que l'autre peut faire pour moi, c'est son affaire [51].

On notera que Levinas joue sur le mot *paternalisme*. Il est clair pourtant que le paternalisme est une attitude indépendante de la réaction de celui à qui elle s'adresse.

La dissymétrie, une influence chrétienne ?

J'ai toujours eu l'impression que l'antipathie — si légitime — de Levinas pour la conduite de Heidegger suite à la guerre l'a obligé à sacrifier toute la partie de la pensée juive que Heidegger a exploitée, pour se rabattre, lui, sur une éthique plus chrétienne faite de vœux — répondre pour l'autre ! il compte bien plus que moi ! — vœux qui sonnent dans sa bouche avec toute leur piété, mais qui sonnent faux dans la bouche de ceux pour qui l'autre qui compte le plus c'est d'abord eux [52].

Si l'on te frappe sur la joue gauche, tends la joue droite, recommande l'Évangile. Cette phrase a poussé certains à voir dans la dissymétrie de Levinas une influence chrétienne [53]. Il est vrai que, selon la doctrine chrétienne, c'est au nom de l'amour que Jésus a pris sur lui tous les péchés des hommes qui ont foi en lui. Aurait-

---

51. *De Dieu qui vient à l'idée*, page 148.
52. Daniel Sibony, *L'Arche*, février 1996.
53. Notons aussi, en passant, la réaction spontanée de Robert Misrahi : *De la dissymétrie, fût-elle charitable, naissent toutes les servitudes*, Information Juive, juin 1991.

il interprété l'amour du prochain à la manière de Levinas ? Pour un chrétien, la réponse est sans aucun doute affirmative. Pour nous, Juifs, si *l'homme* Jésus a vraiment voulu s'offrir en holocauste dans ce but, il est allé *au-delà* du commandement du Lévitique, pour lequel une telle attitude n'est jamais prônée [54]. Mais la Torah s'adresse à des hommes. Si Jésus est homme, il se devait en tant que Juif d'obéir au Lévitique, sans plus. Pour justifier le sacrifice, il fallait le faire Dieu. Le Juif aura du mal à interpréter dans ce cas la proposition *Je suis YHVH*.

Je suis YHVH
ou la théorie du visage et la Bible

Cette affirmation qui clôt les versets sur l'amour du prochain a un impact beaucoup plus important que celui que nous avons signalé. Il s'agit là d'une référence fondamentale incontournable. Si on l'accepte, on se voit contraint d'abandonner le concept levinassien de *Dieu qui vient à l'idée*. Nous allons montrer pourtant que, paradoxalement, cette façon d'aborder l'amour du prochain conduira au *renforcement* de l'idée de visage chère à Levinas.

Relisons soigneusement pour cela les deux versets apparemment contradictoires de la Bible que nous avons mentionnés plus haut. Nous apercevons un détail qui semble avoir échappé à Levinas, comme aux rabbins du Talmud. Il n'y a pas simplement changement d'attitude de la Divinité avant et après le verdict ; celui-ci est accompagné d'un changement de désignation du Juge suprême.

Car YHVH, votre Élohim, c'est le Élohé des Élohim et le Maître des maîtres, le El grand, puissant et redoutable QUI NE TOURNE PAS SA FACE vers les personnes (*Deut*, X, 17).

---

54. Une phrase de Catherine Chalier nous revient à l'esprit : *N'est-ce pas se leurrer en estimant qu'on peut porter la souffrance de l'autre de la même façon qu'on porterait ses fardeaux pour lui permettre de cheminer léger ? Les Nouveaux Cahiers* 82, page 7 (1985).

Que YHVH TOURNE SA FACE vers toi (*Nb*, VI, 26).

On notera que le mot *face* peut être avantageusement remplacé par le mot *visage*, ce qui nous rapproche considérablement de Levinas. C'est *YHVH* « qui ne tourne pas son visage vers les personnes » ou qui « tourne son visage vers toi », mais dans le premier verset, une précision est apportée avec insistance : c'est *votre Élohim, le Élohim des Élohim et le maître des maîtres, le El grand, puissant et redoutable* qui s'exprime. Pourquoi le nom propre *YHVH* est-il suivi de cette dénomination constituée entièrement de noms communs ? Certes, les traductions courantes de la Bible ne distinguent pas entre les noms attribués à la divinité d'Israël. Pour elles, le Dieu d'Israël est unique *et ce Dieu peut être toujours désigné par le mot Dieu* (du latin *deus*). La tradition rabbinique pense les choses autrement, appuyée en cela par un examen scrupuleux du texte biblique. Le nom d'*Élohim* désigne l'aspect de rigueur de *YHVH*, qu'il s'agisse de la rigueur des lois de la nature ou de celles de la justice. Ainsi, c'est *Élohim* qui réclame à Abraham le sacrifice de son fils Isaac, mais c'est un ange de *YHVH* qui désigne l'agneau qui lui sera substitué.

Cette façon de lire le texte a des conséquences importantes. D'abord, elle accentue le contraste entre les deux versets du *Deutéronome* et des *Nombres*, puisqu'elle précise que c'est bien le Dieu de rigueur « qui ne tourne pas son visage vers LES PERSON-NES », alors que *YHVH* « tourne son visage vers TOI ». Nous soulignons, en passant que, dans le premier cas, il y a anonymat total ; dans le second cas, *YHVH* tourne son *visage* vers l'homme. Il nous faut donc nous attacher au commentaire de Rabbi Akiba.

Conclusion

Nous avons vu que la distinction entre *Élohim* et *YHVH* éclaire l'énoncé de l'amour du prochain du Lévitique. S'il est fait référence à *YHVH* et non à *Élohim*, c'est qu'il ne concerne *aucunement* la justice ; l'amour dont il s'agit est préconisé par la miséricorde divine *après le jugement*.

Nous avons mis également en évidence l'incompatibilité qui existe entre le principe de substitution de Levinas et son idée selon laquelle «Autrui compte plus que moi», idée qui va au-delà du précepte biblique de l'amour du prochain. Fort heureusement, il y a deux avantages à se cantonner dans le *aime ton prochain comme toi-même*. Le premier est évident : ce principe idéal serait conforme à la lecture traditionnelle de la Bible et indépendant, comme on l'a montré, du souci de justice. Le second est qu'il est justement essentiel pour la théorie du visage élaborée par Levinas qui ne serait pas entamée par cette modification et dont le principe de substitution continue de faire partie intégrante. Une *petite chose*, la dissymétrie, peut être retirée sans dommage de l'œuvre de Levinas. Elle conserve sa dignité et sa valeur. Seulement cette petite chose est une grande chose quand on la mesure à l'aune du judaïsme.

Il est donc possible de fonder sur le texte de la Bible la théorie du visage de Levinas. Pour cela, il est indispensable de partir de la notion de Divinité hébraïque, notion qui s'appuie sur les deux principaux noms d'*Élohim* et de *YHVH* ; cette notion est antérieure à celle du Dieu des philosophes. Malheureusement, la Bible se lit aujourd'hui, non dans son contexte hébraïque, mais dans sa traduction que l'on peut qualifier de grecque, car le nom propre *YHVH* se confond avec le Dieu des philosophes. Selon la tradition rabbinique, *Élohim* est le nom commun qui désigne le Dieu de la création du ciel et de la terre et le Dieu de justice. *YHVH* est le nom propre de la Divinité des Hébreux, responsable de la sortie d'Égypte, du passage de la mer Rouge, qui s'est présenté sous ce nom au mont Sinaï au peuple d'Israël. Il est donc le Dieu de l'Histoire. C'est aussi le Dieu d'amour et de miséricorde. Présenter *YHVH* comme le Dieu de l'Histoire ne revient pas à le présenter seulement comme le Dieu de la Torah. La Torah (ou Pentateuque) ne fait que rapporter le récit des événements mentionnés et le contenu de l'Alliance sinaïtique. On voit que la démarche que nous présentons ici est l'inverse de celle de Levinas pour qui *Dieu vient à l'idée*. Elle a pourtant l'avantage de conforter la théorie du visage et de la rendre compatible avec la compréhension hébraïque de la

Bible, pourvu que l'on décide de donner à *YHVH* le rôle central, comme le veut la première parole.

Reste le problème de la connaissance. Pour cela, nous nous tournons une fois de plus vers Maïmonide qui distingue dans la connaissance deux composantes liées respectivement à la physique et à la métaphysique d'Aristote. La physique peut s'acquérir par l'observation et le raisonnement. Elle est liée au récit de la création, donc à *Élohim*. La métaphysique, quant à elle, est synonyme de la connaissance de *YHVH*. Mais pour Maïmonide, la connaissance est une, bien qu'il estime que la connaissance de *YHVH*, contrairement à la connaissance scientifique, a un caractère singulier en ce sens qu'il est impossible de lui associer des attributs positifs tels que la force, la puissance, l'unité, etc. Les seules choses que l'on puisse affirmer avec certitude et qui le concernent portent sur ce qu'Il n'est pas : il n'est pas multiple, il n'est pas faible, il n'est pas corporel, etc. Cette distinction essentiellement due à Maïmonide semble mettre à mal l'unité de la connaissance, liée à l'unité de l'œuvre divine. Heureusement, au vingtième siècle, Karl Popper a montré le caractère fondamentalement négatif de la connaissance de la nature, rétablissant sans s'en rendre compte l'aspect unitaire de la connaissance cher à Maïmonide. En refusant l'importance de la connaissance en philosophie et en plaçant dans les fondements de la métaphysique la notion de visage, Levinas rejoint Maïmonide en reliant implicitement *YHVH* à la métaphysique, avec la seule différence que, pour lui, *YHVH* dérive de la métaphysique et non le contraire, comme le montre le texte que nous avons cité, texte qui résume le rapport que Levinas entretient avec la philosophie, au moment où il s'exprime[55].

À la question *est-ce que l'éthique et la compréhension s'excluent ?*, Levinas répond : *Elles ne sont pas sur le même plan*[56]. Pourtant la Bible a un point de vue différent, de signification révo-

---

55. En 1951, Levinas présente les choses autrement. Il essaie alors de « voir l'éthique par rapport à la rationalité du savoir immanente à l'être » (*Entre nous*, Avant-propos).
56. *De Dieu qui vient à l'idée*, page 156.

lutionnaire : elle associe l'amour au verbe connaître. Serait-il possible d'évoquer l'amour du prochain et rejeter au loin la soif de connaître ? Nous avons souligné l'inconvénient qu'il y avait à placer l'amour du prochain à la base de la philosophie. Si aimer c'est connaître, comme le recommande la Bible, cela reviendrait à isoler la connaissance d'autrui du reste de la connaissance. Comme on ne saurait à la fois prétendre connaître l'homme et ignorer ce qui le constitue, à savoir son cerveau, ses organes et leur fonctionnement, on introduirait une brisure de la connaissance dont la science a forgé patiemment l'unité[57]. On s'aperçoit que cette unité, affirmée solennellement par la Bible en association à celle du Créateur, ne peut être brisée impunément. Là encore, on constatera que la théorie du visage, telle que l'a construite Levinas, n'est en rien affectée par le maintien de la connaissance comme fondement essentiel de la philosophie.

---

57. Cf. H. Bacry *in* H. Harboun, *Maïmonide, pourquoi l'Égypte ?*, Éditions Massoreth, 1997.

Quand faire c'est dire

Naase venichma dans l'œuvre de Levinas

Gérard Bensussan

Le mérite et la singularité de la pensée d'Emmanuel Levinas auront
été à coup sûr d'éveiller l'attention philosophique à des résonan-
ces et à des échos venus d'une extériorité insoupçonnée de la philosophie, l'extériorité biblico-talmudique. À bien des égards, ce geste
magistral de désensommeillement, pratiqué avec l'humble assurance que l'on sait, renouait en le déplaçant avec le travail de maints
grands philosophes *sur* le christianisme, Hegel par exemple.
L'analogie permet de mieux comprendre pourquoi Levinas refusait résolument de se laisser caractériser lapidairement comme
« philosophe juif »[1]. Les potentialités du questionnement porté par
la tradition juive sont effectivement actualisées dans une forme
philosophique par Levinas. Mais du coup, c'est la philosophie elle-
même qui se voit soumise à son inachevable *correction* par le
prophétisme. « Énoncer en grec les principes que la Grèce ignorait »[2] n'est pas un programme aisé malgré l'apparent aller-de-soi
du propos. Traduit, l'hébreu ne peut manquer de se trahir et on
pourra toujours dénier la nécessité trop risquée de la trahison, voire
de la traîtrise emportée par le transfert philosophique. Par ailleurs,
Athènes ne sera plus tout à fait dans Athènes, une fois sa limite

---

1. On se reportera en particulier sur ce point à la discussion avec Jean-François Lyotard
   in *Autrement que savoir. Emmanuel Levinas*, Osiris, 1988, p. 79-83.
2. Selon la formule désormais notoire, mais d'une notoriété fort ambivalente, de *L'au-
   delà du verset*, Minuit, 1982, p. 233-234.

brouillée ou rendue incertaine. On peut élargir l'hypothèse. Peut-être la philosophie juive tout entière, depuis Philon, consiste-t-elle en ce mutuel inquiètement produit par la double impossibilité de philosopher comme si nulle Révélation n'était advenue et d'obéir aux commandements comme si nulle rationalité n'était contraignante[3]. Peut-être même l'injonction de traduire en grec, c'est-à-dire ici de philosopher, trouve-t-elle sa source infime mais précisément repérable dans le Talmud[4], tout autant que son interdiction. La position lévinassienne aura quant à elle été tenue du dedans de la philosophie. Elle travaille à énoncer *en grec*. Elle refuse donc avec conséquence toute autorité au verset biblique ou au folio talmudique. Mais elle ne reconnaît pas davantage l'emprise sans reste du concept. Elle ne le peut car elle doit au contraire en desserrer la pression et jouer sur ses interstices, aux points de contreforce où possiblement « les extrêmes se touchent »[5]. Il lui faut en effet énoncer *dans* les béances du logos, là d'où la Grèce s'absente. Levinas campe sur le terrain de la philosophie. Il y invente des thèmes et des concepts ne se soutenant que d'eux-mêmes et disposés selon un ordre et une langue relevant pleinement de « l'indiscrétion » philosophique[6]. L'indicible s'y prête « sans relâche » au dicible d'une essence thématisée. Mais cette prestation entend retenir l'écho, l'essoufflement peut-être, d'une inspiration venue d'une exposition du philosophe à d'autres patiences qu'à celle du concept. L'ambition lévinassienne est donc très haute : installer dans la philosophie où l'on se tient des énoncés forgés et fixés à

---

3. La question de la philosophie juive en tant que telle ne peut être abordée ici. Je me permets donc de renvoyer le lecteur à « De la philosophie juive comme événement transcriptif » in *La storia della filosofia ebraica* (dir. I. Kajon), Cedam, Padoue, 1993, p. 65-80.
4. « Les mots de Japhet seront dans les tentes de Sem » (*Talmud Bab.*, Meguillah, 9b). Il est donc souhaitable « que les paroles de la Torah soient énoncées dans la langue de Japhet dans les tentes de Sem » (*Midrach Rabba*, Noah, ch. 36, 8), énonciation inaugurée par le travail des Septante.
5. J. Joyce, *Ulysse*, II, éd. Folio, p. 201. Le propos, s'il se dit bien l'effet de brouillage signalé plus haut (« un juif grec est un grec juif »), n'est peut-être rien que « saturnien et splénétique », tenu qu'il est par La Casquette.
6. *Autrement qu'être ou au-delà de l'essence*, Livre de Poche, p. 19 et p. 76.

partir de «principes» d'énonciation qui les traversent, plus anciens et plus destinaux. La philosophie pourra y trouver un ados à condition de consentir à une «relâche» à laquelle trop souvent elle répugne[7]. Non qu'elle ait à paresseusement s'affaisser devant l'obstacle, bien sûr. Si elle sait en revanche laisser résonner en elle ce qui vient la rompre, le non-grec d'une écriture et d'une parole, elle pourra penser l'ouverture sur l'autre que l'être sans que cette pensée signifie aussitôt rassemblement sous l'objectivité d'une essence ou l'unité d'une thématisation. Son effort pour trouver au sujet une autre parenté que celle de l'être comme sa vérité immanente, ses torsions dans la langue philosophique pour arracher la signification à ses enfermements dans les dits de l'ontologie, auront alors chance d'être lus et accueillis par quiconque, instruit ou pas de son inspiration originelle par des «principes» d'énonciation venus d'une immémoriale antiquité, d'avant tout commencement dans un énoncé.

Ces «principes» structurent silencieusement la pensée et l'écriture de Levinas. Ils en sont l'air et la respiration intimes, sans jamais commander pourtant, ni même souffler de loin ses motifs à l'intelligibilité d'un discours philosophique qui se voudrait «conscience de la rupture de la conscience»[8]. On a bien plutôt affaire aux deux rives séparées d'un long fleuve intranquille qu'une «voix» seule invisiblement traverse[9]. Les «principes» que dit la «voix» peuvent être répertoriés; on peut en tenter le relevé et approcher une inspiration que l'écriture philosophique lévinassienne transcrit en grec.

---

7. Descartes en recommandait pourtant la pratique à Élisabeth de Bohême afin qu'«en la recherche de la vérité», l'esprit puisse mieux «se polir» en sachant s'interrompre lui-même (Lettre du 6 octobre 1645, *Œuvres et lettres*, Pléiade, p. 1210). L'«abandon» ou le «se-laisser-traverser» heideggériens iraient évidemment dans le même sens.
8. *Autrement qu'être*, éd. cit., p. 256.
9. *Ibid.*, p. 280 : «une voix vient de l'autre rive» et a chance de s'entendre *du côté de la philosophie* qui pourra s'essayer à son articulation *autre*. «Nous sommes toujours contraints à écrire ce que nous n'avons pas voulu et que veut ce que nous voulions» suggère Valéry (*Tel Quel*, Gallimard, p. 151) : tel est le *style* de Levinas, écriture et contrainte de l'autre rive.

Ainsi *hineni, aharayout, lo tirtsah* et *naase venichma* tissent-ils ensemble la trame catégorielle de la pensée lévinassienne ou, bien plutôt, ils donnent voix depuis la rive opposée à quelques-uns des thèmes où elle se condense et se noue. C'est au *faire avant d'entendre* que sont consacrées les quelques pages qui suivent [10]. Elles s'efforceront de retrouver la façon lévinassienne de transcrire comme Dire le «faire» toraïque – qui est tout autre chose qu'une simple transposition, une invention philosophique qui fait de son inventeur un très remarquable «créateur de concepts».

Ce qui paraît faire difficulté dans le questionnement lévinassien, c'est au fond la question du sujet, autre-dans-le-même selon la «définition» qui ne le définit pas. La responsabilité y est en effet décrite comme le plus intime de son intimité : non pas un accident qui arriverait à un sujet déjà là et qu'il reprendrait dans un libre engagement pour autrui, mais une «structure» qui, de quelque façon, précéderait la subjectivité et la liberté et déborderait de toutes part les limites de l'identité. Comment penser cette responsabilité dont je ne serais même pas responsable ? L'objection souvent adressée à Levinas tend presque toujours à suggérer la nécessité d'un renversement de sa thèse. Pour pouvoir assumer une responsabilité absolue vis-à-vis d'autrui dans son dénuement et son exposition à la mort, il faudrait que le sujet se soit déjà affirmé dans une «estime de soi», il faudrait qu'il se soit préalablement posé comme Je.

Ce Je peut-il pourtant se poser de plain-pied dans l'être, en une réflexivité sans scrupule et dans la simple persévérance indifférente ? Si la responsabilité est bien sa vocation, répondre ne lui commande-t-il pas de «se poser» d'emblée pour-l'autre ? Ainsi ne

---

10. Dans le cadre d'une étude limitée, je retiens plus particulièrement le *naase venichma* parce qu'il contient les trois autres «principes», lesquels il est vrai le contiennent tout autant (d'où la difficulté d'exposition propre à la pensée de Levinas et qu'il a lui-même souvent rappelée). Et aussi parce qu'on peut le considérer comme une véritable «porte» d'entrée dans l'œuvre. Il indique en effet structurellement une situation où le même est affecté par l'autre avant même qu'il soit en état de reconnaître cet autre comme son objet, l'avant de toute objectivation.

se dépose-t-il pas plutôt, de par l'obligation infinie et l'obéissance à un appel qui le posent dans sa responsabilité ? La subjectivité ne saurait donc se résoudre dans l'absolu de la liberté, de la conscience ou du cogito comme modalités ontologiques du commencement de soi. Elle est ab-solue parce qu'elle a à répondre et qu'elle est tard venue dans un monde où elle se trouve malgré soi commise avec le désir de l'indésirable, avec le bien qui l'élit avant qu'elle soit à même de l'élire, avec l'assignation à s'approcher du prochain. Pour autant qu'on veuille la dire fondée, la subjectivité le serait d'au-delà d'elle-même, d'ailleurs, d'un extérieur, et sur un fond qu'elle ne toucherait jamais. En deçà de toute auto-identification, l'existence du sujet n'est donc pas réductible à l'ensemble fini de ses causes. Elle a moins pour fonction de constituer des objets que de répondre à des appels ou à des événements qui en retour la constitue désarmée, désappropriée. À même de répondre, mais seule à même de répondre et de porter cette réponse. La subjectivation du sujet ne se produit que dans cette unicité non-interchangeable, dans une élection par l'unique, dans une solitude peut-être. Que veut dire ici élection ? Que tout se passe comme si j'étais le seul et l'unique à entendre l'appel, le seul et l'unique au monde à pouvoir y répondre, le dernier des justes. Comme pour ma propre mort, je ne peux me décharger sur personne. «C'est pas mon problème», «c'est pas moi, c'est l'autre», «c'est la femme», «c'est le serpent», je ne suis tout de même pas «le gardien de mon frère», «que m'est Hécube?» : autant de protestations contre ce qui appelle dans le sujet, bien avant le constat d'un fait ou d'un rapport entre des forces[11], et qui peuvent aller jusqu'à se maintenir après la réponse de responsabilité[12]. Il y a une disponibilité du sujet pour-l'autre, antérieure à toute intentionnalité, à tout «présent ou logos s'offrant à l'assomption ou au refus et se plaçant dans le champ bipolaire

---

11. En effet, «ces questions n'ont de sens que si on a déjà supposé que le Moi n'a souci que de soi… Dans cette hypothèse, il reste incompréhensible que le hors-de-Moi absolu – Autrui – me concerne. Or, dans la préhistoire du Moi posé pour soi, parle une responsabilité… au-delà de l'égoïsme et de l'altruisme» (*Autrement qu'être ou au-delà de l'essence*, éd. cit., p. 186).

des valeurs» [13]. Je peux, comme tout un chacun, me dérober, mais je ne peux me soustraire sans garder la trace d'une désertion. Ce qui revient à dire que quelque chose précède ce pouvoir, et en relève. Quelque chose commande le choix, le saisit et le rend possible : une bonté avant le choix qui ne peut donc être qu'une bonté malgré elle, une bonté du sujet malgré le sujet, une bonté que le sujet ne peut même pas, ne doit même pas, savoir. Disponibilité et unicité renvoient donc à un ordre radicalement hétérogène au savoir ou à une liberté saisie sur le modèle ontologique d'un savoir, lorsqu'un sujet autonome et connaissant s'auto-affirme contre un objet résistant ou une détermination externe. Car pour qu'il y ait bonté, le sujet ne peut même pas s'en distinguer puisqu'elle le tient : s'il pouvait prendre position par rapport à sa bonté, s'il pouvait donc se savoir bon, il perdrait sa bonté. Pour qu'il puisse en aller ainsi, il faut tâcher de penser une décision, un engagement, qui soit pris avant même que j'en connaisse, en décide ou m'y engage, une instance catégorielle porteuse en fin de compte d'un nouveau concept de vérité. La Torah la propose à l'inlassable méditation des hommes : naasé vénichma, «nous ferons et nous entendrons» [14]. On a là, on le sait, une véritable matrice de la pensée juive, maintes fois convoquée, directement ou indirectement, par l'enquête rabbinique [15] et très vite explorée par la philosophie juive moderne [16].

---

12. Voir le propos que tient le sergent de ville à Raskolnikov dans *Crime et châtiment* (Folio, p. 55) : «Qu'est-ce qui m'a pris de vouloir venir à son secours, moi ? Ah ! bien, oui, secourir, est-ce à moi de le faire ? Ils n'ont qu'à se dévorer les uns les autres tout vifs, que m'importe à moi.» Ressaisissement, ou saisie de soi, ou intéressement, «problèmes» qui viennent après le dessaisissement par le faire du secours apporté, questions qui succèdent à la réponse.
13. *Humanisme de l'autre homme*, Livre de Poche, p. 83.
14. «Tout ce qu'a prononcé l'Éternel, nous l'exécuterons et nous l'écouterons» dit *Ex.*, 24,7 ou encore en 24,3 : «nous le mettrons en pratique». «Sagesse d'ange» que cette sagesse qui obéit en «excluant l'asservissement», «qui n'aliène pas qui écoute» et qui serait en fin de compte tout «oreille raisonnable» (Levinas, «La Révélation dans la tradition juive», in *La Révélation*, Bruxelles, 1977, p. 73 – texte repris dans *L'au-delà du verset*, Minuit, 1982, p. 177).

Comment comprendre ce faire avant même que d'entendre, cet agir qui précéderait tout comprendre ? La proposition heurte l'opinion la mieux partagée dans la mesure où elle paraît recommander une véritable démission du jugement rationnel au profit d'une soumission irresponsable au commandement autoritaire.

Il faut commencer par remarquer que l'objection, qui recoupe évidemment celle déjà mentionnée à l'encontre de la responsabilité éthique, s'autorise d'une conception de la subjectivité radicalement différente de tout ce qui en est exposé par Levinas. Axée autour du primat de la pensée sur l'être, pour le dire en des termes classiques et convenus, donc du choix réfléchi sur l'acte accompli et de la libre-délibération sur ce qui en sort comme exigence ou « faire » éthique, elle accorde la priorité impérieuse au Sujet, psychologique ou transcendantal, Celui qui détermine les représentations, les concepts et les valeurs, sur tout ce qui n'est pas Lui. Or, avec Levinas, s'il y a bien réévaluation de la subjectivité par rapport aux savoirs positifs produits par les « sciences de l'homme », il s'agit évidemment d'une subjectivité « éthique », c'est-à-dire non-égoïque, non-solipsiste, et d'emblée destituée de toute position d'indifférence ou de maîtrise distante. À l'inverse de bien des moutures modernes d'un subjectivisme sans sujet, le sujet lévinassien précède et de fort loin en arrière tout subjectivisme comme

---

15. On remarquera que les *Pirké Aboth* s'y engagent souvent dans la forme d'une comparaison terme à terme entre « celui dont la sagesse est plus grande que les actions », le « philosophe » si l'on veut, qui ressemble à un arbre branchu mais peu enraciné, et « celui dont les actions sont plus nombreuses que la sagesse », austère et solide (III, 17). « La philosophie se produit comme une forme sous laquelle se manifeste… l'attente préférée à l'action », écrit dans ce sillage Levinas (*Humanisme de l'autre homme*, éd. cit., p. 43).

16. La pensée mendelssohnienne du judaïsme comme orthopraxie met ainsi en forme la réflexion rabbinique organisée autour de cette source. Décelant dans la « loi cérémonielle » « une sorte d'écriture vivante » (*Jérusalem*, tr. D. Bourel, L'arbre double, Paris, 1982, p. 140), Mendelssohn peut noter que « parmi toutes les prescriptions et ordonnances de la loi mosaïque aucune ne dit : tu dois croire ou ne pas croire !, elles disent toutes : tu dois faire ou ne pas faire ! » (*ibid.*, p. 136). Rousseau, à partir du catholicisme et par extension, avait déjà relevé ce trait de « toute religion dogmatique où l'on fait l'essentiel non de faire mais de croire » (*Confessions*, livre II, Pléiade, p. 46). Mendelssohn excepte ainsi le judaïsme de « toute religion dogmatique ».

tension sur soi et tourment de soi qui serait encore «une façon de philosophe» [17]. Répondant, il est acceptant, il fait accueil à ce qui ne s'est pas d'abord annoncé dans une idée qu'on pourrait examiner avant de l'agréer et d'en certifier conformes les conséquences pratiques. Cette subjectivité toujours-déjà investie par une responsabilité qui la désintéresse avant tout intéressement, ne peut être pleinement intelligible qu'à partir d'une révélation. Au sens le plus fort, l'éthique ne serait possible que dans un ordre invisiblement constitué par une parole et une écoute, un appel et une réponse, un ordre et une entente, une donation et une assomption, sans réciproque ni symétrie. En forçant les formulations de Levinas, jusqu'à négliger ici la tierce instance de la Justice, on pourrait aller jusqu'à dire que pour qu'il y ait éthique, il faut [18] qu'aucune place ne soit même laissée à la prise en vue des conséquences, à la pesée qui finirait par l'éventuelle limitation, sous la considération du pour et du contre et de ses conséquences pour le sujet, de son engagement éthique : «nous ferons» avant toute estimation experte, «nous entendrons» plus tard car dans l'urgence requise par la réponse, toujours le temps presse et manque. En ce sens, à la fois énigmatique et familier, la responsabilité ne peut être autre chose que l'altération de ma contemporanéité avec un autre qui me requiert avant que je ne vienne et que je sache pourquoi j'avais à venir. *Ex.*, 24,7 indiquerait ainsi l'étrange possibilité d'un «ne-pas-venir-de-la-connaissance» qui, pour la précéder, n'annulerait nullement la connaissance [19]. Penser la subjectivité d'un sujet toujours voué à l'autre reviendrait donc selon Levinas à s'efforcer d'en penser les

---

17. À propos de Kierkegaard (et de Nietzsche) in *Noms propres*, Livre de Poche, p. 89.
18. Nous utilisons ce «il faut» à la façon très singulière de Levinas (cf. *Totalité et Infini*, Livre de Poche, par exemple p. 159 : «il faut que dans l'être séparé la porte sur l'extérieur soit à la fois ouverte et fermée...» ou p. 185 : «il faut que je rencontre le visage indiscret d'Autrui qui me mette en question...», parmi bien d'autres «il faut» avancés dans ces deux pages ; ou encore *Autrement qu'être*, éd. cit., p. 245 : «il faut la justice...»). Ce «il faut» ne pose nulle condition logique ni n'exprime nécessité ou normativité. Il *dit* l'autre-dans-le-même comme rapport/non-rapport et ce dit force le dire d'où provient la pensée du sujet ou du moi qui, en tout état de cause, ne peut pas ne pas être moi, «un pied» dedans, «un pied» dehors : «dehors par rapport à tout, il est intérieur par rapport à lui-même, lié à lui-même» (*De l'existence à l'existant*, Vrin, éd. de 1990, p. 143).

déterminations au-delà ou en deçà des alternatives emportées par les choix bipolaires et exclusifs, bien en avant de toute considération objective et stratégique, de toute mesure du plus et du moins. Le faire pour l'autre indiqué par le *naase venichma* désigne par lui-même le passé d'une présence en retard, déplaçant toute délibération subjective sur les choix et les alternatives dans l'après d'une possible récupération.

La subjectivité ainsi exposée à cet amont d'elle-même ne se construit donc aucunement dans la réminiscence d'un auto-engendrement ou dans un venir-de-la-connaissance assumé par un choix. Fragile, patiente et vulnérable, elle est la proie d'une question : le choix du choix est-il choisi, le choix de la liberté est-il libre ? Si le « dialogue de l'âme avec elle-même » fait commencement dans le retour réflexif, rien n'empêchera de se demander où est le commencement de ce commencement, *où est le sujet du sujet* ? « La distinction du libre et du non-libre est-elle ultime ? La Torah est un ordre auquel le moi tient sans qu'il ait eu à y entrer, un ordre au-delà de l'être et du choix... Dire que la personne commence dans la liberté, que la liberté est la causalité première et que la première cause est personne, c'est se fermer le regard sur le secret du moi : sur une relation avec le passé qui ne revient ni à se placer au commencement pour assumer ce passé ni à en être le simple représentant [20]. » En toute rigueur, « il faut » une passivité pour que puisse commencer une activité, un avant de l'origine pour qu'une origine tranche originellement. En toute rigueur donc, la subjectivité serait toujours élue sans même élire son élection, et en gardant pourtant la trace, choisie et non choisissante, d'une « passivité plus passive que toute passivité », inassumable. Tel serait le « secret » le plus intime de la subjectivité, son « intériorité » au sens inédit et très rigoureux que donne Levinas à ce mot [21]. C'est du coup l'obéissance, comme écoute et réponse, qui s'inverse puisqu'elle

---

19. *Autrement qu'être*, éd. cit., p. 47 : « L'être ne serait pas la construction d'un sujet connaissant... Être et connaissance, ensemble, signifieraient dans la proximité de l'autre et dans une certaine modalité de ma responsabilité pour l'autre, de *cette réponse précédant toute question*, et de *ce Dire d'avant le Dit* » (souligné par moi).
20. *Quatre lectures talmudiques*, Minuit, 1968, p. 107.

est désormais archisingulière, irremplaçable, investiture du non-interchangeable. «*Obéissance précédant toute écoute du commandement*. Possibilité de trouver anachroniquement l'ordre dans l'obéissance même et de recevoir l'ordre à partir de soi-même, ce retournement de l'hétéronomie en autonomie est la façon dont l'Infini se passe… conciliant (en une ambivalence dont la diachronie est la signification même et qui, dans le présent, est ambiguïté) l'autonomie et l'hétéronomie» [22] dans une «intériorité». Dans sa retranscription philosophique, *naase venichma* ne peut donc se penser sous le rapport d'une démission-soumission entre une marionnette et son montreur. Il prend sens au contraire comme cette structure qui, sur fond d'une hétéronomie foncière, diachronique, libère une autonomie «ambiguë» où vient s'annuler l'asservissement d'une responsabilité débordant le choix, dès lors que celle-ci est commandée par la bonté du bien. Ce retournement n'a de sens qu'à partir de l'unicité de qui répond et de la diachronie du sujet déphasé : je suis assigné dans ma responsabilité pour n'importe qui, mais absolument unique dans cette assignation d'élu ; je suis le seul, mais en tant que j'ai toujours fait un pas de plus que l'autre vers qui me mène le mouvement de ma réponse [23].

La bonté dont parle Levinas, si souvent mal entendue, est cet autrement qu'être-moi, cette passivité accueillante qui n'est pas réceptivité assumée dans le temps des raisons, mais disponibilité

---

21. «L'intériorité, c'est le fait que dans l'être le commencement est précédé mais que ce qui précède ne se présente pas au regard libre qui l'assumerait, ne se fait pas présent ni représentation» (*Humanisme de l'autre homme*, p. 82).
22. *Autrement qu'être*, éd. cit., p. 232 (souligné par moi).
23. Peut-on aller jusqu'à dire qu'«être libre, c'est ne faire que ce que personne ne peut faire à ma place» (*L'au-delà du verset*, éd. cit., p. 172 ou *La Révélation*, éd. cit., p. 68)? Répondre par l'affirmative à cette difficile question suppose qu'un concept inédit de liberté, radicalement distinct de l'autonomie et rapporté strictement à un «faire», voire à un «ne-faire-que», de l'ipséité, ait été inventé. On remarquera en passant que la psychanalyse peut être ici d'une aide théorique précieuse. A. Didier-Weill souligne par exemple «le paradoxe du commandement métaphorique» qui «*m'oblige librement*» (*Les trois temps de la loi*, Seuil, 1995, p. 198) : la découverte du lointain dans le prochain ouvrirait à un mouvement de reconnaissance d'une dette contractée envers lui hors toute culpabilité, d'une gratuité qui, justement, m'obligerait librement.

ou pré-disposition, moins pour l'Infini désirable, comme le suggère encore *Totalité et Infini*, que pour cet Autre «indésirable». Dans le face-à-face, son étrangeté et sa distance suscitent en moi le désir d'un dérangement – dérangement du temps signé par l'insistant «malgré» de la vie éthique, de la vie tout court [24] peut-être. Pour que l'être ait toujours-déjà viré en bonté, il y faut, comme condition d'exercice et de possibilité une patience ou une dolence, une *Stimmung* qui précède forcément l'entente. Cette subjectivité investie par un répondre, à et de, qu'elle-même n'entend pas peut se trouver prise dans des comportements socialement extravagants. En effet, elle subvertit sans le savoir, et parce qu'elle ne le sait pas, c'est-à-dire avant tout savoir, les ordres de la rationalité et de la moralité. La littérature décrit ces inconduites et les personnages qu'elles conduisent. Les pages de Proust et, plus encore, de Dostoïevski citées par Levinas en témoignent. Certaines œuvres cinématographiques illustrent à merveille cette inscription bouleversante du désir et de la bonté dans des sujets destitués qui «font», pris qu'ils sont par «une alliance qui oblige à (leur) corps et (leur) âme défendant, indépendamment donc de (leur) volonté propre» [25]. Dans *Europe 51*, Rossellini suit le mouvement de rupture par lequel une femme se sépare de toutes ses appartenances, familiale, sociale, culturelle, et dérive au terme de ce dépouillement de soi jusqu'à une «sainteté» de persécutée. La jeune fille humble et inspirée que Lars von Trier met au centre de *Breaking the Waves* se comporte si inacceptablement qu'elle en meurt ; l'inacceptable, c'est sa «bonté» que les protagonistes, amie, prêtres, médecin, n'auront pas su reconnaître, elle vivante. «Sainteté» ou «bonté» viennent en excès – un excès de «passivité» que tous, excédés, s'acharnent à ramener à la raison, à convertir en présent, incapables d'apercevoir que «c'est dans cette passivité qu'*est* le Bien» [26]. Le faire

---

24. «Le malgré soi marque cette vie dans son vivre même. La vie est vie malgré la vie… Le malgré ne s'oppose pas au gré, à une volonté… Le bon ou le mauvais gré de la volonté supposent déjà (la) patience et (l')adversité (d'un) contre soi en soi» (*Autrement qu'être*, p. 87).
25. C. Chalier, *De l'intranquillité de l'âme*, Manuels Payot, 1999, p. 29.
26. *Humanisme de l'autre homme*, p. 86.

avant l'entente ne relève donc pas d'un choix moral, puisqu'il *fait avant* tout choix. Il peut apparaître au contraire comme un défi quasi-prophétique à toutes les morales socialement établies. Nos deux films « lévinassiens » en proposent une magistrale figuration plastique, significativement autour de deux personnages féminins, et laissent ainsi l'éthique se dire dans sa très simple évidence. Hors toute acception juridique, toute fondation transcendantale, le sujet évadé de son concept, « moi » et « mes actes » si l'on peut dire, se constituent an-archiquement avant toute « recherche » [27], en vertu d'une invention sans règle qui serait règle de la règle, *devoir du devoir* pourrait-on dire aussi en pastichant Arendt ou encore « application de la Loi qui toujours précède la Loi » [28].

Comment répondre d'autrui si je ne commence pas par me prendre en charge ? Peut-être l'objection s'est-elle quelque peu fragilisée. Il faut y revenir. N'est-elle pas inaugurée par la sentence de Hillel, si souvent citée par Levinas lui-même et qui semble commencer par cet apparent « commencement de la sagesse », le souci de soi [29] ? La pensée de l'éthique ne nie nullement la légitimité de cette question. Mais elle y répond par une autre question qui vient en inquiéter l'assurance : est-il bien sûr que je puisse répondre d'autrui (« faire ») si je commence par répondre dans l'affirmation et l'affermissement de mon être (« entendre ») ? À l'instar du « philosophe » selon Rousseau, si je « m'argumente un peu », ne suis-je pas déjà dans la ligne de fuite de la belle universalité [30] qui m'immunisera contre toutes les contraintes du faire ? Peut-être convient-il de lire les trois interrogations de Hillel à la façon d'un palindrome afin d'en retrouver l'interprétation lévinassienne qui ne recoupe pas

---

27. *Pirké Aboth*, I, 17.
28. M. Blanchot, *La communauté inavouable*, Minuit, 1983, p. 73. Les remarques de Derrida qui pointent chez Levinas une « éthique de l'éthique » (*L'écriture et la différence*, Seuil, p. 164) ou qui soulignent à quel point la loi qu'on se donne garde un rapport indéfectible à la loi qu'on reçoit avant la loi iraient évidemment dans la même direction.
29. *Pirké Aboth*, I, 14. Rappelons-en la teneur : « Si je ne suis pas pour moi, qui le sera ? Et si je ne suis que pour moi, que suis-je ? Et si ce n'est maintenant, quand sera-ce ? »

forcément celle de la tradition, ou tout au moins d'une tradition dans la tradition. *Le naase venichma* requiert en effet que soient mobilisées « d'autres intrigues du temps que celle de la simple succession de présents », où l'engagement « se précède en quelque sorte ou se suit » lui-même [31]. Le « maintenant » de la troisième interrogation signifie une urgence qui transit tout présent, un irreprésentable plus ancien que tout présent représenté [32]. Diachronique, la bonté est inthématisable. Le faire éthique prévient toute présence d'esprit, toute ressaisie d'un acte en son essence, soit à son origine et vers sa fin assemblées dans leur conjonction pensée. « Si ce n'est maintenant, quand sera-ce ? » La précédence du « maintenant » sur le « quand », du faire sur son questionnement, est si insaisissable qu'elle ne se peut dire qu'après-coup, une fois l'instantanéité de la réponse passée. Alors une entente est possible, nécessaire, dans la quiétude d'un jugement réfléchissant qui saura subsumer les actes sous un concept général qu'il ne possédait pas avant eux. « De la responsabilité au problème – telle est la voie [33]. » L'éthique est

---

30. « C'est la raison qui engendre l'amour-propre et c'est la réflexion qui le fortifie… C'est la philosophie qui l'isole ; c'est par elle que (l'homme) dit en secret, à l'aspect d'un homme souffrant : "péris si tu veux ; je suis en sûreté". Il n'y a plus que les dangers de la société entière qui troublent le sommeil tranquille du philosophe et qui l'arrachent de son lit. On peut impunément égorger son semblable sous sa fenêtre ; il n'a qu'à mettre ses mains sur ses oreilles et s'argumenter un peu pour empêcher la nature qui se révolte en lui de l'identifier avec celui qu'on assassine » (*Discours sur l'inégalité*, Œuvres Complètes, 2, Seuil, 1971, p. 224). Beaucoup reste à penser sur le rapport Rousseau-Levinas (on peut consulter le mémoire de maîtrise de Magali Garcin, « Droit naturel et éthique lévinassienne », Université de Provence, 1997, p. 98 et suiv.).

31. *Autrement qu'être*, éd. cit., p. 24.

32. Et si ancien, à vrai dire, qu'il règle la réalité effective en la maintenant telle. Là où les « preuves » croient prouver le monde dans son essence ou sa vérité, elles sont elles-mêmes maintenues par le vivant maintenant du réel. Nous parlons ici comme et avec Rosenzweig (*L'Étoile de la Rédemption*, Seuil, 1982, tr. Derczanski/Schlegel, p. 25) lorsqu'il joue sur la *Bewahrung* (garde, maintien, maintenance) et la *Bewährung* (preuve, attestation) pour contrer l'idéalisme logique. La forte thèse rosenzweigienne d'une sauvegarde de ce qui est effectif plus ancienne que le logos est parallèle à la thèse lévinassienne d'un fait éthique bien antérieur aux « valeurs » de l'idéalisme moral, lesquelles « lui doivent tout » (*De Dieu qui vient à l'idée*, Vrin, éd. de 1992, p. 225).

33. *Autrement qu'être*, p. 251.

philosophie première, elle n'interdit pas l'ontologie dont au contraire la proximité dessine le chemin et la problématique. La liberté ne saurait être autre chose qu'un au-delà de la responsabilité dont l'en deçà ou l'antériorité absolue nomme le bien ou la bonté ou l'amour. Le «maintenant» que dit Hillel, et qui échappe déjà dans ce dit qui le thématise, signifierait non pas un présent, puisque le présent y est proprement transcendé, mais bel et bien un temps sans commencement qui ne peut jamais retourner à son origine, un «laps» comme dit Levinas, ou une «an-archie»[34].

«Si ce n'est… quand?» : la réponse de responsabilité se formule dans son illimitation et son illimitation est déformalisation du temps. Ni initiative du moi ni mouvement vers un but prédéterminé, elle n'est l'œuvre d'aucun «sujet». Elle dessine bien plutôt «un antérieur-à-tout-souvenir, un ultérieur-à-tout-accomplissement, du non-présent, par excellence du non-originel, de l'an-archique… La responsabilité pour autrui est le lieu où se place le non-lieu de la subjectivité»[35]. C'est à partir de ce non-lieu ou de cette perte du temps de la subjectivité que s'ouvre la pensée du moi que propose la maxime, si on en lit à rebours les trois moments. «Quand sera-ce», si ce n'est immédiatement, et avant même une immédiateté choisie ou assumée, dans le déjà trop tard de ma réponse? À vrai dire : *qui* sera-ce, suggère Hillel, si ce n'est moi élu, et non pas moi «m'argumentant un peu», moi assigné à cet événement banal et fulgurant d'avoir à répondre, rivé par ma responsabilité à la liberté… de l'autre? Ne répondre que de soi pour éventuellement, *après*, répondre d'autrui apparaît ainsi de plus en plus ineffectif, pour logique que semble la succession des deux énoncés. Ne répondant que de moi, ou de moi avant…, suis-je encore moi, si moi «se tient dans l'impossibilité de se dérober» et ne peut se réduire à la pétrification d'une «unité déjà toute faite»[36]. Le vrai sens du moralisme, celui des philosophies morales dont se distingue l'éthique lévinassienne

---

34. *Ibid.*, p. 87 : «cette an-archie – ce refus de s'assembler en représentation – a un mode propre de me concerner : le *laps*,… le laps de temps irrécupérable dans la temporalisation du temps».

35. *Ibid.*, p. 24.

36. *Ibid.*, p. 29.

selon une radicalité dont on mesure souvent trop mal la profondeur, se montre ici. Le moi s'y figure comme un noyau d'être insécable (moi = moi) autour duquel s'agglutine une croûte plus ou moins superficielle de devoirs qui règlent son inscription dans l'ordre d'une communauté générique. Ce «repliement de l'être sur soi – le soi dessiné par ce repli où le reflet de l'être demeure corrélatif de l'être – ne va pas jusqu'au nœud de la subjectivité» [37], jusqu'à son «intériorité». Car le sujet éthique est au contraire énucléé, il est rupture de toute identité. Il ne pourra jamais s'acquitter de ses devoirs, être quitte, puisque ceux-ci ne viennent pas d'une volonté soumise à la loi de raison et que lui-même n'est pas autre parmi tous les autres, dans un système d'équivalence générale des droits et des devoirs. Toujours, il viendra en excès, un peu plus autre que tous les autres, pris dans la surenchère éthique («plus je suis juste, plus je suis coupable») ou talmudique («plus je suis juste, plus je suis sévèrement jugé») qui interdit toute halte et tout repos à quiconque s'estimerait «juste» une bonne fois pour toutes, ce qui reviendrait, dans les retrouvailles du soi, à en finir avec la responsabilité [38].

La fission du soi est, elle, une disjonction du moi avec le moi, où son même ne se rejoint jamais. L'identité, si l'on veut maintenir le terme, advient au sujet du dehors et malgré lui : c'est très exactement ce que peut signifier l'élection en tant qu'elle s'impose et inspire, quand «elle» veut et non quand «je» veux» [39]. Envers l'autre, comme dit Levinas, est sans endroit [40]. Le faire éthique n'est pas la simple réversion passagère d'une identité provisoirement retournée et bientôt remise à l'endroit. L'envers sans endroit, l'intentionnalité renversée, le non-lieu, le hors-temps sont et font «l'identité» en «intériorité» du sujet. Ce qui le précède est

---

37. *Ibid.*, p. 47.
38. C'est encore Hillel qui enseigne : «Jusqu'au jour de ta mort, ne sois pas sûr de toi», ce qui revient à «Ne juge pas ton prochain avant d'avoir été toi-même à sa place» (*Pirké Aboth*, II, 4).
39. Nous reprenons ici les termes du § 17 de *Par-delà le bien et le mal* relativement à la «superstition des logiciens» quant à la pensée : quelque chose pense (et encore !), et non «je», ce «vieil et illustre». Il faudrait pouvoir ajouter aux «préjugés des philosophes» de l'autonomie morale la croyance au sujet volontaire.
40. *Autrement qu'être*, p. 83.

par lui irrécupérable dans le présent substantiel d'une remémoration ou d'une représentation. C'est que cet avant-moi, cet outre-moi, est un trou, un *nihil*, un rien à partir duquel de l'être peut advenir : *méeïn leyech*. Plus encore que ma propre naissance, *ma création* est irreprésentable, elle est ce fond d'an-archique passivité qui serait l'avant de tout avant, l'origine scellée de toute origine. La pensée lévinassienne de la subjectivité est une pensée créaturielle, au sens où Rosenzweig qualifiait déjà de la sorte (*ein kreatürliches Denken*) sa «nouvelle pensée». Elle «diffère» à ce titre «de la pensée ontologique»[41]. La responsabilité éthique se noue en entier dans ce statut créaturiel du sujet et l'extériorité de l'autre est proprement commandée par l'avant immémorial et pré-originel. Je suis créé comme voué à répondre à ce que je n'ai pas entendu et le faire précédera nécessairement toute entente, mieux il en sera l'impérieuse précondition : «dans la création, l'appelé à être répond à un appel qui n'a pu l'atteindre, puisque issu du néant, il a obéi avant d'entendre l'ordre... Dans la création ex nihilo, une passivité sans retournement en assomption est pensée»[42]. Écho d'avant le son, dette précédant tout emprunt, selon les métaphores lévinassiennes, *le faire est cette passivité*. Mais comment comprendre un énoncé aussi paradoxal? Qu'est-ce que «faire»?

Rappelons d'abord que *naase venichma* est la réponse inconditionnelle aux paroles et aux lois rapportées par Moïse et qui ont elles-mêmes à voir avec l'avant de toute politicité au sens grec, avec une humanité antérieure au «ni dieux ni bêtes» du partage de la cité. Un commandement parle et d'une voix le peuple y obéit sans même l'entendre. Venu de Dieu, mais pour les hommes, descendu du ciel, mais, justement, *descendu*, ce commandement n'est pas au ciel[43], il n'y est plus, il est à faire dans une immanence non-angélique mais selon le tracé signifiant d'une pré-origine transcendante, humilité répondant obliquement à la hauteur d'un appel.

---

41. *Ibid.*, p. 179.
42. *Ibid.*, p. 180.
43. *Talmud Bab.*, Chabbat, 88b-89a : les anges n'en ont nul besoin, eux qui n'ont jamais été esclaves, qui ne travaillent pas, qui ne risquent pas de tuer, de voler ou de déshonorer, etc.

Pour Levinas, le visage parle ou reparle ce commandement sur le mode de l'autosignifiance, « sans contexte », c'est-à-dire sans l'espace ni le temps d'une lecture ou d'une interprétation que la rectitude du face-à-face destitue avant même qu'elle soit envisageable. Il parle donc d'une parole antérieure à la parole. On pourrait dire que faire, c'est entrer dans une intrigue, soit une relation inégale et insimultanée, avec cette parole silencieuse du visage qui, lui-même, ordonne avant que d'apparaître. C'est donc rompre une co-présence, inscrire une rupture, approcher sans réduire la distance, subir un déphasage plus vieux que tout présent : le faire, parce qu'il mesure l'infini à sa démesure, est toujours asymétrique. Faire ne part pas du sujet, il vient avant son entendre, avant tout rapport de la conscience à sa visée ou à son sens intentionnels. Faire n'est donc évidemment pas penser l'objet du faire mais déborde et prévient même la pensée qui penserait plus qu'elle ne pense. Qu'est-ce donc que faire ? Un trope du corps où le rapport à soi advient comme arrachement à soi « sous les espèces d'une main qui donne jusqu'au pain arraché à sa bouche »[44]. Un invisible témoignage de l'infini qui se produit par l'autre en moi. Un donner qui signifie d'emblée un se-donner, d'un *se* évidemment non-réflexif, mais passif d'une passivité plus passive que toute antithèse de l'activité. La gravité d'un corps s'y offre sans retour, dans un dépareillement inouï. La hauteur transcendante d'où me vient l'appel d'une détresse ne saurait signifier autre chose que la pleine immanence sonnante et trébuchante de mon nourrir, vêtir, étancher, accueillir. Faire signifie de cette signifiance signifiée par l'autre dans le même, avant que le même ait pu le thématiser ou l'entendre[45] dans un dit. Il serait donc « obéissance au sein du vouloir, kérygme au fond d'un *fiat*, avant

---

44. *Autrement qu'être*, p. 109.
45. Lorsqu'il écrit que « la signification précède l'essence » (*Autrement qu'être*, p. 29, p. 255), bien au-delà de la reprise critique de la thèse sartrienne, Levinas en fait la *précession* absolue. La signification précède – pourrait-on dire tout bonnement, sans génitif. Elle précède l'essence, mais aussi l'existence. Le sujet signifie – pourrait-on dire aussi lapidairement. Avant d'être, puisqu'il pro-vient d'en deçà de l'origine de son existence, d'en deçà de son initiative, de son présent. Le faire du *naase* ne peut donc être tenu pour un ensemble d'actes coïncidant dans le sujet sous leur assomption.

toute réceptivité un *déjà dit* d'avant les langues» [46]. On aura remarqué que *naase*, «nous ferons», se laisse très aisément rapporter dans ses contenus (obéir, donner, répondre avant...) au dire lévinassien (approche, ex-position, sincérité). La tension de celui-ci avec le dit brouille en effet la distinction substantialiste du mot et de la chose (*davar*). Dire n'est pas simplement parler, si parler revient à traduire du muet pensé (*ratio*) en verbe articulé (*oratio*), à convertir de l'intériorité en extériorité. Levinas est très soucieux de montrer que le langage est irréductible au système de signes et d'échanges informatifs qu'il autorise (comme l'est le visage à une forme sensible apparaissant). Qu'est-ce que parler veut dire ? – telle est l'insistante question qu'il traite asymétriquement pour l'ouvrir à sa signifiance propre, celle du «à qui ?» lequel, parce qu'il précède le «qui ?» réducteur de l'altérité, indique l'antériorité de la relation signifiante sur le signe lui-même. Parler, c'est donc s'adresser à l'autre, lui «bailler signifiance», s'exposer : le même s'en va vers l'autre et ne peut jamais «en revenir». En s'exposant dans une parole, le sujet expose ainsi son exposition. Cette parole est tout autre chose que la délivrance de signes par un sujet. Elle «mesure le poids pré-ontologique du langage au lieu de le prendre uniquement pour un code» [47]. Parler n'est donc pas être-parlant. Ce n'est même pas s'arracher à son être pour le parler, mais se donner à l'autre et pour l'autre sans retour, avant toute «parole verbale» : dire d'en deçà tout dit, dire «se disant lui-même dans le *donner*, l'un pour l'autre» [48]. Cette structure qualifie donc à nouveau le bien qu'on fait, le bienfait comme signification à l'autre dans la proximité, au datif et non au génitif, lequel virerait bien vite en genèse de la subjectivité. «Dire, c'est approcher le prochain» [49] dans une exposition antédiscursive qui n'est jamais l'acte d'un sujet parlant ou «entendant» mais «faisant». Tel est bien le faire avant d'entendre, le faire qui précède les mots, «langage d'avant le Dit» [50].

———————

46. *Autrement qu'être*, p. 63.
47. «Ce qu'il est également», ajoute Levinas entre parenthèses (*Autrement qu'être*, p. 74).
48. *Autrement qu'être*, p. 251.
49. *Ibid.*, p. 81.

Il y a un silence du dire qui prévient même le dire déjà tendu vers l'énonciation du dit. Il ne se rapporte nullement à l'expérience mystique d'un ineffable ou au néant des théologies négatives ; plein et bruissant d'injonction, il est au contraire le souffle coupé par l'autre dans l'urgence éthique d'un faire qui m'arrache en la prévenant à toute présence dans une parole parlée ou une pensée pensée, un dit ou un thème. Les vertus de ce silence ont été relevées, des Sages[51] à Rosenzweig[52]. En elles se fondent l'obéissance du faire, la responsabilité qui rend possible le problème : « à partir de la subjectivité du Dire, la signification du Dit pourra s'interpréter »[53].

Ainsi, seulement ainsi, sera rendue justice à l'« entendre » du verset qui paraissait, en sa position de secondarité dérivée, si rétif à l'intelligence. Il ne peut être question de dit, de thème, d'être que parce que le dire « sans Dit », le dire pré-originel et an-archique, proximité, contact, devoir sans fin, « requiert la signification du thématisable, énonce le Dit idéalisé, pèse et juge en justice »[54]. Dans le souci de sa vérité, « nous ferons » requiert et pré-énonce la juste pesée du « nous entendrons ». Désintéressée, cette vérité s'avérera comme autre chose qu'une idéologie, alors qu'une entente précédant un faire qui en dépendrait, pour en scruter le vrai, risque toujours de n'être qu'intéressée par les actes qu'elle commande.

« Le sujet du Dire ne donne pas signe, il se *fait* signe, s'en va en allégeance[55]. » L'assujettissement du sujet et dans le faire et dans le dire, dénudation de sa dénudation, apparaît ainsi comme

50. *Ibid.*, p. 101.
51. *Pirké Aboth*, I, 17 : « Je n'ai rien trouvé de meilleur, pour les choses qui se rapportent au corps, que le silence » dit Siméon ben Gamliel qui renverse ainsi la perspective habituelle. Pour ce qui est de l'enseignement divin, la parole. « Pour les choses du corps » en revanche, c'est-à-dire qui appartiennent au monde, qui sont dans l'immanence, « le silence » du faire : la phrase qui suit immédiatement, déjà citée, explique en effet que « ce n'est pas la recherche qui est le principal, mais ce sont les actions ».
52. « Il n'y a rien de plus juif au fond qu'une ultime méfiance envers la puissance du verbe et une confiance intime en la force du silence » (*L'Étoile de la Rédemption*, Seuil, 1982, tr. Derczanski/Schlegel, p. 357).
53. *Autrement qu'être*, p. 77.
54. *Ibid.*, p. 251.
55. *Ibid.*, p. 83 (souligné par moi).

le terme de ce parcours. Mais c'est trop dire. Dans la thématisation où le dit absorbe toute intrigue, il ne saurait y avoir de dernier mot. Le « terme » ne termine pas, il n'est qu'un rebond, une conclusion par provision si l'on veut, un fil saillant qui, seulement tiré, emporterait à nouveau toute la trame. L'allégeance se dirait aussi bien asymétrie, et un cheminement se dessinerait, différent. Entre le *naase* et le dire, la patience du refus du concept s'expose, le travail d'inventivité transcriptive se montre, non pas comme scrupuleuse traduction mais comme capacité à tout rejouer du dire toraïque dans le dit philosophique.

Ainsi se profilerait une approche de Levinas qui ferait de l'*avant* la clé d'une traversée de son œuvre évitant l'écueil des oppositions tranchées de l'être et de l'autre, de la liberté et de la responsabilité, de l'ontologie et de l'éthique. On pourra donc conclure sur ce point de méthode, là où une conclusion est possible, mais comme modeste relance de la lecture.

L'asymétrie d'autrui et de moi [56] commande entièrement la relation éthique, car, re-symétrisée, c'est-à-dire socialisée par son passage en Justice, elle changerait de nature. Or, le fin mot de l'asymétrie, c'est le rapport de précession proposée par la pensée lévinassienne. L'Infini *précède* le fini, l'éthique *précède* l'ontologie, la proximité *précède* la relation, la signification *précède* mon être, la récurrence *précède* l'intentionnalité de la conscience. C'est parce qu'il y a les premiers qu'il peut y avoir les seconds. C'est parce qu'il y a de l'autre-dans-le-même qu'un sujet est possible, parce qu'il y a une structure en intériorité qu'un questionnement philosophique s'ouvre, parce qu'il y a « à qui ? » que « qu'est-ce que… ? » peut se déployer.

Par la redistribution inédite des interrogations qu'il aura produites, le sens de l'immémorial inspiré à Levinas par l'avant pré-originel du faire aura ainsi servi à l'affinement en profondeur de notre entendre.

---

56. Soit visage/unicité d'élu, différence/non-indifférence, appelant/répondant, tué (ou non)/tueur (ou non), immanence du « faire » pour l'autre/transcendance de la demande de l'autre, etc.

E. Levinas et Y. Leibovitz

David Banon

Y a-t-il un lien quelconque entre ces deux penseurs ? Quelle est la teneur de ce marqueur de coordination ? Comment le décliner ? À arpenter leur œuvre respective, à les passer au crible, à s'y attarder, on découvre ici et là comme des échos sans que l'un ait eu connaissance des chantiers de réflexion ou des centres d'intérêt de l'autre. Ces œuvres laissent entendre, à une oreille avertie, des sonorités voisines. Ce sont elles que nous essaierons de saisir à partir d'une reconstruction du paysage philosophique dans lequel ils ont, l'un et l'autre, baigné. Cette reconstruction ne vise aucunement à établir des « influences » au sens médiocrement causal, mais plutôt des continuités souterraines entre les deux œuvres et leur environnement culturel, en vue d'accroître leur intelligibilité spécifique. Certes, sur bien des points, on ne saurait dire qu'il existe une communauté de vues, plutôt des consonances – dans la dissonance. Échos troublants dont on se demandera à quelle(s) source(s) il convient de les reconduire.

Quelques repères

Et d'abord quelques-uns de leurs repères biographiques ne laissent pas de déconcerter. Tous deux sont nés en « Russie » ou plus exactement dans les provinces baltes, au tournant du siècle. Levinas, en 1906, à Kovno (Kaunas) – en Lituanie ; Leibovitz, en 1903, à Riga – en Lettonie. Si la ville de Kovno est sise tout près de Vilna, celle de Riga, elle, n'est pas très éloignée de Dwinsk (Dunabourg). Kovno et Riga sont, par ailleurs, à égale distance de Königsberg, la cité allemande la plus proche et, pour les Juifs, la porte de l'Europe, la ville natale de Kant, mais aussi le centre du piétisme protestant. On sait qu'à Vilna est attaché le nom du Gaon Rabbi Eliyahou (1720-1797) et de son disciple Rabbi Hayim de Volozhin (1749-1821). Son œuvre posthume *Nefesh Hahayim*[1] fut révélée par Levinas à l'occident académique. Avec audace, il l'a introduite et enseignée dans plusieurs universités européennes. On sait moins, peut-être, que Dwinsk évoque la haute stature de Rabbi Méir Simha Hacohen (1843-1926), célèbre pour son commentaire du *Code* de Maïmonide, *Or Saméah'*/Lumière joyeuse – assidûment étudié dans les académies talmudiques du monde entier – et son *Meshekh H'okhma*/Culte de la Sagesse qui ont eu droit de citer en philosophie, grâce à Leibovitz, surtout dans sa critique du mysticisme et du numineux chez le Rav Kook[2] ou encore dans sa méditation sur des questions halakhiques[3].

Ces deux provinces baltes sont considérées, à juste titre, comme le haut lieu de la *mitnagdout* : l'opposition au hassidisme d'abord, et à la *haskala* (les «Lumières» juives) ensuite.

Étant donné l'impact de ce courant de pensée sur nos deux auteurs, attardons nous quelque peu sur sa nature. *Mitnagdout* est un néologisme hébraïque signifiant le mouvement intellectualiste d'opposition au hassidisme au cours du XVIIIe siècle. Le Gaon de Vilna, se méfiant du mysticisme sentimental du hassidisme qui exaltait la piété et le cœur et qui défendait une approche populaire, antiélitiste et spontanée de l'étude de la loi, a créé ce courant d'opposition – les *mitnagdim* – en vue de restaurer le primat de la connaissance sur la ferveur, de l'intellect sur l'affectivité et les émotions, de l'étude sur la dévotion et de la rigueur sur l'enthou-

---

1. *L'âme de la Vie*, traduction, présentation et notes par Benjamin Gross, préface d'Emmanuel Levinas, Verdier, Lagrasse, 1989.
2. Y. Leibovitz, «Qadosh Qadosh velo qadosh/Sacré, sacré et non sacré», in *Politiqa*, n° 41, Tel Aviv, Nov. 1991.
3. *Id.*, in *La foi de Maïmonide*, trad. de l'hébreu, introduit et annoté par D. Banon, Cerf, Paris, 1992, p. 27 et in *Israël et judaïsme. Ma part de vérité*, trad. de l'hébreu par G. Haddad, D. Banon et Y. Haddad, Desclée de Brouwer, Paris, 1996, 2e éd., p. 169 et 171.

siasme. Ce que fit son disciple, Rabbi Hayim, en fondant à Volozhin – une bourgade proche de Vilna – une académie talmudique/*yéchiva* qui servira de référence et de modèle à toutes celles qui s'ouvriront dans son sillage et ce, jusqu'aujourd'hui. De ce fait, il renouvela les études talmudiques auxquelles il conféra une place prépondérante tout en donnant l'exemple de la conciliation et du respect des tendances opposées[4].

Rabbi Hayim se souciait moins de « lutter » contre les hassidim que de renforcer les assises de son propre mouvement en faisant de l'*étude* la valeur suprême. Étude de la Torah qui n'est pas seulement motivée par la connaissance nécessaire à l'accomplissement de la loi. Elle constituait en elle-même la communication la plus directe avec un Dieu transcendant et non objectivable dont la parole et la volonté – les commandements – se font texte inépuisable et comme, chaque jour, inédit. Mais déjà se levait à l'horizon une autre mouvance qui n'entendait plus combattre les hassidim ; elle s'employait à élargir et consolider les bases de la *mitnagdout* afin de lui octroyer des défenses immunitaires contre la *haskala* : le rationalisme *séculier* des « Lumières » juives qui s'étendait en Russie et dans les provinces de la Baltique comme une traînée de poudre. C'est le fameux mouvement du *moussar*/de la morale ou de l'éthique fondé par Rabbi Israël Salanter (1810-1883).

Du point de vue historique donc le courant du *moussar* parachève l'entreprise de renouveau religieux de Rabbi Hayim basée sur la valeur intellectuelle de l'étude dont les racines plongent dans la pensée et l'action de la figure emblématique du Gaon de Vilna[5].

---

4. E. Levinas, *A D V*, p. 183 et *A H N*, p. 139-140.
5. Évolution de la *mitnagdout*

Première étape	Gaon de Vilna (1720-1797)	L'opposition vise le hassidisme
		Rigueur intellectuelle accordée à l'étude vs Mysticisme populaire prônant la *Deveqout*/Fusion
Deuxième étape	R. Hayim Volozhiner (1749-1821)	Prône une attitude de conciliation vis-à-vis du hassidisme – Étude et Dévotion
Troisième étape	R. Israël Salanter (1810-1883)	L'adversaire se nomme la Haskala : rationalisme libéral et laïque – le *Moussar* comme antidote

Seul l'adversaire a changé. Il s'agit, à présent, du *maskil* : l'adepte des Lumières juives.

Pour donner aux juifs traditionnels les moyens de faire face, Rabbi Israël Salanter ne restreint pas l'étude de la Torah aux disciplines de base : le Talmud et la littérature des décisionnaires. Il l'ouvre aux grandes œuvres morales – notamment médiévales : *L'amélioration des vertus de l'âme* d'Ibn Gabirol et *Les devoirs du cœur* de Bahya Ibn Paquda. Ceci afin de *tremper* leur âme et de développer, outre l'intellect, les vertus. Cette doctrine d'acquisition, de développement et de renforcement des vertus *met l'accent* sur les commandements régissant *les rapports de l'homme à son prochain* qu'elle élève à la dignité de ceux qui instruisent les relations entre l'homme et Dieu, doctrine selon laquelle « les besoins matériels de mon prochain sont mes devoirs spirituels » [6]. L'homme est obligé, dès lors, d'étudier, de comprendre et d'appliquer avec la même rigueur, la même attention *et* les uns *et* les autres. Le moussar reprenait au début de son apparition la conception de l'homme religieux commun, orienté vers la transcendance et une réalité située au-delà du monde concret. Sentiment de peur, d'humilité, une mélancolie caractéristique de l'expérience de l'homme religieux, la négation de soi-même, la lutte constante et acharnée contre ses pulsions et désirs – surtout la part obscure du désir –, un examen de conscience permanent, un retour persistant sur son comportement et les questions inhérentes aux qualités du cœur et de l'âme, tels étaient les traits distinctifs de ce mouvement à ses débuts. « On avait l'habitude, écrit Soloveitchick, à Kovno et à Slobodka, les centres du Moussar, de se rassembler au crépuscule des fins de shabbat, dans une atmosphère emprunte de tristesse et de nostalgie, dans un moment où l'être se débarrasse de ses armes intellectuelles, de sa force et de son audace et devient particulièrement sensible et émotif, pour s'entretenir de la mort, de la

---

Suite de la note 5. Il semblerait que R. Méir Simha (1843-1926) soit l'héritier de la troisième étape du courant *mitnagued* puisque ses écrits insistent sur l'importance de l'étude classique (*Talmud, Halakha*). Ses critiques sont dirigées contre la *Kabbale* et la *Haskala*. (Cf. *Meshekh Hokhma*/Culte de la sagesse sur *Béhouqotaï*, Lv 26,44). Seuls les sionistes y échappent.

vanité de ce monde, de son insignifiance et de sa laideur»[7]. Ce tournant astreint les *mitnagdim* non pas à «s'enfermer» dans les quatre coudées de la *halakha*, mais à «s'ouvrir» au monde et à la réalité vivante, c'est-à-dire changeante et nouvelle. Ils doivent désormais se confronter à ces changements, faire preuve de volonté et de courage afin de les transformer en levier pour atteindre les objectifs de leur vie religieuse et morale. Aussi quelles qu'aient pu être les infiltrations pénétrant les sources de ce judaïsme, elles ne parvenaient pas à altérer la couleur de leurs eaux.

Ce climat a-t-il exercé une quelconque influence sur nos penseurs? *Sûrement pas directement.* Mais quelque chose de cette atmosphère, de ce bouillonnement culturel (*mitnagdout, moussar, haskala,* sionisme) imprègne, d'une manière ou d'une autre, leur œuvre respective, même si l'on peut établir que celles-ci sont les «produits» du monde de la *haskala* – mais d'une *haskala modérée* qui ne jetait pas les acquis de la tradition dans les poubelles de l'histoire. «La fidélité à la Torah, écrit Levinas, comme culture et une conscience nationale en fonction de cette culture demeurèrent, au sein d'une vie de style occidental, la marque distinctive du juif de l'Est» (*ADV*, p. 184), alors que pour Leibovitz, il convient d'ajouter l'engagement sioniste[8].

C'est dans cette atmosphère essentiellement tournée vers les livres et l'étude «sacrés et profanes» combinés à la morale conçue comme vie vertueuse visant à juguler les pulsions qu'ont baigné *et* Levinas *et* Leibovitz. C'est de là que leur vient la plus grande réserve vis-à-vis de la conception consolatrice de la religion, au sens nietzschéen du terme, de la Kabbale[9] et de l'enthousiasme prophétique

6. R. Israël Salanter, in *Kitvé R. Israël Salanter,* Mossad Bialik, Sifriat Dorot, Jérusalem, 1972, p. 88-89 (en hébreu). Cf. aussi *Lévitique Rabba* 34,8 ; «Accueillir des invités chez soi est plus important que recevoir la présence divine», *Shabbat* 127 a.

7. *L'homme de la halakha,* trad. de l'hébreu par B. Gross, Ed. OSM, Jérusalem, 1981, p. 85.

8. Cf. *Israël et judaïsme. Ma part de vérité, op. cit.,* p. 262-267.

9. Pour Y. Leibovitz, c'est d'une hostilité affichée qu'il s'agit. «…La littérature kabbalistique est idolâtre», in *id., ibid, op. cit.,* p. 162.

auxquels ils préfèrent la pensée rabbinique : *aggadique* – pour l'un, *halakhique* – pour l'autre. Et peut-être jusqu'à cette austérité de la pensée. Ils n'ont pas reçu de formation juive traditionnelle [10], mais l'hébreu, la Bible et « le judaïsme qui se respirait avec l'air » [11] dans ces provinces baltes, les dotent l'un et l'autre d'une solide identité juive [12], bien ancrée dans une conscience religieuse et nationale ainsi que dans un certain nombre de textes fondateurs. Cette formation sera complétée par des études universitaires.

À partir de là, tout semble les séparer, voire les opposer. Pour l'un, Levinas, dès le début, c'est de philosophie qu'il s'agit ; pour l'autre, Leibovitz, de science – notamment de chimie, biologie et médecine, même si on ne saurait exclure qu'il ait eu une formation philosophique « *hors cursus* ». Le premier choisit l'université de Strasbourg et la France qu'il ne quittera plus ; le second fréquente les prestigieuses universités de Berlin et Heidelberg, mais opte, dès 1934, pour Jérusalem à laquelle il demeura fidèle jusqu'à la fin de ses jours. La philosophie du premier est marquée par la seconde guerre mondiale à laquelle il prend part comme soldat d'abord, prisonnier ensuite et… surtout par la Shoah dont il est l'une des innombrables victimes, mais comme témoin de la création de l'État, l'autre comme témoin de la Shoah et acteur dans la création de l'État d'Israël.

Mais ces quelques bribes biographiques ne tiennent pas lieu de pensée. Que reste-t-il alors pour justifier un tel intitulé ? Peu ou pas grand chose, serions-nous tenté de dire ! Par deux fois, Levinas mentionne Leibovitz. La première, dans un article intitulé « État d'Israël et Religion d'Israël » [13] thème éminemment leibovitzien et dans « Dialogue sur le penser-à-l'autre » [14] alors que Leibovitz

---

10. Levinas dit même « malheureusement ». « Emmanuel Levinas se souvient ». Entretien avec Myriam Anissimov, in *Les Nouveaux Cahiers*, n° 82, Automne 1985, p. 31. Yeshayahou Leibovitz reconnaît sa « dette à l'égard de son père, érudit en Torah et homme cultivé. », *Israël et judaïsme. Ma part de vérité, op. cit.*, p. 264.
11. « Emmanuel Levinas se souvient », *art. cit.*, p. 30.
12. « La conscience d'appartenir au judaïsme, dit E. Levinas ; la revendication de cette appartenance, ne pouvaient pas être mises en question ». Cité par Marie-Anne Lescourret, *Emmanuel Levinas*, Flammarion, Paris, 1994, p. 35.

rend un hommage appuyé à Levinas, le considérant comme le philosophe « dont le judaïsme marque la pensée » qu'il s'agisse de « ses écrits sur le judaïsme » ou de « sa philosophie générale qui, même si elle n'est pas religieuse se nourrit de judaïsme [15]. » Toutefois, ce maigre butin ne saurait satisfaire. C'est pourquoi il convient d'interroger les œuvres et leurs thématiques. L'œuvre de Levinas, malgré les innombrables recours à la Bible et au Talmud, reste intrinsèquement philosophique, du moins dans sa démarche ; à peine accepterait-il la formule suivante : une phénoménologie qui aurait bénéficié de la sagesse juive même si la conscience n'assimile pas tout dans ces sagesses alors que celle de Leibovitz, malgré de multiples références au monde de la philosophie, reste essentiellement juive. À peine pourrait-on ajouter qu'il s'agit d'un judaïsme qui serait passé par les fourches caudines du kantisme, même si ce dernier a subi, chez lui, des transformations notoires. Car « même pour les Juifs croyants, […] la source principale de l'inspiration philosophique provient de Kant, ce grand éthicien – pour lequel l'homme est élevé à la dignité de Dieu – et qui est, de fait, un athée antisémite [16] ».

---

13. In *D L*, p. 245.

14. In *E N*, p. 242. Dans cet entretien, Levinas allègue à Leibovitz des idées qui ne sont pas les siennes au sujet du sionisme comme mouvement ayant précipité le cours de l'histoire, faisant de lui un *quiétiste* attendant passivement la venue du Messie et le reléguant dans le camp de l'ultra-orthodoxie qui retire au sionisme le droit de construire l'État d'Israël.
L'installation de Leibovitz à Jérusalem, dès 1934, bien avant la proclamation d'indépendance de l'État, son engagement dans le Palmakh, son action militante dans la société israélienne et jusque sur la scène politique suffiraient à démentir cette assertion, sans parler de ses écrits : *Yahdout, 'am yéhoudi oumedinat israël*/Judaïsme, peuple juif et État d'Israël, traduit par Gabriel Roth, J.-Cl. Lattès, Paris, 1985. (Comme il s'agit d'une traduction partielle et peu fiable, nous citerons l'original hébreu avec le cas échéant, entre parenthèses, la référence au texte traduit, et *Emouna Historia Va'arakhim*, Aqadémon, Jérusalem, 1982, en hébreu).
D'ailleurs lorsque Leibovitz prit connaissance de cet entretien, il voulut écrire à Levinas – c'est du moins ce qu'il nous confia – mais quelques jours plus tard, il nous dit y avoir renoncé.

15. In *Israël et judaïsme, op. cit.*, p. 97-98. Nous avons traduit selon l'original hébreu, *'Al 'olam oumloo*, Keter, Jérusalem, 1988, p. 54.

16. *Emouna…* p. 120-121 et *Yahdout…* p. 294-295, 310-311.

Souci de l'autre et service de Dieu

Si le cheminement philosophique de Levinas est balisé par la question de l'altérité et de son pendant la subjectivité, celui de Leibovitz est hanté par la question de Dieu ou plus exactement du service de Dieu, car le concept de Dieu est problématique et ne prend sens qu'associé à celui de service, de diaconie. On sait que Levinas a pensé la métaphysique comme débordement absolu de l'ontologie par l'autre. Certes, ce débordement a affleuré dans la philosophie occidentale par deux fois – avec l'idée du Bien chez Platon et de l'Infini chez Descartes – mais la singularité de Levinas réside dans le fait de rencontrer l'expérience de l'infini dans le *visage* et, par là, de penser la métaphysique comme *éthique*. « L'éthique est avant l'ontologie [17] ». C'est la philosophie première, celle à partir de laquelle les autres branches de la philosophie s'ordonnent et prennent sens. L'éthique, ce rapport à l'autre homme, met en question le moi, brise l'encerclement ontologique que représente l'être, le fait sortir de son recroquevillement sur soi, l'inquiète et l'éveille. Cette sortie hors l'anonymat de l'être s'appelle existence. Ex(s)ister signifie donc ne pas être rivé à soi, ne pas se dérober au fardeau que constitue l'existence, c'est-à-dire précisément se vouer à l'autre.

Cette orientation éthique de la philosophie reçoit chez Levinas des expressions bibliques élevées à la dignité de catégories : avoir souci « de la veuve, du pauvre et de l'orphelin » ou encore, au hasard des lectures, « être gardien d'autrui [ce qui,] contrairement à la vision caïnesque du monde, définit la fraternité » [18], la responsabilité ou la sainteté. La sommation au Bien ou plutôt à la bonté due à autrui qu'enseigne la Torah [19], cette merveille qui suspend l'inquiétude où chacun est de soi pour l'ouvrir sur le jour de l'autre

---

17. E. Levinas, *D Q V I*, p. 143. Cf aussi *T I*, p. 51.
18. *Id.*, *A D V*, p. 128.
19. Levinas a frappé une formule très pertinente qui résume assez bien la structure de son œuvre, formule qu'il a souvent dite et répétée : « L'Europe, c'est la Bible et les Grecs » en l'explicitant de la sorte. La Bible, c'est l'éthique, le pour l'autre, la responsabilité ; les Grecs – l'harmonie et l'ordre de l'être, la dimension de l'État, de la justice et du politique. Cf. *L I H*, p. 203-205.

et, par là, sur le sens – cette sommation à la bonté est très précisément *élection, responsabilité, humanisme*. Il n'est pas sans importance de préciser qu'il ne s'agit aucunement, chez Levinas, de «l'incontinence verbale d'un humanisme désuet»[20], encore moins de celui qui prend les couleurs de la *Lettre sur l'humanisme*, de Heidegger[21], subordonnant l'humain aux jeux anonymes et obscurs de l'être tout en n'hésitant pas à porter une complaisante compréhension au nazisme. Il s'agit, on l'aura deviné, de l'exigeant «humanisme de l'autre homme»[22]. Celui qui permet à Levinas d'établir que l'éthique est la signification ultime de l'humain, le lieu où l'un pèse ou importe ou est signifiant à l'autre, le lieu où s'accomplit une authentique relation à la vérité, le lieu à partir duquel s'ouvre la dimension du divin[23], dont on ne saurait rien dire de plus, car jamais Dieu ne peut s'ajuster à la raison. Éthique à ne pas comprendre donc comme l'énonciation de règles morales à accomplir, mais comme expression des conditions de possibilité de toute règle, comme intervention d'un sens qui *dérange* l'ordre indestructible de l'être.

De son côté, Leibovitz réfute la conception qui caractérise le judaïsme par l'éthique et l'humanisme – allusion à Buber, à Cohen et au courant du monothéisme éthique de la philosophie juive allemande de la fin du XIXᵉ et du début du XXᵉ siècle – en mettant l'accent sur la seule valeur qu'il reconnaît dans le judaïsme : celle du service de Dieu. Il est vrai que le judaïsme auquel se réfère Leibovitz est défini de manière très précise comme «*donnée empirique*, un judaïsme tel qu'il s'est cristallisé *réellement* dans l'existence historique du peuple juif au cours de ses générations. De ce point de vue, le judaïsme ne saurait être défini que par la Torah et les *mitsvot*/commandements qui étaient, seuls, ses fondements constitutifs jusqu'à son effritement lors de ses derniers siècles[24].» Il en

20. *N P*, p. 12.
21. Traduit par R. Munier, Aubier, Paris, 1983.
22. Titre d'un ouvrage de Levinas.
23. «La dimension du divin s'ouvre à partir du visage humain», *T I*, p. 50.
24. Pour cette question, voir *Yahdout…*, *op. cit.*, p. 308 [souligné par l'auteur], mais aussi p. 294 (170) ou encore p. 338.

découle qu'il ne saurait y avoir d'éthique juive ou même biblique [25] ou encore que «*le judaïsme n'est pas un humanisme*» [26]. Pas même un humanisme de l'autre homme, car Leibovitz ne reconnaît aucune valeur à l'être humain si ce n'est celle *de se tenir devant Dieu*. Comme l'exige le psalmiste : «Je place constamment *Dieu* en face de moi» (Ps 16, 8). Alors que l'éthique aurait formulé cette injonction de la sorte : «Je place constamment *l'humain* en face de moi».

Pour étayer cette affirmation, Leibovitz a recours au rituel de Kippour qui rappelle que «la supériorité de l'humain sur l'animal est nulle, car tout est vanité» (Ecc 3, 19), mais qui ajoute aussitôt après «pourtant Tu as distingué l'humain, dès l'origine, et *Tu l'as reconnu comme apte à se tenir devant Toi* [27]». Certes, on pourrait opposer à ce verset un autre, plus connu qui défendrait la thèse de l'humanisme : «Tu aimeras ton prochain comme toi-même» (Lv 19, 18). À cela, Leibovitz rétorque en pointant la fin du verset : «je suis YHVH» qu'on a généralement tendance à occulter et qui transforme «ce principe éthique humaniste en *commandement religieux* [28]».

Leibovitz distingue l'éthique – pour qui l'humain constitue la valeur suprême et, partant, le rapport à l'individu ou à la société comme problème cardinal de l'homme –, de la religion – pour qui la conception de l'humain en tant que vanité et buée, sans supériorité sur l'animal, dénie toute valeur à l'humain en tant que tel *excepté* dans son rapport à Dieu. Si bien qu'on ne saurait jeter aucun pont entre éthique et religion, l'une étant entièrement irréductible à l'autre [29] ; cette dernière étant même supérieure. Au

---

25. «Il n'y a pas d'éthique juive spécifique». *Id. ibid.*, *op. cit.*, p. 315.

26. *Id. ibid*, *op. cit.*, p. 310. [C'est l'auteur qui souligne.] Cf. aussi «Le concevoir ainsi, c'est se livrer à une sécularisation de la religion d'Israël, à sa transformation en système moral visant à l'amélioration de l'homme et de la société. Une telle conception qui envisage la religion comme un moyen en vue de la réalisation des valeurs humaines, valeurs auxquelles aspirerait un athée pourvu de conscience, se nomme transformation de la religion en humanisme».

27. *Id. ibid.*, *op. cit.*, p. 310. [Nous soulignons.]

28. *Id. ibid.*, *op. cit.*, p. 306. [Nous soulignons.]

29. *Id. ibid.*, *op. cit.*, p. 74 ; p. 312 et 313. Cf. aussi p. 310, «La Torah ne découle pas d'une conception des droits de l'homme mais d'une conception des devoirs de l'homme – c'est un commandement.» En cela Leibovitz est proche, malgré ces dénégations, de Kant et Levinas ne récuserait pas, nous semble-t-il, cette réflexion.

demeurant, Leibovitz reprend, à sa manière, l'idée kierkegaardienne du surplomb de l'éthique par la religion où la foi se situe au-delà de la loi morale risquant parfois de la contredire. Comme dans le cas de la ligature d'Isaac (Gn 22). Pour Kierkegaard et Leibovitz, se tenir devant Dieu, s'élever au niveau religieux, ne peut se faire qu'en enjambant l'ordre éthique ou même en le niant. C'est pourquoi Leibovitz et Levinas lisent le chapitre de la ligature d'Isaac de manière totalement opposée. Le premier ne retenant que la première partie du récit : le *commandement* de monter Isaac en montée d'offrande, en *sacrifice* – celui par lequel toutes les valeurs humaines sont reléguées à l'arrière-plan, et surtout celle de considérer l'humain comme valeur [30]. Le second insistant sur la deuxième partie du récit – celle qui suspend le geste d'Abraham et le *ramène* à l'ordre éthique, celle du Dieu lui interdisant le sacrifice [31]. Ce qui implique deux conceptions opposées du judaïsme : l'une *théocentrique* et anti-humaniste, l'autre – *anthropocentrique* et humaniste. Cette distinction évoque quant à sa formulation sinon à sa démarche l'anti-humanisme de Louis Althusser qui sépare par une «coupure épistémologique» le marxisme de l'idéologie humaniste marxienne afin de mieux établir la scientificité du premier. Leibovitz instaurerait lui aussi, en quelque sorte, une «coupure épistémologique» qui dégage (comme l'a fait Mendelssohn avant lui) la doctrine halakhique du service de Dieu par la loi et les commandements par quoi se définit, *stricto sensu*, selon lui, le judaïsme et le distingue de l'idéologie humaniste du monothéisme éthique qui a été développé par Hermann Cohen et ses émules.

Le service de Dieu ou théocentrisme, selon l'expression de Leibovitz, ne se confine pas au niveau de la pensée, il se déploie au plan de l'action par l'accomplissement des commandements. Et cet accomplissement doit être *désintéressé* : il ne vise ni la perfection spirituelle, celle de l'individu ou de la société, ni le progrès de l'humanité ou de l'univers, car celui qui accomplit un tel service ne sert pas Dieu, mais l'humain, autrement dit *un Dieu*

---

30. *Id. ibid.*, *op. cit.*, p. 392 (109) et *Emouna…*, *op. cit.*, p. 58.
31. E. Levinas, in *N P*, p. 113.

à l'image de l'homme. C'est pourquoi, *seul* celui qui conçoit l'humain comme finalité et comme valeur suprême, c'est-à-dire celui qui met l'humain en lieu et place de Dieu, celui-là effectivement est un être moral. Le service désintéressé de Dieu consiste à servir Dieu du point de vue de sa déité et non pas du point de vue de la rétribution que l'humain pourrait y attendre (consciemment ou même inconsciemment), ou de l'utilité qu'il pourrait en tirer – que ce soit pour le bien-être de l'individu ou de la société.

Pourtant même si Levinas se situe aux antipodes du théocentrisme car « tout ce qui ne peut se ramener à une relation à l'autre représente, non pas la forme supérieure, mais à jamais primitive de la religion[32] », on constate *formellement* la *même* démarche dans le souci de l'autre (primat de l'éthique) et dans le service de Dieu (primat du religieux). *C'est une démarche désintéressée.* Servir Dieu sans attendre de rétribution constitue le parallèle de la non-réciprocité qu'exige l'éthique lévinassienne, de l'asymétrie et de l'inégalité radicales dans la relation à autrui. Car envers autrui, le « je » n'a que des obligations, des devoirs – pas des droits : il est toujours en retard, toujours débiteur à son égard. Il y a une *gratuité* et une générosité dans le rapport à autrui – lesquelles ne sont pas de mon fait ou le fruit de ma liberté – qui se situent au-delà de l'intéressement ou de l'échange de bons procédés. En outre, le même « sans fin » ou sans répit caractérise la relation éthique et la relation religieuse. Jamais la relation à l'autre, l'éthique, ne s'inscrit définitivement dans l'histoire. Elle n'en finit pas, bien au contraire, de relancer l'histoire. Elle la maintient en tension au-delà même de son dénouement messianique. De même le rapport à Dieu ne consiste pas à le servir jusqu'à l'étourdissement, mais de comprendre que *jamais* je n'accomplis la relation religieuse : le service désintéressé de Dieu n'est que l'aveu dc ma faiblesse constitutive sans laquelle il serait la plus horrible des illusions. Leibovitz illustre ce « sans fin » de la relation à Dieu[33] par le service interminable du jour de Kippour. Ce jour dont l'essence même est d'appor-

32. *Id., T I*, p. 52.
33. Y. Leibovitz, *Yahdout... op. ci*t., p. 24 (p. 33).

ter le pardon et la rémission des fautes, par le jeûne, le repentir, les prières, dès la veille avant le coucher du soleil et jusqu'à la tombée de la nuit du jour suivant, se termine par la *néila*/la clôture des portes du ciel. Or, quel est le premier mot que les fidèles prononcent tout de suite après la prière de *néila* et la sonnerie du *shofar* qui annonce la fin de cette solennité ? «Lui le miséricordieux qu'Il pardonne nos fautes...» Tout se passe comme si l'on était renvoyé à la situation d'*avant* Kippour et le seul «profit» retiré par le fidèle, c'est l'effort déployé pour obtenir le pardon. Et déjà, il doit se préparer pour le Kippour suivant et ainsi de suite jusqu'à son dernier souffle. Ce que Leibovitz appelle «la prose de la vie»[34] aux antipodes des fleurs de rhétorique, des douceurs molles et trompeuses du mirage, de la chimère ou du pathétique. Prose qui fonde l'acte religieux sur l'exercice suivi et régulier du devoir. Prose requise par la «religion revendicative/*dat tova 'at*, celle qui impose à l'humain des devoirs et des charges et en fait un instrument au service de la réalisation d'une finalité qui ne vise pas l'être humain ; la satisfaction qu'il en tire ne se trouvant que dans l'accomplissement de son devoir[35].» Et comme en écho, n'est-ce pas ce que dit Levinas de la relation éthique : «La dette s'accroît dans la mesure où elle s'acquitte[36]». Ou encore lorsqu'il définit l'éthique comme renoncement aux calculs de déficits et de compensation, «départ sans retour», «œuvre sans rénumération», sans même l'espoir d'entrer dans la Terre Promise. Et en éloignant toute signification empruntée à une religion positive quelconque mais en la référant à son étymologie grecque, Levinas décrit l'éthique comme *liturgie*, c'est-à-dire «l'exercice d'un office non seulement *totalement gratuit*, mais requérant de la part de celui qui l'exerce une mise de fonds à perte»[37]. Éthique non seulement désintéressée mais conçue comme *désintéressement*. L'éthique n'est pas une «région», une couche ou un ornement de l'être. Elle est, de soi, désintéressement

---

34. *Id. ibid.*, *op. cit.*, p. 22 (p. 30).
35. *Id. ibid.*, *Judaïsme...*, *op. cit.*, p. 23 (p. 31).
36. E. Levinas, *A Q E*, p. 14.
37. *H A H*, p. 42-43. [Nous soulignons.]

à entendre comme *des-inter-essement*, en employant des tirets pour faire éclater l'expression en ses parties de manière à mettre en relief son socle latin signifiant sortie de l'intérieur de l'être. Désintéressement comme dérangeant l'ordre établi de l'être menant impénitent son train d'être. Désintéressement lequel n'est possible que sous un traumatisme où le soi est dérangé par l'autre : dérangé, éveillé, inquiété, transcendé. Autre point où s'éprouve à la fois la proximité et la distance de nos deux penseurs. Il semblerait qu'ils réduisent quelque peu l'autonomie du sujet ou plus exactement qu'ils proposent une autre définition de la subjectivité : «Je suis l'obligé de l'autre» ou encore «Le bien m'a choisi avant que je ne l'aie choisi. Nul n'est bon *volontairement*[38]» écrit Levinas où le bien s'entend comme assignant le sujet à s'approcher de l'autre, où la responsabilité n'est pas assumée comme un pouvoir, mais comme une pratique *antérieure* à l'adhésion volontaire, comme une astriction à laquelle je suis toujours déjà exposé, otage. Comme une liberté qui ne commence pas dans la liberté. Face à autrui, la subjectivité est mise en cause dans son être propre. Autrui empêche le moi de demeurer en soi et le pousse à sortir de son être. «La Torah est un ordre auquel le moi tient *sans qu'il ait eu à y entrer*, un ordre au-delà de l'être et du choix. Avant le moi-qui-se-décide se place sa sortie de l'être[39].» Il s'agit, chez Levinas, d'un soi qui se pose non pas en s'opposant mais en *se déposant*, c'est-à-dire en déposant sa souveraineté de moi. D'un soi d'emblée pour l'autre et ainsi non pas sans couronne, sans attribut de la royauté, mais portant l'autre comme couronne, le sup-portant. «Le soi est *sub-jectum* : il est sous le poids de l'univers – responsable de tout.» Ou encore : «Supporter l'univers – charge écrasante, mais inconfort divin[40].»

---

38. *Id. A Q E*, p. 13. [Nous soulignons]. Levinas poursuit : «Mais la subjectivité qui n'a pas le temps de choisir le Bien et qui, par conséquent, se pénètre à l'insu d'elle-même de ses rayons, ce qui dessine la structure formelle de la non-liberté, la subjectivité voit racheter, exceptionnellement, cette non-liberté par la bonté du Bien. L'exception est unique. Et si nul n'est bon volontairement, nul n'est esclave du Bien.» Cf. aussi *A Q E*, p. 157.

39. *Id., Q L T*, p. 107. [Nous soulignons.]

40. *Id. ibid., A Q E*, p. 147 et 157.

Le soi est donc assujetti au monde et à autrui. Dépouillé de tous les attributs de la subjectivité : de la volonté et du choix. D'une subjectivité comme «passivité plus passive que toute passivité» pour que puisse commencer une activité. Autrement dit, une subjectivité soumise entièrement à l'hétéronomie, à l'extériorité, à la rencontre d'autrui que je ne constitue pas, mais que je sers. Ce service étant très précisément *élection* ou responsabilité qui institue le soi. Leibovitz, de son côté, devant la démesure du commandement de servir Dieu, réduit la signification de l'autonomie à la *volonté*, en tant que possibilité de prendre la décision d'entrer dans un système hétéronome. Être un «je», c'est *vouloir* servir Dieu, c'est accepter cette servitude volontaire à laquelle nul ne peut m'y contraindre. Et de ce fait – accéder à l'*élection*. Si bien qu'on peut avancer que Leibovitz rejette la différence instaurée par Saadia Gaon entre les préceptes enseignés par la raison/*mitsvot sikhliyot* et les préceptes imposées par la révélation/*mitsvot shim'iyot* : entre les commandements de raison et ceux d'obéissance. La plupart de ces derniers considérés comme des décrets royaux sont dénués de sens excepté celui de se décliner comme service de Dieu. Être sujet, dire «je», c'est donc – aussi bien chez l'un que chez l'autre[41] – être *élu*. Mais chez l'un, c'est par la sommation *an-archique* à la bonté due à autrui alors que chez l'autre, c'est par le choix de se-tenir-devant-Dieu prêt à accomplir Ses commandements et ne reculant devant aucun sacrifice. C'est ainsi et seulement ainsi qu'il est «libre», «souverain» : «Est libre quiconque s'occupe de la Torah» (*Avot* 6, 2) porte le «joug de la loi» et accepte de le porter avec joie. Est libre quiconque accomplit les commandements. Commandements qui ne sont pas des éléments *régulateurs* du judaïsme, mais ses éléments constituants.

---

41. On constate chez Levinas un retournement de l'hétéronomie – qui est première et primordiale : l'obéissance précédant l'écoute de l'ordre – en autonomie. «Possibilité de trouver, anachroniquement l'ordre dans l'obéissance même et de *recevoir l'ordre à partir de soi-même* – ce retournement de l'hétéronomie en autonomie est la façon dont l'Infini se passe – et que la métaphore de l'inscription de la loi dans la conscience, exprime d'une manière remarquable, conciliant […] l'autonomie et l'hétéronomie.»° *A Q E*, p. 189. [Nous soulignons.]

Prier pour et Prier

Parmi ces commandements se trouve la prière – thème étudié par
nos deux penseurs[42] – où l'on peut découvrir là aussi d'étonnantes correspondances. Cette élection ou inversion du *pour soi* en
pour l'autre et déjà crainte de l'un *pour* l'autre – que cet autre soit
autrui ou Dieu – est ce qui semble ressortir de leur approche respective de la prière, «sujet des plus difficiles pour le philosophe comme
pour le fidèle[43]».

Signalons d'emblée que les deux récusent la prière spontanée,
celle que le fidèle adresse de son propre chef, celle «du malheureux qui, dans sa détresse, répand sa plainte devant YHVH»
(Ps. 102, 1). Cette supplication est certes admise par la loi juive/la
halakha mais elle demeure entachée par les mobiles personnels
du fidèle – qu'ils soient d'ordre matériels ou spirituels. «Prier pour
son malheur, écrit Levinas, ce ne serait jamais l'ultime intention
d'une pieuse prière[44]». C'est, en fait, une prière conçue en fonction des besoins de l'être humain, de ses états d'âme. Une prière
dont la finalité est de combler un manque ou d'apaiser des angoisses – «une sorte d'*exutoire* à l'affectivité ou aux effusions lyriques
de l'âme[45]». De sorte que ce fidèle ne «place [pas] Dieu face à
lui» (Ps 16,8), mais bien l'homme face à lui[46] et ainsi son service
n'est pas indifférent à la rémunération comme il devrait l'être. Il
ne *sert* donc pas Dieu, mais *se* sert lui-même en *se* servant de Dieu.

---

42. Y. Leibovitz, «De la prière», in *Judaïsme, peuple juif...*, *op. cit.*, p. 51-58; *Israël
et judaïsme*, *op. cit.*, p. 183-188; *Emouna historia...*, *op. cit.*, p. 11-19 et dans
Sih'ot 'al pirqé avot vé'al harambam, Schocken, Jérusalem/Tel Aviv, 1979, p. 50-
69, alors qu'Emmanuel Levinas en traite in *Difficile Liberté*, *op. cit.*, 2e éd., «Éducation et prière», p. 345-349, in *l'Au delà du verset*, «Du langage religieux et de la
crante de Dieu», p. 107-122; *A l'heure des nations*, «Judaïsme et Kénose», p. 147-
151 et notamment dans un article au titre éminemment leibovitzien, «De la prière
sans demande» publié in *Les Études philosophiques*, n° 2/1984, p. 157-163. Certes,
dans cet article, Levinas expose les idées de Rabbi Hayim de Volozhin sur la prière
mais elles sont l'exact reflet des siennes propres.
43. *D L*, *op. cit.*, p. 345.
44. «De la prière sans demande», *art. cit.*, p. 163.
45. Y. Leibovitz, *Yahdout...*, *op. cit.*, p. 386 (p. 52-53).
46. *Id.*, *ibid.*, *op. cit.*, p. 315 (en hébreu).

Or prier est un verbe *intransitif*. Inconditionnellement intransitif. Rabbi Simlaï n'enseigne-t-il pas (*Berakhot* 32a) que «l'homme doit toujours d'abord exprimer la gloire (*shibh'o*/louange) du Saint, béni soit-Il et ensuite prier. D'où le savons-nous ? De Moïse. Lorsqu'il demanda grâce (ou don gratuit selon Rachi) en ces mots : «Tu as commencé à montrer à ton serviteur ta grandeur, ta puissance et ta main forte [louanges]... Et alors seulement : «Laisse-moi passer, je T'en prie, je voudrais voir ce bon pays qui est au-delà du Jourdain...» (Dt 3,24-25).» Il convient donc de louer Dieu et ensuite de *prier* – non de demander la satisfaction de ses besoins ou l'exaucement de ses désirs. La demande intéressée n'est pas prière. D'ailleurs, ici, Rabbi Simlaï donne l'exemple d'une requête qui n'est pas exaucée puisque Moïse n'entrera pas en Terre Sainte. Et par conséquent il l'oppose à la prière authentique qui doit être comprise, vécue et exprimée en tant que service désintéressé.

Nos deux penseurs traitent donc de la prière collective : celle que l'être humain «est *tenu* de faire...», qu'il lui incombe d'accomplir[47]» celle qui est assujettie à des règles et qui constitue «un devoir» : celle qui a été instituée par les «hommes de la Grande Synagogue composée de sages et de prophètes, de ceux qui après la captivité de Babylone ont assuré la continuité de la tradition interrompue par l'exil et où se noue le lien entre la prophétie et le rabbinat, point névralgique de l'histoire spirituelle d'Israël[48]» (Levinas) et dont la forme et l'expression ont été «frappé comme monnaie par les Sages» (Leibovitz), qui est donc fixe et immuable. La vraie prière – celle publique et établie «dans une langue que tant de millénaires d'histoire laissent indemne[49]» – n'a de sens que dans la mesure où elle est prononcée comme l'accomplissement d'un commandement, comme service divin.

À cet égard, nos deux auteurs réfèrent l'institution de la prière à la thèse défendue par R. Yéhochoua ben Lévi laquelle enseigne que «les prières remplacent les sacrifices quotidiens/*témidim* offerts

---

47. Y. Leibovitz, *Judaïsme...*, *op. cit.*, p. 386 (p. 52).
48. E. Levinas, *A H N*, p. 147.
49. *Id*, *D L*, p. 346.

au Temple» laissant de côté la thèse de Rabbi Yossi béRabbi Hanina pour lequel ce sont «les Patriarches qui ont institué les prières» (*Bérakhot* 26b). Ce qui veut dire que la prière – comme toutes les lois juives/*halakhot* – est une affaire d'hommes, d'hommes remarquables certes, mais qui n'en sont pas moins des êtres de chair et de sang. Dès lors, si la prière vient en lieu et place du sacrifice quotidien qui était entièrement consumé, holocauste/'*ola*, elle est, elle-même, tout entière *offrande*. C'est donc que la vraie prière n'est *jamais* pour soi, *jamais* pour ses propres besoins. «La chair offerte en holocauste ne devait-elle pas se consumer entièrement sur l'autel, sans *rien* laisser à l'offrant? Comment le particulier peut-il parler de ses besoins égoïstes en priant et compromettre le pur dés-inter-essement de l'holocauste? écrit avec justesse et vigueur Lévinas[50]. Pour Leibovitz, si la prière se substitue aux sacrifices quotidiens, c'est qu'il n'y a, comme l'explique Maïmonide, aucune signification rationnelle à sacrifier deux brebis ou treize taureaux mais, en revanche, il y a bien une *signification religieuse*[51] à ce service quelle que soit sa forme. «La prière ne peut être perçue dans sa forme et dans son contenu que comme un rite, convenu et accepté[52]». C'est pourquoi l'un et l'autre soulignent «l'extravagance» (Levinas), «la candeur» (Leibovitz) «de celui qui veut glorifier Celui qui est toute gloire, sanctifier Celui qui est toute sainteté, supplier alors qu'il s'adresse à Celui qui connaît toutes les misères humaines[53]» ou, pour utiliser le langage acerbe de Leibovitz «de celui qui L'informe de ses désirs et, inutile d'ajouter, qui a l'intention d'exercer, en quelque sorte, par sa prière, une quelconque *influence* sur Dieu – idée dont la candeur seule peut soustraire son auteur du blasphème et du sacrilège[54]». La prière, appelée «service du cœur» ou «travail du cœur/'*avodah shébalev*» (*Ta'anit* 2a), exige de l'orant qu'il «oriente son cœur

---

50. *Id*, «De la prière sans demande», *art. cit*., p. 162. [Nous soulignons.]
51. Y. Leibovitz, *Yahdout...*, *op. cit*., p. 387 (p. 54).
52. *Id.*, *ibid.*, *op. cit*., p. 387 (p. 54).
53. E. Levinas, *D L*, *op. cit*., p. 345.
54. Y. Leibovitz, *Judaïsme*, *op. cit*., p. 54.

vers le ciel» (*Berakhot* 31a), c'est-à-dire qu'il annule ses désirs devant l'obligation irrévocable de servir Dieu. En outre, en tant que service de Dieu, c'est-à-dire acte religieux [55], la prière est toujours exaucée. «La véritable prière n'est pas autre chose que l'expression de l'intention du fidèle de servir Dieu» [56], précisément au moyen de cette prière. «Une "prière exaucée", conclut Leibovitz, est une tautologie alors qu'une "prière non exaucée" est une notion absurde tout comme "un triangle qui n'a pas trois côtés" [57].»

Cependant si pour Levinas on ne ravale jamais la prière au niveau du particularisme où se place le moi, si on ne cherche pas à assurer son propre salut, on prie *pour l'autre*, pour la paix du prochain et du lointain, pour leur salut. «Prier signifie, pour un moi, assurer le salut des autres au lieu de faire – ou avant de faire – son propre salut [58]» Dès lors «loin de signifier une demande adressée à Dieu, la prière consisterait à «élever son âme vers les hauteurs». S'élever comme s'élèvent les fumées du sacrifice [59]» S'élever à comprendre comme n'être plus rivé à soi, comme se défaire de la pesanteur de son être, de son *conatus essendi*, comme «se dégager de l'inconditionnel attachement à l'être, [comme] se dés-inter-esser [60]». On constate que l'un et l'autre conçoivent la prière comme service désintéressé conduisant chez Levinas à la sortie de la masse adipeuse de l'être, au pur des-inter-essement. Chez Leibovitz, aucune sortie n'est pressentie ou visée par l'acte de prier hormis l'accomplissement même de ce devoir en tant qu'il est devoir de servir Dieu : la finalité de la prière, c'est la prière elle-même.

Pourtant chez l'un et l'autre, rien n'est dit de Dieu, surtout pas cette «suprême qualification» qui revient à l'identifier à l'être. Sauf peut-être, que le Dieu de la prière, celui d'Abraham, d'Isaac et de

55. Y. Leibovitz, *Judaïsme*, *op. cit.*, p. 56.
56. *Id.*, *ibid.*, p. 58.
57. *Id.*, *ibid.*, p. 58.
58. E. Levinas, *A H N*, p. 148.
59. *Id.*, *ibid.*, p. 148.
60. E. Levinas, *art. cit.*, p. 162.

Jacob est plus ancien que le Dieu du savoir, des philosophes. Sauf aussi qu'il exige qu'on Le serve, *lui*, chez Leibovitz alors que chez Levinas, c'est à travers mon souci pour autrui que je suis capable «d'entendre un Dieu non contaminé par l'être[61]», et que je sers *ipso facto* Dieu. C'est à partir du visage de l'autre que m'est signifié le divin commandement de ne pas tuer. C'est dans la proximité d'autrui, dans la socialité, que «Dieu (me) vient à l'idée». Il ne s'agit pas là «de pensées relatives aux choses de l'imagination qui ne s'appellent point *dé'a*/connaissance, mais «ce qui vous vient à l'idée» (Ez 20,32)[62]». Dieu, chez Levinas, ne vient pas dans la thématisation d'un pensable ou dans une quelconque invitation au dialogue, encore moins dans l'imagination, Il vient dans cette *assignation* à autrui. Chez Levinas, Dieu n'est pas adéquat à la raison, Il n'est pas à la mesure de la perception. Il est hors maîtrise et hors savoir. Altérité absolue échappant à toute prise. Pure transcendance. Comme chez Leibovitz, où un fossé infranchissable sépare Dieu de l'être humain. Mais c'est précisément «la conscience de cet abîme qui constitue l'expérience de la crainte et de l'amour[63]» de Dieu. Il confesse avoir trouvé cette conception de l'absolue transcendance de Dieu chez Maïmonide pour qui Dieu n'est pas un thème de la pensée religieuse ni objet de croyance spontanée ou naïve, car «selon la foi religieuse Dieu n'est pas un être corporel et donc ceux qui sont dotés d'un corps ne sauraient le saisir étant donné qu'Il est au-delà de toute imagination[64]». Toute tentative de le saisir ou de porter atteinte à son hétéronomie, confine à l'idolâtrie. Néanmoins placer Dieu en dehors de la sphère du savoir ne consiste certes pas à en faire un objet de croyance[65] pour Levinas ni à lui ôter toute signification. Surtout pas celle de nouer une intrigue avec la subjectivité, avec le moi, à partir de la loi inscrite sur le visage d'autrui.

---

61. *Id.*, *A Q E*, p. X.
62. Maïmonide, *Guide*, III, 51.
63. Y. Leibovitz, *Emouna...*, *op. cit.*, p. 86.
64. *Id.*, *Yahdout...* p. 362.
65. «De la phrase où Dieu vient pour la première fois se mêler aux mots, le mot Dieu est encore absent. Elle ne s'énonce en aucune façon «je crois en Dieu». E. Levinas, *A Q E*, p. 190.

À partir de la demande adressée au moi, avant toute expression, de prendre en charge la vulnérabilité de l'autre. De répondre « me voici », disponible envers celui qui m'élit pour le servir. Le « me voici » signifie « envoie-moi » vers autrui, le prochain et le lointain. Le « me voici » signifie défaire son *esse* et ainsi être responsable. Une manière de traduire en langage philosophique l'aspiration religieuse à la transcendance. Chez Leibovitz, l'humain n'apprend rien de ou sur Dieu hormis ce qu'Il attend de lui : une assignation au devoir. N'est-ce pas une autre manière de répondre « me voici » qui, ici, signifie se tenir devant Dieu, prêt à accomplir Ses commandements en tant qu'il sont Ses commandements ? Qu'on est loin ici de « la religion dispensatrice/*dat ma'aniqa* – un moyen mis au service des besoins de l'humain pour satisfaire ses besoins spirituels et pour apaiser ses angoisses. La finalité de ce type de religion est l'homme et Dieu ne fait que proposer ses services à l'humain. C'est une religion de croyances et de valeurs[66].»

On l'aura compris, pour nos deux penseurs, être obligé à la responsabilité n'a pas de commencement, est an-archique, sauf que l'un conçoit la responsabilité comme crainte *pour* l'autre-homme et l'autre comme crainte *de* Dieu, même si pour le premier la seule manière de craindre Dieu, c'est de prendre en charge autrui, alors que pour le second, elle consiste à accomplir *Ses commandements* parce que ce sont Ses commandements et pour aucun autre motif[67] hormis celui de préserver sa transcendance radicale. Surprenantes correspondances !

Sionisme et État d'Israël

Mais leurs réflexions ne s'appliquent pas seulement au judaïsme en tant que pensée ou corps de doctrine, à sa dimension théorique, elles interrogent le caractère sociologique et historique, c'est-à-dire

---

66. *Id.*, *ibid.*, p. 23 (p. 31).
67. La seule raison que Leibovitz trouve à l'accomplissement des commandements réside dans le fait que l'exigence de cet accomplissement provient d'une injonction adressée à l'homme et découlant de sa position face à Dieu.

concret, du peuple juif. Son vécu contemporain. Chacun à sa manière cherche à comprendre la pérennité du peuple et du judaïsme en dépit des crises qui les secouent. Les exemples abondent, chez l'un et l'autre, d'écrits hantés par le souffle d'événements qui ont frappé le peuple juif de plein fouet, mais dont les analyses dépassent, et de loin, les traits passagers et éphémères des dits événements.

Il conviendrait de comparer la pensée politique de Levinas qui s'est heurté à la monstruosité du nazisme et du totalitarisme et celle de Leibovitz confronté à l'État et à son monopole de la violence légitime – même si elle donne naissance à un État de droit. Disons seulement, pour la clarté de ce qui va suivre, que Levinas, contrairement à Leibovitz, n'élabore pas sa conception de l'État sur une philosophie du «contrat social». La construction de la société ne résulte pas d'une limitation du principe hobbien : *homo homini lupus*[68], principe animal, mais bien de ce que l'homme est *pour* l'homme[69]. Dans la vision de Hobbes – où l'État sort non pas de la limitation de la charité, mais de la limitation de la violence – l'on ne saurait fixer de limites à l'État alors que le *tiers* qui vient interrompre l'infini de la responsabilité pour l'autre en exigeant comparaison et mesure, *limite* cette responsabilité et introduit l'ordre de la justice. Chez Leibovitz, l'État est nécessaire, mais du fait de l'autorité qu'il détient pour imposer la loi et qui n'est pas toujours utilisée à bon escient, il devient «suspect», c'est-à-dire soumis à la critique. Leibovitz s'appuie sur des textes de la tradition[70] qualifiant le pouvoir de l'Empire romain de «très bon» même si Rome avait détruit le Temple et opprimé Israël parce qu'elle institue la justice (la *diké* ou en hébreu *dikayon*). Dans le cadre de cette étude,

---

68. Ou celui, beaucoup plus ancien de R. Hanina, suppléant du Grand Prêtre, lequel réclame de «prier pour la sauvegarde de l'État, car sans la crainte qu'il inspire les hommes s'entre-dévoreraient vivants.» (*Avot* 3,2).

69. «Le social, avec ses institutions, ses formes universelles, ses lois, provient-il de ce qu'on a limité les conséquences de la guerre entre les hommes ou de ce qu'on a limité l'infini qui s'ouvre dans la relation éthique de l'homme à l'homme?» E. Levinas, in *E I*, p. 85.

70. *Genèse Rabba* 9,13. Cf. *Sih'ot 'al pirké avot vé'al harambam*, *op. cit.*, p. 47. Il est intéressant de souligner que Levinas cite le même texte et l'interprète in *A D V*, *op. cit.*, p. 85-86.

l'on se contentera de se reporter à leurs analyses du sionisme et de sa réalisation la plus tangible : l'État d'Israël.

L'un et l'autre envisagent le sionisme comme une idée politique qui est parvenue à annuler l'humiliation explique du peuple juif tout en lui assurant une vie indépendante, c'est-à-dire un retour à soi et à la scène de l'histoire, de même que la fin d'une aliénation bimillénaire. Il s'agit bien d'idée politique et nullement d'idéologie. C'est pourquoi Leibovitz prend soin de débarrasser le sionisme de toute hypothèque théologique ou biblique. De même qu'il « purge » le judaïsme de toute « contamination » théologique, il dénigre toute signification religieuse au sionisme en ne l'inscrivant ni dans le projet de la providence divine, ni dans celui de l'aventure messianique (engagement de Dieu dans l'histoire). Il ne réfère même pas cette idée aux textes fondateurs du judaïsme en vue de lui trouver un ancrage et n'en donne aucune exégèse. En revanche, il en donne une définition marquée au coin du bon sens : le sionisme est volonté et action. « La volonté de juifs qui refusent que le peuple juif continue à être dominé par les Gentils[71] ». Ailleurs, Leibovitz écrit en lieu et place de « dominé », « gouverné »[72]. C'est dire que s'il accepte sans réserve la nécessité de l'État, expression directe du sionisme, il n'en fait pas sa raison d'être. L'essence du sionisme, pour Leibovitz, n'est pas la question de l'État, mais celle du *peuple*[73]. Ce peuple qui se trouve engagé dans « un processus d'ébranlement et d'effondrement interne du point de vue du contenu de son sentiment national[74] ». C'est pourquoi Leibovitz n'accorde *aucune* valeur à l'État. Ce n'est qu'un outil et toute tentative de lui octroyer un sens autre qu'instrumental relève de l'idéologie fasciste (qui, elle, élève l'État au rang de valeur). L'objectif du sionisme est donc de mettre en place le cadre, les structures et les institutions capables *d'assurer les condi-*

---

71. Y. Leibovitz, *Judaïsme…*, *op. cit.*, p. 131 (p. 247 et 298).
72. Y Leibovitz, *Judaïsme et Israël*, *op. cit.*, p. 51 (p. 28 de la version hébraïque où il s'exprime, en anglais, comme pour mieux se faire comprendre : « we are fed with being ruled by goyim »).
73. *Id.*, *ibid.*, *op. cit.*, p. 259 (p. 170).
74. *Id.*, *ibid.*, *op. cit.*, p. 319.

tions de continuité de l'histoire du peuple juif sinon il n'est qu'un
appareil politique, un instrument de contrainte et de violence selon
la stricte définition de l'État quel qu'en soit le régime[75]. « Sa seule
justification réside dans le fait qu'il constitue un cadre existentiel
pour le peuple, lequel est une donnée empirique, historique dont
l'existence n'a pas à être justifiée[76]».

Pour Levinas aussi, avons nous dit, le sionisme est une idée
politique, mais qui n'en bénéficie pas moins d'une justification
éthique. « Dans la mesure où pour mettre fin à l'arbitraire qui
marquait la condition des juifs, et à tout le sang versé impunément
depuis des siècles à travers le monde, une solution politique s'imposait. Elle se réduit à l'existence dans des conditions qui ne sont
pas purement abstraites, c'est-à-dire n'importe où, d'une unité
politique avec une majorité juive[77]». C'est la raison d'être propre
du sionisme, même si, au-delà de cette « référence » laïque, dont
il n'est pas possible de se passer dans le monde politisé à l'extrême
de notre temps, « l'œuvre historique de l'État s'imprègne en Israël,
dès le début, et progressivement, des pensées jeunes mais issues
de la Bible ; comment la continuation et le développement de cette
culture biblique se montrait inséparable des fins temporelles de
l'État et débordait ces fins[78]». Levinas dégage, certes l'idée sioniste
de toute mystique, de tout faux messianisme et de son image d'Épi-
nal « qui est dangereuse comme principe politique», mais ne lui
en attribue pas moins « un *élément messianique véritable* qui est
la vie même, la vie quotidienne d'Israël en Israël» faite de labeur,
de sacrifices, d'efforts effectués par des êtres humains qui « comme
Rabbi Aquiba, ne sont pas troublés par le bruit de Rome que l'on
entend même à de grandes distances (*Makkot* 24a)[79]». Malgré ces

---

75. Définition hobbienne-wébérienne de l'État (l'État ayant le monopole de la violence
    légitime), mais qui n'annule pas la distinction établie par Levinas (Cf. *supra*, p. 19),
    ni l'ambiguïté soulignée par Leibovitz.

76. Y. Leibovitz, *Judaïsme…*, *op. cit.*, p. 116-117 (p. 243).

77. E. Levinas, « Israël : Éthique et politique», in *Les Nouveaux Cahiers*, n° 71, Hiver
    1982-1983, p. 4.

78. E. Levinas, *A D V*, p. 12.

79. *Id.*, *ibid.*, *art. cit.*, p. 6.

nuances, et même si Levinas établit que «le sionisme n'est pas une volonté de puissance[80]», et «l'État d'Israël, une catégorie[81]», il est au demeurant aussi «un État au sens complet du terme, un État avec une armée qui possède une force dissuasive, et s'il le faut défensive[82]». À cette défense, Levinas donne le nom de politique mais, ajoute-t-il, de «politique éthiquement nécessaire[83]».

Dès lors, se pose, inévitablement, pour nos deux penseurs, la question générale de la violence d'État ou, plus précisément, de la réappropriation de la violence par les Juifs – peut-elle aller de pair avec les nécessités de l'ordre raisonnable? ou bien pour mettre fin à la violence, l'État ne doit-il pas, à son tour, avoir recours à la violence? – exacerbée par les tragiques événements vécus par l'un et par l'autre. La guerre et la mise en question de l'éthique qu'elle provoque dans son sillage n'est pas seulement traitée, en 1961, dans les premières pages de *Totalité et Infini*, elle est reprise, en 1982, après les massacres de Sabra et Chatila[84], selon la perspective de l'antinomie qu'elle génère entre éthique et politique.

Leibovitz, quant à lui, avait posé, dès 1953, dans toute son acuité, la question terrifiante pour un Juif – qui jusque-là avait vécu «sur le plan de l'éthique et de la conscience comme dans une serre artificielle» – de l'utilisation des armes et de la *manière* de mener la

---

80. *Id.*, *ibid.*, *Q L T*, p. 23.
81. *Id.*, *ibid.*, *D S S*, p. 170. [Nous soulignons] Ailleurs, Levinas explicite sa pensée : «L'État d'Israël, quelle que soit la philosophie politique passagère de ses plus grands ouvriers, n'est pas pour nous un État comme un autre. Il a une densité, une épaisseur qui dépassent de beaucoup son étendue et ses possibilités politiques, il est comme une protestation contre le monde. Et il répercute dans les vastes étendues du visible nos pensées jusqu'alors subjectives», in *D L*, p. 321.
82. *Id.*, *ibid.*, *art. cit.*, p. 4.
83. *Id.*, *ibid.*, *art. cit.*, p. 3. Levinas précise, p. 4, que «c'est, en effet, une vieille idée éthique qui commande de défendre nos prochains. Mon peuple et mes proches, ce sont encore mes prochains».
84. Cf. *T I*, p. IX à XIII. «La guerre ne se range pas seulement – comme la plus grande – parmi les *épreuves* dont vit la morale. Elle la rend dérisoire.» p. IX. [Souligné par nous.]
On se rappelle qu'après l'invasion du Liban Sud, suite à l'opération dite «Paix en Galilée», l'armée israélienne s'est rendue *complice par défaut* des exactions commises par les Phalanges de B. Gemayel sur les Palestiniens des camps de Sabra et Chatila en ne leur portant pas assistance.

guerre : le *jus in bello*. N'eût-il écrit que cet article [85], il aurait laissé sa marque dans l'histoire spirituelle d'Israël ! De quoi s'agit-il ? Ni plus ni moins que d'une *épreuve éthique*. «Porteurs de cette morale qui répugne à verser le sang d'autrui, nous sommes devenus capables et responsables à présent d'assurer notre défense et notre sécurité dont les problèmes qu'elles posent peuvent parfois être résolus par le meurtre d'innocents [86]». Comment sortir de ce dilemme ? Peut-on en sortir ? Peut-on se dérober à la responsabilité irrémissible due à autrui lorsqu'elle commande, en même temps, de transgresser l'impossibilité éthique de tuer et de commettre un meurtre «collectif» dans le but de sauvegarder la vie du prochain – et de «mes proches qui sont encore mes prochains [87]» ? «Dans la responsabilité pour les autres que prescrit un monothéisme non archaïque, il ne faut pas oublier que *ma* famille et *mon* peuple sont, malgré ces pronoms possessifs, mes «autres» comme les étrangers et qu'ils exigent justice et protection [88].» Ou, dit brutalement, peut-on tuer les uns pour sauver les autres ? «L'autre, c'est le prochain… Mais si notre prochain attaque un autre prochain ou est injuste avec lui, que pouvez-vous faire ? Là, dans l'altérité, peut apparaître un ennemi, ou du moins là se pose le problème de savoir qui est juste et qui est injuste [89]». À l'asymétrie de la proximité se substitue la pesée de la justice qui introduit la thématisation et la comparaison entre des incomparables.

Et comme s'il avait anticipé les thèses lévinassiennes sur le tiers, Leibovitz écrit : c'est «dans cette confrontation insoutenable

---

85. Y. Leibovitz, «Léah'ar Qibié»/Après Qibié, in *Yahdout…*, *op. cit.*, p. 229-234 (en hébreu). Le 13 octobre 1953, des Arabes des environs de Qibié – un village arabe de Samarie – se sont infiltrés en Israël et ont lancé une grenade à main dans un foyer juif de la cité de Yahoud peuplée de nouveaux immigrants. Une mère et ses deux enfants ont été tués alors qu'ils dormaient encore. Cette action qui faisait suite à une série d'attaques meurtrières dans les environs a provoqué une opération de représailles menée par Tsahal. Le 14 octobre, une patrouille israélienne a attaqué Qibié, situé au-delà de la ligne du cessez-le-feu. Au cours de l'opération, plus de cinquante personnes ont été tuées et quarante maisons détruites.

86. *Id. ibid.*, *art. cit.*, p. 231.
87. E. Levinas, *art. cit.*, p. 4.
88. *Id. ibid.*, *A D V*, p. 14.
89. *Id. ibid.*, *art. cit.*, p. 5.

entre deux formes du bien que le problème moral apparaît dans
toute son acuité alors que purger le vice par la vertu peut être difficile mais ne fait pas question [90]». Car «ayant le droit de recourir
au «génie d'Esaü» [Gen 27,40 et *Genèse Rabba* 98,5 ; D.B.] voilà
que la distinction entre le permis et l'interdit, le justifiable et l'in-
justifiable *s'amenuise* autant que «la marge entre le paradis et l'enfer» ; notre devoir est donc de vérifier et d'examiner si oui ou non,
nous avons enfreint cette limite [91]». C'est précisément cette
«limite» que Levinas cherche à poser lorsqu'il s'interroge : «Mais
il existe une *limite éthique* à cette existence politique éthiquement
nécessaire. Seulement quelle est cette limite [92]?». Où la situer ?
Comment la fixer ? Elle se dessine à partir de la confrontation de
l'éthique et du politique, dans leur antinomie. «Les événements
de là-bas qu'on aimerait tout de même qu'ils ne se soient pas
produits, prendront donc une signification pour l'histoire générale
de l'esprit. Peut-être est-ce là que se fera quelque lumière, là, dans
les consciences concrètes des hommes qui souffrent et qui
luttent [93]». Cette lueur de sens, Leibovitz croit l'avoir trouvé,
malgré l'écœurement qu'elle provoque en lui, dans nos livres. Ces
livres que, précisément, selon Levinas, nous devons protéger. «Ce
n'est pas simplement notre pensée que nous devons défendre et
protéger, ce sont nos âmes et ce qui soutient nos âmes : nos livres !
Oui, pour les Juifs, c'est énorme et la suprême menace : des livres
en danger. Les livres qui nous portent à travers l'histoire et qui,
plus profondément que le sol, nous soutiennent [94]». Que disent
donc ces livres ? Que Qibié a un précédent auquel Leibovitz se
réfère : l'affaire de Sichem et Dina (Gn 34).

Rappelons brièvement ce récit. Après avoir séjourné chez Laban,
Jacob s'installe à Sichem. Dina sort s'y promener. Sichem, fils de
H'amor la voit, s'en empare et la viole. Il désire néanmoins la

---

90. Y. Leibovitz, *art. cit.*, p. 230.
91. *Id. ibid.*, *art. cit.*, p. 231. [Nous soulignons.] Le «génie d'Esau» étant l'emploi
    des armes.
92. E. Levinas, *art. cit.*, p. 4. [Nous soulignons.]
93. *Id. ibid.*, *art. cit.*, p. 4.
94. *Id. ibid.*, *art. cit.*, p. 7

prendre pour épouse parce qu'il s'y est attaché et prie son père d'agir en ce sens. H'amor se rend chez Jacob qui assortit son accord d'une condition : la circoncision de son fils. H'amor élargit l'accord à l'ensemble des habitants de la ville afin de former un peuple en échangeant les femmes et en commerçant ensemble. Trois jours après, alors qu'ils souffraient des séquelles de la circoncision, Simon et Lévi passent la ville au fil de l'épée. Ce n'est pas par cruauté ou irresponsabilité que les enfants de Jacob ont fait ce qu'ils ont fait. Ils avaient un argument de poids : «Devait-on traiter notre sœur comme une prostituée?» (Gn 34,31). La Bible qui relate cet acte ajoute au récit du crime «trois mots – trois mots seulement – qui semblent être un jugement de valeur : «Et ils marchèrent sur la ville avec assurance, et tuèrent tous les mâles... Les fils de Jacob vinrent dépouiller les cadavres et pillèrent la ville qui avait *déshonoré leur sœur*» (Gn 34,25-27)[95]». Et cependant, en raison de cet acte, la malédiction de Jacob, c'est-à-dire d'Israël, s'est abattue à jamais sur ces deux tribus (Gn 49,5-7). Quel enseignement Leibovitz tire-t-il de ce texte? «L'affaire de Sichem et la malédiction de Jacob notre père à l'heure où il leur prédit «la fin des temps» sont un terrible exemple de la problématique morale qui fait qu'un acte peut être expliqué, motivé et même légitimement *justifié* (!), il n'en reste pas moins maudit[96]».

Afin d'éviter tout malentendu, il convient d'insister sur le fait que le recours à ce texte ne vient pas démontrer une quelconque spécificité de la «morale juive» (notion douteuse selon l'expression même de Leibovitz) et cela va sans dire sa supériorité mais bien se *mesurer* à un problème éthique tout court.

Quel serait, dès lors, l'aspect plus proprement «juif» de cette question primordiale? Il est détecté par Levinas dans le dérapage mystique et pseudo-messianique; dans l'emploi inadéquat de la catégorie religieuse de sainteté pour Leibovitz.

---

95. Y. Leibovitz, *art. cit.*, in *Yahdout...*, p. 232 (les trois mots sont soulignés par l'auteur comme s'il voulait insister sur la justesse et la justification de l'acte : *jus ad bellum*).

96. *Id. ibid.*, *art. cit.*, in *Yahdout...*, p. 232. [Souligné par l'auteur.]

Pour étayer son analyse, Levinas se base sur l'épisode des explorateurs (Nb 13 et 14) et surtout sur la méditation que le Talmud en tire au sujet de la calomnie (*Sota* 34b-35a)[97]. «Quelle est, se demande-t-il, la signification de la condamnation et de la punition des explorateurs qui ont calomnié la terre? Cela signifierait surtout la gravité de la calomnie qui concerne les personnes. Car si la calomnie de ce qui «n'est que pierres et arbres» mérite déjà la mort, combien doit être grave *a fortiori*, la calomnie relative à des personnes humaines. L'argument – l'*a fortiori* – est remarquable. La personne est *plus sainte* qu'une terre, même quand c'est une terre sainte, car devant une offense faite à une personne, cette terre sainte apparaît, dans sa nudité, de pierre et de bois[98]». En rappelant cet enseignement talmudique, Levinas met en garde ceux des Israéliens et des sionistes «qui confondent le sionisme – ou la relation au monde et aux êtres humains que son message signifie – avec une quelconque mystique de la terre comme terroir[99]».

Alors que Levinas dénie toute sainteté à la terre pour ne l'accorder qu'aux humains, à tous les humains, Leibovitz, plus radicalement, refuse de la dénaturer et n'en réserve l'utilisation exclusive qu'à Dieu. «Il n'y a que Dieu qui est saint[100]». On défigure la notion de sainteté – autrement dit les concepts de l'absolu situés au-delà de toutes les catégories de la pensée et du jugement humains – lorsqu'on la transporte dans la sphère du profane et du politique. Plus grave encore, en faisant de l'État, du peuple, de la terre et de la patrie des objets relevant du domaine de la sainteté, on tombe dans l'idolâtrie, dans la *statolâtrie* et on pousse les hommes à agir *sans frein* pour eux. En détournant le concept de sainteté de sa sphère spécifique pour l'appliquer à des objets auxquels il n'est pas destiné, «on court le risque d'édifier notre troisième foyer sur la malédiction de notre patriarche Jacob[101]».

97. E. Levinas, *Q L T*, p. 113-148.
98. *Id. ibid., art. cit.*, p. 78. [Nous soulignons.]
99. *Id. ibid., art. cit.*, p. 7.
100. Y. Leibovitz, *art. cit.*, in *Yahdout...*, p. 233.
101. *Id. ibid., art. cit.*, in *Yahdout...*, p. 234.

A-t-on forcé les analogies entre la pensée de l'autre qui perturbe plus qu'on veut bien le croire ou le laisser paraître et celle du service de Dieu, intransigeante, revendicative ? Il ne nous appartient pas d'y répondre ! Peut-on avancer l'hypothèse, qu'au bout du compte, tous deux proposent un judaïsme pensé et vécu dans les limites de la simple raison – si cette expression n'évoquait pas le « grand athée » Kant ? Un judaïsme qui, en toute rigueur, délivre de l'illusion d'un arrière-monde.

Le logos et sa diaspora

SILVANA RABINOVICH

Le logos et son autre

«Nous avons la grande tâche d'énoncer en grec les principes que la Grèce ignorait. La singularité juive attend sa philosophie. L'imitation servile des modèles européens ne suffit plus. La recherche des références à l'universalité dans nos Écritures et dans les textes de la Loi orale relève encore du processus de l'assimilation. Ces textes, à travers leurs commentaires bi-millénaires, ont encore autre chose à dire.» (ADV p. 233-234.)

Emmanuel Levinas, philosophe Juif Français qui dans ses livres gravait la «difficile liberté», pro-pose (en deux sens : poser préalablement, c'est-à-dire, *préférer*; mais aussi poser vers l'avenir, c'est-à-dire, *proférer*) *l'éthique comme philosophie première*, en se heurtant à la vision ontologique si «enracinée» dans le sol de la philosophie. Levinas n'exclut pas complètement le concept fondamental de l'ontologie : l'être; cependant il soupçonne la lecture réductrice qui a caractérisé la pensée occidentale à la lumière de ce concept. En Levinas convergent divers mondes : celui de la tradition philosophique (hellénophilie allemande vue depuis le monde français), celui de la culture juive (biblico-talmudique, l'expérience de l'Holocauste), celui de la littérature russe (Dostoïevski, Tolstoï, parmi d'autres). Levinas, philosophe qui se heurte à l'ontologie en nous invitant à penser *autrement qu'être ou au-delà de l'essence*, constitue le point de rencontre de la diversité, le lieu du surgissement d'une éthique hétéronomique. C'est justement sa formation hétérodoxe qui permet une formulation de penser *autrement*, en énonçant «en grec ce que la Grèce ignorait».

De même qu'Œdipe, dans le carrefour des trois chemins, a réussi à résoudre l'énigme du Sphinx, Levinas, dans le carrefour de principalement trois langues qui constituent les traditions de trois pensées : hébreu, russe et allemand, écrit en français sa *philosophie première,* dont l'objet est la solution de la même énigme : l'humain.

La pensée hétérodoxe, ainsi que le Sphinx, habite dans le carrefour, et de même que celle-ci, se questionne à propos de l'humanité oubliée. Ils étaient si nombreux ceux qui sont morts dans la légende d'Œdipe à cause de l'impossibilité de se souvenir de la condition humaine, ils ont été dévorés par le monstre impie. Et ils sont si nombreux ceux qui meurent dans notre histoire à cause de l'oubli de la raison éthique pré-originaire, ceux-là ont été dévorés par la *violence de l'inter-esse universel*, par *la nécessité implacable de l'être*.

L'empire millénaire de l'ontologie – fondé sur l'être, la présence et la métaphore héliologique – a éclipsé l'éthique comme origine de l'humain.

Le concept de «l'être», fondamental à la tradition de l'ontologie, a son origine – selon Benveniste [1] – dans cette particularité de la langue grecque de présenter une fonction nominale du verbe être. Levinas le critique fortement :

> Mais c'est parce que, dans l'être, l'humain a surgi que ces implacables nécessités et ces violences et cet universel inter-essement sont en question et se dénoncent comme cruautés, horreurs et crimes,
>
> […] L'humanité de l'humain, n'est-ce pas dans l'apparent contre-nature de la relation éthique à l'autre homme, la crise même de l'être en tant qu'être ?
>
> (H. S. p. 63.)

---

1. E. Benveniste, *Problemas de lingüística general*, tomo 1 Siglo XXI, «Categorías del pensamiento y categorías de la lengua».

Notre auteur présente sa critique au concept d'être à partir de la relation éthique. Du point de vue de ce concept en crise, la responsabilité pour autrui serait contradictoire avec la nature humaine. Mais c'est cette relation éthique et sa *sinistre* «contre-nature» qui met en crise l'être en tant qu'être. Il s'agit d'une relation qui vient à interpeller la validité consensuée pendant des siècles sous l'hégémonie de l'ontologie, et qui vient de «la vérité qui se *révèle* dans le visage de l'autre» et non pas de l'alétheia qui se *dévoile* à la lumière de l'être [2].

La relation éthique se présente comme **des-inter-essement**, c'est-à-dire, en deux sens : le premier et le plus commun, gratuité de la relation dont le mobile n'est pas l'intérêt ; et le second, le plus radical, *ne plus* (**des**) concevoir la relation à partir d'un espace *entre* (**inter**) occupé par l'*être* (**esse**), c'est-à-dire, enfermés dans le cadre conceptuel de l'ontologie. Bref : la relation à l'extériorité – «relation sans relation» selon *Totalité et Infini* car elle ne se résume pas dans un concept – excède les limites de la lumière de l'être et de la métaphore héliologique. En outre, l'*autrement qu'être* s'exprime aussi à travers *l'au-delà du savoir*. La relation du savoir qui va du sujet à l'objet tend à supprimer l'altérité de l'objet, à l'as-simil-er, à l'in-corpo-rer. Peut-être pourra-t-on parler de la «métaphore gastrique» puisque le discours du Même est traversé par une espèce de «boulimie», une faim dévorante de l'Autre. Par contre, l'*au-delà du savoir* est une relation avec la transcendance et comme telle, le sujet – qui est assujetti par l'autre – ne le phago-cyte pas. Il faut rappeler que notre auteur peut mettre en question ce concept de l'*être* depuis un *autre monde linguistique* qui lui est familier et qui ne considère pas l'être comme présence mais comme *devenir* constant, il s'agit de l'*activité pure* que constitue la verba-lité même de tout verbe. Le cadre de référence de cet *autre* mode de penser c'est la langue hébraïque. À cet égard, la réflexion de

---

2. La référence c'est la critique de l'*alétheia* comme la présente Heidegger, depuis le concept de *révélation* qui peut être en rapport aussi avec Rosenzweig comme avec Buber et qui se trouve en E. Levinas, *Totalité et Infini*, aussi comme dans sa deuxième des *Quatre Lectures Talmudiques*.

Silvana Rabinovich

Franz Kafka[3] est intéressante, il s'agit d'un autre penseur juif qui pense l'allemand depuis d'autres langues[4] :

« Le terme *sein* signifie en allemand deux choses : être et lui appartenir. »

Ainsi, l'être en allemand connote l'appartenance à la troisième personne, relation de possession, violence.

D'où, donc, peut être critiqué ce concept clé pour la philosophie occidentale, fondement de l'ontologie ?

Peut-être depuis le verbe *hayah* de l'hébreu biblique, irréductible au concept grec d'*être*, verbe qui n'a pas de conjugaison au temps présent.

C'est important d'éclaircir quelques traits de la langue hébraïque :

Dans son *Abrégé de Grammaire Hébraïque*, Spinoza soutient que c'est le substantif celui qui définit les verbes. Il décrit le *présent* comme un « point, comme s'il était le seuil entre passé et futur »[5].

En hébreu le temps présent s'appelle aussi « beynoni » (intermède), il s'agit d'un temps dont la signification se trouve loin de la notion de présence, c'est *un point intermédiaire insaisissable comme présent*, et dès qu'on le nomme il se transforme en passé. La conjugaison hébraïque du présent – féminin, masculin, singulier et pluriel – correspond aux noms. C'est justement à cause de cette impossibilité de saisir l'action au cours de cet *intermède,* qu'elle se cristallise dans une figure substantive statique. Quant aux verbes, tous, sauf un, se conjuguent dans les trois temps à l'indicatif. C'est le verbe *hayah*, mal traduit par « être », qui n'a pas de conjugaison possible au présent, il ne se soumet pas à cet « intermède » qu'exige la substantivation[6].

---

3. F. Kafka (1988), *Considérations autour du péché, la douleur, l'espoir et le chemin vrai* par. 46.
4. Sur le rapport de Kafka à d'autres langues, cf. G. Deleuze y F. Guattari (1975).
5. Spinoza, *Abrégé de Grammaire Hébraïque* (en hébreu) Krakow (1905), p. 60.
6. Il faut remarquer que dans la langue russe il y a la même absence de conjugaison du verbe « être » au présent.

Irréductible à l'*esse* latin, ce verbe résiste à la traduction latine d'Exode 3, 14 [7]. Ce verbe hébreu a diverses significations, par exemple : existence, changement de situation. Il y a principalement deux explications différentes : l'une soutient que ce verbe est temporalité pleine, c'est-à-dire, il détermine le temps ; l'autre le considère *fiat* originel, activité pure. D'après cette dernière explication on peut comprendre l'absence au présent, c'est l'impossibilité de cristalliser l'activité pure en une statique conjugaison substantive. Malgré les divergences, on peut affirmer que c'est un verbe clé pour comprendre le texte biblique, en tant qu'il constitue le nom de dieu en exprimant sa puissance dans l'éternité : pure activité aux trois temps simultanément.

Pensée qui cherche une évasion de la présence, l'éthique lévinasienne se présente comme *l'autre* de la tradition ontologique de la pensé occidentale en résistant à une interprétation de simple négation :

«L'autre n'est pas la négation du Même, comme le voudrait Hegel. Le fait fondamental de la scission ontologique en Même et en Autre, est un rapport non allergique du Même avec l'Autre.» (T. I., p. 342.)

L'autre, celui qui se révèle devant moi dans son visage, tout en interpellant la sensibilité constituante de ma subjectivité, c'est celui qui réveille en moi la responsabilité. Levinas propose (AE, p. 157) une antériorité de la responsabilité par rapport à la liberté, car cette responsabilité investit le sujet – sans décision volontaire préalable – juste au moment de la rencontre face-à-face avec autrui, dans le cadre d'une relation asymétrique où autrui est à la fois l'indigent et le maître exigeant. La responsabilité pour autrui est antérieure à la décision de l'assumer, cette décision est le corollaire de la thématisation ou la conceptualisation, et elle est postérieure. La responsabilité pour autrui, selon Levinas, c'est le rapport direct

---

7. **Eheyé asher eheyé** n'est pas du tout «sum qui sum». C'est la révélation du Nom à Moïse. Le Tétragramme est le verbe *hayah* conjugué aux trois temps simultanément. Et aussi, la même racine constitue le pronom de la troisième personne *hw, hy* : iléité.

d'un sujet dont la subjectivité se constitue comme sensibilité – et l'on va prendre le terme «sujet» littéralement, c'est-à-dire, l'un assujetti au regard de l'autre, et non pas comme le propose la modernité occidentale, sujet souverain assujettissant l'objet. C'est à partir de la langue hébraïque que la responsabilité peut être comprise de cette façon : la racine du mot hébreu «responsabilité» – *akhraiout* – est l'autre – *akher*[8]. Ainsi, la responsabilité structure la subjectivité comme «être pour l'autre» préalable à toute volonté. Ce fragment de Kafka[9] peut se lire à partir de cette interprétation de la responsabilité :

> «En chargeant une responsabilité trop grande, ou mieux une quelconque responsabilité, tu finis par t'écraser. Si on te charge de toutes les responsabilités, tu peux profiter du moment pour te laisser écraser par leur poids ; mais si tu essaies de les supporter, tu verras que tu ne charges rien, que toi-même, tu es toutes ces responsabilités.
>
> Atlas pouvait penser que, quand il le voudrait, il n'avait qu'à laisser tomber le globe terrestre et s'en aller ; mais il ne lui était pas permis d'avoir une telle idée.»

Il est important de comprendre qu'on ne la charge pas, on *est* cette responsabilité même. Le désespoir kafkaïen devant l'absurde réclamait la nécessité d'interpréter *autrement*. Peut-être l'éthique de Levinas est celle qui rapporte cette alternative, c'est justement lui qui a vécu toute l'horreur de notre siècle que l'auteur juif tchèque «a prophétisée». Et si l'on pense à la prophétie non comme le don de la prédiction mais comme l'exigence de la *justice* absente, l'écriture de Kafka prophétisait…

---

8. Cette racine apparaît aussi dans le concept des temps messianiques «**akh**arit hayamim», en deux sens : **akh**ar qui indique postériorité et **akh**er qui signifie altérité, c'est-à-dire qu'il s'agit d'un temps «autre» et même d'un temps de l'Autre, d'un temps vers l'Autre. Un temps de la responsabilité : «Le Messianisme, ce n'est donc pas la certitude de la venue d'un homme qui arrête l'Histoire. C'est mon pouvoir de supporter la souffrance de tous. C'est l'instant où je reconnais ce pouvoir et ma responsabilité universelle» (DL, 122-123).

9. F. Kafka, «Cuadernos en octava», Cuarto Cuaderno, en *Obras Completas,* p. 1433.

Est-ce que la philosophie serait moins concernée par l'éthique lévinassienne due à cette condition d'être l'autre du logos, condition de discours étranger ? Ma préoccupation c'est la place de Levinas dans le discours philosophique. L'étrangeté de son expression occasionne son «exil» de la «terre promise» que serait la philosophie vers la «diaspora» du discours théologique. Ainsi la pensée critique serait exclue. Cependant, l'intertextualité, d'après Bakhtine, nous permettrait de le réintégrer : il y a intertextualité quand deux sujets qui ne se connaissent pas abordent un même sujet ou idée, ses énoncés se frôlent dans un territoire commun.

En résumé, mettre en relief l'intertextualité constituante de quelques concepts éthiques en Levinas nous permettra de poser de nouveau certains problèmes éthiques et d'interpeller le discours philosophique dans son enracinement dans l'ontologie. Ainsi, la pensée éthique critique de cet auteur n'a pas son origine dans l'*être*, pourtant elle regarde à la constitution de la subjectivité comme *sensibilité* (AE), concept pré-originaire de l'éthique-philosophie-première, lieu de la *responsabilité pour autrui* caractéristique de l'intersubjectivité au niveau an-archique, c'est-à-dire, antérieur à l'origine. La proposition éthique lévinasienne, d'après l'intertextualité, serait l'interpellation du discours philosophique depuis l'Autre. Cet Autre est une pensée éminemment éthique qui s'origine dans une autre rationalité, d'autres catégories et surtout s dans une acception du verbe *être* absolument étrangère à la Weltanschauung hellénisante. Comme, selon Levinas, je suis *responsable pour l'Autre*, avec une responsabilité qui précède la relation même ; il en va de même pour la philosophie occidentale : elle doit *répondre* à l'interpellation de cet *Autre* qui est la critique de ce philosophe sémite. La philosophie peut refuser cette responsabilité, elle peut rejeter ce discours hors de sa compétence. Pourtant, ce rejet n'effacerait pas la préalable responsabilité pour autrui. Dans le cas qui nous intéresse, l'autre serait une pensée critique qui exige à la philosophie de rendre compte de ses concepts. Rappelons-nous de Bakhtine : en tant qu'il y a *frôlement* dans une idée ou sujet, il y a dialogicité. Le frôlement n'est pas obligatoirement celui de la ressemblance, il peut, comme dans ce cas, se caractériser par la différence. Il peut se présenter comme *le sinistre* (*das Unheimliche*), quelque chose de l'ordre du familier qui apparaît soudain et cause de l'angoisse : voilà une autre rationalité, et non pas un discours de l'irrationnel, puisque ce dernier s'inscrit encore dans la rationalité hégémonique de l'être et du logos. Ainsi, la proposition éthique lévinassienne, de nature diasporique, disséminée et disséminante, depuis le monde sémite apparaît d'une façon inattendue devant le logos éthique pour l'interpeller.

J. B. Pontalis affirme que le traducteur doit être capable de tristesse [10], cette tristesse s'origine dans le désespoir causé par l'altérité. L'effort de la philosophie critique lévinassienne – cette pensée «traductrice» – ne transmet pas de la tristesse et c'est justement parce que le rapport à l'autre est l'espoir libérateur. Maintenant, il faut éclaircir de quelle conception de liberté il s'agit, aussi comme quel terrain est «fertile» pour cette autre signification.

De l'écriture, du sol et de la liberté

«L'avènement de l'Écriture n'est pas la subordination de l'esprit à une lettre, mais la substitution de la lettre au sol. L'esprit est libre dans la lettre et il est enchaîné dans la racine.» (D.L., p. 165.)

Il y a quelques éléments dans cette épigraphe que nous allons traiter : d'abord, la conception de la **liberté**, ensuite, le rapport de celle-ci à **l'écriture** – et encore à l'interprétation –, enfin la conception de l'écriture comme **sol** à travers la relation entre langue et territoire [11].

Kharout/Khérout

L'éthique de Levinas définit la liberté autrement que la tradition philosophique occidentale et elle se décrit ainsi :

---

10. «Encore un métier impossible.»
11. G. Deleuze y F. Guattari, *Kafka, pour une littérature mineure.*

«La liberté ne mordrait donc sur le réel que grâce aux institutions. La liberté se grave sur la pierre des tables où s'inscrivent des lois – elle existe par cette incrustation d'une existence institutionnelle. La liberté tient à un texte écrit, destructible certes, mais durable où, en dehors de l'homme, se conserve la liberté pour l'homme.» (T.I., p. 270.)

La difficile liberté est la conséquence de la *responsabilité pour autrui* – contrairement à la tradition philosophique – soit-elle par exemple aristotélique ou kantienne qui la conçoit comme cause. Cette catégorie de responsabilité pour autrui est fondamentale à cette philosophie-première posée par Levinas, et sa primauté, relative à la pré-originariété de la sensibilité est ce que nous venons de rappeler avant. Ainsi, la lecture de la liberté doit se faire d'après l'hétéronomie – c'est le résultat de l'obéissance à une loi – et non pas d'après l'autonomie comme traditionnellement l'a compris la philosophie. Dans le Traité Avot VI 2[12] on lit :

«Les tables étaient œuvre de Dieu, et l'écriture qui y était gravée était aussi Son œuvre. Ne lisez pas «kharout» (gravée) mais «khérout»[13] (liberté). Car le seul homme vraiment libre c'est celui qui étudie la Thora.»

Seul celui qui répond à l'hétéronomie, qui étudie la Loi afin d'éclaircir la parole divine, est vraiment libre. En répondant Deuteronome XXIX 14, où l'on lit que la Loi a été donnée pour chacun : pour ceux qui ont été présents au Sinaï et pour les générations à venir, chacun doit s'y rapporter comme si cette Loi était donnée pour lui.

---

12. *Traité des sages* qui se trouve dans la Mishná, Séder Nezikin c'est la compilation de normes et textes éthiques.

13. Dans la langue hébraïque seules les consonnes (et les semi-voyelles) sont écrites. Les voyelles sont implicites, ou rarement se trouvent comme ponctuation au-dessous des lettres. Dans ce cas, cela nous permet de lire «khérout» (liberté) au lieu de «kharout» (gravée). Ce procédé, appelé «al tikréi» (ne lisez pas) est caractéristique de l'interprétation talmudique et met en relief la polysémie de la langue à partir de l'écriture consonantique.

Dans le cas de l'éthique lévinassienne, l'hétéronomie a lieu à partir du visage d'autrui qui m'interpelle, en m'exigeant la *substitution*, expiation pour autrui jusqu'à ce que je devienne son *otage*. Ce terme dérive du mot «ostage» qui signifie logement, demeure, de «oste» ou «hôte», et il a rapport au latin «hospes», racine du terme «hospitalité». C'est-à-dire, qu'il s'agit autant de l'hospitalité et de ma responsabilité par rapport à autrui – «maternité» éthique qui signifie avoir l'autre dans sa peau – que de la violence d'être saisi et investi par l'autre pour expier à sa place. Otage selon la signification de «répondant» – réponse antérieure à la décision consciente de répondre –, celui qui dans sa sensibilité se fait responsable des besoins d'autrui, hospitalité qui est la «charité qui consiste à recueillir, à loger et nourrir gratuitement les indigents» dans un hospice [14]. Levinas rappelle ce que Rabi Yochanan disait [15] :

> «Laisser les hommes sans nourriture est une faute qu'aucune circonstance n'atténue ; à elle ne s'applique pas la distinction du volontaire et de l'involontaire.»

Charité selon la signification en hébreu : *tzdaka* qui a pour racine la justice (*tzédek*) et dont le but est de rendre justice ; charité qui en hébreu se dit aussi *hessed,* dont le trait fondamental est de ne pas être restituée, le meilleur exemple en est le fait d'ensevelir quelqu'un : il ne pourra jamais rétribuer ce service.

L'autre c'est le pauvre, la veuve, l'orphelin, l'étranger, le nu, l'affamé, le démuni : à la fois impuissante victime et maître exigeant. Autrui interpelle ma sensibilité et je dois répondre pour lui, expier pour lui. Cette constitution de la subjectivité a été éclipsée, selon le philosophe, par le réductionnisme ontologique. L'empire du concept de l'être est l'origine de la notion d'autonomie, l'idée de thématisation – catégorisation et conceptualisation – préalable à toute action. Par contre, dans l'expression biblique de la réception de la Thora on lit l'impératif éthique de l'action qui dit : «*naasé venishma*» (nous ferons et nous entendrons).

---

14. Cf. *Petit Robert.*
15. TI, p. 219, Traité *Sanhedryn* 104-b.

Expression qui aux yeux de la philosophie occidentale connote naïveté (en hébreu *temimout* a aussi un sens éthique d'intégrité et rectitude «*tzadik tamim*» [16]). L'intégrité (*temimout*) consiste à la *substitution* de l'autre, à être *responsable au-delà* de ce qu'on a commis, et c'est sous la forme de «otage» qu'a lieu la difficile liberté. Une responsabilité illimitée qui concerne la justice. Cette justice c'est celle qui objective la relation avec l'entrée du tiers, des autres, quand il s'agit d'organiser la pluralité.

La «difficile liberté» posée au peuple est celle qui est gravée sur la pierre, selon la lecture talmudique de Levinas, la révélation rappelle le consentement antérieur à la liberté et à la non-liberté (QLT, p. 82), «la liberté enseignée par le texte juif commence dans la non-liberté, laquelle – loin d'être esclavage ou enfance – est un au-delà de la liberté» (QLT, p. 88) Donc, l'acte (*naasé*) peut précéder l'écoute et son entendement corrélatif (*nishmá*), ordre inacceptable pour la philosophie, qui qualifierait cet acte de naïf, pour ne pas procurer le savoir nécessaire ; qualificatif qui pour l'altérité sémitique est lu comme «intégrité» (*temimout*). Ainsi le «ferons» (*naasé*) antérieur au «entendrons» (*nishma*) n'exclut pas cette deuxième phase : la fidélité préalable n'est pas naïveté, elle peut devenir discours et discussions, interprétations diverses comme on retrouve dans le Talmud.

La flamme de l'interprétation

«Les paroles des Sages sont comme de la cendre ardente. On peut se demander : pourquoi cendres, pourquoi pas flamme ? C'est que cela ne devient flamme que quand on sait souffler dessus [17] !»

La liberté de l'esprit dans la lettre a lieu dans l'interprétation, ce souffle (en hébreu *rouah* signifie à la fois esprit – insufflé – et vent) qui transforme les braises en flammes à travers le *nishma* (écoute ou entendement).

---

16. Cf. Gén. VI, 9 ; Job 1, 1 «**tam** veyashar».
17. Poirié (1992) p. 119. Commentaire de Levinas sur un autre fragment de *Pirkéi Avot, op. cit.*

L'importance du texte et l'interprétation dans la tradition juive se manifestent dans la tâche intertextuelle insatiable qui a caractérisé au cours des siècles cette culture [18]. Nous nous arrêterons un moment au terme « culture » : Hannah Arendt [19] indique son origine romaine, dérivé de *colere* – cultiver –, ce terme regarde la terre, l'agriculture. En hébreu le terme – moderne – *tarbout* dérive de la racine *rav*, c'est-à-dire, parmi d'autres significations : multiple, nombreux, *pluriel*, vaste, fort, de grande valeur, important, respecté, seigneur, maître, etc. [20]. Si l'on fait attention à l'irréductible différence entre ces deux termes, nous nous trouvons face à deux *Weltanschauungen*, deux visions du monde éloignées l'une de l'autre : la cosmovision romaine – dont dérivent nos langues – et la cosmovision sémitique d'un peuple dispersé qui se manifeste dans l'hébreu. La première est une relation d'enracinement à la terre, au sol : le peuple vit son éthos et produit dans son territoire ; la seconde, par contre, connote pluralité : multiplicité des sols et de langues dans lesquelles, diasporique, le peuple vit son éthos et produit dans un *autre* territoire qui est celui de la lettre. Dans l'hébreu les racines triadiques revêtent des significations diverses. Cette production est celle qui soigne les textes en les cultivant à travers l'interprétation « fertilisante ».

Une fois éclairci ce trait pluriel de la « culture » (dans le sens de *tarbout*), on peut comprendre le passage auquel fait référence Levinas « du sol à la lettre ». Quand on interprète la lettre se déploie la « liberté d'esprit », en étant l'écriture un nouvel « territoire ». Tandis que l'enchaînement à la terre est un trait païen – « colere » –, la liberté pluraliste est un « mouvement sans retour ». C'est l'opposition de l'histoire d'Abraham, quittant à jamais Ur pour aller vers la terre promise ; contre le mythe d'Ulysse quittant Ithaque

---

18. Cette tâche ne se borne pas à la tradition religieuse, qui faisait « Syag laThora », c'est-à-dire que les interprétations construisaient un mur de clôture autour de la Thora ; des penseurs juifs contemporains hors de ce cadre, tels Freud, Benjamin ou Kafka, parmi d'autres, ont continué cette tâche et ils ont créé à partir d'elle.

19. Arendt, Hannah, *Between Past and Future*, Faber and Faber, London, p. 211-212, « (...) it relates primarily to the intercourse of man with nature in the sense of cultivating and tending nature until it becomes fit for human habitation ».

20. A. Even Shoshan — *Dictionnaire hébreu*.

pour retourner à sa terre « permise », à son origine. Une terre promise qui a mené Moïse vers le chemin de l'extériorité : Ex – hodos, cependant il lui était interdit d'y entrer. Liberté vers l'avenir qui est l'Autre par opposition et par-delà l'enchaînement déterministe, c'est-à-dire : à être rivé à son passé, à sa terre, à son corps, à l'être… Bref, « être-pour-l'au-delà-de-ma-mort » (EDE, p. 191) au lieu « d'être-pour-la-mort ». Liberté de l'hétéronomie qui met en question celle de l'autonomie.

L'herméneutique juive mérite un chapitre à part, ici on va seulement rappeler une légende talmudique – connue aussi dans la Cabbale et dans le mouvement hassidique – qui raconte qu'avant la création du monde, toute la Thora était écrite « feu noir sur feu blanc ». Au commencement du XIIIᵉ siècle, on pensait que le vrai texte de la Thora était dans le « feu blanc », quant au « feu noir », il était seulement un commentaire. Ainsi, la vraie loi écrite reste invisible pour la perception humaine, car c'est tout le blanc autour des lettres. C'est-à-dire que la vraie écriture se trouve dans tout ce qui n'est pas le noir des lettres – et maintenant c'est le seul qu'on lit – le vrai texte demeurant inaccessible à notre compréhension, et rendant l'interprétation comme une tâche infinie. Aux temps messianiques – akharit hayamim – le texte de la « Thora blanche » sera révélé. Cet exemple illustre très bien la « liberté de l'esprit » dans la lettre, reprenant le point antérieur : la liberté (*khérout*) qui réside dans la lettre écrite ou gravée (*kharout*). Maintenant on va situer la *territorialité linguistique* dans la pensée de Levinas comme possibilité de son éthique, qui est le résultat de sa *liberté d'esprit*.

Langue et territoire

« C'est le sol de cette langue qui est pour moi le sol français… Je parle très bien le russe, encore, assez bien l'allemand et l'hébreu, je lis l'anglais […] c'est dans cette langue que je sens les sucs du sol [21]. »

De toutes les langues que Levinas mentionne, c'est le français qui est élu comme celui qui l'attache à la terre, c'est dans son sein

---

21. Poirié (1992), p. 60.

qu'il sent «les sucs du sol». Il écrivait dans cette langue «pour dire en grec ce que la Grèce ignorait».

G. Deleuze et F. Guattari [22] définissent une littérature mineure comme celle qu'«une minorité fait dans une langue majeure»; la philosophie «minoritaire» de Levinas, qui se heurte au colosse de la tradition philosophique occidentale établie, choisit le français comme référent de «langue majeure». Un trait important de la «littérature mineure» c'est que «la langue y est affectée d'un fort coefficient de déterritorialisation, tel l'allemand de Kafka, et dans notre exemple, le français du philosophe lituanien, qui est dépassé par l'expression de son éthique au moyen des catégories étrangères au discours éthique établi. «Le langage – écrivent ces auteurs – cesse d'être représentatif pour tendre vers ses extrêmes ou ses limites.» Cela se lit clairement dans les expressions de l'éthique lévinassienne, telles, parmi d'autres : substitution, otage, proximité, visage, l'autre, la sensibilité, ou d'interprétations telles comme celle de liberté, responsabilité, vérité, le dire et le dit, la corporalité, etc.

> «D'ordinaire, en effet, la langue compense sa déterritorialisation par une re-territorialisation dans le sens. Cessant d'être organe d'un sens, elle devient instrument du Sens [23].»

À l'égard de Kafka, Deleuze et Guattari présentent le modèle tétralinguistique de H. Gobard [24], qu'on va adapter ici par rapport à Levinas :

– le *russe* comme langue vernaculaire, langue maternelle ou territoriale, langue de ses premières lectures;

– l'*allemand* serait la langue véhiculaire, celle de l'échange philosophique avec la phénoménologie, langue de la première déterritorialisation, un allemand aliéné qui regrette un passé mythique et mythologique, adorateur de ce «mythe» qui est le logos de l'être, un allemand qui traduit l'être à la fois comme appartenance à une troisième personne;

---

22. *Kafka, pour une littérature mineure*, chap. 3.
23. *Ibid.*, p. 37.
24. *Ibid.*, p. 43 et ss. Aussi cf. Gobard, *L'aliénation linguistique*.

– le *français* serait la langue référenciaire, du sens et de la culture, dont les «sucs du sol» lui permettent la reterritorialisation culturelle, langue qui est terre fertile pour l'expression de sa pensée ; – l'*hébreu* serait la langue mythique, celle qui se trouve dans l'horizon des cultures, qui comme tout horizon est insaisissable, mais qui trace le chemin de la vraie reterritorialisation spirituelle ; c'est insaisissable parce qu'exprimer la philosophie en hébreu serait insuffisant, il faudrait vider cette langue de son contenu énergétique créateur, il s'agirait d'une tâche ardue et inutile. Cependant la fonction de l'hébreu c'est de signaler la possibilité de dépasser les limites de la langue référencière, et cela explique les catégories originales posées par Levinas, si étrangères à la philosophie traditionnelle. La fonction de l'hébreu est d'être *l'autre* qu'interpelle le même qui s'exprime déterritorialisé.

Ainsi, exprimé selon les catégories spatio-temporelles, le russe serait l'*ici*, l'allemand de l'ontologie serait le *partout*, le français le *là-bas* et l'hébreu l'*au-delà*. Ainsi comme, selon Levinas, la vérité se révèle dans le visage de l'autre, cet *au-delà* – hébreu – se révélerait face au *partout* – allemand phénoménologique – et c'est possible seulement dans le territoire du *là-bas* – français.

En reprenant les «sucs du sol», Levinas les prend du français avec la possibilité d'exprimer – au sens de presser – cette langue, jusqu'à le faire ex-primer : se rattacher à l'extériorité et à l'altérité. *Dire* – éthiquement – au-delà de toute possibilité dans le champ du *dit* [25] :

> «On fera filer l'allemand sur une ligne de fuite ; on se remplira de jeûne […] On le poussera jusqu'à une déterritorialisation absolue, même si elle est lente, collante, coagulée. Emporter lentement, progressivement la langue dans le désert. Se servir de la syntaxe pour crier, donner au cri une syntaxe [26].»

---

25. Dans son texte «Le Dire et le Dit», Levinas définit le Dire dont la signification va au-delà du Dit, dire c'est répondre pour autrui, il découvre le *qui* parlant, le Dire est contact, proximité.
26. Deleuze y Guattari (1975), p. 48.

Ce mouvement de la langue – rappelons-nous que dans le cas de Levinas on parle du français et non pas de l'allemand – vers le désert est la déterritorialisation absolue. Exode dont le but est celui de «donner au cri une syntaxe», en termes lévinassiens, donner au *dire* de la *corporalité* une syntaxe. Loin de l'intention de supprimer la langue du *dit* en faveur d'une autre constituée par un pur *dire*, il s'agit de reconnaître les limites du *dit* et d'essayer de sauver l'*altérité* qui dépasse cette langue du Même. Retrouver l'esprit libre et pluriel – diasporique – qui réside dans la lettre pour qu'il ne reste pas «enchaîné» dans la terre. Comme Moïse, donner à l'éthique la possibilité de l'exode qui rachète, qui libère de l'esclavage dont elle se trouve sous le joug de l'ontologie établie.

BIBLIOGRAPHIE

Levinas, E., *Autrement qu'être ou au-delà de l'essence* (AE), Martinus Nijhoff, La Haye, 1974.

— *Totalité et Infini* (TI), Kluwer Academic.

— *Quatre lectures talmudiques* (QLT), Edit. de Minuit, Paris, 1968.

— «*Le Dire et le Dit*» (DD), Le Nouveau Commerce 18/19, 1971.

— *Autrement que savoir* (AS), Osiris, 1988.

— *En découvrant l'existence avec Husserl et Heidegger* (EDE), Vrin, 1988.

— *Difficile Liberté* (DL), Albin Michel, Paris, 1963.

Poirié, F., *Emmanuel Levinas*, La Manufacture, 1987.

Benveniste, E., *Problemas de lingüística general*, S XXI, México, 1993.

Kafka, F., *Obras Completas*, Edicomunicación, Barcelona, 1988.

Deleuze, G. et Guattari, F., *Kafka, pour une littérature mineure*, Edit. de Minuit, Paris, 1975.

Gobard, H., *L'aliénation linguistique*, Flammarion.

Spinoza, B., *Abrégé de Grammaire Hébraïque* (en hébreu), Krakow, 1905.

Arendt, H., *Between Past and Future*, Faber and Faber, London.

De l'altruisme comme ivresse ?

CLAUDE COHEN-BOULAKIA

Pourquoi Emmanuel Levinas est-il devenu soudain, aujourd'hui le philosophe auquel toute communication se réfère et particulièrement dans les milieux intellectuels ? Pourquoi la culture occidentale se montre-t-elle si favorable, si bienveillante à ses propos de penseur juif et de philosophe ? E. Levinas inscrit la problématique existentielle par excellence. Comment être devant l'autre ? Quels liens puis-je tisser avec autrui, tels qu'ils s'enracinent dans la bonté pré-originelle ? La Bonté, défi à toute violence, à toute indifférence, à tout intéressement est, dans la perspective de sa pensée, la respiration même de ma responsabilité vis-à-vis d'autrui. «Soutenir que la relation avec le prochain […] est une responsabilité pour ce prochain, que dire, c'est répondre d'autrui, c'est, par là-même, ne plus trouver de limite, ni de mesure à une telle responsabilité, qui "de mémoire d'homme" n'a jamais été contractée et qui se trouve à la merci de la liberté et du destin – pour moi, incontrôlable – de l'autre homme [1].» Répondre d'autrui selon moi, c'est assumer l'autre, me sentir intéressé par son être, son devenir, son advenir, c'est vouloir son épanouissement, sa joie, mettre tout en œuvre pour lui épargner souffrance, douleur. Or toute la difficulté rencontrée à l'écoute du dire d'E. Levinas se situe justement dans ce qui me semble être une impossibilité, à savoir l'effacement du je pour laisser toute la place à l'autre. «La valeur de la sainteté […] est dans la certitude qu'il

---

1. *Autrement qu'être* (Hachette, Livre de Poche), p. 80.

faut laisser à l'autre en tout la première place, depuis l'"après vous" devant la porte ouverte, jusqu'à la disposition – à peine possible, mais la Sainteté le demande – de mourir pour l'autre[2].» Ainsi, sommes-nous tous responsables de tout et de tous, et moi plus que tous les autres. Oui nous sommes tous responsables de notre finitude, de notre mortalité. Le visage est la trace de notre culpabilité, de notre mortalité. Coupables de l'autre en tant qu'il est mortel. Ainsi la pensée de E. Levinas dit-elle le «scandale» de la mort. Pascal dans les *Pensées* s'insurge contre l'idée même de néant et nous demande de parier sur Dieu. Camus, dans le mythe de Sisyphe, nous interpelle, comment prendre conscience de notre mortalité et continuer d'exister? Défi existentiel majeur auquel il répond. «Il faut imaginer Sisyphe heureux.» Cette question, pour ne pas dire La question qui nous hante tous, consciemment ou inconsciemment, E. Levinas en a fait le cœur, le corps de sa réflexion. Question d'autant plus douloureuse pour lui, que la Shoa inscrit l'urgence de la demande. Pourquoi? pour qui? à qui la faute? où sont les coupables? qui sont-ils? C'est en se situant dans ce contexte d'horreur indépassable que je peux entendre l'aveu de culpabilité indépassable. Je suis coupable vis-à-vis de l'autre; je ne finirai jamais d'expier pour l'autre. Rien n'apaisera mon expiation, car pour E. Levinas, nous arrivons trop tard. Nous n'écoutons pas l'appel d'autrui et en ce sens E. Levinas n'attend pas l'appel de l'autre car il dit «Me voici». Quoi de plus éthique que cette formule «Me voici», sans condition, sans «intéressement», sans exigence de réciprocité. «Me voici», tel est mon impératif, impératif de l'unicité qui n'attend pas le «Me voici» de l'autre, qui ne fera rien pour le provoquer, pour le stimuler. Me voici l'élu absolu qui s'avance vers l'autre, dans sa nudité, dans sa fragilité. Quelle est la demeure de cette présence à l'autre «Me voici». Pour Levinas, le «Me voici» est passivité, exposition et non intention, réflexion. «L'un s'expose à l'autre comme une peau s'expose à ce qui la blesse, comme une joue offerte à celui qui frappe[3].» «Cet arrachement

---

2. *E. Levinas*, François Poirie (Éd. La Manufacture), p. 92.

à soi, au sein de son unité, cette absolue non-coïncidence, cette dia-chronie de l'instant signifient en guise de l'un pénétré par l'autre. La douleur, cet envers de la peau, est plus nue que tout dépouillement : existence qui, de sacrifice imposé, sacrifiée plutôt que se sacrifiant, car précisément astreinte à l'adversité ou à la dolence de la douleur, est sans condition[4].

C'est autour de cette demeure, de ses fondations, que la pensée d'E. Levinas me semble problématique. La vie pour E. Levinas est lassitude primordiale et vieillissement. « La vie est vie *malgré* la vie : de par sa patience et son vieillissement[5]. » La douleur est ma demeure ; elle interdit toute jouissance. En effet, dans cette optique, au moment même où ma vie pourrait être euphorie, elle est happée par la faim de l'autre ; et justement toute la beauté, la bonté du « Me voici » réside dans le fait de m' « arracher le pain de ma bouche ». En effet comment puis-je jouir lorsque je sais qu'autrui est privé, en manque, frustré ? L'exigence éthique semble ici renoncer à ce que Rousseau appelait la « perfectibilité », le *pouvoir* qu'a l'homme de se perfectionner. Certes les horreurs ont existé, existent, mais faut-il oublier la promesse d'Isaïe, oublier les temps messianiques ? Temps de devenir qui constituent pour moi le tissu même du judaïsme. Être juif, c'est apprendre la patience, ne jamais désespérer de l'autre ni de soi, édifier à chaque respiration des étoiles de joie, de lumière. En ce sens, il ne me semble pas que laisser toute la place à l'autre comme l'exige E. Levinas, se sacrifier pour l'autre soit la voie qui peut mener à l'ère messianique ; bien au contraire, le point de rupture entre le judaïsme et le christianisme se joue autour du « Me voici » de Jésus, sacrifié au Père avec le consentement tacite du Père pour répondre des hommes. C'est dans le sacrifice du Fils que toute l'idéologie occidentale a bâti l'amour, les rapports avec autrui. Dans ce sens, le sacrifice pour l'autre est la plus haute forme d'amour.

---

3. *Autrement qu'être*, p. 83.
4. *Idem*, p. 85.
5. *Ibid.*, p. 86.

Il y a là une sorte de défi lancé à la mort, certes, le dernier acte est sanglant, comme dit Pascal, mais qu'il ne soit pas livré à l'absurde, à la dérision. Mourir pour une cause, une idée, un être, n'est-ce pas toujours mourir et accepter la définition heideggerienne : « l'homme est un être pour la mort ». Emmanuel Levinas s'inscrit dans ces traces existentialistes, occultant dans l'urgence de l'Événement la parole de Dieu à Abraham : « Je ne veux pas d'amour sacrificiel. » Dieu est amour, Éros. Dieu apprend à Abraham qu'Éros est vie, qu'il n'y a pas d'ambivalence et que le sacrifice ne peut pas être à la demande du Père divin. Les temps messianiques qui baignent dans cet Éros sans Thanatos sont l'essence même du judaïsme.

L'élection dont parle E. Levinas ne me semble pas s'enraciner dans cette essence du judaïsme mais plutôt dans le sacrifice du Fils qui s'avance en disant « Me voici ». Il ne s'agit nullement ici de rejeter, de nier toute la valeur, toute la splendeur du « Me voici » qui ne peut se réaliser pleinement et totalement que dans un « Nous voici », « Nous sommes prêts ».

L'amour de l'autre ne peut qu'être l'aboutissement de l'amour de soi, amour de soi, plénitude, générosité qui s'avance vers l'autre en disant « Me voici. T'es-tu préparé, toi aussi, à dire : me voici ? » L'amour de soi exige l'amour de l'autre pour lui-même. Le conatus s'efforce de persévérer dans son être en refusant tout ce qui peut le mettre en péril ; et il faut du temps, de la patience pour comprendre qu'en fortifiant son conatus de manière adéquate, je fortifie le conatus de l'autre. Le je n'a pas de dette vis-à-vis de lui-même ou de l'autre, il a un devoir de vigilance au souffle, aux vibrations de vie. Le devoir de veiller sur soi est peut-être l'exigence la plus difficile à réaliser. Il est tellement plus aisé de fuir sa voie. Tous les idéaux sacrificiels ne sont-ils pas les meilleurs, les plus nobles divertissements de son moi ? Les temps messianiques indiquent la voie de la communion où chaque parcelle de vie pourra s'exprimer à la gloire d'Éros. Éros sans Thanatos, n'est-ce pas le souffle qui habite la conviction de l'ère messianique ?

Si le judaïsme n'est pas cette attente créatrice de l'ère messianique, quel serait alors le sens de son élection, de sa responsabilité vis-à-vis de l'humanité. Répondre d'autrui, c'est répondre de moi, de la vie, d'Éros. Emmanuel Levinas a construit toute sa pensée sur la place donnée à l'autre, dans l'effacement du Je, est-ce la voie royale pour construire d'authentiques rapports humains ? Il accorde la plus haute valeur au sacrifice, dans son souci de répondre d'autrui. S'inscrit-il dans la lignée messianique ? Ce qui nous intéresse ici, c'est de saisir à quel point cette philosophie de Levinas a pu séduire les penseurs occidentaux tout en leur donnant la «bonne conscience» de ceux qui affirment : «Rien de ce qui est humain ne m'est étranger». Après la Shoa il fallait d'une certaine manière se sentir responsables, coupables, expier. La philosophie de Levinas ne représentait-elle pas pour la culture occidentale l'occasion de «racheter» sans écouter les souffles du judaïsme ? Ne parle-t-on pas encore aujourd'hui du «sacrifice d'Abraham» tout en s'affirmant à l'écoute du judaïsme (pour lequel il n'y eut aucun sacrifice) ?

Mais essayons d'approfondir ce que cache l'«amour sacrificiel» qui, selon moi, est une totale négation de l'autre, non par mépris ou rejet d'autrui, mais bien plutôt par absence d'égoïsme. Que signifie «absence d'égoïsme», absence d'amour de soi ? C'est la honte d'exister, la culpabilité d'exister. E. Levinas écrit «L'irrémissible culpabilité à l'égard du prochain est comme la tunique de Nessus de ma peau[6]». D'où peut naître ce sentiment de culpabilité que rien ni personne, ni même peut-être Dieu, ne peut m'ôter ? Quelle est sa fonction dans mes rapports à autrui ? En me sentant coupable de manière «immémoriale», en assumant, comme le demande E. Levinas, totalement cette culpabilité, quels liens puis-je tisser avec autrui ? Est-ce qu'autrui attend de moi cette culpabilité pour se sentir lui-même exister, se fortifier ? Cette question ne semble pas effleurer E. Levinas car contrairement à Martin Buber, sa pensée n'attend rien d'autrui et n'exige aucune réciprocité. L'homme est totalement nu, exposé à l'autre, l'autre qui ne lui pardonnera jamais d'exister un tant soit peu. Il est «en dette» avant même tout acte, toute expression. Nous sommes débiteurs

---

6. *Ibid.*, p. 173.

devant la souffrance d'autrui, nous sommes coupables d'exister, coupables de nous nourrir, de rire, d'aimer, de pouvoir vivre dans l'Éros, car autrui est dans la faim, dans le manque. Ce souci de l'autre est tout à fait fondamental dans la pensée d'E. Levinas mais la véritable question est de savoir si la damnation de ma jouissance est fortifiante pour autrui. Le grand vide dans cette problématique est justement la non-écoute de la demande de l'autre. Que «je» veuille me sacrifier pour autrui, que «je» veuille lui laisser toute la place jusqu'à m'effacer, au sens propre du terme, est-ce la problématique de l'autre? N'est-ce pas uniquement et toujours tourner en rond dans mon ego? Que sais-je de l'autre, de son attente, de son temps, de sa respiration, de son rythme? Il s'agit «simplement pour moi» de m'annihiler. Tout mon combat existentiel est de me rapetisser jusqu'à la non-existence de mon moi. Mais qui donne alors? Quel est ce jeu annulé qui laisse la place à l'autre jusqu'à mourir pour lui?

Si le crucifié a exposé son «je» pour l'humanité, il semblait inspiré par son père, investi de la plus haute mission qui soit, se sacrifier pour l'humanité. S'agit-il pour E. Levinas d'identifier l'homme au crucifié, de prendre et de ne prendre pour modèle de la relation à l'autre que celle de Jésus aux hommes? Mais n'oublions pas que dans cette perspective unique dans l'histoire de l'humanité, «Jésus» est le fils de Dieu. L'unique, l'irremplaçable, l'élu par excellence. Jésus ne symbolise-t-il pas une sorte de défi à la mort? Il est «mort pour»; il n'est pas mort pour rien. Aussi le sacrifice devient la réponse par excellence à l'arbitraire, à l'absurdité de la mort. Ainsi le sacrifice total pour l'autre, c'est ma propre mort que «je» sauve de l'absurde. En laissant toute la place à l'autre, «j'ai la conviction» de ne pas périr mais de mourir humainement. «L'animal périt, l'homme meurt» écrit Montaigne dans les *Essais*. S'il en est ainsi, si mon sacrifice est ma problématique, où est la place de l'autre dans le sacrifice?

Il est certain que sur cette question essentielle, le judaïsme a beaucoup à nous dire. Je me référerai ici à deux penseurs, Spinoza et Freud qui, à mon sens, portent la judéité dans toutes leurs fibres, à savoir l'alliance avec Éros et non avec Thanatos. Spinoza dans l'*Ethique* s'interroge dans le Livre III sur les affections, les sentiments. Toute son analyse se fonde sur deux propositions :

– «chaque chose s'efforce de persévérer dans son être (autant qu'il est en elle)» ;

– «nulle chose ne peut être détruite sinon par une cause extérieure».

Tout conatus met tout en œuvre pour résister à ce qui va l'anéantir et cherche à s'épanouir. C'est justement ce conatus dont se méfie E. Levinas. Pour survivre et s'affermir, il peut – et c'est ce qu'il fait dans les balbutiements des premiers temps – écraser autrui. Mais, justement, ce que nous explique Spinoza, c'est comment être à l'écoute des diverses manières d'être de notre conatus dans ses rapports au monde, aux autres et de comprendre petit à petit que sa seule nourriture adéquate est l'épanouissement de l'autre conatus. La sagesse est cette merveilleuse rencontre des égoïsmes, qui loin de se détruire l'un l'autre, d'obéir au fait de la jungle où « les gros poissons mangent les petits» inscrivent la loi mosaïque « Tu ne tueras pas». Seuls les egos pauvres en amour, heurtés dès leur plus tendre enfance par différents traumatismes, se replient sur eux-mêmes en se prenant pour le nombril du monde et peuvent être destructeurs, dangereux. N'est-ce pas là toute la démarche de Freud dans les premiers temps de sa découverte ? Freud montre de façon péremptoire à quel point l'égocentrisme, impossibilité d'aller vers autrui, est une pathologie de l'égoïsme.

Pourquoi E. Levinas s'inscrit-il à ce point contre l'ego, le conatus, au point de le briser en mille morceaux pour l'autre ? Il ne s'est pas laissé interpeller par Freud mais nous qui sommes si reconnaissants à Spinoza et Freud, pour nous avoir donné des clefs pour l'écoute de notre moi et d'autrui, nous ne pouvons pas accepter la fatalité sacrificielle comme exemplarité de l'amour de l'autre. Bien au contraire, c'est par le développement au sens propre du terme que l'égoïsme s'avance vers autrui. Il faut l'humilité de Job, d'Abraham pour écouter le message divin. Nous ne naissons pas «achevés», nous ne sommes pas frères en nature, mais frères en devenir. Il faut la patience du judaïsme, le sens du temps formateurs avec ses erreurs, ses espoirs pour avoir osé résister à la fascination que peut exercer sur tout grand esprit l'amour sacrificiel incarné par Jésus, le crucifié par amour des hommes.

Nous ne sommes pas convaincus que le sacrifice soit la relation idéale à l'autre, bien au contraire, nous pensons que cette approche des rapports à autrui se débat dans une grande désespérance de l'homme, de la vie. S'il n'y avait rien à construire, à bâtir, si tout était achevé, alors peut-être nous laisserions-nous entraîner à cette vision sacrificielle pour échapper au rien, à la dérision.

Mais le judaïsme, celui qui m'anime, a fait un autre pari. Il croit que la création n'est pas un espace d'endettés sans rémission. Je préfère croire que nous sommes en marche vers nous-mêmes et, de ce fait, vers autrui ; l'amour de l'autre n'est ni un décret, ni un sacrifice. Il est la surabondance de l'amour de soi. Est-ce cela le sens authentique de l'élection ? Si je suis élu, alors je me dois d'être digne de l'élection, non pas en m'abandonnant moi-même mais en faisant de mon ego un rayonnement de joie et seul ce rayonnement **m'autorise** à m'approcher de l'autre. Nous comprenons ici quel extraordinaire message reçoit le peuple juif dit le « peuple élu ».

Nous laisserons dans le secret des limbes la démarche d'E. Levinas hors de ces eaux vivifiantes. Comment, qui rencontre l'autre dans cette absence d'ego ? N'est-ce pas fantomatique ? Autrui existe-t-il vraiment dans la pensée de Levinas ? L'interdiction d'exister n'est-elle pas l'extrême négation de l'autre ? Nous dirons avec Nietzsche que l'égoïsme authentique est nécessairement don, ouverture. Tel est le passage de l'animalité à l'humanité, tel est le chemin qui va de l'aube de l'humanité où Caïn tue Abel, à l'ère messianique qui est la fibre même du judaïsme.

Le partage
levinassien

L'hébreu et le grec comme métaphores de la pensée juive et de la philosophie dans la pensée d'Emmanuel Levinas

L'« hébreu » et le « grec » dans la philosophie d'Emmanuel Levinas

Deux traditions de pensée, à première vue étrangères l'une à l'autre, se rencontrent dans les essais à sujet juif d'Emmanuel Levinas, ses *Leçons talmudiques* en particulier. Tout son effort consiste à montrer qu'il faut comprendre la pensée religieuse du judaïsme, dont l'expression suprême est le Talmud, en la confrontant à la pensée philosophique en général. Deux strates de pensée qu'il caractérise comme son écriture « hébraïque » pour l'une, et comme son écriture « grecque » pour l'autre. Cette distinction purement métaphorique ne renvoie pas, on s'en doute, à ces deux langues dans leur sens ordinaire, Levinas lui-même écrivant en français.

Cet emploi n'est pas exempt de contradiction, Levinas usant parfois d'un ton européocentrique qui contredit le message humaniste qu'entend délivrer sa philosophie. Il appelle de ses vœux une rencontre dont il affirme souvent que la Bible la favorise : « Le grec, inévitable discours de l'Europe que la Bible elle-même recommande », écrit-il, avant d'applaudir aux « messages bienvenus de la Grèce [1] ». Pour qui prendrait cette remarque à la lettre, il paraît

---

1. Emmanuel Levinas, *À l'heure des nations*, « La Bible et les Grecs », Paris, Éditions de Minuit, 1988, p. 156.

douteux que les textes bibliques aient en aucune façon réclamé une traduction grecque. Les Sages distinguaient déjà ce qu'ils nomment « notre Torah », par opposition à « leur sagesse ».

Invoquant l'emploi fréquent du « grec », langue de la philosophie, dans les écrits saints du judaïsme, Levinas montre comment, à l'inverse, il arrive à la philosophie de s'exprimer en hébreu, c'est-à-dire de s'emparer des idées hébraïques (*voir infra*). Pour démêler cet écheveau, il faut donc examiner ce que Levinas entend par les termes « hébreu » et « grec » lorsqu'il évoque, dans une vision qui lui est toute personnelle, la rencontre de deux civilisations incarnées en deux modes de pensée différents. Le grec est le langage de la philosophie et caractérise la culture occidentale dans son aspiration à l'universalité, qui est aussi totalité. Le grec se méfie de l'emploi des métaphores, bien qu'il s'y livre sans cesse, sans doute par inadvertance. Le grec est donc la langue du concept par excellence. C'est pourquoi Levinas, lorsqu'il critique la tradition grecque – fût-ce au nom de la pensée juive –, le fait de l'intérieur même de la langue grecque, langue de la philosophie. Il s'en explique en introduction aux *Quatre lectures talmudiques*. Il s'agit de traduire la signification des faits abordés à travers les textes talmudiques en les actualisant en un langage moderne correspondant à la fois aux références de leur commentateur – qui ne tire pas ses sources spirituelles du seul judaïsme – et aux questions de ses auditeurs. Levinas s'efforce ainsi de dégager l'enseignement universel du judaïsme de sa dimension soi-disant particulariste[2].

Il considère la transmission de la sagesse juive – l'hébreu – au domaine grec de la sagesse générale comme l'une des tâches essentielles et toujours actuelles de la philosophie, prolongeant en cela l'œuvre des Septante, laquelle est loin d'être achevée[3]. Il nous incombe de reformuler en grec les idées que la Grèce ne connais-

---

2.   Emmanuel Levinas, *Quatre Lectures talmudiques*, Paris, Éditions de Minuit, 1968, p. 15.
3.   Salomon Malka, *Lire Levinas*, Paris, Éditions du Cerf, 1984, p. 106. Le titre est une paraphrase de *Lire le Capital* de Louis Althusser et autres qui avait créé une très vive controverse dans les années soixante.

sait pas[4]. Le Tanakh représente en effet à ses yeux un mode de pensée bien plus qu'une foi. Contrairement au point de vue généralement admis qui veut que la vie spirituelle de l'Europe se scinde, à partir des temps modernes, entre la foi incarnée par une tradition judéo-chrétienne d'un côté et, de l'autre, la philosophie et la raison héritées de la Grèce, Levinas y discerne deux modes de pensée concurrents mais non contradictoires. C'est justement l'une des lignes de force de sa philosophie que de battre en brèche l'opposition dans laquelle on les place généralement. Celle-ci n'est qu'apparente car, de même que la philosophie se base sur des expériences pré-philosophiques, la Bible fait appel à des expériences primaires. Il n'est donc nul besoin de chercher à accorder artificiellement ni à « concilier » ces deux traditions de pensée[5]. L'œuvre de Levinas, nourrie du dessein d'introduire le « dire » hébraïque dans le « dit » grec de la philosophie, se présente comme un constant entrelacs, dialogue et apport réciproque de l'une à l'autre. C'est cette tension créatrice qu'exprime le verset du livre d'Isaïe disant que « de Sion sort la Torah », qui illustre le moment où l'enseignement des prophètes se propage parmi les nations afin d'illuminer le monde. Cela ne signifie pas qu'une fois répandue dans le monde Sion soit vidée de sa substance ; pour autant, la philosophie occidentale ne perd jamais « son droit au dernier mot[6] ».

Dans ses *Lectures talmudiques*, Levinas aborde à travers le Talmud les problèmes les plus divers, même ceux qui apparaissent à première vue irrationnels et contredisent le sens commun, afin de les interroger à la lumière des concepts philosophiques et logiques modernes et de mettre en lumière le message qu'ils apportent à la philosophie, notamment à l'éthique contemporaine. L'aspect linguistique tient lieu ici de méthodologie. C'est par la langue que l'homme prend conscience de la présence de l'autre et de sa responsabilité envers lui. Elle place la relation éthique à l'au-

---

4. *Ibid.*, p. 81.
5. Emmanuel Levinas, *Éthique et infini. Dialogues avec Philippe Nemo*, Paris, Fayard, 1982, p. 14.
6. *Ibid.*, p. 15.

tre au centre de l'existence humaine. Levinas explique comment il s'efforce constamment d'extraire de la langue théologique, celle de la Bible et du Talmud, des significations adressées à la raison [7]. L'information et le savoir que nous transmettent les écrits saints n'ont rien d'une théosophie, mais s'apparentent à une philosophie pratique, à une éthique. Cette vision exige la mise en œuvre d'une herméneutique singulière, définie comme une «révélation toujours continuée», à savoir que l'interprétation n'est jamais close et que chaque lecture du Talmud nous ouvre à une signification nouvelle. C'est pourquoi il préfère employer le terme d'«épiphanie» plutôt que celui de «révélation», évitant ainsi une connotation par trop théologique. Il fonde son herméneutique sur le fait que l'équivo-cité et l'ambiguïté de la révélation au sens traditionnel du terme – les traces laissées par dieu dans ses écrits saints – exigent une inter-prétation. La vérité du message révélé – dont l'authenticité n'en-tre pas ici en discussion – dépend donc de la compréhension subjec-tive de chaque lecteur. Cette méthode débouche sur une chaîne infinie d'interprétations ouvrant elles-mêmes sur d'autres inter-prétations, et ceci jusqu'à nos jours. Le philosophe, lorsqu'il inter-prète les commentaires de ses prédécesseurs et des Sages du Talmud eux-mêmes, se conçoit comme un maillon de cette longue chaîne. Cette approche évoque le structuralisme de Lévi-Strauss, pour qui les versions différentes et multiples d'un mythe embrassent égale-ment l'ensemble de leurs interprétations.

Levinas s'emploie donc à lire le Talmud à l'aide de lunettes philosophiques. Cependant, à la différence de son œuvre ouverte-ment philosophique (ses écrits «grecs»), il s'octroie là une certaine liberté de style convenant davantage à des entretiens oraux, ou des leçons, dont le ton et les digressions évoquent les discussions des Sages du Talmud sur lesquels il s'appuie. Cette relation au Talmud, très différente du rapport codifié en pratique scientifique qu'entre-tiennent avec le texte ses exégètes savants, a subi de nombreuses critiques de la part des spécialistes. Selon eux, le Talmud doit faire

---

7. *Quatre lectures, op. cit.*, p. 33.

l'objet de recherches dans un certain nombre de disciplines précises : philologie, droit, histoire, etc. Ils le traitent de manière objective, selon les principes de la critique biblique moderne. À cela, Levinas objecte que si la méthode philologique traite des textes, l'exégèse rabbinique, elle, « fait parler le texte[8] ». Il préfère poursuivre la discussion des rabbins dans une perspective à la fois philosophique et moderne. Il ne suffit pas d'éclairer les textes talmudiques par leur contexte, il faut les aborder en étant dépourvu de tout préjugé. Plutôt qu'une analyse, c'est un dialogue que nous devons mener avec les textes. En tant que lecteur, je participe à ce que le texte me révèle, ou plutôt me divulgue ou me dévoile. Levinas n'est certes pas opposé à une approche philologique, mais là ne réside pas son intérêt. Sa lecture du Talmud n'est ni exégétique, ni herméneutique au sens où on l'entend habituellement. Elle s'apparente à une lecture midrashique, d'où il tire avantage d'un passage talmudique, en général extrait de la Aggada, pour en dégager notions et idées éthiques chères à son cœur. Son objectif est de montrer que le Talmud contient des idées essentielles à notre monde moderne, pour peu qu'on les traduise en un langage compréhensible par tous. Idée liée au concept de « révélation continuelle » dont nous avons déjà parlé, selon lequel le Talmud est un texte « ouvert », dont les discussions ne sont pas limitées à une époque déterminée. En s'appuyant sur le verset (Psaume 62 : 12), Levinas affirme que la parole de Dieu doit être interprétée comme porteuse de significations multiples. Cela justifie le Midrash et les interprétations libres. Mais, comme nous l'avons également rappelé, Levinas met l'accent sur le fait qu'à travers le Midrash, c'est le lecteur lui-même qui participe à la révélation. Celle-ci ne lui vient pas de l'extérieur mais est du domaine de l'intériorité substantielle de l'homme. Il ne s'agit pas d'insinuer que Levinas approche le Talmud du point de vue d'une philosophie laïque. Ses études talmudiques ne sont ni du ressort de la pure philosophie, ni de celui de la seule théologie, mais relèvent de ce que lui-même appelait « une

---

8. Emmanuel Levinas, *Difficile liberté. Essais sur le judaïsme,* Paris, Albin Michel, 1976, p. 308.

religion d'adultes[9]». Les exégèses et les commentaires du Talmud – y compris les siens – s'inscrivent dans un domaine indépendant de la philosophie, bien que leur valeur se reflète en son miroir.

La dimension «grecque» dans la Aggada talmudique

La dimension grecque désigne aux yeux de Levinas l'ensemble de ses écrits philosophiques, y compris ceux qui ont trait au judaïsme. Mais cette définition ne va pas sans soulever plus de problèmes qu'elle n'en résout. Levinas situe sa philosophie dans une tradition «logo-centrique», voire même euro-centrée, celle-là même que critique si sévèrement son ami Derrida. Ce faisant, son discours n'est pas toujours cohérent. D'un côté, sa philosophie vise à nous conduire au-delà de la logique de l'«autre» et du «même»; mais il conçoit également la logique de la philosophie occidentale comme le glorieux achèvement de son héritage grec. Cette dimension aporétique des conceptions levinassiennes rétablissant les dichotomies traditionnelles – ontologie/métaphysique, métaphysique/ éthique, grec/hébreu, etc. – fait l'objet d'une violente critique de Derrida. Celui-ci désapprouve avant tout chez Levinas l'aspect «grec», par lequel ce dernier exprime son affinité avec la tradition logo-centrique de la philosophie occidentale. Cependant, lorsque Levinas met au centre de sa philosophie une métaphysique fondée sur l'éthique, n'affiche-t-il pas une démarche caractéristique de son héritage juif, du versant hébraïque de son écriture?

Les théories centrales de Levinas concernant les «traces» de Dieu et la responsabilité envers l'autre s'inscrivent-elles dans sa philosophie générale ou témoignent-elles de son enracinement dans le judaïsme? Certaines pensées issues du judaïsme ont joué un rôle important dans la formation de sa philosophie, tel le verset «Aime ton voisin comme toi-même», qu'il interprète d'un point de vue philosophique : «Aime ton voisin parce qu'il est toi-

---

9. *Difficile liberté. op. cit.*, p. 24-42.

même [10].» L'un des principaux concepts de la philosophie, le *même*, prend donc directement sa source dans le judaïsme. Levinas considère les paroles de Dieu se révélant à Moïse par derrière et non de face (Exode 33 : 23) comme signifiant que Dieu ne se révèle à l'homme que par sa trace. Cette notion de trace n'implique pas qu'on la suive mais incite, au contraire, à se soucier de son prochain. Pareil mélange d'aspects «grecs» et «hébraïques» chez Levinas rappelle la philosophie de Rosenzweig, pour qui l'homme doit transmettre l'amour de Dieu aux autres hommes, processus au terme duquel adviendra la rédemption. Levinas interprète aussi l'amour de Dieu comme «être pour autrui».

Tentons maintenant d'explorer les traces «grecques» sur le versant hébraïque de la pensée de Levinas. D'emblée, cela implique que nous prenions en compte l'ensemble des aspects philosophiques contenus dans ses *leçons talmudiques*. En commentant les textes bibliques, et surtout talmudiques, Levinas aspire à s'affranchir de ce qu'il appelle un vieil «obscurantisme [11]». L'herméneutique est une tentative philosophique d'interprétation des textes. Ce n'est pas un hasard s'il tire les sujets de ses leçons talmudiques de la Aggada et non de la Halakha. Il préfère la Aggada dans la mesure où elle lui permet d'illustrer ses idées philosophiques. La Halakha codifie des règles de conduite tandis que la Aggada traite des significations philosophiques, morales et religieuses de ces règles. Levinas a rappelé à diverses occasions qu'il employait expressément des notions «grecques» – philosophiques donc – dans ses études talmudiques, car son approche n'est ni philologique («scientifique») ni croyante (halakhique), mais philosophique. La Aggada représente l'expression philosophique de la pensée talmudique et témoigne à ses yeux des éléments universels du judaïsme. C'est là un point essentiel pour bien comprendre sa conception du judaïsme. Depuis le XIXᵉ siècle, la perspective dominante dans la pensée juive moderne, surtout au sein des courants libéraux, affirmait que la dimension universelle du judaïsme – le message du

---

10. *Parabel : Levinas*, Giessen, Focus-Verlag, 1990, p. 14.
11. *À l'heure des nations*, *op. cit.*, p. 202.

« monothéisme éthique » – réside dans le Tanakh, le Talmud reflétant à l'opposé sa dimension particulariste, s'adressant aux seuls Juifs. Levinas soutient au contraire, selon l'enseignement de son maître Chouchani, que le message philosophique et universel du judaïsme atteint son apogée dans le Talmud, c'est-à-dire justement dans ces écrits qui furent refusés par les non-juifs. Raison supplémentaire pour qu'il refuse d'être considéré comme un penseur « juif », sa conception philosophique ainsi que ses convictions juives ne reposant pas sur une croyance mais découlant d'une activité réflexive. C'est ce qui détermine l'orientation de sa pensée, donc le « grec ». Tout cela conduit à des conclusions assez paradoxales. Son écriture « hébraïque » s'oriente vers le Talmud plutôt que vers le Tanakh. Mais puisque le message du Talmud, ou de la Aggada, revêt une signification universelle, il faut le lire en « grec », dans le langage de la philosophie. L'« hébreu » a besoin d'une reformulation « grecque ». Il ne faut pas oublier, néanmoins, que les écrits judaïques de Levinas, s'ils sont instructifs sur le plan pédagogique et philosophique, ne forment que la partie la moins importante de son œuvre philosophique. Lui-même distinguait entre ses écrits « confessionnels » et ses travaux « philosophiques purs », qu'il publiait chez des éditeurs différents [12]. Pourtant, malgré le distinguo qu'il établit ainsi, Levinas écrit constamment dans les deux langues – grec et hébreu.

Le grec exprime donc l'universel, la volonté de connaissance, la forme rhétorique. Néanmoins, nous l'avons vu, Levinas critique aussi l'attitude grecque, car l'universel y étouffe l'individuel, lequel est au fondement de l'éthique. L'éthique pose l'autre comme individualité et non comme partie d'un tout. C'est pourquoi Levinas accorde autant d'attention à la rencontre avec le visage de l'autre [13]. Le visage rappelle sur-le-champ le commandement : « Tu ne tueras

---

12. Ses ouvrages philosophiques ont paru chez Vrin, Fata Morgana, Martinus Nijhoff (La Haye) ; ses livres consacrés au judaïsme aux Éditions de Minuit et chez Albin Michel. Les Éditions de Minuit ont également publié dans la même collection certains ouvrages importants de Derrida.

13. Emmanuel Levinas, *Humanisme de l'autre homme*, Montpellier, Fata Morgana, 1972, p. 51-53.

point.» C'est, là encore, un élément hébraïque par excellence qui joue un rôle prépondérant dans la philosophie de Levinas, c'est-à-dire dans son écriture grecque. Ainsi la confrontation entre Ulysse, héros de la mythologie grecque, et Abraham illustre-t-elle ce mélange ou cette fusion des éléments grecs et juifs dans sa pensée. Ulysse erre longtemps dans un monde inconnu pour revenir à la fin dans son île natale d'Ithaque, pour revenir, donc, à lui-même après avoir appris tout ce qu'il lui était possible. Il symbolise le dessein d'atteindre à la conscience de soi, telle que la reflètent dans la philosophie hégélienne les transformations de l'idée, qui convoite le Savoir absolu. La connaissance des autres se réduira à la connaissance de soi. Abraham, au contraire, répondant à l'injonction qui lui est faite – «Va-t'en!» (*lekh'lekha*) – émigre en un nouvel endroit. Les pérégrinations d'Ulysse, métaphore de la rencontre du sujet et de la réalité, ne signifient nullement que son voyage ait échoué. Elles manifestent les points d'arrêt inévitables, mais toujours provisoires, dans une quête dont le but ultime se situe à un niveau différent d'accomplissement. Le retour d'Ulysse advient au terme d'une errance durant laquelle il a amassé expérience et savoir. On trouve dans cette métaphore non seulement le motif hégélien de l'esprit, s'aliénant à soi-même dans son chemin sinueux vers le Savoir absolu, mais aussi le motif de la *différance* (avec un a) telle que la définit Derrida, à savoir une chaîne infinie de signifiants renvoyant à un signifié original qui reste toujours hors d'atteinte. Lorsque Levinas affirme que les longs cheminements d'Ulysse le conduiront enfin au rivage cognitif espéré, il faut comprendre cette affirmation avec une pointe de scepticisme. Derrida, dans son premier grand essai consacré à Levinas, employait lui aussi cette distinction entre une Odyssée hégélienne et les migrations d'Abraham.

Quel est donc l'élément «hébraïque» dans l'œuvre de Levinas? Chaque tentative faite par Levinas lui-même pour en donner une définition systématique crée, on l'a vu, plus de problèmes qu'elle n'en résout. À première vue il semblerait – et c'était sûrement l'idée qu'en avait Levinas – que ses leçons talmudiques et ses essais consacrés au judaïsme (*Difficile Liberté*) relèvent de ce genre. Pourtant, une analyse plus approfondie nous révèle que sa philosophie y a laissé des empreintes plus fortes que la tradition religieuse juive. On peut facilement y voir à l'œuvre les concepts philosophiques dont il use par ailleurs. Ce n'est pas un hasard ; lui-même soulignait qu'il employait à dessein des concepts grecs au cours de ses leçons talmudiques afin de convaincre ses auditeurs qu'il s'exprimait en philosophe [14]. Levinas loue l'ordre et la clarté de la pensée grecque, son absence de préjugés, sa méthode et, par-dessus tout, son fondement rationnel. Cela nous renvoie aux efforts qu'il exerce pour extraire les textes religieux d'une lecture mytho-logisante. On trouve donc un écho aux idées de Derrida dans son écriture « hébraïque » comme dans son écriture « grecque ».

La dimension hébraïque dans la philosophie de Levinas

Quelques-uns des concepts centraux dans la philosophie de Levinas, comme le *visage* ou la *substitution*, ont été développés pour la première fois dans ses écrits « hébraïques ». L'essai intitulé « Éthique et Esprit », qui date de 1952 et ouvre *Difficile Liberté*, accordait déjà une place importante au concept de visage, que l'on retrouve dix ans plus tard au centre de *Totalité et Infini*. Ce concept revêt une double signification, métaphysique et éthique. Il symbolise la rencontre avec l'autre en face-à-face et ouvre sur la responsabilité personnelle. Le visage, d'après Levinas, est une manifestation pré-verbale du commandement « Tu ne tueras point », catalysant une double négation, le « ne » de la première et le « tuer » de la seconde négation : « Voir un visage, c'est déjà entendre "Tu ne tueras point." Et entendre "Tu ne tueras point", c'est entendre "Justice sociale" [15]. » Quand je rencontre l'autre face-à-face, je deviens volontairement l'objet de ses besoins et de ses requêtes. Il ne s'agit

---

14. Voir ses deux essais sur (plus exactement « contre ») Spinoza. *Difficile Liberté, op. cit.*, p. 152-169.

15. *Ibid.*, p. 21. Levinas recourt ici à la double signification du verbe « entendre » – « écouter » et « comprendre ».

pas ici de la notion d'objet au sens sartrien du terme, sensation d'inanité qui confine à la nausée. Le moi devient, au contraire, un objet d'éthique, laquelle m'ordonne d'agir en tant que sujet responsable. La justesse et l'équité de mes actes ne sont pas dépendantes de ma seule décision. Je m'en remets à l'autre, celui qui m'appelle à son secours, pour savoir en quel sens agir pour répondre à sa demande muette. Ma responsabilité englobe également le devoir de respecter celle des autres. Cependant, la responsabilité pour l'autre n'est pas définie dans la seule rencontre avec le visage de l'autre mais se déduit de la lecture des textes, au premier rang desquels, on le devine, les écrits saints. On voit réapparaître ici le versant hébraïque de son écriture et l'on comprend dès lors que Levinas ait accordé une telle place aux discussions talmudiques.

La « substitution » se présente comme le concept principal autour duquel s'ordonne *Autrement qu'être ou au-delà de l'essence*, dont Levinas disait que c'était son ouvrage majeur. Devenant « l'otage » de l'autre, le moi se substitue à lui, soulignait-il dès 1964 au cours d'une leçon talmudique. Ceci est lié à la notion d'élection, laquelle tient, on le sait, une place centrale dans la tradition juive. Je suis élu avant même de l'avoir choisi. Cette influence juive explique peut-être le caractère parfois prophétique ou la tendance à l'exhortation si caractéristiques de son style philosophique. Ajoutons à cela un paradoxe supplémentaire : son écriture « hébraïque » est généralement plus claire et plus accessible que son écriture « grecque » ; elle serait donc, en ce sens, plus « grecque ».

Levinas veut affranchir son écriture hébraïque de toute « robe théologique [16] » et convoquer les textes bibliques et talmudiques sans en appeler, en même temps, à la foi ni à la piété. Il « s'adressait à la raison » du lecteur pour favoriser une approche philosophique des textes. De ce point de vue, les quatre volumes des *Leçons talmudiques* renvoient moins à une tradition des Midrashim qu'ils n'expriment une conception philosophique préalablement formée, notamment en matière éthique. Son but est de mettre en

---

16. *Quatre leçons, op. cit.*, p. 13.

valeur l'enseignement éthique du Talmud. Bien lire les textes hébraïques revient en réalité à les lire de façon grecque, et donc philosophique. Cela requiert, selon Levinas, de traduire l'hébreu en grec au sens ordinaire du terme, c'est-à-dire dans les autres langues, de manière à transmettre le message « hébraïque » aux amoureux de la philosophie de par le monde. Cela nous conduit à poser une question supplémentaire : dans quelle mesure ce qui est traduit en « grec » garde-t-il son caractère « hébraïque » d'origine ? Peut-être Levinas considérait-il dès le départ les textes hébraïques comme plus « grecs » qu'« hébraïques ». C'était déjà la question de Derrida citant les mots de James Joyce sur le *Jewgreek* (voir *infra*). Elle n'est donc pas nouvelle ; le problème de l'universalisme et du particularisme a occupé la pensée juive libérale depuis le XIXᵉ siècle. Mais on peut également la retourner : Tout ce qui a été dit en « hébreu » peut-il être rendu adéquatement en « grec », dans la langue discursive de la philosophie ? Ces questions étaient déjà posées par Derrida avant même que Levinas ne se préoccupe des problèmes de traduction. On aurait donc ici la rencontre à la fois fertile et stimulante de deux traditions de pensée, sans que l'une l'emporte ou ne s'assimile à l'autre. Tel est le sens de la citation de Matthew Arnold que Derrida a placée en exergue de son grand essai consacré à Levinas. On trouve néanmoins dans toutes les explications livrées par Levinas une apologie implicite du fait que son œuvre principale se situe du côté « grec ». L'hébreu a davantage besoin du grec que le contraire.

Ni Spinoza, ni Bergson ne se sont demandé s'ils étaient des philosophes ou des penseurs juifs. Cela n'intéresse que ceux qui consacrent leurs recherches à leur œuvre. Levinas comme Derrida, en revanche, accordent beaucoup d'importance à cette question. Il n'y a, certes, aucune réponse univoque. Derrida débute son essai sur Levinas par une citation anglaise de M. Arnold portant sur « *Hebraism and Hellenism* » et l'achève sur une aporie qu'il résume à l'aide d'un autre écrivain anglais, James Joyce : « *Jewgreek is greejew. Extremes meet* [17]. » Peut-être cela vaut-il la peine de rappeler qu'au début du siècle l'un des plus grands écrivains contemporains se posait déjà la même question. Franz Kafka, réagissant aux critiques qui voyaient dans son œuvre «un document juif par excellence», tandis que d'autres la dénonçaient comme «allemande au fond», demandait : «Qui suis-je ? Un écuyer qui monte à deux chevaux [18] ?» Mais il a toujours existé des partisans enthousiastes d'une symbiose entre l'esprit juif et l'esprit grec, Maïmonide au Moyen Âge, Saul Tchernichowsky dans la poésie hébraïque au début de notre siècle et, dans la pensée juive actuelle, plus que tout autre, Emmanuel Levinas.

17. Jacques Derrida, «Violence et métaphysique. Essais sur la pensée d'Emmanuel Levinas», *L'Écriture et la différence*, Paris, Éditions du Seuil, 1967, p. 228. James Joyce, *Ulysses*, Penguin Books, 1960, p. 471.
18. Frederic Gruenfeld, *Prophets without honour*, Londres, Hutchinson, 1979, p. 39.

Les écrits professionnels et confessionnels d'Emmanuel Levinas

Ephraim Meir

Nombreux sont les commentaires portant sur les écrits professionnels du philosophe E. Levinas, mais bien plus rares ceux qui s'intéressent à ses écrits juifs, «confessionnels». Il existe cependant une relation claire et nette entre les deux sortes d'écriture pratiquées par Levinas. Elles sont inséparables. Le philosophe lui-même prenait grand soin d'éditer dans des maisons distinctes ses livres à caractère confessionnel et ceux à caractère philosophique. Néanmoins, on ne peut comprendre ses écrits juifs qu'à la lumière de ses écrits professionnels. À maintes reprises, dans les essais juifs et les leçons talmudiques, le judaïsme est éclairci à travers des notions philosophiques. Le style de vie et de pensée juifs composent l'arrière-fond et le *Sitz-im-Leben* incontestables de la métaphysique éthique de Levinas. Dans les lignes qui suivent, nous voudrions éclairer les liens formés entre les écrits «grecs» et les écrits juifs d'Emmanuel Levinas et conforter l'idée que, chez lui, Athènes et Jérusalem ne s'excluent pas mutuellement.

Dans un entretien avec S. Malka [1], qui lui posait la question de la relation entre ses œuvres philosophiques et les ouvrages «religieux», Levinas répondait qu'il ne saurait se faire l'historien de sa propre philosophie – ce qui serait difficile et prétentieux. Il ajoutait néanmoins qu'il y a, dans tout essai philosophique, des «souve-

---

1. S. Malka, *Lire Levinas*, 2ᵉ éd., Paris 1998, p. 107.

nirs d'un vécu qui n'est pas rigoureusement intellectuel» et qu'il s'agit finalement d'arriver au langage des philosophes, à ce qu'il appelle le langage universel du grec. La philosophie pourrait utiliser les expériences religieuses transmises dans un autre langage, mais c'est ce que font les Septante qui les ont traduites en grec. Leur œuvre ne serait pas encore achevée.

Nous entendons montrer ici que Levinas, maître de la sagesse grecque et du langage univoque de l'intelligibilité, a essayé dans toute son œuvre «d'énoncer en grec les principes que la Grèce ignorait[2]». Dans ce sens, il a construit une philosophie et une pensée juive explicitant une vie dont la singularité juive est le témoin. Levinas est fidèle aux Grecs et aux Hébreux et «n'hésite pas à subvertir la rationalité philosophique en l'ouvrant sur une source de pensée longtemps ignorée[3]». Il n'a jamais voulu «accorder» ou «concilier» la tradition philosophique et la tradition biblique-juive. Pour lui, tout doit s'exprimer dans la langue de la philosophie, mais il juge que la tradition philosophique n'est pas «le lieu du premier sens» – «le lieu où le sensé commence[4]». Ce lieu – ou mieux, ce non-lieu – c'est la signification de l'éthique en tant qu'ouverture à l'autre homme. Cette éthique sans laquelle on ne peut être «humain» et qui brille dans les documents fondateurs de la tradition juive et dans l'herméneutique rabbinique, Levinas en dira philosophiquement la clarté.

2. E. Levinas, *L'au-delà du verset — Lectures et discours talmudiques* (Critique), Paris 1982, (*L'au-delà du verset*), p. 234.
3. C. Chalier, E. Levinas, *L'utopie de l'humain* (Présences du judaïsme 12), Paris 1993, p. 10. Le livre de C. Chalier éclaircit la pensée de Levinas, «attentive à l'inspiration prophétique» (*ibid.*), tout en maintenant «la tension entre judaïsme et philosophie qui anime l'œuvre de Levinas» (p. 11).
4. E. Levinas, *Éthique et Infini — Dialogues avec Philippe Nemo* [1982] (Biblio essais 4018), Paris 1992, p. 14-15.

Dieu comme Infini
et le problème de la thématisation

Le mot «Dieu» apparaît fréquemment dans les écrits de Levinas. Il est synonyme du mot «Infini» qui vient à l'idée dans la haute signifiance du «visage». Parce que nul ne peut prétendre avoir fait tout son devoir, l'exigence éthique est asymptotique ou infinie. En d'autres termes : le «Désir» de l'Autre est insatiable, il se nourrit de sa propre faim. Plus on se rapproche de Dieu, de ce que Levinas appelle «l'Iléite», mieux on mesure la distance existant par rapport à Lui. En termes traditionnels : le juste sera jugé plus sévèrement.

Ainsi la révélation, pour Levinas, n'a-t-elle rien à voir avec la fameuse «*a-letheïa*», interprétée par Heidegger comme *Entdeckung*, le relèvement du voile qui cache la réalité. La révélation n'est pas dévoilement de ce qui était voilé. Elle est plutôt l'exigence venant du «visage» de l'Autre, qui m'oblige à être responsable avant même que j'en prenne l'initiative. La révélation oblige le moi à se dé-centrer et s'orienter vers l'autre, ce qui revient à entendre la voix de l'autre homme, entente dérangeante qui est mieux qu'être [5].

Dieu ou la révélation ne sont donc pas thématisables : on ne peut les penser adéquatement. Il n'est pas de traduction adéquate du «dire» en «dit», quoiqu'il demande à être dit. La philosophie de Levinas va donc «dédire» le dit afin de suggérer Dieu, qui reste non-thématisable et indescriptible [6].

C'est parce qu'on «témoigne» du dire dans une praxis, parce que seul le «Me voici» est capable de répondre à la haute exigence [7], que la pensée, fondée sur la perception et sur la représentation, restera à jamais inadéquate. Pour autant, Levinas ne cesse pas d'être philosophe : il dit le «dire» tout en restant conscient que le «dit» thématise et nomme l'inthématisable et l'innommable, et tout en

---

5. *Éthique et Infini*, p. 101-103.
6. *Éthique et Infini*, p. 103-104. Comparez avec A. J. Heschel, *God in Search of Man : A Philosophy of Judaism* [1955], New York 1993, p. 185, où Heschel écrit que le mot de révélation est plutôt un terme indicatif que descriptif.
7. *Éthique et Infini*, p. 102-103.

espérant que le «dit» de sa philosophie portera les «traces» du dire. La thématisation ne rend pas compte «de la démesure de l'intrigue rompant l'unité du "je pense"[8]». L'idée même de Dieu fait éclater la pensée qui toujours enferme en une présence, re-présente[9]. Dieu est inassumable, il est l'impossibilité même de l'englobement.

Levinas se réfère à la troisième Méditation de Descartes, qui écrit : «J'ai en quelque façon premièrement en moi la notion de l'infini que du fini, c'est-à-dire de Dieu que de moi-même[10].» L'idée de Dieu est donc antérieure à la pensée même, «anarchique[11]». Pour Descartes, l'idée de Dieu vient avant celle du cogito, l'idée de l'infini précède celle du moi. S'appuyant sur Descartes, Levinas développe l'idée de l'extériorité, l'idée de Dieu ou de l'Autre.

Levinas parle de l'éthique en langage non pas épistémologique mais éthique. De même chez M. Buber[12], le monde je-lui diffère-t-il du monde je-tu ; il y a une distinction claire et nette entre le monde de l'expérience, «connu» par les sens et les catégories *a priori* de la pensée, et le monde de la rencontre, dans lequel la vérité comme connaissance objective fait place à celle, plus profonde ou plus vivante, de l'union entre le moi et le toi. Le monde des phénomènes serait radicalement séparé du monde du dialogue. Mais, chez Levinas, il s'agit plutôt du monde de l'éthique, antérieur à tout dialogue, comme distinct du monde de la phénoménalité – mieux pris en compte chez Levinas que chez Buber qui reste dans un spiritualisme sans corps. Contrairement à lui, Levinas cherche à thématiser : le parler «de» ne serait pas à séparer du parler «à», de l'appel à l'autre homme et du salut qui lui est adressé.

---

8. E. Levinas, «Dieu et la philosophie» dans *De Dieu qui vient à l'idée* (Problèmes et controverses), seconde édition, Paris 1986, p. 104.

9. *Id.*, p. 105.

10. *Id.*, p. 106.

11. *Id.*, p. 107.

12. Voir E. Levinas, *Totalité et Infini — Essai sur l'extériorité* (Biblio essais 4120), Paris 1990 (= TI), p. I. 64-65 ainsi que «Martin Buber et la théorie de la connaissance» ; «Dialogue avec Martin Buber», dans E. Levinas, *Noms propres* [1976] (biblio essais 4059), Paris 1987, p. 23-43, 44-48.

Comme chez Buber, la connaissance objective ou la pensée «de» restent subordonnées à l'appel et la pensée «à». Tout en critiquant une philosophie où tout est exhibition, Levinas pense «le traumatisme de l'éveil[13]».

Aussi, dans ses écrits confessionnels, Levinas souligne-t-il que la relation morale a trait à la conscience de Dieu, et que l'éthique est moins le corollaire de la vision de Dieu que cette vision même[14]. La justice rendue au prochain me met en proximité de Dieu[15]. «La voie qui mène à Dieu mène donc *ipso facto* – et non de surcroît – vers l'homme[16].» Il est vrai que Levinas parle ici de la «présence» de Dieu ressentie à travers la relation avec l'homme[17]. Le langage utilisé est différent de celui dont il use dans ses écrits professionnels. Mais l'idée même d'un Dieu qui n'est pas à enfermer dans un système clos de pensée et n'est, au contraire, approchable que dans la responsabilité, apparaît partout dans les écrits de Levinas.

Parallèlement, l'idée de l'élection de l'homme, faite non de privilèges mais de responsabilités, caractérise le peuple d'Israël comme tous ceux qui connaissent le privilège du devoir envers Autrui ou l'humilité du serviteur. En ce sens l'élection, en tant que privilège d'obligation, est fondement de la tolérance[18].

Levinas ne craint pas d'user des idées de Dieu ou d'élection, ni dans ses écrits juifs ni dans ses écrits purement philosophiques. Il n'est pas permis de parler de Dieu, de sa révélation ou de son élection de façon thématisante, parce que l'«épiphanie» du visage qui commande et élit, ainsi que l'approche de Dieu, n'adviennent que dans la praxis d'un devoir asymptotique.

---

13. «Dieu et la philosophie», p. 108.

14. E. Levinas, «Une religion d'adultes», dans *Difficile liberté — Essais sur le judaïsme* [1963] (Biblio essais 4019), Paris 1988 (= DL), p. 33.

15. *Id.*, p. 34.

16. *Id.*, p. 35.

17. *Id.*, p. 33.

18. *Id.*, p. 39 et «Religion et tolérance», *ibid.*, p. 244. Voir E. Meir, «Judaism as Tolerance in Levinas'Thinking», dans M. Gillis-Carlebach, B. Vogel (eds.), *Die Dritte Joseph Carlebach-Konferenz. Toleranz im Verhaeltnis von Religion und Gesellschaft*, Hamburg 1997, p. 160-166.

Ephraim Meir

Le sujet comme assujetti et la sainteté

L'idée même, ou mieux la praxis même d'une vie qui ne persé-
vère pas dans l'être – vie en responsabilité, en justice, en «sainteté [19]» – est réponse à la haute exigence de l'autre homme. Cette
vie en sainteté ne forme pas l'essentiel du moi, elle le transforme
plutôt en moi accusé, en «Me voici» («*hineni*») [20] : moi inspiré,
substitution, otage, expiation, psychisme, hanté par un traumatisme et une obsession, par une passivité plus passive que toute
passivité – c'est-à-dire au-delà de toute réceptivité [21]. Dans une
vie sainte, le moi est l'humble serviteur d'Isaïe 53, en diaconie. Il
porte le monde, tel Atlas [22]. Pour qui vit une vie sainte, la faim
d'autrui est sacrée [23]. Il est toujours responsable, à responsabilité
illimitée. La pensée de Levinas appuie cette idée extraordinaire :
qui n'est pas prêt à donner sa vie pour l'autre n'est pas véritablement humain. Le sujet y est entendu – plutôt que compris – comme
assujetti à l'autre, comme doué de la qualité d'«avoir honte». En
sainteté, le moi, lié à Dieu ou à l'Autre qui n'est pas englobable,
est «non-indifférent»; en dégrisement, il est éveillé à l'Autre, qui
reste perpétuellement différent. Le moi n'est donc pas nécessité –
mécanisme de causes et d'effets – ni liberté, mais «liberté créée»,
liberté «investie» par la justice [24].

Là encore, pas la moindre contradiction entre ce qui s'exprime
dans les écrits juifs et les écrits philosophiques. La sagesse biblique
et talmudique, en tant qu'élément pré-philosophique et en tant que
«sagesse d'amour», a apparemment inspiré l'«amour de sagesse»
de Levinas [25]. L'idée du visage de l'autre homme, qui donne au
moi un surplus de responsabilité et qui juge et oriente sa liberté,

19. J. Hansel, «"Après vous" – L'idée de sainteté dans la philosophie de Levinas»
(hébreu), dans *Daat* 30 (1993), p. 5-12.
20. Genèse 12,1-7. La réponse d'Abraham, «Me voici», dans laquelle il «s'accuse»
est réponse à Dieu et à Isaac.
21. E. Levinas, *Autrement qu'être ou au-delà de l'essence*, La Haye 1974, p. 187.
22. E. Levinas, *Humanisme de l'autre homme* (Biblio essais 4058), Paris 1987, p. 53.
23. DL, p. 10.
24. E. Levinas, *Totalité et Infini*, p. 80-103.

se trouve dans les écrits juifs, où les notions plus abstraites ne manquent pas, ainsi que dans les écrits philosophiques, où la métaphore n'est pas jugée inférieure au discours logique.

Quand on se rend compte du fait que la critique de l'ontologie et le plaidoyer pour «l'au-delà de l'essence» caractérisent toute l'œuvre de Levinas, il n'est plus surprenant de rencontrer les mêmes concepts dans les écrits philosophiques et les écrits juifs. Les concepts traditionnels de Dieu, élection, sainteté, création ou révélation sont réinterprétés et revêtent une signification éthique radicale.

Témoignage de la vie sainte et pensée

La praxis du témoignage éthique, Levinas l'a trouvée – avant son entreprise philosophique – dans la Bible [26]. Mais le texte de la Bible, qui vit à travers la vie juive, ne peut se comprendre que dans le contexte plus large de la tradition infinie d'interprétations si caractéristique de l'esprit juif, contenu dans des lettres. Le «pouvoir-dire» de l'énoncé biblique dépasse son «vouloir-dire», il contient plus qu'il ne contient. L'esprit et la lettre ne sont pas contradictoires. Pour Levinas, le Livre des livres possède un surplus de sens, qui «reste enfermé dans les structures syntaxiques de la phrase, dans ses groupes de mots, dans ses vocables, phonèmes et lettres, dans toute cette matérialité du dire, virtuellement toujours signifiant». Et l'herméneutique rabbinique n'est pas du tout un oubli de l'esprit, mais une façon de signifier qui brise avec la visée du signifié par le signifiant [27]. Dans l'herméneutique juive, l'étudiant se confronte à des textes qui, de façon éminente, parlent de la signifiance du visage humain et contestent la bonne conscience de notre être-là (*Dasein*). Les textes bibliques parlent de la crainte

---

25. Pour le rapport entre «l'amour de sagesse» et «la sagesse d'amour» voir TI, p. IV ; *L'au-delà du verset*, p. 233-234 ; «Paix et proximité», dans C. Chalier - M. Abensour (eds.), *Emmanuel Levinas* (Les Cahiers de l'Herne), Paris 1991 (=PP), p. 345-346.
26. *Éthique et Infini*, p. 113-116.
27. E. Levinas, «De la lecture juive des Écritures», dans *L'au-delà du verset*, p. 135-136.

de Dieu dans la perspective de la crainte de la mort de l'autre homme [28]. Ils posent la question de l'éthique, qui rompt la persévérance dans l'être. Ils parlent d'une vie d'inquiétude, d'une vie dans l'insomnie, éveillée à l'autre homme.

Dans la littérature en général, Levinas perçoit que des chocs initiaux donnent à penser. On y apprend « la vraie vie qui est absente », l'utopie qui déjà cherche son lieu topique [29]. En ce sens, le livre n'est pas un « manuel », un outil qui se porte à la main, mais « une modalité de notre être ». Et la Bible est le livre par excellence [30].

Levinas avoue que l'expérience pré-philosophique de la lecture de la Bible a joué un rôle essentiel dans sa façon de philosopher [31]. C'est qu'il n'a jamais voulu séparer la vie même, où survient la rupture de l'être, de la philosophie, en tant que pensée qui s'adresse à tout homme. Il utilisait des langages différents, parlait des langues différentes : l'hébreu et le grec.

À plusieurs reprises, Levinas a explicité son rapport à la Bible. Il a rencontré dans cette littérature une plénitude éthique. L'entrée dans l'herméneutique juive, entassant commentaires sur commentaires, était pour lui le noyau même de la vie religieuse, de la liturgie [32].

En ce qui concerne le Talmud et les leçons talmudiques, Levinas n'a jamais prétendu en être spécialiste. Il n'adopte pas une lecture « scientifique » au sens de la Wissenschaft des Judentums, qui voyait dans les outils historico-philologiques la seule clef bonne à ouvrir le monde de la compréhension. Symétriquement, il évite la lecture pieuse [33]. En lisant et commentant les textes anciens, il montre

---

28. Dans E. Levinas, « Du langage religieux et de la crainte de Dieu », dans *L'au-delà du verset,* Levinas écrit que la crainte de Dieu se manifeste concrètement comme crainte pour l'autre homme. Dans la crainte qui n'est pas du tout contraire à l'amour (sans éros, sans concupiscence), il s'agirait d'une obéissance au plus haut, c'est-à-dire d'une reconnaissance de l'autre homme dans d'incontournables obligations.

29. *Éthique et Infini*, p. 11.

30. *Éthique et Infini*, p. 12.

31. *Éthique et Infini*, p. 14-15.

32. *Éthique et Infini*, p. 13-14.

l'actualité persistante des problèmes soulevés et des solutions proposées. Il révèle la dimension universelle des textes rabbiniques, tout en respectant leur aspect particulier. En somme, dans sa pensée philosophique, Levinas explicite en langue abstraite la sagesse enfouie dans les textes anciens, qui invitent au dialogue et ne révèlent leurs trésors qu'à travers la dure discipline de l'étude-à-deux (*limud be-tsavta*).

La Bible a trait à la sanctification de la vie [34], à des actes prescrits qui introduisent l'humanisme «de l'autre homme» dans l'humanité. En tant que «façon d'habiter» [35] pour les Juifs, la Bible demande la sainteté et la justice. «Aime ton prochain comme toi-même» (Lév. 19,18) est l'une des principales directives trouvées dans la Bible par la tradition juive.

Comme nous l'avons noté, les multiples interprétations juives de la Bible vont «au-delà» du verset [36], au-delà du sens obvie. Les textes bibliques appellent à l'exégèse. Les lettres de la Bible sont comme «les ailes repliées de l'Esprit» : elles demandent à être expliquées, elles demandent le midrash, la recherche. La lecture qui porte attention au témoignage de la révélation et se concentre sur lui constitue pour Levinas la lecture «religieuse». C'est par la recherche et le déchiffrement que le lecteur participe à la révélation. «Le lecteur est à sa façon scribe [37]» : il entend la parole extérieure et l'accueille.

Levinas nous révèle un autre aspect typiquement juif lorsqu'il écrit[38] que la multiplicité des interprètes est la condition de la révélation, qui appelle à l'unique en chacun. Chaque Juif est appelé à

---

33. Z. Levy, «Emmanuel Levinas as a Jewish Philosopher», dans Y. Alman - J. S. Guraq (eds.), Hazon Nahum — *Études en Halakha, pensée et histoire juives, présentées au Dr. Nahum Lamm* (hébreu), New York 1998, p. 584-585, souligne comment Levinas évite le Scilla de la lecture pieuse et le Charybde de la lecture philologico-historique.

34. «La révélation», p. 159.

35. A. J. Heschel, *God in Search of Man*, p. 237. À la p. 238, Heschel parle de «la dignité divine des actes humains».

36. «La révélation», p. 158-181.

37. «La révélation», p. 162.

38. «La révélation», p. 162-164, 170.

étudier. Spinoza, qui n'admettait que l'explication littérale de la Bible – le *pshat* – manquait à voir ce point important. Il restait en outre insensible à la dimension universelle des lois de Moïse, qui comprennent par exemple le commandement de l'amour de l'étranger. Enfin sa pensée moniste, qui ne discerne dans la seule et unique substance que la *natura naturans* et la *natura naturata*, ne laisse pas de place à la pluralité, qui caractérise la pensée de H. Cohen, F. Rosenzweig, M. Buber et E. Levinas. Le système spinoziste étouffe l'altérité et la séparation, à laquelle l'étudiant de la Bible devrait – selon Levinas – être attentif en permanence [39].

Dans la vie juive, vie de témoignage, l'étude est une *mitsva*, un commandement. Chaque personne est unique en ce sens qu'elle écoute le texte et l'interprète à sa façon. Il n'existe pas de signification unique du texte. Les sens sont multiples, parce que nombreux sont ceux qui participent à cette tradition d'écoute intensive de la Parole. «Le texte est tendu sur les amplifications de la tradition, comme les cordes sur le bois du violon [40].» Pour illustrer ce point, Levinas rapporte l'apologue talmudique de la visite de Moïse à l'école de Rabbi Aquiba. Il n'entend rien à la leçon de Rabbi Aquiba, mais apprend que cet enseignement, qu'il ne parvient pas lui-même à comprendre, a été donné «à Moise au Sinaï».

Dans ses écrits juifs, Levinas souligne l'importance de la Loi orale, qui complète la Loi écrite et ne saurait se réduire aux commentaires. «Le judaïsme, c'est bien l'Ancien Testament, mais à travers le Talmud [41].» Dans le Talmud, il y a toujours plusieurs positions qui sont toutes, les unes comme les autres, «paroles de Dieu vivant». La Loi orale invite par son style à la discussion. Cette discussion se poursuit jusqu'aux temps messianiques, désignés comme l'époque des conclusions.

Mais dans la Loi orale, à côté des parties aggadiques, théologico-philosophiques, se trouvent aussi des parties halakhiques, prescriptives. Levinas s'est concentré sur ces dernières. Il souli-

---

39. *Totalité et Infini*, p. 108.
40. «La révélation», p. 166.
41. *Ibid.*

gnait que le peuple juif est appelé à l'agir dans une orthopraxie, mais que l'obéissance aux commandements est loin d'être aveugle. Elle s'accompagne d'une métaphysique et d'une anthropologie. C'est de cette pensée que s'inspire la philosophie de Levinas. Il a voulu montrer le primat de l'éthique en tant que structure irréductible sur laquelle s'appuient toutes les autres[42]. Son éthique, qui n'est pas fondée épistémologiquement, qui n'est pas basée sur la raison – comme chez Kant – mais plutôt sur la relation normative ou le commandement concret de l'autre homme, il l'a discernée dans la vie sainte dont témoignent la Bible, les midrashim et le Talmud.

Liberté inscrite sur les tables de loi ou liberté créée

La tradition juive se laisse guider par le souci du sort « de la veuve, de l'orphelin, de l'étranger et du pauvre ». Rien, ni l'histoire, ni le Sanctuaire, ni l'État, n'est supérieur à l'Autre qui demande à être respecté. Dans l'histoire juive – dans la mesure où elle est histoire sainte –, l'obéissance au commandement divin constitue la liberté même : l'attention au persécuté, au pauvre, oriente la liberté du Juif. La liberté, en elle-même « meurtrière »[43], est fondamentalement « investie » par la justice. La tradition juive est donc habitée par une inquiétude, par une attention à l'autre. Dans la « religion d'adultes », la liberté est inscrite sur les tables de pierre qui portent la Loi[44]. Dans cette même tradition, de multiples prescriptions orientent la liberté vers une vie vouée à l'autre. Il s'agit là d'une rationalité « moins noyautée sur elle-même » que la raison de la philosophie, où le sens est censé résider dans la coïncidence de l'être et du paraître[45].

---

42. *Totalité et Infini*, p. 77.
43. *Totalité et Infini*, p. 80-89.
44. Traité des principes 6,2.
45. E. Levinas, « La révélation dans la tradition juive », dans *L'au-delà du verset*, p. 176.

Dans sa philosophie, Levinas essaie d'expliciter cette raison du cœur qui respecte l'hétéronomie et l'extériorité de l'Autre, incontenable et inassimilable dans la totalité du Même. Le respect de l'autre homme, cette non-in-différence envers autrui, produit une rupture dans l'être. En résulte la promotion de la liberté en « liberté créée[46] », c'est-à-dire en possibilité d'« avoir honte[47] ». Levinas parle aussi du « Désir » de l'autre dans la honte[48]. Le Désir de l'extériorité trouve sa source dans la justice.

C'est donc la justice dans le sens de l'éthique qui constitue le fonds commun de la tradition juive et de la philosophie de Levinas. En tant que philosophe, Levinas a assumé la lourde tâche de dire dans la langue philosophique ce qui est étranger à la philosophie. Il l'a radicalement surprise. Dans le langage logique, il dit le discours ou la relation entre le même et l'autre, sans totalité[49].

La signifiance du « Tu ne tueras pas »

Dans la connaissance objective, le sujet reste enfermé et emprisonné dans le Même. Seule la possibilité d'être en proximité de l'autre, de le respecter, crée l'occasion de sortir du solipsisme et de vivre l'« autrement qu'être ». La Bible témoigne de cet appel à la vie noble de l'un-pour-l'autre. Après que l'on eut essayé de tuer les porteurs de cet appel – ceux qui savent d'un savoir plus profond la parole prophétique[50] –, Levinas a pris sur lui la mission de faire briller cette vie dans ses réflexions philosophiques. Il a ainsi contribué à ce qu'on parle de signifiance derrière toute *Sinngebung*, toute donation de sens. La condition du don de sens réside dans la signi-

---

46. *Totalité et Infini*, p. 81.
47. *Totalité et Infini*, p. 82-83.
48. *Totalité et Infini*, p. 82.
49. Cette relation qui s'établit entre le Même et l'Autre sans constituer une totalité, Levinas l'appelle « religion ». *Totalité et Infini*, p. 30.
50. Pour une approche des Juifs comme porteurs de la haute Parole, voir J.-F. Lyotard, *Heidegger et « les juifs »* (Débats), Paris 1988 et J.-G. Bursztein, *Hitler, la tyrannie et la psychanalyse — Essai sur la destruction de la civilisation* (Nouvelles Études Freudiennes), Paris 1996.

fiance du visage, dans le discours, dans le commandement «Tu ne tueras pas». C'est en usant de rationalité logique que Levinas a dit cette rationalité plus haute qu'elle. Il a énoncé cette rationalité plus élevée de façon logique, tout en brisant le système philosophique, qui est clos sur lui-même et embrasse tout dans une vue synthétique et synoptique en restant aveugle à toute forme d'altérité.

Israël comme catégorie morale

Ce que Levinas écrit sur le judaïsme n'est pas simplement de sa part une apologie *pro domo*. Il s'agit plutôt d'expliciter la vie juive ouverte au monde et à tous ses vents, laquelle serait exemplaire de toute vie où l'utopie cherche sa réalisation topique. Israël est une catégorie morale, ouverte, mais l'Israël concret ne s'est pas montré infidèle à cette notion. La position – ou mieux la «dé-position» ou disposition – de l'élu en une responsabilité infinie «en dehors des Nations» est réalisée en Israël. C'est pourquoi le judaïsme, dans la pensée de Levinas, est un particularisme qui promeut l'universel. C'est une mise à part en tant que condition de l'universel. L'élection y est toujours fonctionnelle, elle reste une élection à une «difficile liberté». En ce sens, le judaïsme n'est jamais jeu ni affaire privée, il a trait à la réalisation de la justice. Aussi, dans ses écrits philosophiques, Levinas fait-il résonner la parole prophétique, qui exige la réalisation de la justice et qui élit l'être humain à une vie de l'un-pour-l'autre.

La religion juive, dans l'interprétation de Levinas, est fondamentalement anti-pathétique[51]. Loin des enthousiasmes qui enivrent l'homme et le détournent de ce monde par l'extase, il s'agit d'un dégrisement, d'un éveil à l'autre, où la rationalité est estimée avoir grande valeur[52].

---

51. DL, p. 11.
52. Voir mon article «La critique du "mythe" de l'union mystique chez E. Levinas» (hébreu), dans Haviva Pedayah (ed.), *Mythos ba-yahadut* (Eshel beer-Sheva 4), Jérusalem 1996, p. 393-405.

Tout homme est appelé, selon lui, à instaurer une distance vis-à-vis de l'histoire ou de l'État – machiavélique avec ses raisons d'État. Tout homme a une responsabilité vis-à-vis de l'histoire dans l'histoire. Jamais l'histoire ne juge, au contraire, elle-même est jugée par la justice. Sans doute Levinas a-t-il trouvé dans le judaïsme cette distance morale vis-à-vis de l'histoire, mais pour lui chaque être humain est appelé à prendre cette distance nécessaire à la culture de l'humanisme de l'autre homme.

En tant que catégorie morale, le judaïsme se caractérise par le devoir d'accueillir le visage de l'Autre. Abraham sera le prototype de l'hospitalité. Le judaïsme est décrit aussi comme une extrême «patience». Vivant avec un Dieu qui cache son visage, l'homme a sa pleine responsabilité [53]. Selon Levinas, la vie sainte et meta-historique dont témoignent les Écritures engage toute l'humanité.

Éthique, politique et philosophie

Sur les traces de Levinas et avec une vaste culture juive, S. Trigano a montré comment Jérusalem garde le souvenir de l'origine éthique de la politique : l'écoute intensive et sensible de la Parole, qui oriente la liberté de l'homme, y reste la condition du contrat social. L'alliance hébraïque (*brit*), acte de cassure (*kritat bit*) qui réactualise la création (*bri'a*) et produit le particulier et la particularisation, fonde l'acte d'union [54]. Dans le souvenir juif, le monde (*'olam*) porte la trace d'une disparition (*ne'elam*) [55].

Si Jérusalem est le lieu où la séparation est condition d'union, Athènes est le lieu où surgit la *polis*, et la cité où tout est visible

---

53. H. Jonas a lui aussi écrit que Dieu, qui est en retrait total, donne à l'homme pleine responsabilité. H. Jonas, *Le Concept de Dieu après Auschwitz — Une voix juive*, traduit de l'allemand par P. Ivernel, suivi d'un essai de C. Chalier, Paris 1994.

54. S. Trigano, *Philosophie de la Loi — L'origine de la politique dans la Tora* (Passages), Paris 1991, p. 15-16.77-79.348. Dans la circoncision (*brit*), Israël même porte la trace de la coupure de l'origine. Il est mis à part, séparé, distingué dans une élection qui tire l'humanité des nations vers l'un. Israël clignote, suggère l'un et pas le tout. *Id.*, p. 31-32, 60-61, 380-381.

55. *Id.*, p. 17-18, 26-27.

dans la lumière de la raison. Nous sommes des héritiers d'Athènes, qui représente la politique et la philosophie. Nous sommes liés à Athènes, nous dit Levinas, mais également à Jérusalem, où l'on se souvient du retrait, du *tsimtsum*[56], de ce qui est absent. La relation inégale, asymétrique, ou encore le souvenir de l'absent, garantit la cité de devenir un Leviathan qui englobe et dévore tout[57].

Selon Levinas, la politique ainsi que la philosophie restent sous la critique de l'éthique en tant que souvenir du commencement sans origine (*bereshit*), qui est la création[58]. Mais ce souvenir, devenant manifeste dans le passage du moi au non-moi, et qui mène à la dépossession, demande aussi l'expression, le dit de la philosophie et de l'organisation sociale, économique et politique. Expression qui est toujours partielle, topique, n'exhaussant jamais l'utopie. La critique levinassienne de la représentation politique et réflexive est importante parce que ce qui appelle au passage de l'un à l'autre n'est pas représentable.

Europe : « pensée de » et « pensée à »

Dans le cadre d'un colloque, tenu en 1984, sur l'identité de l'Europe et des chemins menant vers la paix, Levinas a écrit[59] que l'Europe cherche la paix en se basant sur la vérité, qui réduit le multiple à l'un et qui ramène l'autre au même. En ce sens, la paix est un état de tranquillité et de repos qui vient de la solidarité entre les hommes. Mais l'Europe connaît aussi la vérité qui se base sur la paix, c'est-à-dire qu'elle est familière du commandement « Tu ne tueras pas », qui mène vers la non-in-différence et donc vers la paix, état d'inquiétude et d'éveil.

L'Europe cherche la paix en cherchant l'accord entre les hommes sur une base rationnelle. En ce sens, l'Europe est grecque. Mais elle cherche aussi une paix plus profonde, parce qu'elle est

---

56. TI, p. 107.
57. *Philosophie de la Loi*, p. 239.
58. Levinas parle d'un temps immémorial, de l'an-archie.
59. PP, p. 339-346.

héritière du message de Jérusalem. Dans la vieille Europe, la paix politique restera fragile si l'on ne prend pas au sérieux le commandement de la défense du meurtre comme source de toute politique. En politique, l'autre est absorbé dans des systèmes et des institutions. La paix profonde, irréductible à la totalité et la synthèse, vient du respect de l'altérité.

Cependant, l'ordre éthique exige l'objectivité de la philosophie et de la politique [60]. Comme passage de l'un à l'autre, l'éthique demande une pensée organisée. Avec le tiers, il faut comparer l'incomparable : les miens sont aussi mes autres et, moi aussi, je suis l'autre de l'autre. Là se constitue le lieu de la pensée et de la politique. L'Europe se nourrit donc de la sagesse biblique et de sagesse de la Grèce, où se trouve le berceau de la politique et la philosophie [61].

Il s'agit chez Levinas d'une réflexion sur l'Europe qui pense à et sur l'autre homme. La pensée politique et philosophique d'Athènes est nécessaire, mais reste secondaire vis-à-vis de la pensée morale de Jérusalem. La «pensée à» appelle la «pensée sur», qui reste sous la critique de la «pensée à».

Qedusha, contrat social et philosophie : Shem et Jafet

L'humanisme de l'autre homme vient avant tout contrat social. La relation asymétrique et des-inter-essée précède toute symétrie,

---

60. Déjà en 1953, Levinas parle de l'éthique, qui réclame la politique. L'État et ses lois défendent la liberté des citoyens, qui acceptent la loi pour être libres. Mais la haute relation éthique, qui n'est pas une tyrannie, mais la relation exigeante du face-à-face, reste la base de toute loi qui garantit la liberté de l'homme. Voir E. Levinas, «Liberté et commandement», dans la *Revue de métaphysique et de morale*, repris dans *Liberté et commandement*, Paris 1994, p. 27-53. Dans cet essai, Levinas oppose la tyrannie, qui ne demande que l'obéissance aveugle et qui néglige l'appel du visage, au visage, avec son opposition pacifique qui appelle à la responsabilité. La tyrannie aliène, le visage fait du moi un être créé.

61. Pour la pensée de Levinas sur la paix, voir plus explicitement E. Meir, *Modernes juediches Denken*, Fuldatal 1996, p. 95-103.

toute égalité et tout dialogue. Jérusalem précède Athènes. En langage hébraïque, la *qedusha* – la sainteté –, qui est le devoir infini vis-à-vis de l'autre homme, est et restera la base de la philosophie et de l'État, de la science, de l'économie, du droit et de la technique.

«Grâce à Dieu, dit Levinas, d'autres doivent respecter ma liberté dans des structures et institutions sociales qui garantissent l'égalité [62].» Mais en tant que vie éthique, la *qedusha*, qui est à l'origine de la justice, restera toujours critique envers celle-ci. C'est qu'il y a une tension perpétuelle entre l'inspiration prophétique et les institutions socio-politiques. Ce fut la sagesse de Levinas que d'être à l'écoute du message prophétique tout en restant philosophe, surprenant la pensée universelle et conceptuelle de la Grèce avec le message éthique de Jérusalem.

Levinas a invité Jafet, ou les principes de la Grèce, dans les tentes de Shem. Mais il a aussi introduit Shem et sa vie meta-historique dans l'histoire, dans les tentes de Jafet.

---

62. Pour Dieu et la justification de la politique et de la philosophie, voir R. A. Cohen, *Elevations -The Height of the Good in Rosenzweig and Levinas*, Chicago-London 1994, p. 173-194.

Levinas et le projet
de la philosophie juive

SHMUEL TRIGANO

Dans « Violence et métaphysique » [1], Jacques Derrida entreprend de comprendre et mesurer la portée de la pensée d'Emmanuel Levinas en la resituant dans la perspective de la philosophie occidentale telle que celle-ci s'est définie par rapport à ses origines grecques. Mais si la dimension judaïque de cette pensée y est bien soulignée, le critère de cette judaïcité reste dans l'indétermination malgré sa délimitation « ni comme une théologie, ni comme une mystique juives (on peut même l'entendre comme le procès de la théologie et de la mystique), ni comme une dogmatique, ni comme une religion, ni même comme une morale. Elle ne s'autorise jamais en dernière instance de thèses ou de textes hébraïques » [2]. La pensée levinassienne se voit définie en effet comme « cette explication et ce débordement réciproque de deux origines et de deux paroles historiques, l'hébraïsme et l'hellénisme. Un élan nouveau, quelque étrange communauté s'y annoncent-ils qui ne soient pas le retour spiralé de la promiscuité alexandrine ? » [3] Notre questionnement reprendra celui de Jacques Derrida, mais en menant cette fois-ci l'investigation non plus à partir de l'héritage philosophique gréco-européen mais, symétriquement, à partir de l'hébraïsme et tout spécialement de cette « promiscuité alexandrine » à laquelle il fait

---

1. In Jacques Derrida « L'écriture et la différence », Seuil 1967.
2. *Id.*, p. 123.
3. *Ibid.*, p. 124.

référence et que nous désignons avec bien d'autres chercheurs comme la «philosophie juive». Qu'en est-il de l'hébraïsme chez Levinas et en quoi le déborde-t-il, inaugurant peut-être autre chose que la «philosophie juive»?

Jusqu'à ce jour, l'analyse du rapport de Levinas à l'univers de la pensée hébraïque semble toujours être partie de l'assomption – implicite et jamais dénouée – de l'existence d'un socle intellectuel massif, identifié comme «le judaïsme» (l'«hébraïsme» chez Derrida a valeur de démarcation par rapport au «judaïsme», sans aucun doute tenu pour religion), et dans lequel les analystes ont mêlé de façon indifférenciée des éléments et des séquences tirés d'une tradition judaïque (et pas seulement hébraïque : je fais notamment référence au Talmud écrit en araméen et à la pensée rabbinique) qui a connu pourtant différentes époques et entreprises intellectuelles... En effet, la pensée talmudique n'est pas la pensée kabbalistique qui n'est pas la pensée de la «philosophie juive» qui n'est pas la pensée éthique du «judaïsme» même s'il est vrai que l'on peut faire apparaître une matrice structurale commune à toutes ces modalités... C'est dans le cadre de cette succession temporelle et littéraire que nous retrouvons ainsi la «promiscuité alexandrine», la «philosophie juive». Avant d'évoquer ses liens avec tel ou tel de ces corpus intellectuels, c'est d'abord à la lumière de cette «philosophie juive» qu'il faut mettre en perspective Levinas, à la fois pour comprendre sa «dette hébraïque» et en quoi son œuvre «déborde l'hébraïsme», comme l'annonce Jacques Derrida.

Plus que l'apparentement manifeste de la pensée levinassienne au Talmud c'est en effet son lien à la philosophie juive qu'il faut sonder car l'effort de «traduire» le judaïsme[4] en langue philosophique (grecque), ou de penser le message sinaïtique dans les catégories grecques, ou de réaliser une synthèse de la Grèce et d'Israël, ou de philosopher dans une inspiration judaïque et donc néces-

---

4. C'est à ce moment que «judaïsme» commence à désigner la fabrique entière (et plurale) de la civilisation des Juifs, encore fondamentalement marquée par le religieux. Le terme *ioudaïsmos* apparaît pour la première fois dans le grec hellénistique, comme concept opposé au concept d'*hellenismos*.

sairement, dans tous ces cas de figure, de «déborder» l'hébraïsme [5], cet effort est vieux de vingt siècles. La «philosophie juive» n'est d'ailleurs pas nécessairement éloignée du Talmud. Cette école de pensée est née en effet en même temps que le pharisianisme qui allait produire le Talmud puis le judaïsme rabbinique... Son fondateur est Philon d'Alexandrie (20 av. J.-C., 40 apr. J.-C.) qui, en se reposant sur la récente traduction grecque de la Bible des Septante entreprit de lire la Bible dans les termes de la langue et de la pensée philosophiques, inaugurant une expérience unique de communication entre des univers intellectuels et culturels différents de laquelle on peut dire que l'Occident est né, à travers le christianisme, mais qui a continué par la suite, en donnant, pour citer les plus grands, Saadya Gaon (882-942), Maïmonide (1135-1204), Mendelssohn (1729-1786), Hermann Cohen (1842-1918) ou Franz Rozensweig (1886-1929)...

Le projet de la philosophie juive

Le projet de cette école de pensée est étonnant : il envisage d'inscrire la judéité au cœur d'autrui (la Grèce en son cœur philosophique), de sortir du pré carré de son identité pour s'y faire entendre du plus profond de soi. À cet égard, il faut se méfier de l'impression première que l'on pourrait retirer d'une telle entreprise : malgré l'intention affirmée des «philosophes juifs» de défendre et illustrer les idées du judaïsme, leur expérience intellectuelle fut celle d'une pensée en exil, en exode d'elle-même, installée en intelligence étrangère : étrangère aux autres et devenue étrangère à elle-même, puisque s'abordant elle-même dans la langue des autres. C'est une aventure à double sens qui commence alors, qui prend une autre direction que celle de l'école talmudique naissante qui, elle, lit et étudie aussi le texte (hébraïque) dans une langue différente (l'araméen), mais sans recourir au «concept».

---

5. Il y a là autant de définitions possibles de la spécificité de la «philosophie juive» relativement aux autres corpus judaïques.

Pour asseoir cette équivalence audacieuse de la Tora et du *logos*,
le philosophe-juif (j'emploie ce qualificatif non comme marqueur
identitaire [6] mais pour désigner une école de pensée) se voit systé-
matiquement confronté à une série de questions dont l'enchevêtrement constitue la « scène primitive » du philosopher-juif. Il est
ainsi inévitablement conduit à se poser la question de l'origine (en
termes théologiques : de la « création »), d'une façon qui tranche
fortement sur l'*initium* du philosopher. En se posant la question
de l'être, le philosophe grec est poussé à faire table rase de son
expérience sensible et intellectuelle (même si c'est pour remonter
plus avant dans la découverte de cadres transcendantaux) alors que

---

6. Si l'on doit entendre « juive » dans « philosophie juive », comme renvoyant non
pas à l'*identité* juive mais à un univers de pensée et de culture, l'équation de la
philosophie juive avec la langue est par contre plus problématique. On ne peut en
effet parler de « philosophie hébraïque » puisqu'aucun texte de « philosophie juive »,
ne s'est écrit en hébreu (mais successivement en grec, en arabe, en allemand et en
français). A moins que la langue hébraïque ne soit plutôt le problème cardinal de
la « philosophie juive » et qu'il n'ait pu être pensé qu'avec recul : dans une langue
« étrangère » (mais « étrangère » par rapport à quoi, si le fondateur éponyme du
judaïsme est Abraham, l'araméen ou Moïse, l'égyptien ?). En effet, c'est la centralité du Livre mosaïque pour le « philosophe juif » qui met l'hébreu au centre de
son investigation et l'inscrit au fond de toutes les langues de la « philosophie juive »,
caché dans ces langues pour pouvoir être pensé… Le recours au concept de « philosophie juive » resterait ainsi seul possible, l'adjectif « juif » renvoyant à ce carrefour de (quatre) langues tournoyant autour du texte hébraïque, trop intense pour
être dit dans sa langue, « juif » renvoyant à l'ensemble des expériences juives
pensant et se pensant dans les langues des autres et dans l'articulation conceptuelle
avec la philosophie grecque. « Juif », c'est ce qui ne pourrait se dire dans aucune
langue exclusive (et qui, par là, pourrait bien être réellement en prise sur l'universel. Pour cela, nous écrirons dorénavant philosophie-juive, car « juive » ici n'est
pas un prédicat délimitant la philosophie mais fait corps avec le philosopher. Ce
qui, philosophiquement, est en jeu : le surcroît de la mention « juif », l'adjonction
de quelque chose d'*autre* au concept philosophique qui se veut une totalité. Quelque
chose peut-il s'ajouter au concept ? Peut-il advenir, venir d'hors la totalité ? L'autre
peut-il venir à nous non point dans le retranchement, le moins-être mais dans
l'abondance du rajout, du surcroît ? On voit que c'est bien là le problème cardinal
de la philosophie de Levinas qui, en cela, peut être tenu pour un véritable philosophe-juif ! Sur toutes ces questions, voir S. Trigano, « La demeure oubliée, genèse
religieuse du politique » (1984, réédition en Tel-Gallimard 1994), tout entier consacré à l'étude du projet de la philosophie-juive comme une des voies majeures de
la modernité, et « Philosophie de la Loi, l'origine de la politique dans la Tora »
(Cerf-Passages 1991) qui reprend philosophiquement la question.

le philosophe-juif commence avec la Tora, avec un donné : la création, la Loi, la présence absente du Créateur divin... Parce qu'il entreprend de penser ce donné *avec* la question philosophique, il se voit confronté à trois questions fondamentales qui remettent en jeu tout le texte biblique et posent en fait, en termes plus philosophiques, le problème de l'infini, du rapport d'un être infini et parfait avec un monde fini et imparfait. En d'autres termes, le philosophe-juif se confronte dès le départ à la question de la révélation, de la manifestation de l'infini dans le monde de la finitude (en l'occurrence du texte biblique).

La question du langage et de la textualité : pourquoi la Tora est-elle un texte narratif et prescriptif si elle est censée faire entendre le déploiement du *logos* ? Comment l'infini peut-il parler dans une langue spécifique (en l'occurrence l'hébreu) et avant tout comment peut-il parler ? C'est la question des anthropomorphismes.

La question de Dieu : si Dieu est l'être suprême, l'Un, le Bien, quel besoin de le nommer par des noms propres, quel besoin de le dire dans les termes du sensible ? C'est la grande question théologique des « attributs de Dieu » qui se voit posée là. Comment l'infini peut-il avoir un rapport avec le fini ?

La question de la Cité : si la Tora est le discours de l'universel, pourquoi est-elle le récit de la geste du peuple d'Israël en particulier, même si son histoire se dit toujours dans sa responsabilité pour autrui ? Comment l'infini peut-il avoir un interlocuteur singulier, qu'il soit un individu (Moïse le prophète) ou une collectivité (le peuple assemblé au Sinaï) ? C'est ici la question de la Loi et de la Cité qui est posée.

C'est en posant ces questions (la question de l'universel et du singulier, de l'absence et de la présence, du donné et de la liberté) que le philosophe-juif articule la pensée qui découle du Livre sinaïtique avec le discours philosophique grec.

Je distingue trois grandes étapes dans les systèmes philosophiques engendrés par ce questionnement[7].

---

7. Cf. « La demeure publiée... », *op. cit.*, § XIII, 1 « La dynamique de la modernité », p. 332.

1) L'«enfance de l'art»

Le système philonien qui inaugure la philosophie-juive a apporté la réponse du *logos*, d'une médiation entre l'infini et le fini, un *logos* séparant et unifiant à la fois. Ce *logos* préserve l'intégrité et l'unité de Dieu car tout contact de Dieu avec le fini et tous les anthropomòrphismes du texte biblique ne concernent que lui mais, malgré son caractère de médiateur, Philon le voit parfois comme un véritable lieu-tenant de Dieu, un être quasi divin jusqu'à le définir comme «deuxième Dieu» (*deuteros théos*), au point que les chrétiens y trouveront la fondation de leur doctrine définissant Jésus «fils de Dieu» comme Dieu devenu homme.

Reprenant la même problématique Saadya Gaon invente la doctrine de la «Gloire créée» qui joue le même rôle que le *logos* avec cette différence qu'ici, contrairement à Philon, il s'agit d'un logos «créé» (et donc artificiel, instrumental) par Dieu pour communiquer avec l'homme. La «gloire» (*kavod*), agent divin dans le monde est formée à partir d'une «lumière créée» (*zohar nivra*). C'est ce qui apparaît de Dieu. Dans cette apparition parle le «Parler» (le *dibbour*, le «Dire») de Dieu, spécialement créé et donc autonome par rapport à la manifestation visible. Moïse, seul d'entre les prophètes, a entendu le «Dire» sans l'apparition de la «Gloire» alors que les autres prophètes – de niveau prophétique inférieur – ont eu besoin de cette apparition pour entendre la Voix divine.

2) Le «grand art»

Maïmonide introduit la notion de négatif et bouleverse complètement les données de l'«enfance de l'art» en énonçant le principe suivant : «Tout attribut est ou bien un attribut d'action ou bien, s'il a pour but de faire comprendre l'essence de Dieu (et non son action), doit être considéré comme la négation de ce qui en est le privatif» («Le Guide des égarés» I, 53). En somme pour Maïmonide, on ne peut pas penser Dieu (l'infini, l'être) positivement mais par le biais de la négation ou, plus exactement, de la «néantisation du manque» (*shelilat haeader*). Nous devons nier de Dieu une certaine chose qu'on sait par démonstration être inadmissible à Son égard. La

« néantisation du manque » ne peut s'appliquer à une chose dont elle ne pourrait jamais être le mode : je ne peux dire : « le mur ne voit pas » mais « le mur est une chose non voyante » ou bien « le mur n'est pas aveugle ». Quel est le problème ici ? Pour Maïmonide, on ne peut pas accepter les attributs qui sont autre chose que l'essence du sujet qualifié car ils ajoutent au sujet (et donc à l'infini) et ainsi le mettent dans la situation de subir des accidents. L'attribut qui ajoute pose la non-identité de l'essence et de l'attribut. Maïmonide met de côté les attributs qui désignent l'action de Dieu, et pour les attributs concernant l'essence de Dieu (vie, puissance, savoir, volonté) il élabore ainsi l'*interprétation négative des propositions affirmatives*. Au lieu de dire : « Dieu est puissant », on dira : « Dieu n'est pas faible » ; au lieu de dire : « Dieu est un », on dira : « Dieu est non-multiple ». On écarte de Dieu ce qui est inadmissible de lui attribuer (la faiblesse et le multiplicité). Nous avons là une proposition infinie (« A est non B ») : elle élimine d'un nombre infini d'attributs possibles, seulement un attribut. Ainsi l'infinité reste intacte. Pour Maïmonide cette négation est l'apothéose d'un savoir positif…

3) Le déclin

Après Maïmonide, va décliner l'effort philosophique-juif fondamental d'élaborer une économie du fini et de l'infini et (dans sa version conceptuelle) du particulier et de l'universel (car ce qui se joue sur le plan du rapport de Dieu et du monde se joue aussi sur celui du rapport d'Israël et des nations dans l'histoire) dans laquelle la singularité judaïque ne renoncerait pas à l'universel. Le destin commun de l'universel et du particulier va se scinder et la judaïté (transcendantale) va de plus en plus être pensée comme le destin du singulier seul, sans accès ni appétence à l'universel. C'est le moment spinoziste du « Traité Théologico-Politique ». S'il y a néanmoins encore une philosophie-juive après Spinoza, qui, lui, retranche la judaïté de l'universel pour la réduire au singulier avant de décréter sa caducité [8], c'est grâce à Mendelssohn qui va chercher

---

8. *Idem.*

(restrictivement) à ménager une place pour la singularité juive au sein d'un universel (la cité moderne) dont elle n'a plus la puissance et qu'elle n'a plus l'audace de penser pour se mesurer à lui. Avec Mendelssohn finit peut-être la philosophie-juive en ce qu'elle avait tenté une articulation avec la philosophie grecque, menée d'égale à égale (c'est-à-dire intellectuellement à hauteur d'universel) en inscrivant ce qui est en jeu dans la judaïté (et la judéité elle-même) dans la *totalité* propre à la pensée de l'être, pour parler en termes levinassiens...

Si la philosophie juive continue après Spinoza, ses bases sont ainsi bouleversées : les philosophes-juifs (essentiellement judéo-allemands) à l'opposé des philosophes médiévaux (judéo-arabes) ont renoncé à l'historicité d'Israël, une historicité que tout l'effort de ces derniers contribuait à inscrire dans l'universel. Le signe essentiel de cette historicité était l'assomption par ces philosophes de la Cité, du politique. Spinoza liquidait cette universalité en la réduisant à une Cité juive (l'«État de Moïse»), désormais uniquement particulariste et, de toutes façons, à ses yeux, défunte. C'est sur la base de cette particularisation (ethnicisation) de la judéité que les philosophes judéo-allemands vont bâtir une pensée idéaliste, réputée universaliste, dont les attaches avec la Cité juive, l'historicité politique d'Israël ne seront plus que théoriques, voire légendaires (comme chez Mendelssohn) ou déniées (comme chez Hermann Cohen ou Rosenzweig) tandis que l'ethicisation universaliste du judaïsme enflera à un point inconnu jusqu'alors, comme pour compenser la renonciation au politico-historique, cette transformation du judaïsme en éthique annulant paradoxalement l'épreuve éthique, l'épreuve du pouvoir. C'est pourquoi seule la philosophie-juive médiévale fournit le paradigme classique de l'école de philosophie-juive, à partir duquel on peut penser son histoire. La conséquence essentielle en est qu'après Spinoza, la philosophie-juive subit une inflexion radicale sur le plan de la synthèse de l'universel et du particulier, en entérinant la caducité de la dimension politique et historique dans l'existence juive.

La légitimité de la démarche

Notre projet de lire Levinas dans la perspective de la philosophie-juive est-il légitime ? Fait-il violence à l'auto-définition de Levinas qui ne manquait pas une occasion de déclarer qu'il était philosophe *et* juif et non un « philosophe juif » ? Il faut bien sûr tenir compte de l'intention d'un penseur et de l'explication qu'il donne de son œuvre. Cependant la familiarité avec la philosophie-juive conduit à voir dans l'œuvre de Levinas sinon une réitération de la philosophie-juive du moins une excroissance, une reviviscence inattendue, véritable signe que la période de la modernité juive, dont Mendelssohn a été une figure paradigmatique, a fait place à une époque, encore incertaine, que faute de mieux j'appellerai « postmoderne » et dans laquelle peut-être se constitue quelque chose de plus que la philosophie-juive, mais qui ne serait pas quelque chose de moins ni quelque chose d'autre...

Levinas a certes écrit des textes directement inspirés du judaïsme, ses fameuses « lectures talmudiques », mais il a pris soin d'instaurer un partage entre ses différentes inspirations, en distinguant ses écrits « philosophiques » de ses écrits « confessionnels », séparant ainsi une œuvre définie comme purement philosophique – relevant du *logos* même si elle le conteste – d'une œuvre restrictivement « religieuse » (« confession » désigne quelque chose d'encore plus étroit que « religion » : la « foi » à la façon du XIXᵉ siècle).

Le problème principal que soulève notre démarche découle de ce que justement nous nous proposons d'interpréter ses textes philosophiques à la lumière de la philosophie-juive, c'est-à-dire, si l'on en croit le jugement levinassien, à la lumière de la « confession ».

On peut se demander sur quels critères repose le partage levinassien ? Relève-t-il du critère textuel ? Est-ce que le « confessionnel » se définirait ici par la référence aux textes du Talmud ? Il est vrai que dans les textes philosophiques, le silence sur les textes judaïques est assez fort. C'est la référence à la philosophie qui prédomine. L'absence de pratique de la « citation » (des textes du judaïsme) ou de référence sémantique à l'hébraïque y est très sensible. Levinas au fond ne cite que le Talmud et quasiment pas la Bible, ce qui est un trait intellectuel propre à la tradition juive lithuanienne, la sienne propre, tradition «rabbanite» (c'est-à-dire conforme à la tradition du rabbinisme issue du Talmud) tout appuyée sur le texte talmudique et négligeant le texte biblique comme tel ou n'y accédant qu'à travers la grille herméneutique du Talmud.

Nous aimerions défendre la thèse que le partage que fait Levinas entre textes confessionnels et textes philosophiques résulte d'un choix stratégique et non d'une différence de registre dans sa pensée. Comme nous nous proposons de le montrer, en effet, ce partage ne résiste pas à un examen mené à partir des sources juives, dont l'impact est évident et avant tout dans les textes dits «philosophiques» (c'est ce qui explique pourquoi nous ne nous intéressons pas à ses écrits dits «confessionnels»). Pourquoi un tel stratagème d'écriture ? Sans invoquer le Léo Strauss de *La persécution et l'art d'écrire*, il faut faire ici référence à des réalités triviales, sociologiques : si Levinas ne s'était pas abrité derrière la proclamation formelle du caractère «philosophique» (et non «confessionnel») de ses œuvres, il n'aurait pas été pris autant au considération qu'il le fut d'abord par les penseurs chrétiens, puis par les laïques, au terme d'une longue traversée du désert qui en dit long sur la réalité d'un milieu universitaire et intellectuel français très laïciste et antireligieux, *a fortiori* quand il s'agit d'une religion minoritaire comme le judaïsme. Longtemps Levinas subit un tel handicap dans sa carrière professionnelle. C'est par le Levinas philosophe, phénoménologue, que le Levinas juif passa la rampe. Les écrits philosophiques cachent ainsi la singularité que les écrits confessionnels assument mais la même singularité juive est partout présente. Au-delà du stratagème diplomatique, cette démarche nous renseigne malgré tout sur le statut du singulier et de l'historicité juive dans l'universalité, dans la problématique levinassienne.

Cependant, si le biblique n'est présent que de façon élidée, la pensée de Levinas renvoie très massivement l'écho du registre hébraïque aux oreilles accoutumées à la langue hébraïque. L'étude philosophique y est très souvent une lecture à livre ouvert de la langue hébraïque dans la langue française. La meilleure vérification d'une telle hypothèse, c'est que les modalités souvent surprenantes de la langue et de la pensée levinassiennes trouvent une explication lorsqu'on les replace dans la perspective de l'hébreu.

Les hébraïsmes de la langue levinassienne

Quelques exemples de concepts entre mille illustreront cette hypothèse. Celui de « proximité », par exemple, très étrange conception qui voit dans le rapprochement avec autrui une perte de soi qui ouvre sur autrui : « la proximité est une responsabilité qui ne me renvoie pas à ma libre condition de créature dans un monde sans jeu… condition d'otage »[9]. « Je m'approche de l'infini en me sacrifiant. Le sacrifice est la norme et le critère de l'approche »[10]. « Proximité (désigne) plutôt le manque de médiation, abrupte et soudaine immédiateté… l'immédiateté de la proximité est l'exacte négation de la proximité spatiale, du "voisinage"[11]… » Nous sommes bien en présence ici du *korbane* hébraïque, le « sacrifice » biblique dans lequel il n'y a rien de *sacer* mais où il y a le *kerev*, c'est-à-dire le « proche », sacrifice offert au tout autre divin pour racheter une faute commise envers Lui ou le prochain qui, par le don et le dessaisissement qu'il instaure, est comme une rupture de la synchronie entre moi et autrui au moment où je me rapproche de lui parce qu'il est effraction du moi. C'est ce qui permet à Marc Faessler[12] de parler de façon très cabalistique (voir *infra*) de « proximité dans le retrait » afin de se soustraire à toute captation. La notion d'« otage » de l'autre, inscrite au cœur de la responsabilité levinassienne, fait entendre par ailleurs une correspondance avec le terme de « responsable », *arev*, dont le radical *arouba* donne la « garantie », d'où se déduit *ben arouba*, l'otage…

Le concept de « visage » n'est pas sans évoquer la définition que donne Maïmonide du *panim*, le visage (I, 37) : « la présence d'une personne dans le lieu où elle se tient ». Il définit cette présence

---

9. EDE, p. 233.
10. DL II 119-120
11. EDE 215, AE154.
12. M. Faessler, « L'intrigue du Tout autre, Dieu dans la pensée d'Emmanuel Levinas », *in* Jacques Rolland (ed) *Les Cahiers de la nuit surveillée* Ed. Verdier 198, p. 121.

à travers la notion de «face à face», *panim el panim*, c'est-à-dire d'une présence de l'un à l'autre sans intermédiaire. Maïmonide évoque le verset de Dt 4, 12 : «Vous entendiez un son de parole mais vous ne voyiez aucune figure, il n'y avait rien qu'une voix». C'est là, nous dit-il, ce qu'on a appelé «face à face» : Moïse entendait la voix (divine) sans l'intermédiaire d'un ange. La phrase : «Et Ma face ne sera pas vue» (Ex 33, 23) indique aussi le même sens de «présence», c'est-à-dire la réalité de l'existence telle qu'elle est et ne saurait être saisie. «Le visage n'exprime pas : il est l'expression» [13] dit semblablement Levinas. Maïmonide relève également des sens supplémentaires de *panim*. Un sens éthique tout d'abord. L'hébreu biblique emploie ce terme pour désigner l'«égard», l'«attention», le «soin» pour autrui (par exemple, dans le verset (Lv 19, 15) : «Tu n'auras point égard au pauvre»). Il recense aussi un usage de *panim* comme adverbe de temps : «autrefois» (Ps 102, 26), pour désigner l'antériorité. Enfin *panim* est un adverbe de lieu qui signifie «au devant» (le Targum d'Onkelos), paraphrase araméenne du texte biblique, traduit ainsi Ex 33, 23 : «Et ceux qui sont *devant* Moi ne sauraient être vus». Rien ne récapitule mieux la notion levinassienne de «visage» que ces quelques lignes de Maïmonide. Le Visage comme autrui me précède toujours dans une antériorité qui n'est pas au passé, m'obligeant envers lui de toute éternité…

Si l'on prend maintenant le concept de l'«il y a» (l'illéïté) qui désigne «l'existence sans étant» [14], «l'être en général» [15] et qui a quelque chose de terrifiant «le frôlement de l'il y a c'est l'horreur» [16], on ne peut manquer de penser à la notion avec laquelle la pensée rabbinique exprime l'idée de création *ex nihilo* (*yech mé-ayin* : «il y a (tiré) de il n'y a pas»). Le caractère terrible de l'*il y a*, c'est celui de l'abîme du tohu-bohu de la Genèse qui

---

13. Sylvano Petrosino, Jacques Rolland «La vérité nomade», La Découverte 1984, p. 20.
14. TI, p. 229.
15. Petrosino…, *op. cit.*, p. 20.
16. EE, p. 94.

désigne le moment où l'être est créé mais pas encore formé, un moment équivalent à «la destruction de toutes choses (qui) se résoudrait ainsi en une présence abstraite, présence de l'être impersonnel»[17]. L'«il y a» est encore tout proche du non-être de l'«il n'y a pas». C'est ce «il n'y a pas» que semble reconnaître Faessler[18] : «c'est le «in-» de l'In-visible et de l'In-fini... la différence irrécupérable» qui fait que par notre simple existence nous soyons «astreints-à-la-bonté», «condition de possibilité de l'éthique». En effet, dans l'in-fini hébraïque (le *eyn-sof*, c'est-à-dire le «il n'y a pas fin»), on passe de l'infinité de Dieu au fini de la création, à travers le in-, le «il n'y a pas»[19]. Dans le retrait de Dieu (cf. *infra*) surgit la création...

Pourquoi la présence d'autrui «consiste à venir vers nous, à faire une entrée, l'épiphanie du visage est visitation»[20]? Ces définitions évoquent l'idée du «monde qui vient», terme désignant les temps messianiques, une réalité qu'«aucun œil n'a vue», comme le dit le Talmud. Pourquoi sa présence fait-elle une entrée? Parce que le terme qui désigne l'acte de la réunion, l'«assemblée» (*Knesset*, qui donnera synagogue et *ekklesia*-église) vient d'une racine, *kanes*, qui signifie «entrée». Si, pour se réunir avec les autres, à Athènes, on sort de chez soi pour aller sur l'Agora, à Jérusalem, par contre, on «rentre» chez soi. C'est au dedans, dans la pénombre, dans le voilement, qu'autrui en son visage est «rencontré»[21].

Intéressons-nous enfin au concept de «nudité» : «dans la proximité, la peau n'est ni contenant, ni protection d'un organisme, ni pure et simple surface d'un être mais nudité, présence délaissée par un départ, exposée à tous et dès lors, aussi – infidèle à soi – en faillite, mais aussi livrée aux choses, contaminée, profanée, persécutée – fautive et misérable»[22]. Cette notion suggère irrésistible-

17. EE9, p. 8.
18. Petrosino..., *op. cit.*, p. 20.
19. Faessler, *op. cit.*, 141.
20. Cf. S. Trigano «Le Récit de la disparue, essai sur l'identité juive» (dorénavant RDD), Gallimard, Les essais 1977, Aleph § 1, «Le retrait», p. 33.
21. EDE, p. 194.

ment la *erva* biblique qui désigne l'être en tant qu'il est exposé à l'extériorité, tenu de façon intempestive pour accompli dans un monde non accompli, se tenant dans la manifestation et la réalisation alors que l'être est en puissance, caché[23]. Il y a une « nudité » de l'humain (c'est l'inceste) mais aussi de la terre. *Erva* désigne toutes les relations où il y a une extériorité non rédimée (le but de la « sanctification » – en hébreu « séparation » –, est de « cacher » la *erva*, la nudité. Ainsi, pratiquer l'inceste se dit en hébreu : « dévoilement de la nudité ».

Les exemples sont innombrables, qui montrent la structure hébraïque sous-jacente de la pensée de Levinas. En quoi la chose devrait-elle étonner ? En philosophie ne revient-on pas toujours au grec pour penser ? La nouveauté ici consisterait en ce que la philosophie se verrait donner une âme hébraïque ou, autrement dit, en ce que l'hébreu trouverait à s'exprimer *directement* dans la langue philosophique, en l'occurrence, linguistiquement parlant, le français. Cette lecture philosophique de l'hébreu ne va bien sûr pas de soi. Elle est le fruit d'une alchimie subtile, d'un travail et d'un va-et-vient permanent entre les deux registres. L'hébreu « caché » dans le langage philosophique éclaire en fait toute sa richesse intellectuelle...

Les philosophèmes-juifs de la pensée de Levinas

Aussi paradoxal que cela puisse paraître, Levinas se confronte à des problèmes tout à fait semblables aux problèmes classiques de la philosophie-juive que nous venons d'esquisser. Nous nous limiterons dans le cadre de cet article au problème du rapport à l'infini qui, comme on l'a vu, est cardinal. Dans ces quelques lignes de « Totalité et infini »[24], on peut contempler un véritable travel-

---

22. S. Trigano, RDD Aleph III, « Les visages » et « Philosophie de la Loi » (dorénavant PDL), Chap. II, I, « L'étranger dans la demeure ».
23. RDD, Mem II, 1 L'intériorisation.
24. Pages 51 et 78.

ling sur l'histoire de la philosophie-juive. Nous y intercalons nos remarques :

Autrui est le lieu même de la vérité métaphysique et indispensable de mon rapport à Dieu.

On remarque déjà qu'autrui s'inscrit au lieu classique pour la philosophie-juive du rapport de l'infini et du fini et est en position du « logos » ou du négatif.

Il ne joue point le rôle de médiateur.

Critique de Philon et de Saadya.

Autrui n'est point l'incarnation de Dieu.

Critique de l'excroissance chrétienne du philonisme

mais précisément par son visage où il est désincarné la manifestation de la hauteur où Dieu se révèle (p. 51).

Position maïmonidienne.

L'essentiel de l'existence créée consiste dans sa séparation à l'égard de l'infini.

Il n'y a pas meilleure définition de l'idée de création ex nihilo.

Cette séparation n'est pas seulement négation, s'accomplissant comme psychisme.

Critique d'un maïmonidéïsme simpliste.

Elle s'ouvre précisément à l'idée d'infini (p. 78).

Le négatif maïmonidien ouvre sur un vide « mystique » à la façon de la conception d'Aboulafia.

Dieu ou autrui

C'est par la notion de Visage que Levinas pense le rapport à l'infini mais de façon tout à fait inédite, car le Visage, contrairement au logos-Fils de Dieu philonien n'est pas un être à part entière, ni un être créé comme pour Saadya Gaon, ni le négatif du monde de la positivité comme pour Maïmonide : il s'in-définit en regardant vers l'infini (l'autrement qu'être), positivement donc mais sans positivité… «Je ne dis pas qu'autrui est Dieu mais que dans son visage j'entends la parole de Dieu[25].»

Autrui ou le Visage c'est à la fois le lieu où tous les hommes se rencontrent mais c'est aussi Dieu créant le monde («comme si tout l'édifice de la création reposait sur ses épaules»[26]) et s'abstrayant, s'absentant du monde dans l'extériorité, c'est la trace : le vide dans lequel le monde s'est déployé mais en même temps l'infini en tant qu'il nous interpelle et nous hèle et auquel je réponds comme Abraham : «Me voici!» En ce sens tout sujet est substitution à autrui, ce lieu vide. Autrui pose la limite du sujet et excède cette limite dans le sujet et hors du sujet. Contempler autrui («ce qui dans le visage s'exprime en demeurant caché»[27]), c'est être renvoyé à son propre vide, à la suspension de soi, pourtant condition du rapprochement.

Levinas emploie aussi de façon étonnante la notion de «Gloire (créée)» de Saadya Gaon (justement avec la même intention que Saadya : «éviter la contamination de Dieu par l'être»[28]) : «La gloire qui ne vient pas m'affecter comme représentation *(c'est du Saadya)* ni comme interlocuteur *(c'est du Philon)* devant quoi et devant qui je me place, se glorifie dans mon dire, me commandant par ma bouche». «L'intériorité n'est pas par conséquent un lieu secret quelque part en moi. Elle est ce retournement où l'éminemment extérieur… précisément en vertu de cette extériorité éminente de cette impossibilité d'être contenu… infinie exception à l'essence me concerne et me cerne et m'ordonne par ma voix même. Commandement… l'infiniment extérieur se fait voix intérieure mais voix témoignant de la fission du secret intérieur faisant signe à autrui» (n'est-ce point Dieu qui se manifeste dans le commandement?).

---

25. «Philosophie, justice et amour», entretien avec Emmanuel Levinas in *Esprit* 28/10/1985, n° 20, 697, p. 13.
26. HAH, p. 50.
27. Petrosino, *op. cit.*, p. 109.
28. Cité par Levinas in Némo, *op. cit.*, p. 106-107, qui reproduit *in extenso* cette citation tirée de AE187.

Pour le dire en un mot, c'est comme si Levinas avait retravaillé la «gloire» de Saadya avec la négativisation maïmonidienne car il y a de l'affirmatif dans autrui mais pas de positivité. Il est le mouvement de la création (ce qui revient à une sorte de reprise de la nature créée de la gloire saadyenne). C'est la trouée, la fissure par laquelle se fait la création. Mais, à la différence de Maïmonide pour qui le négatif se détermine par rapport à la positivité du monde, ici il se produit une réversion : la médiation négative (autrui comme anti-médiation) est posée en rapport non plus avec le monde positif (son en deçà), mais avec l'au-delà du négatif : pas en fonction du critère du moins mais du plus. «Qu'il puisse y avoir un plus que l'être ou un au-dessus de l'être se traduit dans l'idée de création qui, en Dieu, dépasse un être éternellement satisfait de soi [29]» (cette dernière définition évoque un des noms bibliques de Dieu (*Shaday*) traduit erronément par «Tout-puissant» mais que la pensée juive lit comme le «Dieu-qui (*che*)-a-dit-assez (*day*)» à Sa propre expansion et qui pourtant est aussi le Dieu «qui-a-assez» pour Lui, qui ne connaît pas d'amoindrissement en créant le monde. La gloire (*kavod*) est ainsi lourde (*kaved*) d'autrui [30]. «Supporter l'univers, charge écrasante mais inconfort divin [31].» «Structurée comme multiplicité, la création est une dynamique. La multiplicité a comme condition propre l'ouverture au différent… Le visage est l'expression même du différent qui m'empêche la possession et la fermeture en moi-même. Cet empêchement n'est pas une soustraction mais le rappel à la reconnaissance de la multiplicité qui définit la création [32].» La séparation est conçue comme étant tournée vers autrui et non vers moi. Elle génère le «visage».

La création

Il y a chez Levinas – beaucoup de ses interprètes le reconnaissent – une centralité décisive de la notion de création, voire ce que l'on

---

29. TI, p. 193.
30. RDD, Aleph, II «La volonté créatrice», p. 54.
31. AE, p. 157.
32. Petrosino, *op. cit.*, p. 143.

pourrait comprendre comme une geste quasi mystique (théologique?) de la création (quoique cette geste soit essentiellement éthique, abstraite et non religieuse). «Un concept rigoureux de la création qui ne serait ni comme une négation (*critique de Maïmonide*), ni une limitation (*Philon*), ni une émanation (*cabale*) de l'un : l'extériorité n'est pas une négation mais une merveille[33].» N'oublions pas le problème que pose l'idée de création – autre façon de parler du rapport du fini et de l'infini – à la philosophie-juive. C'est sans doute le critère discriminant entre philosophie-juive et philosophie grecque. Maïmonide acceptait tout d'Aristote sauf l'idée de l'éternité du monde à laquelle il opposait l'idée de la «nouveauté du monde» (création *ex nihilo*).

La création, précisément comme retrait de Dieu ouvrant sur sa proximité infinie à la créature, est marquée par un écart irrécupérable que Levinas approche avec la notion d'«antériorité», d'«anarchie», qui désigne en fait le monde, un moment avant qu'il ne soit créé. C'est un temps immémorial et «perdu» à jamais sur lequel on ne pourra pas revenir (en arrière), qui pour toujours inscrira dans la créature la marque de son étrangeté, de la dé-position (condition de la créature), au fondement de sa position (la créature est pourtant libre et autonome, bien que créée). La métaphore classique de la pensée midrachique peut aider à comprendre cela : pourquoi la Tora commence-t-elle par la deuxième lettre de l'alphabet (le *bet*) si elle est le texte de la création du monde? Pourquoi le *aleph* est-il élidé, caché? L'antériorité, c'est exactement ce *aleph* qui est à l'origine mais qui est tu, promis à la redécouverte dans le futur… L'antérieur se voit ainsi annoncé comme promesse et avenir, ce qui précisément est un renversement de l'*archê* (l'«anarchie), le commencement apparent de la *Genèse* mais dont l'apparence est illusoire. Si le commencement réel n'est pas dans le commencement manifeste il devient une promesse et l'antériorité brise la totalité d'un temps irrémédiablement clos parce qu'il a commencé positivement. C'est ce qu'en hébreu on peut désigner

---

33. TI, p. 268-269.

par le terme de *kedem*, qui désigne l'antérieur, mais également, dans une de ses flexions, *kidma*, le « progrès » (*kadima* signifiant « en avant »). Il ne faut ainsi pas comprendre la prière en forme de souhait : « renouvelle nos jours comme avant (*kedem*) » dans le sens du retour à un âge d'or mais comme une projection dans un avenir inouï et pourtant déjà là à l'origine, thèmes que nous avons développés par ailleurs [34].

Mais cette antériorité, autre nom d'autrui, qui précède l'autre et le même est chez Levinas, l'occasion d'une très mystérieuse narration, d'une « intrigue », celle qui concerne ce qu'il appelle l'« élection ». Je pourrais définir l'« élection » levinassienne comme la geste d'autrui, ou bien la geste de la création, que ce soit du point de vue du Créateur ou du point de vue de la créature.

L'Autrui est structurellement dans la position du *logos*, de la *gloire créée*, du « pas-sans-nom » (l'Innommé, le négatif de privation) de Maïmonide, ce que l'on discerne par la voie de la négation, comme si « tout l'édifice de la création reposait sur (ses) épaules » [35]. J'écris indûment : « l'Autrui », expression qu'aurait réprouvée avec vigueur Levinas (car autrui n'est ni un particulier, ni une personne) mais je recours à l'article défini « le » pour le désigner du point de vue d'un observateur extérieur qui le comparerait à un concept formellement proche de la philosophie-juive. Le fait que Levinas dise « le visage » et pas « visage » (même si le visage ne se manifeste pas par ses qualités mais *kat'auto*, il s'exprime [36]), nous encourage sur cette voie.

L'Autrui, le visage peut aussi être qualifié, se voir attribuer des qualités (l'altérité d'autrui est une « qualité en soi mais pas la qualité de l'autre » [37]), même si ces qualités seraient bien au-delà du négatif (maïmonidien) : responsabilité, altérité, nudité, faiblesse, vulnérabilité, proximité, culpabilité ; la séparation, la substitution, la

---

34. Cf. RDD, Mem II, 2,3 § « Le temps retrouvé du vav renversif », p. 244 et PDL, Introduction « Du commencement en politique », p. 11 et *sq.*
35. HAH, p. 50.
36. TI, p. 21.
37. EE, p. 161.

condition d'otage… Pour Levinas, il ne s'agit certes pas ici d'«attributs» dans le sens où l'on parle d'«attributs de Dieu» car aucune de ces qualités ne s'ajoute au sujet, à l'autrui mais constituent elles-mêmes le sujet… Il n'y a pas ici des définitions d'un être positif : elles sont comme la trace, la présence de ce qui n'a jamais été là, de ce qui est toujours passé, de ce qui dérange l'ordre du monde. L'«Autrui» n'a pas de lieu mais il est le lieu des lieux…

Prenons comme exemple d'attribut la «bonté», notion plus directement théologique qui définit l'élection. Levinas évoque «la bonté originelle de la création» [38], caractère du pré-originel (le *kedem*) : «le bien investit la liberté, il m'aime avant que je ne l'aie aimé. Par cette antériorité l'amour est amour» [39]. Je qualifie cette définition (avec un peu de provocation) de «théologique» [40] (même si dans ma conception il ne peut y avoir – en termes philosophiques-juifs – de *logos* de Dieu, car *logos*, *gloire créée* ne désignent Dieu qu'en tant qu'Il noue un rapport au monde) car cette «bonté» évoque irrésistiblement le *hessed* de la pensée talmudique et cabalistique, la grâce, la générosité gratuite (en deçà et en même temps en surcroît (au-delà) de la justice) dans laquelle Dieu a créé le monde. Levinas évoque lui-même [41] un récit midrachique très significatif qui raconte que Dieu a créé des milliers de mondes avant le nôtre mais qu'ils ne pouvaient pas subsister parce qu'ils reposaient sur la justice seule. C'est lorsqu'Il «rajouta» de la grâce, que le monde put se tenir, et c'est notre monde, que je définirais comme l'apax de la bonté ! Nous retrouvons cela dans l'idée de «débordement de l'infini» [42] : non seulement la créature est appelée à l'excès (le «débordement») malgré la séparation d'avec Dieu dans

---

38. AE, p. 156.
39. AE, p. 13 (note 7).
40. E. Levinas, «Envers autrui»…, *op. cit.*, p. 291.
41. «Philosophie, justice et amour», entretien avec Emmanuel Levinas, op. cit. : «Pourquoi y a-t-il deux récits de la création ? Parce que l'Éternel – appelé Elohim dans le premier récit – a voulu d'abord – tout cela n'est qu'apologue bien sûr – créer un monde sur le seul appui de la justice. Il n'aurait pas tenu. Le deuxième récit où le Tétragramme apparaît atteste l'intervention de la miséricorde». La réserve de Levinas («tout cela n'est qu'apologue bien sûr») est très significative…
42. TI, p. 268-269.

laquelle elle se retrouve mais cette séparation, le processus de l'« autrement qu'être » n'annule pas pour l'homme la promesse de l'unité en apparence à l'opposé de la séparation.

Il y a ici un renversement de perspective : le retrait (louria-nique) de Dieu, défini comme extériorité, est vu du côté de la pléni-tude ouverte de l'infini et non du manque consécutif au retrait... L'autre ne limite plus le même, il est supporté, (in)défini par plus grand que lui, l'Autrui, illimité.

L'autrement que le texte ou « au-delà du verset »

Cette définition de la bonté et des « attributs » de l'Autrui montre à la fois la difficulté de notre démonstration et l'originalité de la pensée levinassienne. Tout est effectivement proche de la philo-sophie-juive et tout en est très différent, car la lecture que fait Levinas de thèmes de la Cabale ou du Talmud est éthique. Et c'est ce qui est nouveau (mais pas dans le sens où l'éthique aurait été initialement absente : ici la lecture *n*'est *qu*'éthique) et c'est ce qui rend difficile à ma démonstration d'être conduite à son terme, car il est bien évident, dans le discours levinassien lui-même, que l'Autrui ne joue pas le rôle que jouait autrefois la « gloire créée » et il n'est même pas sûr que le Dieu de l'autrement qu'être soit le Dieu biblique car ce qui, autrefois, dans la philosophie-juive classique, était attribué à Dieu ou dissocié de Son infinité – en tant qu'elle se tourne vers l'homme –, semble chez Levinas concerner l'homme dans sa vie morale autant que Dieu. « L'épiphanie vient dans le dire de celui qui la reçoit »[43], « la révélation se fait par celui qui la reçoit »[44], mais sans qu'une présence divine soit nécessai-rement supposée derrière l'homme, « comme si tout l'édifice de la création reposait sur ses épaules »[45]. « La révélation se peut sans

---

43. AE, p. 190.
44. AE, p. 199.
45. HAH, p. 50.

faire de Dieu le thème d'un choc religieux ou d'un savoir reçu (qui l'interprète en termes de présence, immanence)[46].» La radicalité du monothéisme hébraïque est moins tranchée.

La terminologie employée est très troublante de ce point de vue : elle fait référence à l'humain avant toute chose, tout en désignant plus que l'humain, sans aucune gêne, l'ordre est inversé : «la révélation se fait par celui qui la reçoit»[47]. On pourrait trouver dans ce dernier jugement quelque chose de déjà dit dans la philosophie-juive : les attributs anthropomorphiques (qui cherchent à définir Dieu avec des termes humains) répondent au besoin de l'homme, du langage de l'homme mais pas au «besoin» de Dieu (qui n'en a aucun). Cependant, s'il est évident que pour Philon ou Saadya Gaon le «logos» ou la «gloire créée» ont forme d'homme (une «apparence d'homme, l'Ancien des jours» dit le prophète Daniel (7, 9), cité par Saadya Gaon à cette occasion[48]), Dieu est écarté d'une telle ressemblance (ce qui est le souci maïmonidien le plus profond plus précisément).

En cela, Levinas, s'il se repose manifestement sur des éléments de la philosophie, de la cabale et du Talmud se positionne hors du projet philosophique-juif et des «obligations» intellectuelles, du «parcours d'obstacles» inévitables qui en découlent. Pour lui, le langage (tout comme les attributs de Dieu) ne constituent pas une question philosophique. «L'énoncé de l'au-delà de l'être du Nom de Dieu ne se laisse pas emmurer dans les conditions de son énonciation»[49]. Or le problème philosophique cardinal pour le philosophe-juif c'est qu'il doit commencer à penser avec un texte, le Livre de Moïse. La question du Livre est tenue pour acquise par Levinas. Elle ne constitue pas un problème. Pour lui, plus besoin donc d'allégorie, d'interprétation apophatique. «Le Dieu du verset ne peut plus tenir lieu de preuve, le Dieu du verset malgré toutes les métaphores anthropomorphiques du texte peut rester la mesure

---

46. Faessler, *op. cit.*, p. 135.
47. AE, p. 147.
48. AE, p. 199.
49. Cf., «La Demeure oubliée...», Introduction, III «La gloire créée», *op. cit.*, p. 103.

de l'esprit pour le philosophe [50].» «Nous avons appelé visage, l'autosignifiance par excellence [51].» «La présence d'autrui ou expression est source de toute signification [52].» «Sans médiation (autrui) signifie par lui-même» autant dire que comme le Dieu biblique il se dérobe en se manifestant [53]. Le texte (révélé) n'est plus tenu par le philosophe comme un miroir du signe : il induit sa propre traversée sans pour autant conduire quelque part. Le langage n'est plus signe mais signifiance intrinsèque. C'est ce que Petrosino [54] appelle « l'épiphanie de l'infini, mais il n'est toutefois ni le signe, ni l'image, ni l'icône de Dieu. Ne renvoyant à rien, il renvoie». C'est ce que Levinas exprime en distinguant le «dire» du «dit» (en préférant le dire). Le Dire précède toute ontologie, le dit. Il est un lieu de vérité et au-delà du langage. Cette intrigue précède toute communication d'un contenu et est en relation avec autrui. Le dire est pré-originel, an-archique, signifiance baillée à l'autre, antérieurement à toute objectivation. Ce dire fait penser à la conception de Saadya Gaon, pour lequel le «parler», le *dibbur* parle dans la «gloire» (le *kavod*) pour les prophètes de rang spirituel limité qui ont besoin de la vision concrète pour entendre la parole divine… Moïse entendit le «parler» (le «dire»?) sans avoir besoin de voir la *gloire*. Dans le texte biblique racontant la geste mosaïque, abonde l'expression : « YHVH parla (*vaydabber*) à Moïse pour dire (*lemor*)» ou «Elohim parla (*vaydabber*) à Moïse, il lui dit (*vayomer*) Je suis YHVH» (Ex. 6, 2). Par ailleurs, pour la pensée herméneutique talmudique le «dire» (*lemor*) indique toujours une potentialité incestueuse dans le rapport humain. «Le dit qui en parle ne traduit l'ineffable qu'au prix d'une trahison que la pensée est sans cesse appelée à réduire» [55].

Avec Levinas, le philosophe-juif n'a plus à faire coïncider les mots qui disent Dieu dans le texte avec l'idée de Dieu. «L'idéation

---

50. Nemo, p. 14.
51. TI, p. 239.
52. TI p. 273.
53. EDE, p. 194.
54. Petrosino…, p. 104.
55. Faessler…, p. 141.

de l'infini dépasse son idée[56].» «L'infini se «présente» an-archiquement, la thématisation perd l'anarchie qui seule peut l'accré-
diter. Le langage sur Dieu sonne faux ou se fait mythique, c'est-
à-dire ne peut jamais être pris à la lettre[57].» On est loin de
Maïmonide pour qui c'est par «convention» (la loi-politesse car,
ici, le *nimuss* hébraïque vient du *nomos* grec) que l'on peut se figu-
rer dans le langage «un rapport entre deux êtres dont l'un n'a absolument rien de commun avec ce qui est en dehors de lui (*Le Guide*…
I, 52). La «convention» s'estompe chez Levinas («le langage parle
là où manque la communauté entre les termes de la relation[58]) qui
ne se sent plus obligé d'en sonder le statut. «Le rapport avec le
langage suppose la transcendance de la séparation radicale, l'étrangeté des interlocuteurs, la révélation de l'autre à moi. Le langage
se parle là où manque la communauté entre les termes de la relation»[59]. Semblablement, Rachi remarque que lorsque Dieu parle
à l'homme, bizarrement «Il Se parle»[60]…

Au fond Levinas fait l'économie du texte comme obstacle ou
seuil du vrai. Le texte devient l'occasion d'une traversée vers
l'«autrement que le texte». Sa pensée n'est point un commentaire
ni une interprétation, même si manifestement elle dérive du texte.
On ne trouve donc pas chez lui le laborieux va-et-vient de la «lettre
et de l'esprit», cher à Philon, la traduction mot à mot de la Bible
en langage philosophique du début du «Guide des Égarés» et la
théorie de l'allégorie de Maïmonide. On ne rend plus compte en
grec de l'hébreu : le grec est tenu pour parler directement l'hébreu.
Le texte biblique n'est plus un obstacle au philosopher. «Autrement
qu'être» et «Totalité et infini» se présentent comme s'autorisant
d'eux-mêmes, interpellant ici et là le texte mais sans lui être rivés,
comme pour le dépasser.

---

56. TI, p. 19.
57. AE, p. 155.
58. AE, p. 45.
59. *Idem.*
60. PDL, Livre II, chap. VI, «La voix du signe prophétique et l'éthique politique»,
    § 1, «Il n'y a rien à communiquer».

Très logiquement Levinas, dans cette lancée, ne se pose pas la question classique de la philosophie-juive : l'articulation du particulier et de l'universel et surtout celle du destin du particulier (en l'occurrence de la «lettre» sinaïtique, du Dieu du judaïsme et du peuple d'Israël) face à un universel en gloire. L'intention philosophique est très différente chez Levinas. Loin de faire l'apologie de l'universel comme ses prédécesseurs, conduits à réduire le particulier dans le texte sinaïtique, il part en guerre contre lui comme totalité. Mais cette critique n'aboutit ni au particularisme ni même à une pensée de la particularité historique du signe juif : «tout en parlant de notre universalisme on a voulu – si étrange que cela puisse paraître et presque contradictoire dans les termes – on a voulu que ce soit un «universalisme particulariste». Le juif ne veut pas être universaliste en s'évaporant, en se sublimant, en se subtilisant : il veut au contraire être universel dans la conscience de sa particularité. C'est d'ailleurs le mystère même du phénomène moral : l'acte moral je suis seul à même de l'accomplir, il faut que je sois le plus fortement moi-même pour accomplir le sacrifice qui est la moralité suprême. L'idée d'une humanité universelle, d'une grande famille humaine, d'accord ! Mais d'une grande famille humaine à partir de la conscience unique de mon devoir irremplaçable qui institue le plus fortement possible mon existence de personne» [61].

L'universalisation du singulier

C'est là que la difficulté s'approfondit lorsque l'on part des catégories de la philosophie-juive car les philosophes-juifs se sentent toujours obligés de définir et de fonder (justifier?) la judéité devenue identité ou mêmeté face à l'universel, voire de lui proposer, comme Maïmonide, une constitution politique. Cette démarche est en effet presque inévitable puisque la philosophie-juive part de

---

61. Discours de clôture du *Colloque des intellectuels juifs*... «Rencontre entre intellectuels juifs de France et intellectuels rapatriés d'Algérie», le 17 février 1963 in «La conscience juive : face à l'histoire : le pardon», *op. cit.*, p. 227.

l'hypothèse que les figures de la singularité (le texte, le peuple, le Dieu d'Israël) portent l'universel. Chez Levinas, la geste de l'élection (malgré sa forte connotation judaïque contemporaine – la Shoah – (et non classique) d'«otage» et de «persécution») n'est plus celle du peuple de l'alliance mais celle de tout homme qui se trouve ainsi appelé et élu parce qu'il est une créature. «Chacun doit agir comme s'il était le messie»[62]. «Chaque fois qu'il est question d'Israël dans le Talmud, on est libre certes d'entendre par là un groupe ethnique particulier... mais... on aura oublié qu'Israël signifie peuple ayant reçu la Loi et par conséquent une humanité arrivée à la plénitude de ses responsabilités et de la conscience de soi»[63]. Au fond Levinas réitère la geste du pharisianisme : il étend la condition exigeante (du point de vue de la pureté morale s'entend) du grand prêtre à tous les hommes comme le firent les Pharisiens qui, pour s'opposer à la caste sacerdotale et se passer de sa médiation, l'avaient étendue (moralement et rituellement) à tous les Juifs. L'opération de négativisation que Maïmonide applique à la Divinité est appliquée par Levinas au «peuple d'Israël». On retrouve à nouveau la dimension éthique et sa généralité. «Une éthique sans loi, sans concepts» a pu dire Derrida[64], individualiste.

Chez Levinas, le particulier ou le singulier, s'il est conçu et valorisé comme démembrant la totalité (le Talmud «la discipline spéciale qui... surveille le général à partir du particulier. Cela préserve de l'idéologie»[65]) n'est pas pour autant le contraire de l'universel. Il se voit paradoxalement universalisé, «fracturé» par et vers l'autrement qu'être. «Dans cette élection, je ne suis pas un "cas particulier" de l'universel (ce qui supposerait un concept universel du moi). C'est moi comme je unique (c'est-à-dire réfractaire au concept) qui est en jeu»[66]. L'élection est affirmée mais

---

62. DL II, 20.
63. DSAS, 18.
64. J. Derrida, «L'Écriture et sa différence», *op. cit.*, p. 164.
65. ADV, p. 98, 99.
66. AE, p. 131.

sans thématisation. Elle consiste en effet à « se dé-prendre, se vider de son être »[67]. Levinas parle aussi – pensant sans doute à la boiterie du patriarche Jacob dont la hanche s'est démise après son combat avec l'ange – de « luxation du moi par rapport à soi »[68]. Toutes les catégories théologales de l'Israël élu sont ainsi reportées sur le sujet abstrait. La subjectivité est définie par l'élection, c'est-à-dire une non-identité. Ce qui a donc pour effet d'étendre la catégorie d'Israël (classiquement compris par le judaïsme comme une « désidentité »[69]) et, en retour, de faire l'économie de la question de sa « place », obstacle des plus importants pour l'accès du philosophe-juif à l'universel. La question de la finitude de l'Israël historique, de son « égoïté »[70] est ainsi éludée.

Dans l'autrement qu'être, le singulier est en fait pensé dans l'excès, l'excédance. Il n'est pas en moins sur l'universel – ainsi peut-on comprendre – il porte l'univers : « le soi est sub-jectum, il est sous le poids de l'univers, responsable de tout »[71]. Est-ce que cela expliquerait pourquoi il n'y a pas d'« économie » (fondée nécessairement sur un principe de rareté et de pénurie) de l'universel et du particulier chez Levinas ? Peut-on dire, en paraphrasant Derrida, qu'il y a ici une conception de « l'universel dans sa particularité pas grecque mais juive » ?

C'est sans doute par le biais de cette conception du singulier et du particulier, qui est en même temps une conception de l'universel, que Levinas innove par rapport à l'héritage de la philosophie-juive et tranche sur sa problématique la plus classique, en se délestant de ses apories et du principe de rareté qui sous-tend tout son effort de pensée. En cela, il serait plus proche du principe d'abondance et d'affluence qui innerve la pensée de la cabale. En posant le singulier au-delà du manque[72], il renverse radicalement la logique philosophique-juive. Mais en l'universalisant, par prin-

67. AE, p. 149.
68. EE, p. 50.
69. PDL, Livre II, chap. II, « La *Maison d'Israël* ».
70. Derrida, « L'Écriture et sa différence », *op. cit.*, p. 192.
71. AE, p. 147.
72. PDL, Livre III, chap. I « La théorie de la part gardée ».

cipe, à travers la figure de l'élection du sujet, il le retranche de l'historicité. Il va ainsi peut-être jusqu'au bout de la tendance profonde de la philosophie-juive qui a toujours eu maille à partir avec l'historico-politique (la lettre, la chair, la cité, le peuple, la judéité, la langue, les noms de Dieu, etc.) mais qui n'a pas nécessairement toujours franchi le pas [73] vers ce qui équivaut silencieusement, chez Levinas, à un contournement superlatif du signe juif… Le singulier y est omniprésent mais reste en fait impensé, infinitisé, ne posant plus question. Pourquoi en poserait-il ? Au-delà de la totalité, il est plutôt objet d'annonce et d'affirmation. Sans doute l'élection est-elle, dans la conscience juive la plus classique, dé-position, dés-identification, responsabilité pour autrui, mais il n'empêche que la conscience juive, qui a conçu une telle éthique (qui reste pour les Juifs un horizon, un modèle au futur vers lequel tendre), a toujours éprouvé la nécessité d'en rendre compte, d'assumer *dans l'histoire et face aux hommes* la responsabilité de cette responsabilité pour autrui. C'est parce qu'ils concevaient le projet de l'universel «pour autrui» que les philosophes-juifs ont entrepris de «rendre compte» de la singularité et de la particularité (judaïques), non pour en exalter l'identique mêmeté mais au contraire pour tracer une limite entre cette singularité et cet universel qu'elle rêve de porter.

Cette limite répond en effet, à mon sens, à une double exigence historique et morale. *Historique*, parce que les Juifs et le judaïsme existent dans la réalité (est-il indécent de le rappeler ? L'existence juive est aussi une condition historique). Si l'on avance une telle ambition universalisante, manifestement marquée par le «judaïsme», il faut absolument savoir quel est le statut (sans doute transcendantal chez Levinas) de cette judaïté par rapport au monde non-juif et surtout par rapport au Juif sociologique lui-même qui

---

73. Ce fut le cas dans la foulée de Philon (avec le christianisme et peut-être le karaïsme), de Maïmonide (avec les philosophes allégoristes postérieurs) et de Mendelssohn (avec le courant éclairantiste) (cf. «La demeure…», *op. cit.*), phénomène récurrent qui indique bien qu'il y a dans cette mouvance une tentation de faire l'impasse sur le singulier dans le dessein de l'universel.

(comme tout homme) incarne rarement totalement une telle stature morale. Cette démarche est d'autant plus importante à une époque où, de surcroît, consécutivement au choc de la Shoah, les Juifs traversent une période de reconstitution et de restauration de leur identité singulière, d'autant plus qu'ils expérimentent alors le pouvoir et non plus la condition victimaire. Il y aurait une mystification à penser le pouvoir derrière l'éthique victimaire de l'«otage d'autrui». De ce point de vue-là, statuer sur l'«identité» juive, comme telle, est une condition de santé morale et d'honnêteté dans le rapport à autrui et non point le signe d'une apologétique particulariste. Il est éthiquement impérieux de penser le singulier pour que se lève l'horizon d'autrui. L'universel est en effet un jeu dangereux qui peut conduire à la totalité et à la négation d'autrui. Statuer sur le singulier, c'est éviter un tel développement. Il ne me semble pas possible de faire comme si, en partant du judaïsme, on était de plain-pied dans l'universel, en faisant ainsi l'impasse sur l'historicité. Cet idéal (la vision levinassienne) ne peut être que l'aboutissement d'un effort, d'une épreuve de la réalité dans l'immanence qui sont, avant tout, un témoignage de modestie vis-à-vis d'autrui.

Le fait que Levinas n'assume pas cette épreuve explique pourquoi il reste au fond insensible au politique alors que dans la philosophie-juive, la théorie herméneutique est en même temps une théorie de la cité… Maïmonide pense la cité juive au sein d'une économie du texte : le prophète, maître de l'allégorie, du double sens du texte, est le seul capable de gouverner la Cité, en rassemblant dans son discours (commentaire) le sage et la foule inculte qui n'accèdent pas à la même compréhension du texte[74]. Philon oppose, quant à lui, très typologiquement, les *mikropolitaï*, citoyens d'un petit État (qui s'en tiennent à la lettre) aux citoyens du monde qui s'en tiennent à l'esprit[75]. Rien de tout cela, chez Levinas. L'éclipse du politique pourrait être dans sa pensée structurelle même si quelques textes s'efforcent de démontrer le contraire. Or,

---

74. Cf. «La demeure…», *op. cit.*, Livre premier, § IV Maïmonide.
75. *Idem*, Introduction, I, «L'homme à l'image de Dieu».

penser le politique est urgent dans une telle démarche car c'est penser le critère de validité éthique du projet de l'universel, à la fois à l'égard d'autrui et à l'égard de soi, condition même de possibilité d'une critique de soi à l'aune du modèle transcendantal qui, autrement, court le risque de devenir une idéologie rationalisant les défaillances du réel.

Cette limite répond aussi à une exigence *morale*, celle qu'entraîne le rapport à autrui. On retrouve ici le débat avec Buber sur la réciprocité. Si je peux partager avec Levinas sa conception de l'antériorité, de l'an-archie, je peux moins assumer sa définition de l'élection du sujet comme passivité absolue, surtout quand on passe du niveau de la transcendance au niveau de l'existence individuelle ou collective. Cette vision des choses équivaut à une sorte de protestantisation du judaïsme, par ce qu'elle sous-entend de prédestination métaphysique, une idée typiquement protestante. Par ailleurs si la condition d'«otage de l'autre» est compréhensible sur le plan de l'éthique subjective, elle reste inacceptable sur le plan de la politique car elle pourrait avoir la tyrannie pour conséquence. Cette condition peut ainsi devenir une stridente caricature, dont on peut prendre la mesure avec l'expérience juive de la Shoah, le «martyrologe de ce peuple devient un exemple palpable, la projection concrète du Calvaire et de toute l'humanité souffrante», lit-on dans *Difficile liberté*. On pourrait comprendre que pour Levinas la tradition juive définit la judéité dans les termes d'une victimitude radicale, mais on peut faire l'hypothèse qu'aucun Juif contemporain ne l'accepterait dans la pratique ni en diaspora ni en Israël, car toute la résurgence d'après guerre s'est faite contre cette condition. Il y a là deux sphères différentes qu'il faut séparer pour que le politique ne se corrompe pas. Levinas le ressent bien qui se sent obligé de préciser : «je suis responsable des persécutions que je subis mais seulement moi ! Mes "proches" ou "mon peuple" sont déjà les autres et pour eux je réclame justice[76].» Dans le champ du politique, même limité, voire illu-

---

76. Nemo, *op. cit.*, p. 95.

soire, on ne peut fonder le rapport humain sur la suspension de la liberté [77], de la volonté, de l'engagement et, pour tout dire, de l'«alliance». On remarque à ce propos, dans cette perspective, combien la notion d'«alliance», si axiale dans le texte biblique, semble étonnamment absente dans l'œuvre levinassienne, même si on peut repérer dans l'idée de fracture, propre à la proximité un élément de la notion d'alliance (on dit en hébreu «casser une alliance» pour dire «forger une alliance» [78]). Or c'est cette notion qui constitue dans la judaïté le prisme du rapport du fini et de l'infini (Dieu et les hommes), du particulier et de l'universel (Israël et les nations), de l'esprit et de l'existence (Israël et lui-même)... Michel Haar exprime une telle inquiétude [79] : «L'Autre... est non-lieu, hors-lieu. Une éthique (ethos veut dire "séjour" ou "mœurs") peut-elle se déployer hors de tout site, hors de toute réciprocité positive, et de toute objectivation? (525)... Comment une véritable relation éthique pourrait-elle se fonder sur la pure passivité, sur la pure souffrance, sur l'unilatéralité, la non-réciprocité? (530)... Levinas disjoint le concept de responsabilité de celui de liberté et d'intelligibilité. Il rattache au contraire la "responsabilité" à la passivité la plus radicale... Comment concevoir un don qui serait arraché à la pure passivité (532)... La responsabilité et par conséquent l'éthique levinassienne n'est paradoxalement pas une relation ou une communication mais un mouvement irrelatif, absolu, interne au sujet (533)... Le moi... privé de centre autant que de périphérie... peut-il encore rencontrer l'autre et que peut-il lui apporter? (536) Si chacun en particulier est un non-lieu toujours menacé pour tous ensemble, aucune communauté ne peut s'instituer... Ne faut-il pas réhabiliter le Même contre l'excès littéralement insupportable de l'Autre?» (537)

---

77. C. Chalier «Singularité juive et philosophie», *Cahiers de la nuit surveillée, op. cit.*, p. 91 : «la préexcellence de l'élection sur la liberté, l'impossibilité de se désister».

78. PDL, Livre I, Chap. III, II, «L'Alliance des morceaux».

79. Michel Haar, «L'obsession de l'autre. L'éthique comme traumatisme» *Cahier de l'Herne, op. cit.*

Contrairement à cette dernière intention, il ne s'agit pas dans mon esprit de réhabiliter le même mais avant tout de ne pas esquiver la question du singulier et donc de l'historicité et du politique. C'est la condition, à mon sens, de la capacité d'être «pour autrui».

C'est pourquoi, je souligne l'importance du politique qui est le champ même où doit s'instaurer la disjonction entre l'universel et le singulier, l'utopie et le réel, et cette disjonction, en ce qu'elle est à la fois séparation du même et de l'autre et aussi voie de leur alliance (cf. l'alliance comme *brit*/cassure)[80], est la condition même d'une possibilité de l'autre. L'alliance, qui forcément engage l'acte volontaire de deux individus séparés, en tant qu'ils sont inscrits dans le monde de la réalité et qui ainsi se ré-unissent a-t-elle encore une place dans la philosophie de Levinas? Telle est la question la plus forte que je me pose lorsque je tente de resituer cette philosophie dans la perspective du «Sinaï».

Peut-être faut-il éclairer la pensée levinassienne – justement dans les aspects critiques que nous venons de signaler – à la lumière de la situation historique dans laquelle elle s'est constituée : l'après-guerre. Son envergure est bien plus grande en effet quand elle est mise en perspective avec la Shoah que lorsqu'elle est mise en perspective avec la condition juive actuelle dans un monde dans lequel les Juifs ne sont plus nécessairement des victimes. L'universalisation de la singularité (judaïque) à laquelle procède Levinas ne découlerait-elle pas en effet de l'expérience de la Catastrophe? Au lendemain de la Shoah, écrit Levinas, il y avait comme une obligation de «maintenir dans le persécuté son essence humaine»[81]. Comme si dans la destruction des Juifs était passé un destin de l'humanité qui obligeait le judaïsme à un bouleversement radical de lui-même et de son rapport au monde. Comme si dans la destruction, retranchés de l'humanité, les Juifs avaient recueilli toute l'humanité de leur temps. «Dans la Shoah, Israël fut appelé à mourir de la mort de tous, à aller jusqu'au bout de la mort»[82]. Au sortir de la déréliction, alors que les Juifs venaient

---

80. PDL, Livre II, Chap. V, «L'habitation du témoignage : l'aire du politique».
81. DL II, p. 362.

d'être détruits comme un peuple particulier[83], trouver dans la conscience juive et la pensée du judaïsme une telle force et une telle ambition pour l'universel et pour parler à l'humanité montre le caractère héroïque du projet levinassien et sa véritable importance. Mais, sur le plan de l'histoire, c'est la singularité juive qui a été exterminée et c'est la singularité juive dans la modernité politique que le judaïsme d'après guerre a tenté de racheter.

Avec Levinas nous avons sans doute, ce qui a été peu remarqué, la grande pensée philosophique d'après la Shoah. Ce constat ne fait qu'accentuer les questions que nous avons soulevées. Levinas n'annonce-t-il pas lui-même que la « singularité juive attend sa philosophie » ?[84] Bien sûr, pour qu'elle s'« alourdisse » de l'universel qui est sa promesse et sa « gloire »… La singularité juive est donc au centre de la question philosophique pour les Juifs contemporains, à l'inverse de ce qui fut le cas tout au long de la modernité qui l'avait vouée à disparaître. Mais l'enjeu dépasse les limites de la judéité. Et c'est peut-être justement en cela que son expérience est source d'enseignement universel. Le destin du singulier est en effet la question cruciale de l'histoire et de la politique modernes, de façon encore plus radicale après la Shoah. C'est pourquoi le courant « ethiciste » qui a dominé la philosophie juive moderne ne peut dépasser la fracture que représente la Shoah. Si la philosophie-juive a un avenir, ce sera uniquement au prix d'un renversement radical dans lequel elle redécouvrira la question du politique en tant qu'il est d'une autre nature que la dimension de la subjectivité, de l'intériorité et de l'inter-personnel. L'universel, l'ethicisation néo-kantienne du judaïsme est sortie en ruines de la Shoah, d'autant plus que la question essentielle que la philosophie politique se pose aujourd'hui est celle de la place du singulier dans l'universel politique. C'est d'une méditation sur le réel, autant dans la perspective de la métaphysique que de l'histoire, que viendra

---

82. Le « 614e commandement », *L'Arche* 291, p. 55.
83. Cf. S. Trigano, « Les Juifs comme peuple à l'épreuve de la Shoah », in *Penser Auschwitz*, numéro spécial de *Pardès*, 9-10/89, sous notre direction.
84. ADV, p. 223, 234.

ce renouvellement. S'il fallait trouver une formule synthétique, nous dirions que si autrui me précède de toute éternité – ce que nous acceptons (de sorte que nous serions en retrait sur l'idée d'une réciprocité radicale) – tout l'enjeu de l'histoire, c'est que je m'ouvre à autrui. La singularité juive attend toujours sa philosophie...

Une version différente de cet article est parue dans la revue *Rue Descartes*, 19. Collège international de philosophie, février 1998, PUF.

E. Levinas :
philosophie «et» Judaïsme

YAHEL GOLDSCHMIDT ET STÉPHANE HABIB

Pour Catherine Chalier

À la lecture de certains des plus beaux passages d'*Autrement qu'être*, au cœur même de l'œuvre, l'on est frappé par le souffle hébraïque qui semble traverser les paroles de l'auteur. Se débattant avec son propre dit, Levinas qualifie le Dire indicible de la responsabilité pour autrui de «prophétisme», et n'hésite pas à l'illustrer par des exemples bibliques [1]. Ici se joue toute notre problématique. Est-ce là une philosophie qui, parlant de l'ineffable, se sert du judaïsme comme d'un mode de pensée complémentaire? Serait-ce ainsi le judaïsme qui viendrait aérer une philosophie essoufflée? La question du Dit et du Dire, du «et» entre philosophie et judaïsme, se pose comme celle de la parole.

Heidegger s'est longuement attardé sur cette question : «L'être humain parle. Nous parlons éveillés; nous parlons en rêve. Nous parlons sans cesse, même quand nous ne proférons aucune parole, et que nous ne faisons qu'écouter ou lire; nous parlons même si, n'écoutant plus vraiment, ni ne lisant, nous nous adonnons à un travail, ou bien nous abandonnons à ne rien faire. Constamment nous parlons, d'une manière ou d'une autre. Nous parlons parce que parler nous est naturel. Cela ne provient pas d'une volonté de

---

1. Voir «Témoignage et prophétisme» *in Autrement qu'être ou au-delà de l'essence*, Le livre de poche, 1991 (La Haye, Nijhoff, 1974), p. 233.

parler qui serait antérieure à la parole. On dit que l'homme possède la parole par nature. L'enseignement traditionnel veut que l'homme soit, à la différence de la plante et de la bête, le vivant capable de parole. Cette affirmation ne signifie pas seulement qu'à côté d'autres facultés, l'homme possède aussi celle de parler. Elle veut dire que c'est bien la parole qui rend l'homme capable d'être le vivant qu'il est en tant qu'homme. L'homme est homme en tant qu'il est celui qui parle » [2]. C'est donc la parole qui révèle l'homme comme animal doué de cette fonction révélatrice même. C'est elle qui le rend, par son dit incessant, capable de s'interroger sur toute chose, allant même jusqu'à poser la question fascinante portant sur sa propre humanité parlante. *Philosopher* dans l'une de ses formes les plus hautes : articuler un dit sur le Dit. Mais qu'en est-il du *judaïsme* ?

L'autrement qu'être « est » selon Levinas Dire ou prophétisme [3]. C'est cette pensée que nous allons solliciter. Nous contraindrons par là même le prophétisme à s'exprimer, prophétisme poussé au dit. « La parole de l'Éternel me fut adressée en ces termes : "Avant que je t'eusse formé dans le sein de ta mère, je te connaissais ; avant que tu fusses sorti de ses entrailles, je t'avais consacré, je t'avais désigné comme prophète des nations." Si ce sont en effet les versets qui témoignent, ici même, du Dire "antérieur aux signes verbaux [...] avant-propos des langues [...]" » [4], c'est bien le prophétisme qui, contrairement à ce que paraît indiquer Levinas, s'exprime néanmoins d'une certaine manière. Le Dire de ces paroles, se dit-il ? La responsabilité au-delà de l'être, peut-elle malgré tout être énoncée ? Et c'est la Bible qui atteste aussi de ce paradoxe de la parole et de son impossibilité : « Et je m'écriai : "Eh quoi ! Éternel, Dieu, je ne sais point parler, car je suis un enfant [5]." »

---

2. Heidegger, M., *Acheminement vers la parole*, trad. J. Beaufret, W. Brokmeier, F. Fédier, Paris, Gallimard, 1976, p. 13.
3. Voir *AE., op. cit.*, p. 238.
4. *Id.*, p. 17.
5. Jérémie 1 ; 5-6.

Une fois de plus, du moins sommes-nous tentés de le penser de prime abord, un rejet de l'appel adressé à l'homme biblique, l'élisant lui et nul autre, se trouve ainsi dit. Refus de l'injonction à cause de sa nouveauté. Angoisse enfantine, peur de la pensée d'être surprise, ou, comme Ezéchiel, arraché(e) du lieu stable, « pris(e) par les cheveux »[6] sans y être prêt. Dit rationnel, parole socratique (« tout ce que je sais c'est que je ne sais rien ») : « je ne sais point parler ». Ainsi, il s'avère que même pour dire l'absence de savoir, l'inefficacité de la rationalité, il faut encore un dit, la parole est inévitable. La prétendue nouveauté dont la pensée s'effraie comme paraît l'attester Jérémie, nouveauté *dite* non-incluse dans la parole, s'y trouve pourtant. C'est la pensée qui va ainsi jusqu'à supposer, en paroles, l'effrayante possibilité de ce qui ne se trouve pas en elle. Alors, ce « non-dit » redevient sa propriété, sa propre parole. La pensée se fait peur toute seule de ce qu'elle-même pose comme nouveauté, peur *pour soi*. Mais si, comme le suggère Levinas, l'altérité de l'Autre est irrécupérable par la structure odysséique de notre raison et ne peut être rassemblée dans aucune parole, elle ne fait pas peur. Tout autrement et bien plus grave, l'absolument Autre « dérange » ou « inquiète », non pas un soi – la pensée d'un sujet qui en aurait peur et l'aurait englobée par et dans son dit, mais un « pour l'autre »[7]. Dès lors, si prophétisme peut d'une certaine façon signifier autrement qu'être, nous devons entendre différemment le mot de Jérémie : « [...] je suis un enfant ».

L'élection de Jérémie fut avant qu'il ne soit né. Ainsi, les paroles qui argumentent son prétendu refus ne peuvent pas constituer une première réponse de sa part. C'est dans un temps qui précède la possibilité de toute parole, de tout dit qui dirait « non », qu'il a déjà obéi à un appel l'élisant. Si l'on peut penser un élu unique de cette élection, c'est avant toute réponse initiale, avant toute parole détectable, parce qu'avant son auto-constitution en tant que sujet

---

6. Ezéchiel, 8 ; 3.
7. Ces expressions reviennent souvent chez Levinas, voir par exemple : *Autrement qu'être*, p. 85. *sq.*

parlant. Ce temps, précisément sans commencement, temps du Dire de Dieu, est l'événement d'une nouveauté absolue. L'élection est antérieure au travail essentiellement réflexif propre à l'identification à soi d'un sujet, travail qui consiste à ramener la nouveauté à ce qui est déjà là, déjà dit, ce qui est «vieux». C'est pourquoi : «le sujet que nous avons surpris dans le dire d'avant le dit, fut qualifié de jeune»[8]. La parole de Jérémie peut en effet s'entendre autrement. L'enfance évoquée par le prophète n'est alors pas le refus rationnel d'un appel à une responsabilité trop lourde à porter. Elle est une jeunesse différente, inséparable de la prophétie. Jeunesse qui, selon la temporalité dia-chronique dont témoigne la Bible, nous allons le voir, en fait déjà partie ou est cette prophétie même. L'élection est jeunesse de l'avant de naître, l'énigme matricielle d'un temps qui n'est pas celui du logos. Un temps qui n'est pas dit.

La naissance se laisse tout d'abord penser comme la responsabilité naturelle de la mère envers son enfant. L'enfantement est un souffrir pour l'autre inconnu, l'autre blessant. Le porter de la maternité est un supporter. Or, nous l'avons vu, le prophète est déjà nommé comme tel dans la matrice. Ainsi, avant toute parole annonçant sa naissance, le responsable qui n'est pas encore est déjà responsabilité pré-embryonnaire. «Ce "[…] gémissement des entrailles", blessées *en ceux* qu'elles porteront ou qu'elles portaient […]9» est rationnellement in-supportable précisément *en ceux* qu'il donne (à penser ? à être dit ?) autrement : la mère et l'enfant, l'enfant et la mère. La responsabilité sans propriété, sans connaissance mère/enfant (l'enfant n'est pas connu, il n'est pas là), à jamais sans dialogue (même après la naissance, l'enfant «ne sait point parler»), est déjà responsabilité dans ce temps non-dit d'avant toute naissance, toute parole, toute histoire ou mythe racontés[10]. Ce manque de parole est alors l'impossibilité radicale d'élaborer une eschatologie. C'est cette jeunesse (abrahamique) qui, selon la tradition juive, ouvre l'histoire même[11], que Levinas pense comme responsabilité.

---

8. *Humanisme de l'Autre Homme*, Fata Morgana, 1972, p. 101.
9. *AE, op. cit.*, p. 121, nous soulignons.

Reprenons : l'enfant, prophète avant sa naissance, jeune, d'une « jeunesse plus jeune que toute jeunesse » n'a pas, à proprement *parler*, besoin de sa mère pour naître à la responsabilité. Il est responsable avant qu'elle ne lui ait donné la vie, il l'est avant d'être. Il n'est donc aucunement responsable envers sa mère par reconnaissance. Non pas encore – déjà responsable, responsabilité matricielle (de l'enfant pour la mère qu'il ne re-co-naît pas), n'est-ce pas là cette ouverture à une « responsabilité pour tout le monde » [12] ?

Le cri de l'enfant naissant attestant une blessure, n'est donc pas celui dû à un commencement que l'on a l'habitude de penser comme sortie traumatique dans le monde. Selon Jean, « Au commencement était le Verbe » [13]. Si tel est le cas, la jeunesse du début se dit et peut toujours être redite. Par la parole elle devient sensée, elle rend son secret à une connaissance. Or l'avant-naissance, avant l'originaire, avant toute parole de Jérémie, le « je ne sais point parler » paradoxal n'est pas une jeunesse « naturelle ». Non enracinée en un commencement, le Dire est « an-archique » ou « pré-originel » [14]. Jérémie est « secoué » (*naar*) par son élection d'avant le temps de la nature, ce temps logiquement compréhensible de l'accouchement. C'est seulement en cela qu'il est jeune (*naar*). Jeunesse infiniment lointaine, immémoriale, dont il ne pourra jamais parler avec nostalgie. Enfance éternelle, l'interminable manque de parole.

---

10. Le Mythe (du grec *muthos*) est parole, récit communiqué, un Dit qui présuppose l'historicité de la raison. Le mythe tend à expliquer, ne serait-ce que par le moyen de l'imagination, comment fonctionnent la nature et l'homme, tandis que la jeunesse prophétique que nous évoquons précède précisément cette explication. Le mythe porte, à travers une parole, sur ce qui existe, tandis que ce qui « manque » à Jérémie est cette parole permettant de raconter, de rendre une histoire logique ou mythologique.

11. En ce qui concerne Abraham ouvrant l'histoire (avant tout mythe), voir : Neher, A., *L'exil de la parole*, Paris, Seuil, 1970, p. 129-130.

12. *L'au-delà du verset*, Paris, Éditions de Minuit, 1982, p. 106.

13. Jean, 1 ; 1.

14. Voir « La subjectivité comme anarchie », *in* E. Levinas, *Dieu, la Mort et le Temps*, Paris, Grasset, 1993, p. 198 *sq*.

«Avant que tu fusses sorti de ses entrailles, je t'avais consacré, je t'avais désigné comme prophète des nations.» Sortir des entrailles, sortir d'entre. Choisi d'entre en tant que «prophète des nations», élu avant la naissance, élection d'entre les entrailles d'où naissent tous les hommes. Prophète alors seulement en tant qu'homme, en tant que mis en entrailles. Mais homme uniquement en tant que celui à qui il est toujours commandé de sortir. «Être» homme ou (Être) prophète, toujours déjà sorti. «Être» entre guillemets, c'est l'être mis en scène. Mais (Être) entre parenthèses, c'est la suspension de cette scène dans un passé immémorial, passé autour duquel Levinas articule la thématique d'une «sortie de l'être» ou «réduction au Dire»[15]. Les parenthèses cernent ou concernent avant que la mise en scène de l'être (par une naissance) ne soit dite. Dieu, élisant le prophète, opère donc ce que l'on serait tenté de décrire comme une *epoché* plus radicale encore que celle de Husserl. La phénoménologie prétendait mettre en suspens la réalité des vécus pour laisser subsister la vie de l'Ego transcendantal. Avec Jérémie, nous sommes confrontés à la mise entre parenthèses de ce transcendantal même. Avant tout ego expérimentant, la responsabilité prophétique est le sens de ces parenthèses qui suspendent l'existant. Suspension qui, «miraculeusement», par le fait même que soudainement rien ne va plus de soi, est trace du non-lieu d'un avant l'être, être qui exige un lieu-tenant. Si toute chose n'est que pour la vie d'une conscience qui peut la nommer par une parole, nous assistons à la réduction de cette vie consciencieuse pour l'expression, pour le Dit.

Le Dit est toujours et par définition «entre», cet entre dont le prophète est déjà sorti et à qui il est toujours commandé de ressortir. La sortie d'entre est donc la sortie du Dit. Le Dit est distinction, dénomination, appellation. Il désigne ce qui est entre deux moments : l'inconnu et celui qui est su, celui qui porte un nom. La parole est une mise en mouvement, la recherche d'un signifié. Sortir d'entre est alors l'impossibilité de montrer une distance qui,

---

15. *AE, op. cit.*, p. 75 *sq.*

dès sa mise en lumière, devient franchissable. C'est l'incapacité radicale d'une parole, inaptitude à indiquer un écart entre deux termes. Rien ne vient dire l'éloignement entre l'Un et l'autre, la séparation qui est, en vertu de cette non-parole, une proximité entre moi et l'Autre. La sortie du Dit, avant son expression, jamais accomplie, toujours à refaire, l'injonction de partir d'entre, est le commandement de quitter le lieu avant qu'une distance infinie, distance qui garde l'irreprésentabilité de l'alliance, ne soit comblée. S'en aller avant qu'un lien de responsabilité ne soit dit implique un départ « enfantin », un voyage sans compréhension. Le sens n'est pas donné à celui qui obéit. Cette errance est ce « pour l'autre » prophétique, un lien ou un non-lien qui reste inaccessible au Dit rationnel. Aucune parole ne peut l'aborder.

« Je ne sais point parler. » Une parole dit néanmoins, semble-t-il, que son auteur ne sait pas parler. À l'instar de Socrate, Jérémie saurait donc encore ce qu'il ne sait pas. La parole parlerait de l'absence d'un savoir qui porte sur elle-même. La parole parlerait toujours. Au présent, elle ferait de l'absence une concrétude, elle la ramènerait à cette forme d'une absence-présente. Or, dans la non-parole de Jérémie, cette absence ne peut en aucune façon être dite. Que « dit » précisément l'hébreu ? *« lo yadati daber »* : « je ne *savais* point parler ». La phrase est dite au passé. En suivant chronologiquement le déroulement du début du livre, nous rencontrons Jérémie racontant (est-ce au présent ?) ce qui s'est passé au passé. Mais l'événement qui s'est passé, nous l'avons déjà vu, fut dans un passé « plus passé que tout passé » [16] passé excédant toute chronologie. Envers ce temps, le prophète ne peut que se trouver (ou ne pas se retrouver) dans la passivité absolue, ou encore, dans l'impossibilité de s'exprimer. C'est en voulant dire cet événement, qu'un dit vient représenter son contenu déjà passé. Le Dit est volonté. Il est la volonté de ne pas céder à ce qui échappe, vouloir que tout soit au présent. L'hébreu est alors d'une importance inouïe, en ce que sa forme grammaticale signifie l'impossibilité même

---

16. À propos de ce passé immémorial, voir *Dieu, la Mort et le Temps*, Paris, Grasset, 1993, p. 185,186.

que nous indiquons depuis le début. Jérémie ne dit pas tout simplement qu'il ne sait pas parler, qu'il lui manque encore une part mesurable de rationalité pour pouvoir parler. Son dire, l'hébreu dit (ou ne dit pas) : «impossible représentation». «*lo yadati d.v.r*». Sans ponctuation (sans voyelles, ce qui revient d'ailleurs à l'impossibilité pour une parole d'être dite), le dernier mot de la phrase est ambigu. «Daber», parler, n'est pas son seul sens. Il est tout aussi possible de lire «davar», «rien» ou «chose». En ce sens, Jérémie dit «je ne savais rien», «je ne savais pas la chose», ou «je ne savais aucune chose». Étant donné que le rien est précisément ce que l'on ne peut pas savoir, Jérémie peut alors dire qu'il n'y a pas de savoir dans sa parole, qu'il ne s'agit de savoir aucune chose dite par une parole, ou qu'il ne s'agit tout simplement pas de savoir cette parole. La parole est créatrice, elle nomme et substantialise les choses. Mais dans l'hébreu la parole elle-même n'est «chose» qu'en tant que «rien», ce rien qui empêche le devenir-substance par un mot. Si la parole n'est rien, son sens ne sera jamais épuisé, car le savoir qu'elle ne peut pas apporter ne manque pas.

Mais même ainsi, le dire sans manque que nous désignons maintenant, n'est-il pas encore et toujours, par le fait de se donner à la présente description, l'incessante répétition du bruit de la parole, parole parlante? Une orientation possible serait, dans le sillage d'André Neher [17], d'interroger les lettres carrées de la Bible à partir du silence. Or, «nous parlons sans cesse, même quand nous ne proférons aucune parole». Le silence se laisse encore prononcer. À l'instar de l'absence d'un dit, le non-dit ne peut être apprécié comme tel, avoir une renommée, qu'à la condition qu'il soit déjà nommé. Le non-être s'absorbe forcément dans ce qui est, n'étant qu'un manque d'être. Il faut donc qu'il y ait représentation. La représentation est le résultat de cet «il faut». Le «il faut», même sous sa forme négative («il ne faut pas»), est un «il faut (ou "ne faut pas") que», ramenant ce qu'il faut (ou ne faut pas) à être présent comme ce qui est (ou n'est pas). Mais que s'est-il passé en hébreu? Non pas : «la représentation *est* impossible», mais

---

17. Neher, A., *L'exil de la parole*, Paris, Seuil, 1970.

« impossible représentation », car cette langue n'est qu'en ce que Jérémie « ne *savait* point parler ». Elle n'est qu'avant d'être. Celui qui parle, l'élu, n'a jamais su parler. Oui, nous le savons maintenant, au présent, après l'avoir traduit. « Dans le langage comme dit, tout se traduit devant nous – fût-ce au prix d'une trahison [18]. » En voulant que cela soit dit nous traduisons, nous trahissons : « je ne *sais* point parler » [19]. Mais le Dire de jeunesse, Dire prophétique, ne peut se dire qu'au passé. En effet, en hébreu il n'y a pas de forme du verbe « être » au présent. L'hébreu n'est peut-être que cela, pas de présence, même pas sur le mode de l'absence.

« Il n'y a » donc pas de manque de savoir, pas de possibilité de représenter, ou bien « il y a » l'impossibilité de la représentation. Or, notre « il y a » ou « il n'y a pas » dit toujours ce qui, d'une manière ou d'une autre, se fait savoir, ne serait-ce que le savoir de ce même il y a, savoir qu'il y a. C'est pour cela que le Dire n'est ni une interdiction (le « il ne faut pas ») de cette représentation, ni l'affirmation (le « il faut ») de son impossibilité, ni être, ni non-être. Qu'est-ce alors ? Il est précisément ce qui échappe à cette question. Le Dire (est ce qui) ne peut pas faire partie d'un dit, dit qui baigne toujours dans l'*il y a* insensé, où « n'importe quoi vaut pour n'importe quoi » [20]. Se faisant savoir, se rendant au dit affirmatif ou interdisant, le dire perd son sens qui n'est qu'en tant que « l'impossible représentation », qui « n'est » qu'en n'étant pas, qui n'est donc pas. Le Dire de Dieu lui-même, souvent dit comme « l'interdit de la représentation », ne peut donc interdire. Il « est » en ce qu'en lui, la représentation (l'entre les dires, l'inter-dire qui, par une spécificité quelconque, ne peut qu'enlever au Dire son unicité) n'est pas. En et par un énoncé interdisant, le dire revient au Dit, le dit qui dit Dire « et » Dit, le dit entre Dire et Dit, qui est précisément l'impossible. Le Dire ne dit que sa non-parole, le « ne point (la) savoir ». Le Dire ne dit pas.

---

18. *AE, op. cit.*, p. 18.
19. Selon la traduction officielle du rabbinat.
20. *De l'existence à l'existant*, Paris, Vrin, 1990 (éd. de la revue « Fontaine » 1947), p. 96.

Traduits, les dix commandements sont d'apparentes interdictions. Formulés sur le mode du « Tu ne feras point », ils apparaissent comme la négation de ce qui a déjà été présent, connu, dit. Mais si l'hébreu n'est ni le « il faut » ni le « il ne faut pas », n'ayant pas d'être au présent, les commandements « ne sont pas ». Ni interdictions ni affirmations, plus sévères encore que toute affirmation ou interdiction, ils sont l'impossibilité de représenter ce qui s'y « dit ». Tout cela se joue déjà à partir du premier commandement : « Je suis l'Éternel, ton Dieu, qui t'ai fait sortir du pays d'Égypte, d'une maison d'esclavage[21]. » Un examen linguistique, ignorant le sens inhérent à l'impossibilité de la représentation inscrite dans l'hébreu, permet tout de même de constater qu'il y a deux occurrences du verbe être dans le verset. La première est dans le « je suis ». Or, le « suis » de ce « je », ce qui ressemble à une « conjugaison » du verbe « être » au présent, n'existe que dans sa traduction en une langue qui n'est pas celle de la Bible. « Être » est le mot « Dieu », et le mot du verset, *Anochi*, au contraire, ne dit que « je »[22].

La deuxième occurrence, qui ne peut apparaître explicitement par contre qu'après une violation de l'hébreu, nous allons le voir, semble nommer cette fois-ci, effectivement, mais dans un apparent désordre le mot « être ». Or, composé de trois lettres (*yod*, *he*, *vav*) dont l'une (*he*) se répète, la prononciation de ce mot qui forme le nom divin est interdite par la tradition juive. Ignorons ce fait pendant un instant, pour y revenir par la suite. Les trois lettres font partie des quatre *tenouot* (mouvements) qui, en l'absence des voyelles, peuvent permettre la prononciation des mots (*alef*, *he*, *vav*, *yod*). Ces quatre lettres, qui constituent apparemment de simples consonnes, sont en effet, selon Juda ha-Lévi et Abraham ibn Ezra,

---

21. Exode 20 ; 2.
22. *Anochi* vient de la racine *alef.noun.chaf*, qui donne lieu à deux autres significations : Le je, *anochi*, comme « égoïste », et l'exemple biblique qui saute aux yeux dans ces propos consacrés à Levinas est celui de Caïn répondant à Dieu en demandant : *Hashomer achi anochi ?*, Suis-je le gardien de mon frère ? Le deuxième sens serait plutôt attribuable à la verticalité du Dieu de la Bible, au sujet de qui « anochi » peut s'entendre comme résultant de *anach*, « vertical ».

des lettres-voyelles [23]. Une seule lettre manque alors au nom divin pour que ce qui permet la prononciation même soit rassemblé dans un mot : *l'Alef*, première lettre de l'alphabet hébraïque, lettre manquante dès le récit de la création [24]. Jointes dans l'écriture du nom de Dieu, les trois mouvements et *l'alef* toujours absent sont, selon la *Kabbale*, à l'origine de la langue [25]. Or étant donné que ces lettres sont elles-mêmes, suivant cette logique, comme des indications concernant la manière dont il aurait fallu prononcer, aucune prononciation correcte du mot qui en est composé n'est possible. Par là, s'ouvre une autre manière de considérer l'« interdit » de la prononciation du nom de Dieu, tout en restant près de « l'impossible représentation ».

Le mot qui est supposé nommer Dieu est l'Imprononçable même, Imprononçable qui semble permettre en même temps toute prononciation. Or, ceci revient à constituer une loi formelle, tandis que « l'impossible représentation » est inévitablement l'impossibilité d'un tel formalisme. En fait, *l'alef* qui manque perpétuellement empêche de formuler cette règle. Même la régulation de la prononciation ne peut être représentée ou dite par une parole. Pensée précisément comme « interdit », l'impossibilité radicale du nom de Dieu ne peut pas interdire le Dit qui veut *Le* prononcer. Ce n'est que dans l'hébreu que cette « interdiction » reçoit un autre sens, et qu'une impossibilité de représenter le Nom, l'impossibilité de le dire, a *son* sens. Le tétragramme est en lui-même le « ne point savoir parler ». Le nom de Dieu est sens absolu, c'est-à-dire parole qui s'absente. Ce non-signifiant sans signifié est indicible et scandaleux, en ceci qu'il est introuvable. Il est l'indémontrabilité qui ouvre par son non-lieu un sens infini. Sens qui ne peut garder son infinitude qu'en ne parlant pas, qu'en ne renvoyant à rien, qu'en n'étant pas. La parole ou la non-parole qui dit ou ne dit pas le nom de Dieu

---

23. Voir : Scholem, G., *Le Nom et les Symboles de Dieu dans la mystique juive*, Paris, Cerf, p. 78.
24. La Bible ne commence qu'avec la lettre Bet, « bereshit », au commencement… (Genèse 1 ; 1).
25. *Ibid.*, p. 98.

reste seule, sans corrélat langagier, et dans l'absence de tout signifié ne peut être expliquée. Il n'y aura pas d'interprétation de ce
mot, sauf celle qui dira son impossibilité. C'est ainsi qu'il peut
contraindre toute tentative de formuler un système absolu, une
« interprétation à mettre fin à toute interprétation ». Le nom de Dieu
garde son secret. Il est, selon notre langue, ce que lui seul est ou
n'est pas, mais en hébreu il s'est retiré de cette dichotomie.
Autrement qu'être – Il reste à venir – l'à venir même de la « bonne
traduction » (impossible) du verset hébraïque : « Je suis celui qui
suis [26].» Il reste le futur que l'on n'attend pas, en ce qu'il a toujours
déjà été (comme ce qui n'a pas été). Il n'y aura pas de jouissance
de ce qui ne s'est pas donné, ne se donne, et ne se donnera jamais
entièrement. Par cette impossibilité même, le Nom, autre qu'être,
jamais prononcé, *Lui* qui est déjà passé mais reste à venir, obligera.
« Il aura obligé [27].» Sa semblante proximité au lecteur, dans les
lettres qui ne le disent pas, est la distance dans laquelle il se garde.
Dieu est ainsi la loi de celui qui ne peut pas le (ou la) comprendre,
celui qui reste hors la loi, dans l'errance. Il est la loi de ne pas entrer
dans la loi, ou de se souvenir qu'on ne peut jamais y entrer, c'est-
à-dire le souvenir empêché de l'immémorial.

Le premier commandement des tables du témoignage est en
fait déjà ladite « impossible représentation », dite (ou non-dite)
dans le nom de Dieu. Si le verset qui ouvre les dix commandements n'interdit rien (« je suis l'Éternel…) mais n'est que le Dire
de celui dont le nom ne fera jamais partie du Dit, nom qui ne sera
jamais dit, toutes les injonctions qui suivent feront partie du même
ordre ou désordre. Le Dieu qui « parle » ne dit rien de présentable.
Tout ce que l'on a l'habitude d'appeler « les interdictions de » (faire
d'autres dieux et idoles, invoquer le Nom [déjà impossible],
travailler au jour du Shabbat, déshonorer ses parents [28], tuer,
commettre l'adultère, voler, faire un faux témoignage, convoiter
ce qui est au prochain) sont, à travers l'hébreu, l'impossibilité

---

26. La traduction chrétienne que nous venons de citer, comme celle du Rabbinat (« Je
    suis l'Être invariable ») de Exode 3 ; 14, restent problématiques. Une traduction
    mot à mot donnerait : « Je serai qui je serai. »
27. Derrida, J., *in Textes pour E. Levinas*, Jean-Michel Place éditeur, 1980, p. 22.

d'une présence de tels faits. Impossibilité qui, face au monde dans lequel nous existons (qui donne lieu encore aujourd'hui, selon l'ordre des commandements, à l'idolâtrie, à l'abus de travail allant jusqu'à l'esclavage, au vol… et aux crimes de toutes sortes), revient à (ou au) *Dire*, à l'*Autrement qu'être*. Dans le régime de l'être, qui rend possible la rationalité, l'intérêt, le calcul, ces crimes sont en effet possibles. C'est pour cela que les commandements s'entendent, dans la parole qui les traduit, comme interdictions. Mais le Dire de Dieu, l'arrachement ou le don d'un temps qui fut une jeunesse absolue dans laquelle, avant le savoir comprenant tout en paroles logiques, comme ceci ou cela, tout autrement que ceci ou cela, un tel monde est impossible à représenter. Dans ce temps non-dit, rien ne vient dire une faute explicite. Il n'y a pas de « comment faire » concernant un crime, ce qui exclut tout pré-texte pour le commettre, ainsi que la possibilité d'en être pardonné *a posteriori*. Il n'y a ni péché-originel ni accomplissement possible de cette Loi non-dite, accomplissement dans lequel un Messie viendra racheter la faute. Le Dire élit à une extrême responsabilité, responsabilité allant jusqu'à l'impossible représentation de ce qui est « interdit ». Le Dire, commandement d'avant ce monde, n'est pas *arché* dans la langue.

Mais comment peut-on parler de tout cela ? Cette interrogation sur le prophétisme, sur le dire hébraïque du commandement, ne nous amène-t-elle pas ainsi à une conclusion paradoxale ? Ne disons-nous pas tout simplement que la parole n'est pas, et que nous devons donc arrêter d'en parler ? Aucunement. Il ne s'agit, là non plus, ni de l'interdiction ni de l'affirmation d'une parole, ni de la réussite d'une tentative de garder le silence, ni de celle qui voudrait « parler différemment ». Reste malgré tout à dire l'autre-

---

28. « Interdiction », s'il y en a une, dite sur le mode affirmatif du « honore ton père et ta mère… » et du « Pense au jour du Shabbat pour le sanctifier. » Interdictions affirmatives que l'on pourrait de prime abord nommer devoirs, mais qui semblent surtout rappeler cette impossibilité pour le sujet de se poser comme principe et fin de toutes choses : honorer le don de la vie dans les parents, interruption de toute continuité par le Shabbat. Ces deux commandements « positifs » précèdent et arrêtent l'homme tout en lui laissant la place par une rétraction maternelle (honore tes parents) et divine (au jour du shabbat).

ment que la parole, autrement indésignable dont nous parlons en vain et qui est, selon Levinas, *témoignage* : «De la phrase où Dieu vient pour la première fois se mêler aux mots, le mot Dieu est encore absent. Elle ne s'énonce en aucune façon [...] Témoigner de Dieu, ce n'est précisément pas énoncer ce mot extra-ordinaire [...][29].» Mais Levinas lui-même, ne profère-t-il pas ainsi un dit qui désigne un autrement que l'homme tel qu'il a été compris par la tradition, autrement que l'homme qui dit «autrement»?

Nous voici, face au point le plus délicat de notre propos. Qu'avons-nous dit? Nous nous sommes demandé, avec Levinas, ce que dit en fait le Dire prophétique. Ce que nous nous efforçons donc ici de *dire*, mais qui est *dit* par nos paroles, est précisément ce qui, selon Levinas, échappe à tout dit, à toute parole, et qui «est» *Dire*. Mais pour que cette impossibilité qu'est le Dire soit dite, il faut encore utiliser le dit, et ainsi, trahir. «*Autrement qu'être* qui, dès le début, est recherché ici, et qui dès sa traduction devant nous se trouve trahi dans le dit dominant le dire qui l'énonce. Un problème méthodologique se pose ici. Il consiste à se demander si le pré-originel du Dire (si l'anarchique, le non-originel comme nous le désignons) peut être amené à se trahir en se montrant dans un thème [...] Trahison au prix de laquelle tout se montre, même l'indicible et par laquelle est possible l'indiscrétion à l'égard de l'indicible qui est probablement la tâche même de la philosophie[30].» Cette trahison inhérente à tout propos devient menaçante lorsque nous traitons des paroles bibliques. L'analyse de ce qui a été traditionnellement compris comme l'ouverture de tout sens, sens voulu non-pré-donné à celui qui s'interroge à son endroit, peut en effet «aller dans tous les sens». Levinas semble dire que ce danger est la tâche de la philosophie. Mais ce qui vient d'être annoncé par l'oracle du dit est que le prophétisme, la jeunesse du «je ne savais point parler», le toujours passé de l'hébreu, les commandements, sont ce que le dit philosophique ne peut en aucun cas dire. C'est alors précisément dans cet hébraïsme introduit par

---

29. *AE, op. cit.,* p. 233.
30. *AE, op. cit.,* p. 19.

Levinas que l'homme philosophant (Levinas lui-même) ne peut plus (se) dire. Pourquoi philosophie donc ? La philosophie élabore un questionnement. Elle traduit ce que nous avons essayé de laisser dans *sa* signification, dans son « avant » la langue, à l'intérieur de la langue, afin de le transmettre. Pour ce faire, elle pose (ou suppose) une question, qui pré-suppose à son tour un questionné connu d'avance, ne serait-ce qu'en tant que « l'inconnu » de cette question. Inconnu méritant une réponse, une parole qui l'embrasse. L'homme porte le logos à travers lequel il pose la question, et la poser c'est être concerné par elle, être en rapport intime avec elle, en avoir déjà une pré-compréhension afin de pouvoir se l'approprier. C'est précisément en ce sens que le témoignage de Jérémie est celui d'un *autrement que la parole*. La jeunesse d'avant l'*être* de Jérémie implique un temps d'avant toute question visant ce questionné ultime, autrement que lui. La tradition est celle des questions, celle qui a privilégié une certaine question. Elle est un rapport au monde, rapport selon lequel l'homme vit comme « dans l'histoire ». L'histoire est tra-dit-ion. La transmission d'un Dit exige une sémantique préétablie pour permettre d'apporter un message à ce qui est déjà pensé (et dit) comme « l'ensemble des hommes », le « Et » universel. Cet « et » présuppose l'espace et le temps communs que sont la tradition et l'histoire. Il faut donc, traditionnellement, encore une langue qui parle d'un au-delà d'elle-même, langue qui questionne ce qui échappe à toute langue. C'est pour cela que Levinas parle du Dire du témoignage, de l'avant-langue et rapport au monde, comme « *extradition* de soi au prochain »[31]. Extradition impossible.

La jeunesse d'avant la question n'implique dès lors peut-être que d'arrêter de vouloir savoir ce qui est inclus dans la tradition et ce qui lui échappe. Il s'agirait de cesser d'opposer, quel qu'en soit l'ordre, une tradition (philosophie) et son Autre (la Bible), opposition qui suppose sues l'une (Bible) et l'autre (philosophie). Toute opposition du prophète au philosophe, de la parole au « ne

---

31. *AE, op. cit.,* p. 233, nous soulignons.

point savoir parler », de la philosophie à la Bible, crée le lien *entre* les termes, l'entre qui efface toute singularité. Nous l'avons déjà vu, le prophétisme est toujours-déjà sorti du lien avec la rationalité récupérante, au-delà de tout « et » venant s'insérer entre philosophie et judaïsme. La naissance prophétique est la sortie du « et » d'entre ces deux termes, « et » qui menace leur séparation. *Dire* en dehors de la philosophie qui, à travers sa volonté de poser la question portant sur le prophétisme, en établit le lien et ainsi l'assiège [32]. Dire impossible, au-delà de la parole qui porte sur tout possible. L'immémorial « avant » ou « sortie » de la question, dont parle Levinas, n'est alors autre peut-être que la sortie d'Égypte. Sortie à refaire chaque année, et à la mémoire de laquelle, rappelons-le, dans la lecture traditionnelle de la *Haggada*, nous nous remémorons toujours « celui qui ne sait même pas questionner » [33].

Notre article n'est donc pas bon. Il pose encore une question. Il est la question dans laquelle le prophétisme qu'il discute n'a jamais été. Mais paradoxalement, comme contre notre gré, c'est uniquement à travers cette question que nous nous en rendons compte. « Philosophie et Judaïsme » avons-nous dit, et ainsi, le lien s'est trouvé rétabli. Le « et » revient toujours au « est ». La rationalité ou la rationalisation opérée par notre « geste philosophique » cherche à localiser le non-lieu prophétique, le Dire qui se garde hors l'atteinte d'une parole, pour se l'approprier. Mais nous étions *tentés* de poser encore une question, tentés de poser la question. « La tentation de la tentation, c'est donc la tentation de savoir. L'itération une fois commencée ne s'arrête plus. Elle est infinie : la tentation de la tentation est aussi la tentation de la tentation de la tentation, etc. La tentation de la tentation est la philosophie, opposée à la sagesse qui sait tout sans l'éprouver. Elle part d'un moi qui, dans l'engagement, s'assure un permanent dégagement. Le moi n'est peut-être rien d'autre que cela [34]. »

---

32. Assiéger se dit en hébreu *latzour*, qui vient de la même racine que *mitzrayim*, l'Égypte.

33. Notons que dans la *Haggada* de Pessah, « celui qui ne sait même pas questionner » est un enfant.

34. *Quatre lectures talmudiques*, Paris, Éditions de Minuit, 1968, p. 74.

Phénoménologie et/ou herméneutique chez Emmanuel Levinas

GIUSEPPE LISSA

I.

«Que signifie l'intelligibilité de l'intelligible, la signification du sens, que signifie la raison ? C'est là sans doute la question préalable de l'humain épris de sens, la question préalable de la philosophie. Ou la question même de la philosophie qui est probablement le de soi préalable [1].»

C'est là, au moins, que se pose la question qui a préoccupé Levinas dès ses premières expériences, non seulement philosophiques, et qui, sans solution de continuité, a stimulé et promu sa recherche, en l'accompagnant dans un parcours accidenté, fait de va-et-vient continuels et marqué même par une fracture de grande portée. Un parcours qui, c'est le propre des grands penseurs, «commence probablement par des traumatismes ou des tâtonnements auxquels on ne sait même pas donner une forme verbale :

---

1. D., p. 173. Je cite les œuvres de Levinas en utilisant les sigles suivantes : *De Dieu qui vient à l'idée*, Paris, 1982 = D. ; *Éthique et infini*, Paris, 1982 = E. ; *Transcendance et intelligibilité*, Genève, 1984 = T. ; *Les imprévus de l'histoire*, Cognac, 1994 = IH ; *Théorie de l'intuition dans la phénoménologie de Husserl*, Paris, 1970 = TH ; *En découvrant l'existence avec Husserl et Heidegger*, Paris, 1967 = Ed ; *Autrement qu'être ou au-delà de l'essence*, Paris, 1974 = A. ; *Entre nous*, Paris, 1991 = En ; *Totalité et infini*, La Haye, 1974 = TI ; *De l'évasion*, Montpellier, 1982 = De ; *Difficile liberté*, Paris, 1976 = Dl ; *Hors Sujet*, Cognac, 1987 = Hs ; *Aldilà del versetto*, Napoli, 1986 = Av.

une séparation, une scène de violence, une brusque conscience de
la monotonie du temps», et continue à travers la lecture de livres
«pas nécessairement philosophiques» qui transforment ces «chocs
initiaux» en «questions et problèmes» qui «donnent à penser».
En arrivant même, comme cela arrive au contact de la Bible, des
classiques russes (Pouchkine, Lermontov, Tourgueniev, Dostoïevski
et Tolstoï) et des tragédies de Shakespeare, à s'interroger sur le
problème du sens de la vie, identifié en tant que problème philosophique fondamental.

Au contact de la Bible, le livre fondamental par excellence, et
de ces livres qui ne sont pas de simples outils, transmetteurs d'informations, mais «une *modalité* de notre être», à travers lesquels
se joue le sort de notre rapport ontologique, on a accès aux «choses
premières», «celles qui *devaient* être dites pour que la vie humaine
ait un sens» et celles qui «se disent sous une forme qui ouvre aux
commentateurs les dimensions mêmes de la profondeur». Celles
qui attestent les possibilités mystérieuses de l'exégèse qui, conjoin-
tement avec la plénitude éthique dont elles s'approchent, signifient et continuent de signifier, dit Levinas, «pour moi originellement la transcendance»[2].

Cette orientation supposait déjà que ce n'est peut-être pas l'ontologie qui «détient la mesure ultime du sens»[3], et qu'il faut donc
s'en remettre à l'herméneutique, à ses possibilités et à ses auda-
ces, pour arriver à ces réponses si problématiques pour la philosophie. Même si les textes des grands philosophes «avec la place
que tient l'interprétation dans leur lecture» n'étaient ou ne lui
semblaient pas opposés à la Bible, parce que la philosophie ne se
présentait pas à ses yeux comme une entreprise athée, étant donné
que «le Dieu du verset, malgré toutes les métaphores anthropomorphiques du texte, peut rester la mesure de l'Esprit pour le philosophe». Comme si, entre le discours religieux de la Bible et le
discours philosophique de la tradition spéculative gréco-occiden-
tale, s'entrevoyait une convergence inattendue. Une convergence

---

2. E., p. 15 et 18, cf. aussi F. Poirié, *Emmanuel Levinas*, Arles, 1996, p. 63-71.
3. D., p. 88.

que l'on n'avait pas recherchée, en obéissant à une intention apologétique, mais que l'on a trouvée au cours d'une recherche qui, comme toutes les recherches, apparaît, au moment de sa conclusion, en définitive, secrètement inspirée et orientée par des expériences pré-philosophiques décisives. «C'est probablement parce que toute pensée philosophique repose sur des expériences préphilosophiques et que la lecture de la Bible a appartenu chez moi à ces expériences fondatrices» que les deux traditions se sont trouvées d'accord[4].

Cependant, Levinas ne peut avancer cela qu'à partir d'une thèse qui, bien qu'elle lui apparaisse évidente, ne le serait peut-être pas pour d'autres philosophes : le «sensé où l'humain se tient» est «avant tout système». Si l'on admet, comme il le faudrait, que la philosophie est un savoir, cela ne veut pas dire «que le statut du sensé» ait dans ce savoir «son mode propre, et primitif», mais que, bien au contraire, l'on peut penser et justifier ce savoir qui est le rationnel d'une manière nouvelle, c'est-à-dire, justement «à partir du sens», localisé dans un lieu qui lui est étranger[5].

Mais, formulée en ces termes, cette thèse constitue, on va le voir, le point d'arrivée de tout un parcours.

La recherche de Levinas, tout en partant des prémisses que l'on a indiquées et «des expériences pré-philosophiques» que l'on a énumérées, se meut, au contraire, pendant une longue période, dans l'espace extrêmement significatif de la philosophie contemporaine. Le jeune Juif lituanien qui «reçut son premier professeur d'hébreu dès l'âge de six ans» et qui s'alimenta «dans la mosaïque du judaïsme lituanien» et précisément dans le «milieu *mitnagued* (opposant… au hassidisme)» dont il hérita «une tournure d'esprit plus intellectualiste» et «moins sentimentale» typique des «mitnagdim»[6], s'orienta, en effet, dès ses premiers contacts avec le monde occidental, vers la philosophie.

---

4. E., p. 18 et 19.
5. T., p. 38.
6. M.A. Lescourret, *Emmanuel Levinas*, Paris, 1994, p. 33.

À Strasbourg, il est en relation avec les orientations les plus significatives de la philosophie contemporaine par le biais de maîtres à penser comme Henry Carteron, Maurice Pradines, Charles Blondel et le sociologue Maurice Halbwachs. Sous le coup de ce qu'il appelle l'«éblouissement bergsonien», qui lui offre une issue «à l'effroi de se trouver dans un monde sans nouveautés possibles, sans l'avenir de l'espoir, monde où tout est réglé à l'avance, au destin absurde, puisque ce qui va se passer s'est en un sens déjà passé», sa pensée développe une interrogation autour du sens et du problème du temps, dont la philosophie de Husserl «mettait en évidence la réalité propre et irréductible»[7].

Il s'approche alors de Husserl à travers les *Recherches logiques*. C'était ce même texte qu'avait étudié longtemps un autre jeune penseur génial, quelques décennies auparavant : Heidegger. Celui-ci nous dit comment, pendant le premier semestre de ses études universitaires à Fribourg (1909-1910), «les deux volumes des *Recherche logiques*» se trouvèrent «sur [sa] table de travail du foyer théologique» et comment ces livres, en le renvoyant à l'ouvrage *Sur les multiples sens de l'être selon Aristote* de Franz Brentano, déterminèrent son abandon des études de théologie, pour celles de philosophie et comment ils l'occupèrent au cours des années suivantes, le passionnant, jusqu'à ce qu'il lui fût clair que la phénoménologie n'était ni simplement une nouvelle logique, ni une nouvelle psychologie et qu'elle n'inaugurait aucune autre discipline d'un genre nouveau, mais qu'elle se présentait comme une nouvelle manière de penser. Et il nous fait comprendre ainsi comment, pour lui, cette manière de penser, en mettant en jeu la «subjectivité du sujet connaissant, agissant et posant des valeurs», ne se limitait pas à se rattacher à la tradition de la philosophie des temps modernes afin d'obtenir que «la "subjectivité transcendantale" accédât à la possibilité de recevoir grâce» à elle «une détermination plus originelle et universelle». «En se livrant désormais à l'exploration [...] de la structure des actes vécus», «en même

---

7. E., p. 23.

temps qu'à l'exploration des objets vécus dans les actes de conscience, du point de vue de leur objectivité», elle démontrait que «ce qui pour la phénoménologie des actes de la conscience s'accomplit comme le se manifester du phénomène» était justement ce qui avait été pensé «plus originellement encore par Aristote, et dans toute la pensée des Grecs», dans «la façon dont ils furent les Grecs», «comme *aletheïa*, comme l'ouvert sans retrait de la présence, son dévoilement, son se montrer»[8]. En nous mettant face à l'alternative de comprendre si «c'est» à travers «la conscience et son objectivité, ou bien» à travers «l'être de l'étant dans son non-retrait et dans son retrait» que se détermine ce qu'il faut expérimenter comme «la question même», elle introduisait décidément «sur le chemin de la question de l'être» et s'affirmait en ce qui la caractérisait non seulement comme une tendance, mais comme une possibilité pour la pensée, une possibilité «qui se modifie en temps voulu et qui est par là même la possibilité permanente de la pensée, celle de correspondre à l'exigence de ce qui est à penser» et qui nous oblige à insister sur cette «forme de l'apprentissage graduel, par l'exercice, du "regard" *(Sehen)* phénoménologique qui cependant réclame en même temps que l'on refuse d'user sans examen des connaissances philosophiques, mais aussi que l'on renonce à faire intervenir dans le débat l'autorité des grands penseurs»[9].

La phénoménologie marquait donc un tournant décisif dans le panorama de la culture philosophique européenne du temps et faisait naître une nouvelle manière de penser. Elle se présentait, comme un événement.

C'est ainsi que l'entendit, dans le sillage de Heidegger, Levinas lui-même, lecteur dans les années vingt des *Recherches logiques*, qui, comme l'on peut l'observer dans une note postérieure de quelques années, furent pour lui et pour «les jeunes Allemands que j'ai connus à Fribourg» la proposition de quelque chose en

---

8. M. Heidegger, *Phénoménologie et pensée de l'être*, dans *Questions IV*, Paris, p. 161-162, p. 166 et 169.
9. *Ibid.*, p. 170, 173, 168.

plus qu'une nouvelle philosophie, «qu'une nouvelle théorie»,
c'est-à-dire «un nouvel idéal de vie, une nouvelle page de l'histoire, presque une nouvelle religion»; une nouvelle manière de
penser qui entendait soumettre «chaque concept qui est d'usage
général», «chaque vérité qui semble aller de soi» au contrôle de
l'analyse phénoménologique, à travers un dur travail du chercheur
penché «sur le tissu de la vie consciente, concrète, sur l'enchevêtrement des "intentionnalités" qui la composent». Une nouvelle
manière de penser qui appelait un engagement, donc, visant à redé-
finir les rapports entre la pensée et le monde. En partant même
d'une préoccupation de fond, celle de «déterminer la nature véritable de l'Humain», d'identifier «l'essence propre de la conscience», en choisissant ces deux objectifs «comme première tâche
pour les phénoménologues»[10].

La phénoménologie se présentait donc à lui comme quelque
chose de plus qu'une simple «théorie de la connaissance», visant
à élucider «les méthodes et à assurer la certitude des sciences».
Elle lui apparaissait surtout, en accord avec Husserl, comme «prise
de conscience *(Selbstbesinnung)* de la vie cognitive d'elle-même»[11].
C'est pourquoi elle proposait «une réflexion radicale, entêtée sur
soi, un *cogito* qui se cherche et se décrit sans être dupe d'aucune
spontanéité, d'aucune présence toute faite, dans une méfiance
majeure envers ce qui s'impose naturellement au savoir, fait monde
et objet, mais dont l'objectivité bouche en réalité et encombre le
regard qui la fixe»[12]. Mais elle ne se limitait pas à cela: d'emblée,
la phénoménologie affirmait en effet que «tout ce qui est conscience n'est pas replié sur soi-même, comme une chose, mais *tend*
vers le Monde»[13]. Autrement dit, elle affirmait que ce qui est vraiment concret dans l'homme le pousse hors de lui et le lie à l'autre
que lui et que c'est cela justement que Husserl nommait intentionnalité, intentionnalité qui est la vie même de la conscience, qui se

———————

10. IH, p. 103 et 98.
11. TH, p. 186.
12. E., p. 25.
13. IH, p. 98.

déroule d'une manière bien plus complexe et articulée que ce qui se vérifie dans le rapport cognitif instauré par les savoirs positifs, par la science comme par le savoir commun, par l'épistémê comme par la doxa, qui dépendent entièrement de l'action d'un sujet, plus ou moins pur, sur l'objet. De cette façon se présentait une distinction importante entre la pensée qui «se dirige vers les objets donnés» et «la pensée pure», distinction qui allait plus tard se montrer capable de remarquables développements imprévisibles.

Pour l'instant, elle permettait de se rendre compte que, puisqu'il se dirige sur des objets donnés, le regard scientifique est «une technique intellectuelle», «une pratique vitale» qui «pose des objets transcendants», «opère à l'aide des notions de plus en plus abstraites», «dérivées de plus en plus loin», mais tirées toutefois «des objets» et «se désintéresse du sens dans lequel elle pose ses conclusions et dans lequel elles sont vraies». Elle faisait comprendre, donc, qu'en fonctionnant ainsi il produit «ces phénomènes de "déplacement du sens"» *(Sinnesverschiebung und Sinnesentleerung),* qui sont, selon le Husserl de la *Krisis,* typiques de la science moderne et causes de sa crise. En favorisant cette prise de conscience, la phénoménologie posait, toutefois, les prémisses pour un «changement radical d'attitude» qui, en mettant en évidence «le sens des actions intellectuelles accomplies», aurait pu remédier à cette crise [14].

C'est pourquoi, comme le soulignait Levinas, quand elle déclarait vouloir aller vers les choses elles-mêmes, elle entendait dire justement cela, qu'il fallait éclairer le statut d'objectivité des objets auquel s'adresse le regard scientifique. Il fallait pourtant ouvrir une perspective éclairante sur le monde de la vie, sur le monde concret qui précède aussi bien le monde décrit par la science que celui dont parle le sens commun.

Il s'agissait d'un projet de grande envergure qui déterminait un changement d'horizon dans l'histoire de la spéculation de l'Occident européen. «La connaissance, ainsi établie, concerne

_____

14. Ed, p. 43.

l'objectivité même de l'objet ; à côté du *quid* de l'objet, qui intéresse l'attitude naturelle, on se demande, dans l'attitude réflexive
"comment", comment l'objet est donné, ce que c'est d'être objet.
Et, puisque l'être se confond avec les différents objets de notre vie
cognitive, et aussi volitive et affective, l'étude de l'objectivité de
l'objet se réduit à éclaircir l'existence même de l'être [15].» En
démontrant que le monde franchit la nature décrite par la physique
moderne, la phénoménologie lui rendait tout le relief et toute la
richesse qu'il avait perdus sous le regard physico-mathématique
et qu'il a dans notre vie concrète, en le poussant à reprendre la
configuration d'un ensemble de «choses intéressantes et ennuyeu-
ses, utiles et inutiles, belles et laides, aimées et haïes, ridicules et
angoissantes» [16], à reprendre, donc, la configuration d'une réalité
pleine de sens et de significations. Et cela était rendu possible par
la reconstruction de la vie de la conscience conçue comme intentionnalité, comme donation de sens, comme capacité de favoriser,
donc, la découverte d'une nouvelle dimension de l'être.

Ayant surmonté «la classique relation entre sujet et objet» réalisée par la philosophie idéaliste, grâce à laquelle ce qui est saillant
dans ce rapport est justement la présence de l'objet face au sujet
et grâce à laquelle «le présent y épuise l'être du sujet et de l'objet», de façon que «l'objet y est, à tout instant, exactement ce que
le sujet le pense actuellement» [17], il devenait possible, en analy-
sant la vie de la conscience, conçue comme intentionnalité, de
focaliser et de redessiner les innombrables horizons contenus,
implicitement, en elle, de penser à plusieurs choses par rapport à
l'objet sur lequel elle se concentre et de comprendre comment agis-
sent sur elle les sentiments tels que «l'amour, la peur, l'angoisse»
qui semblent être dirigés vers le néant et qui, en tant que «tonali-
tés affectives», sont considérés par les psychologues comme l'envers de l'intentionnalité. Il s'agissait d'un changement de perspective qui faisait voir comment «le monde objectif – n'est pas fait

15. TH, p. 188.
16. IH, p. 102.
17. Ed, p. 130.

sur le modèle d'un objet théorique», mais se constitue «au moyen de structures, beaucoup plus riches» «que seuls les sentiments intentionnels sont à même de saisir»[18].
Mais ce n'était pas tout. «Affirmer l'intentionnalité» équivalait à «apercevoir la pensée comme liée à l'implicite où elle ne tombe pas accidentellement, mais où, par essence, elle se tient». La pensée n'apparaissait donc plus «ni [comme] pur présent, ni [comme] pure représentation». La découverte de l'implicite qui l'entoure et qu'il ne faut pas interpréter comme «déficience», «chute» de l'explicite, rendait possible de saisir ce qui apparaissait comme quelque chose de surprenant et d'inacceptable pour une conception, par exemple idéaliste, pour laquelle «l'actualité» coïncide «avec l'état de veille absolue, avec la lucidité de l'intellect». Mais que cette pensée se présentait comme dépendant d'une «vie anonyme et obscure», «de paysages oubliés qu'il faut restituer à l'objet même que la conscience croit pleinement tenir» ne prouvait pas seulement une certaine affinité avec les conceptions modernes de l'inconscient et des profondeurs. D'une telle orientation ne dérivait pas seulement une nouvelle psychologie; elle constituait en fait le point de départ d'une «nouvelle ontologie», ontologie où «l'être se pose non pas seulement comme corrélatif d'une pensée, mais comme fondant déjà la pensée même qui, cependant, la constitue». Mais tout cela n'était pas explicitement contenu dans les œuvres alors publiées de Husserl. Pour que cela devînt explicite, il fallait qu'on mît en question la «souveraineté de la représentation» et la «souveraineté du sujet» qu'elles réaffirmaient, il fallait marquer une nette rupture avec l'idéalisme pour lequel «rien» ne pouvait «entrer subrepticement» dans le sujet qui connaît. Il était donc indispensable qu'on affirmât nettement «l'idée d'une implication nécessaire, absolument imperceptible au sujet se dirigeant sur l'objet»[19] et, cela demandait le dépassement du théorétisme qui continuait à dominer les *Recherches logiques* et devenait prépondérant dans les *Ideen*, dans lesquelles

---

18. IH, p. 99.
19. Ed, p. 130, 131.

«le monde existant, qui nous est révélé, a le mode d'existence de l'objet qui se donne au regard théorique», où «*le monde réel, c'est le monde de la connaissance*».

Il s'agissait de l'aboutissement d'une recherche dans laquelle, selon Levinas, Husserl faisait preuve d'une hésitation significative. D'une part il semblait avoir surmonté cette position, et il semblait même avoir «renié ces thèses», quand il insistait sur le fait que l'être devenu central pour l'attitude phénoménologique «est le vécu», l'être qui a parmi ses caractéristiques «les structures corrélatives des actes *non-objectivants*» et qui entraîne donc «d'autres modes d'existence que celui de l'objet théorique»; d'autre part, il apparaissait qu'il n'était nullement disposé à abandonner définitivement la conviction que «la représentation demeurera toujours le fondement de tous les actes»[20]. Certes, ses recherches avaient frayé le chemin à la «possibilité de séparer tout à fait sens» et «connaissance d'objet», «pensée» et «pensée objective», «révélation» et «révélation d'être», parce que grâce à elles l'intentionnalité pouvait désormais être conçue comme «*l'acte de prêter un sens (la Sinngebung)*», et l'acte de donner un sens comme capacité d'identifier, de sorte que la pensée pouvait être comparée à l'activité d'identifier, en admettant donc que «l'intentionnalité n'est donc pas l'apanage de la pensée représentative»[21]. Mais il ne semblait pas disposé à tirer toutes le conséquences de ces prémisses, parce qu'il continuait à penser que, dans l'intentionnalité, la représentation joue un rôle décisif et fondamental. C'est ainsi que, tout en voulant apporter une nouvelle philosophie de l'être et de l'esprit, dans la mesure où il avait continué à comparer l'esprit à l'intellection et l'intellection à la lumière, il avait fini par redonner vigueur à la primauté de la théorie et n'avait pas rompu définitivement avec la tradition idéaliste, parce que, même si dans une forme nouvelle, il en avait restauré le sujet.

C'était là le côté par lequel la philosophie de Husserl révélait l'«inspiration libérale» qui la dominait. Dans la mesure où elle

---

20. TH, p. 98-99.
21. Ed, p. 22.

faisait résider dans la «lumière de l'évidence le seul lien avec l'être», elle continuait, en harmonie avec une vénérable tradition, à considérer la conscience «en tant qu'origine de l'être, c'est-à-dire en tant que liberté»[22]. Certes, cette référence à l'origine était tout à fait spécifique, parce que l'origine n'était pas prise ici dans un sens matériel, ontologique. Étant «le phénomène même du sens», «elle ne pèse pas comme réalité», mais simplement «signifie par l'intention qu'elle contient». La diversité de sa vie, ou de la vie psychologique, n'était donc pas représentée par «une multiplicité de contenus», mais par «une multiplicité de significations». Et cela permettait, on l'a vu, d'insister sur «la valeur gnoséologique de l'affectivité et de l'activité», mais interdisait à la pensée d'entrer en relation «avec ce qui n'a pas de sens, avec l'irrationnel». En accord avec les instances ultimes de l'idéalisme, la philosophie de Husserl réaffirmait que l'objet, «tout objet», peut être «le pôle d'une synthèse d'identifications», perméable à l'esprit, et affirmait à nouveau que «l'esprit ne peut rien rencontrer sans le comprendre». Elle faisait donc de l'esprit une puissance absolue que ne hantait aucune passivité et la concevait comme *Sinngebung,* comme «liberté et origine»[23].

2.

En distinguant entre le moi, entendu comme forme et manière d'être de la personne dont le caractère et les habitudes sont historiquement déterminés, et le moi transcendantal qui «n'est pas saisissable en tant qu'être», qui «*est une forme et une manière d'être et non pas un existant*», qui est «la source de tout acte» et qui, comme fondement de l'esprit, est étranger à l'histoire, Husserl représentait donc le cogito comme une «situation où l'esprit existe en tant que commencement, en tant qu'origine», «en tant que lieu où toute chose répond d'elle-même» et réaffirmait qu'avant la

---

22. Ed, p. 25.
23. Ed, p. 31, 32, 39.

pensée il n'y a aucune force qui la domine. «La pensée est une autonomie absolue» qui invite toute chose, y compris la notion de Dieu et la notion de la relation sociale, «à se constituer comme sens pour une pensée responsable devant elle-même». De la sorte, en réaffirmant que «le réel – choses et pensées – n'a de sens que dans la conscience», et la «conscience est le mode même de l'existence du sens»[24], il compromettait toutefois la possibilité de séparer totalement «sens» et «connaissance d'objet» et, en contredisant la première orientation de sa propre pensée, faisait en sorte que la connaissance de l'objet absorbât de nouveau le sens en soi, en déplaçant la phénoménologie du terrain de la compréhension, sur lequel elle s'était mue jusqu'alors, vers celui de la connaissance et de l'exactitude.

C'est pourquoi Levinas considérait, durant cette période, que la direction imprimée à l'analyse phénoménologique par la recherche de Heidegger reprenait et reprenait l'élan premier de la phénoménologie, en lui permettant de se développer vraiment en direction de la nouvelle ontologie qu'elle avait annoncée. Placé face à l'alternative que lui-même avait mise en évidence, que nous avons rappelée ci-dessus, et qui était suscitée par des suggestions de Husserl : «D'où et comment se détermine ce qu'on doit éprouver comme "la question même" (*die Sache selbst ?*). Est-ce la conscience et son objectivité, ou bien est-ce l'être de l'étant dans son non-retrait et dans son retrait ?»[25], Heidegger accomplit, d'après Levinas, un choix net et réoriente la phénoménologie dans la bonne direction. Pour lui, la vie, la vie de chacun, «ma vie n'est pas simplement un jeu qui se joue en dernière analyse pour une pensée». «La manière dont je suis engagé dans l'existence a un sens originel, irréductible à celui qu'a un noème pour une noèse»[26]. Or, le concept de conscience hérité de la philosophie idéaliste et du néokantisme et repris par Husserl dans la dernière phase de sa pensée telle qu'elle était alors connue, n'est pas un instrument suscepti-

---

24. Ed, p. 40, 46, 47, 48, 49.
25. M. Heidegger, *op.cit.*, p. 170.
26. Ed, p. 48.

ble de donner accès à semblable réalité. Certes, en affirmant que l'existence a un sens et que l'exercice de la phénoménologie consiste à s'interroger sur ce sens, Husserl avait accompli un tournant décisif, en insistant sur la *centralité* de la représentation et en réaffirmant la primauté de la conscience, toutefois, il n'avait pas su ou n'avait pas voulu déduire toutes les conséquences de ce tournant. C'est ce que fait, avec une grande détermination, Heidegger, qui, en marchant dans son sillage, n'hésite pas à en prendre la relève et qui a, plus que son maître, le courage d'affronter « le problème, ayant pour objet le sens de l'existence de l'être »[27]. Et il peut le faire parce que, tout en restant phénoménologue, il a compris que ce « sens n'a plus la structure d'un noème » et que le sujet, qui n'est « ni libre ni absolu » et qui « ne répond plus entièrement de lui-même » parce que, « submergé par l'existence », il « est dominé et débordé par l'histoire, par son origine sur laquelle il ne peut rien, puisqu'il est jeté dans le monde et que cette déréliction marque tous ses projets, tous ses pouvoirs ». Il a compris en outre que, si le sujet dont on parle ici n'est pas comme le sujet idéaliste qui ne se laisse contaminer ni par le temps ni par l'être et qui se situe pour cette raison toujours « derrière l'être, hors de l'être », le sens ne peut plus dépendre de ses prérogatives et en tout cas ne peut plus avoir d'origine dans sa liberté, ne peut pas non plus prendre corps, comme objet d'une vision, comme quelque chose qu'on pourrait insérer dans une connaissance ; qu'il faut donc chercher ailleurs qu'en lui le lieu dans lequel on donne le sens. Ce lieu ne saurait plus coïncider avec celui dans lequel se situe habituellement l'objectivité. « C'est dans la philosophie de Heidegger – observe Levinas – que la séparation de la notion du sens de celle de l'objectivité s'accomplit d'une manière particulièrement nette. » « Pour lui, comprendre un sens, ce n'est pas sous une forme ou une autre tendre vers un objet. Comprendre n'est pas se représenter[28]. » La compréhension est au contraire liée à l'existence, d'une manière telle que tous les moyens par lesquels prend

---

27. TH, p. 218.
28. Ed, p. 49, 53, 51.

corps l'existence sont entrelacés avec elle, sont en eux-mêmes compréhension. Qui veut en saisir le sens doit donc interpréter ces manières de réalisation de l'existence et se rapporter à leur sens à travers cette interprétation. La différence entre cette position et celle de Husserl est nette. Elle concerne précisément, pour Levinas, la manière de concevoir le sens. «Chez Husserl le phénomène du sens n'a jamais été déterminé par l'histoire», chez lui «le temps et la conscience demeurent en dernière analyse la "synthèse passive" d'une constitution intérieure et profonde qui, elle, n'est plus un être». Par conséquent, dans sa démarche, le temps a la configuration de quelque chose qui «accomplit la liberté» de l'esprit. Le temps, donc, «ne préexiste pas à l'esprit, ne l'engage pas dans une histoire où il pourrait être débordé». «Le temps historique est constitué» et «l'histoire s'explique par la pensée». Et même quand il se présente comme «une perception obscure étrangère à la nature du sujet», cela est rendu possible par la capacité qu'a le sujet de la tenir loin de lui-même et de la détruire. En fin de compte, le sujet revêt les traits paradoxaux de «quelque chose qui n'est pas», «d'une réalité» qui s'installe «derrière l'être», «au dehors de l'être», et à propos de laquelle ne peut être construite aucune ontologie.

Pour Heidegger au contraire, «le sens se conditionne par quelque chose qui a d'ores et déjà été. L'intimité du sens à la pensée résulte de l'accomplissement du sens dans l'histoire, de quelque chose de plus qui est son existence». Il introduit donc l'histoire dans le fond de la vie spirituelle et «ruine la clarté et la constitution en tant que modes d'existence authentique de l'esprit». «L'évidence n'est plus le mode fondamental de l'intellection : le drame de l'existence, avant la lumière, fait l'essentiel de la spiritualité[29].» C'est là une conception qui transforme la nature du sujet. Grâce à elle le sujet ne se situe plus en deçà et au-delà de l'être, mais se présente comme une articulation de l'être et peut donc être décrit au moyen de notions ontologiques.

---

29. Ed, p. 52, 42, 52.

À ce changement de perspective correspond un autre changement du même poids et de la même importance ; outre le sujet, l'être
lui-même est conçu d'une manière nouvelle. Avec Heidegger,
comme l'observera encore Levinas bien plus tard, « dans le mot
être s'est réveillée sa "verbalité", ce qui en lui est événement, le
"se passer" de l'être ». Par conséquent, l'analyse phénoménologique emprunte une nouvelle voie et prend une configuration différente. Elle ne vise plus à rechercher les conditions transcendanta-
les, au sens idéaliste du mot, de la connaissance, mais se place dans
le sillage du sens qu'a l'être de l'étant dans les différentes régions
où se subdivise le domaine de la connaissance et qui donnent lieu
aux différentes ontologies régionales. Mais elle ne se limite pas à
cela. Elle se concentre avec une attention particulière sur l'être de
l'être-là qu'est l'homme, sur le *Dasein,* et fournit une description
des manières de sa réalisation, saisies à travers une série d'analyses de l'angoisse, du souci, de l'être-pour-la-mort, structures d'être
analysées dans le but de parvenir à décrire à travers elles « l'être ou
l'exister de l'homme – non sa nature » [30]. Et il le fait dans l'intention d'élucider le sens de l'être, en rompant avec les tendances
spéculatives qui s'inspirent de Kant qui, en réfutant l'argument
ontologique, avait affirmé l'impossibilité de réduire l'être à un attribut de l'étant, mais avait établi en même temps que « le problème
de la signification de l'être est impossible ». Heidegger, selon
Levinas, conteste cette conclusion et choisit justement ce problème
pour le poser comme le problème philosophique fondamental, en
soutenant que ce résultat était implicitement contenu dans le tournant de Husserl qui, en distinguant entre sciences empiriques et
sciences eidétiques, avait préparé le terrain pour la naissance d'une
« *ontologie* au sens fort du terme ». La différence qui, au moyen de
cette distinction, s'était établie entre l'être et l'étant mène en effet
à la conclusion que l'être peut être saisi d'une manière différente
de celle qui le saisit « per genus et differentiam specificam », comme
le démontre le fait qu'à chaque instant l'être-là que l'homme est en

---

30. E., p. 34 et 36.

comprend le sens. Pour Heiddegger, observe Levinas, «*la compré-hension de l'être est la caractéristique et le fait fondamental de l'existence humaine*». Cette compréhension n'est pas seulement un fait théorique, elle est d'abord un «événement fondamental» où «toute sa (du *Dasein*) destinée est engagée». Du fait qu'il est dans le monde, l'être-là est ouvert à la compréhension de l'être. Il ne l'est toutefois qu'implicitement. Pour passer de la compréhension implicite à la compréhension explicite il faut qu'il passe d'une condition *de non authenticité* à *une condition d'authenticité,* et cela ne peut se produire qu'à travers une décision qui, inaugurant la succession des espoirs et des échecs et des déceptions qui en déri-vent, ouvre le drame de l'existence humaine.

C'est là un pas aussi significatif que décisif. Passer de la «compréhension implicite de l'être» à «sa compréhension expli-cite», «c'est se proposer une tâche de maîtrise et de domination au sein d'une naïve familiarité avec l'existence qui fera peut-être sauter la sécurité même de cette familiarité». Il s'agit d'un point problématique qu'il faudra réexaminer. Ce qu'il convient de signa-ler en ce moment, c'est que, pour Levinas, la conception de Heidegger met en évidence le fait que l'analyse de l'être-là décou-vre «l'horizon à l'intérieur duquel le problème de l'être se pose, car en lui la *compréhension de l'être se fait*»[31]. La compréhen-sion de l'être n'est donc pas un acte qu'on pourrait isoler dans le flux temporel de sorte qu'il serait permis d'identifier dans ce flux l'être auquel l'acte se rapporte, parce que, s'il en était ainsi, l'acte n'aurait pas la possibilité d'aller vers la temporalité, demeurerait séparé de celui-ci et viserait l'être comme étant, en l'invitant à se situer dans la présence en face de lui-même. Il s'ensuivrait que, l'acte demeurant séparé du temps, le rapport sujet-objet lui-même, qui serait ainsi recréé, serait séparé de la temporalité à travers laquelle se détermine l'existence de l'homme, et ainsi il manque-rait le rapport intime qui existe entre l'être et le temps, entre le se-déterminer de l'être et le se-dérouler du temps, entre le se-déve-

---

31. Ed, p. 57.

lopper du temps et le se-configurer de l'existant. « Toute l'œuvre de Heidegger – observe Levinas – tend à montrer que le temps n'est pas un cadre de l'existence humaine, mais que, sous sa forme authentique, la "temporalisation" du temps est l'événement de la compréhension de l'être. » À travers elle se réalise la compréhension. La compréhension n'est donc pas un attribut de l'être de l'homme, c'est sa manière même d'être, son se-temporaliser. À la différence d'autres étants, l'être-là qu'est l'homme n'est pas une présence simple, inerte, mais « temporalisation », un se-déterminer de la compréhension de l'être. C'est pourquoi, en lui, l'essence et l'existence coïncident. Cela ne veut pas dire toutefois que dans l'essence de l'homme est contenue la nécessité d'exister, cela signifie seulement que, si l'essence est incluse dans l'existence « toutes les déterminations essentielles de l'homme ne sont rien d'autre que ses modes d'exister » [32].

L'homme est d'abord submergé par l'existence, par une existence qui, tout en étant faite de compréhension, n'est pas « toute réductible à des pouvoirs », parce que, dans son fondement, ce qu'il est échappe à ses pouvoirs, que, dans son fondement, il est déterminé « comme être et non seulement comme conscience, savoir et liberté » [33]. Certes, en lui et à travers lui, l'être se dévoile, mais pas de la même manière que cela se passait dans la philosophie moderne, qui présupposait que l'esprit connaissant précède le dévoilement et peut mesurer jusqu'où l'être dévoilé coïncide avec l'être véritable. Dans la démarche de Heidegger, le dévoilement est « un événement de l'être » et la « compréhension de l'être est *ipso facto* une étude du mode d'être de l'homme ». L'essence de l'homme est donc située dans l'œuvre de la vérité. Et, puisque la vérité est la vérité de l'être, l'homme, autant que l'être, « n'est donc pas un substantif mais initialement verbe », il est « dans l'économie de l'être le "se révéler" de l'être, il n'est pas *Daseiendes*, mais *Dasein* ». Par cette conception visant à chercher dans « l'événement fondamental de l'être – de l'existence du *Dasein* – la base

---

32. Ed, p. 58.
33. Ed, p. 25.

de la conscience elle-même », Heidegger se sépare de la notion traditionnelle de conscience « comme point de départ », origine de la « décision de chercher ». Et cette séparation est approfondie dans les conséquences qu'il en déduit. Si l'être-là, le *Dasein*, est dès le début compréhension de l'être, il est aussi dans cette compréhension prendre soin de soi-même. L'être, en effet, ne se dévoile pas au *Dasein* sous forme d'une notion théorique à contempler mais « dans une tension intérieure », « dans le souci » qu'il prend, à travers lui, de son existence même. Dans le fait d'être donné, comme compréhension de l'être, dans la finitude qui le distingue, est fondée la transcendance vers le monde, et avec elle « le principe même de la subjectivité du sujet ».

Il s'agit d'un enchaînement qu'on peut exposer synthétiquement de la manière suivante : « Être, pour le *Dasein*, c'est comprendre l'être. Comprendre l'être, c'est exister de telle sorte qu'"il y va, dans l'existence, de cette existence même". "Il y va de l'existence même" – c'est être-dans-le-monde ou être-là. Être-là – c'est se transcender[34]. » Cet enchaînement démontre que la structure de l'existence a la même conformation que la structure du temps et, comme celle-ci, elle est caractérisée par l'ek-staticité, par la projection vers son avenir, vers ses possibilités. Et c'est justement à ce moment-là que, selon Heidegger, se produit la *naissance* du sens. Être ses propres possibilités équivaut, en effet, à les comprendre, et les comprendre n'équivaut pas à les connaître, mais à les réaliser. Ce n'est qu'en réalisant ses possibilités que le *Dasein* se projette vers le sens de son exister et seul le *Dasein* qui le fait, qui se décide pour cela et qui réalise ses propres possibilités, les comprend et en pénètre le sens. La compréhension, qui est plus que la connaissance, ne se distingue pas de la réalisation ; la compréhension est atteinte par l'actualisation des possibilités. Comprendre ses propres possibilités, c'est les réaliser. La compréhension et la connaissance qui en dérive ne sont pas séparables de l'histoire de l'homme concret. C'est pourquoi l'homme « concret » est placé « ici au centre de la philosophie ». Laquelle, comme compréhension de l'être, part juste-

---

34. Ed, p. 59, 61, 66.

ment de l'interprétation du *Dasein* dans son être donné, dans son effectivité, et se déroule comme ontologie analytique de celui-ci. C'est ce qu'Heidegger appelle «l'herméneutique de l'effectivité». En se déployant, cette herméneutique met en évidence comment, en se comprenant, c'est-à-dire en constatant qu'il n'assume pas sa propre existence, mais s'y réfère comme à ce qui a «d'ores et déjà existé comme être-dans-le-monde, *in-der-Weltsein, Geworfenheit*», le *Dasein* se projette au-delà de la situation imposée, au-delà de lui-même, en se déterminant comme *Entwurf*, projet, élan vers ce qui n'est pas encore, et comment, en donnant libre cours à cet engagement, il se trouve exposé à la possibilité de la dispersion, de la chute, *Verfallen*, dans l'inauthenticité. Elle précise en outre que cette possibilité ne survient pas au *Dasein* du dehors, mais qu'elle est intérieure à l'existence même, qui est toujours placée face à la nécessité de se décider, là où le se-décider équivaut à choisir entre la possibilité de tomber dans la banalité quotidienne, dans le non-sens, et la possibilité de réaliser une existence authentique et pour cela même sensée. Le sens est donc inséparable de la réalisation qui est liée à son tour à la compréhension. Cette compréhension, implicite à l'origine, devient explicite quand le *Dasein* immergé dans la banalité quotidienne, marquée par un manque de sens, s'effondre dans l'angoisse et est arraché au monde, entendu comme ensemble de choses, d'outils maniables, pour être «reconduit à la seule possibilité de son existence» et atteindre la compréhension de celle-ci.

Mais s'il en est ainsi, cela veut dire que la compréhension est le moyen par lequel le *Dasein* entre en possession de ses pouvoirs, non parce que la compréhension serait une praxis, mais parce que, de soi, elle rend possible aussi bien la praxis que la théorie. L'analytique du *Dasein*, qu'il n'est pas possible de reconstruire ici entièrement, montre donc qu'il a une structure complexe qui s'articule à travers les dimensions d'un être face à lui-même (*Entwurf*), déjà donné (*Geworfenheit*) dans le monde et auprès des choses (*Verfall*), qui n'épuisent pas tout à fait son être-là. On ne peut en effet se référer à celui-ci sans rappeler sa possibilité la plus propre : la possibilité de l'impossibilité même de l'existence, la mort.

L'être-là qui s'élance vers son futur n'est pas entouré par un horizon de possibilités infinies. Il y a une possibilité qui l'emporte sur toutes les autres. Et c'est dans le moment où le *Dasein* se projette vers elle que l'ensemble des structures qui le constituent en subissent le contrecoup. L'être-pour-la-mort met le *Dasein* en rapport avec le néant. Il l'ouvre ainsi à une compréhension de l'unité de ses structures qui leur confère un nouveau sens. C'est même précisément ici que s'ouvre pour lui ce sens.

Mais quel est ce sens ? Il tient dans le fait que, en anticipant la mort, le *Dasein* se projette vers celui-là même qu'il est dans cette possibilité et y demeure, y existe. Là où cette « manière de venir à soi » est « l'avenir », qui n'est pas entendu comme moment qui ne s'est pas encore réalisé mais comme « condition de la relation avec la possibilité » : en deçà comme au-delà, puisque, dans la mesure où il est son propre avenir, il « se retourne en quelque manière en arrière », « revient sur ses pas ». Si donc le passé rend possible la « déréliction », la *Geworfenheit*, et si grâce au passé la possibilité d'exister est toujours déjà donnée et assumée, « c'est par l'avenir que le *Dasein* la découvre ». « Enfin en accomplissant le retour en arrière grâce à l'avenir, le *Dasein* existe le plus authentiquement son *Da* » et réalise en quelque façon un rachat de la déréliction, de la facticité qui caractérisent l'existence humaine et qui avaient fait apparaître dans cette existence une limite au futur et à la liberté.

Le sujet, observe Levinas, se retrouve ainsi paradoxalement réinséré dans une nouvelle dimension de maîtrise et le sens qu'il atteint coïncide avec cette entreprise de maîtrise. C'est l'aspect le plus problématique de la philosophie heideggérienne, celui à l'égard duquel Levinas nourrit le plus de méfiance. C'est pourquoi il se demande si « le sujet ne coïncide pas pour lui avec l'origine de l'être ? » et, si étant donné que « l'extase de l'avenir, elle-même inscription dans le néant, mais source de tout pouvoir humain », « conditionne le passé de la facticité », avec cela « dans une certaine mesure » ne soit pas gardé « le thème de l'idéalisme en tant que philosophie du pouvoir sur l'être » [35].

---

35. Ed, p. 74-87.

Mais là n'est pas la seule question qu'on se pose spontanément. On en vient même à se demander si cette conclusion ne démontre pas que « la fermeté de cette primordiale ontologie » est ébranlée par le fait qu'elle est dès le début « traversée par des alternatives axiologiques » et fondée sur le « choix entre valeurs », dans la mesure où, dès le départ, la démarche a « respecté l'authentique et dédaigné le quotidien qui pourtant en procède » [36]. Le sens qu'on a trouvé n'est-il pas celui dont on est parti et qu'on a subrepticement considéré comme acquis ? Le choix de l'authenticité qui le fonde n'est-il pas a priori crédité de cette capacité de donation de sens ? Si l'on est attentif, on voit que « dans l'interrogation sur le sens de l'être » telle qu'elle est conçue dans *Sein und Zeit* « dès ses premiers paragraphes », « s'installe la recherche de l'authenticité où l'événement d'être se tient ». Et si l'on y regarde de plus près, on voit même que c'est à l'*Eigentlichkeit* que l'on fait remonter tout le sensé. Et cela démontre que l'importance » « attachée à l'*être en propre* » est « primordiale ». « L'*Eigentlichkeit* est pour Heidegger le *véritable* de l'être ou de la pensée qui de l'événement d'être est le recueillement et l'articulation ». C'est dans cette préoccupation suprême de lui-même, qui donne lieu au courage d'affronter l'angoisse transmise par la conscience d'être immergé dans la banalité quotidienne, que se recueille et se résume pour lui le sens de l'existence au point que toute autre relation du *Dasein*, avec le monde aussi bien qu'avec les autres, finit par lui être subordonnée. Et cette subordination, en ce qui concerne la relation avec les autres, est telle que celle-ci est finalement abolie dans le moment où le *Dasein* se projette vers sa propre mort et l'anticipe. Comme Heidegger lui-même l'admet, « avec la mort, l'être-là humain se précède lui-même en son pouvoir-être *le plus propre* » et « dans cette possibilité "il y va pour" lui purement et simplement de son être au monde » et « il est complètement assigné à son pouvoir-être le plus propre », « par cette précédence tous les rapports à d'autres *Dasein* sont pour lui dissous » [37].

---

36. En, p. 208.
37. *Sein und Zeit*, cit. dans En, p. 211.

L'authenticité conquise par la projection vers le «pouvoir-être le plus propre» défait donc tous les rapports avec les autres et sépare la liberté de la responsabilité envers eux. En faisant de l'ontologie l'origine du sens, Heidegger identifie la souveraineté de l'être-là avec cette liberté qui est responsable d'elle-même et non des autres et annule, automatiquement, la possibilité même d'esquisser une éthique. La philosophie comme ontologie, comme dévoilement originaire de l'être qui est la condition de tout rapport avec l'être, constitue par là la vérité de l'être puisqu'elle entraîne la dissolution de l'éthique.

La philosophie à travers laquelle s'exprime cette ontologie atteint ici le faîte de ses possibilités. En effet, lorsque la philosophie parvient à faire «remonter toute signifiance – toute rationalité – à l'être, à la "geste" d'être menée par les êtres en tant qu'ils s'affirment être», exclusivement préoccupés d'eux-mêmes, est atteint un point de non-retour au-delà duquel il ne reste que se projeter dans une autre dimension. La crise de la philosophie commence justement au moment où son incapacité à rendre compte des critères de sens dont elle se sert devient manifeste.

3.

Mais, pour que cette crise produise ses effets et ouvre le chemin qui mène à un débordement de la philosophie, il faut que quelque chose se produise. Le déroulement spontané de la dialectique de la pensée ne saurait déterminer ce résultat. Seule une expérience particulièrement forte et significative est à même de démontrer que la philosophie est impuissante à maintenir l'accord de la connaissance avec elle-même, en faisant voir que la philosophie «se heurte au non-sens du sens» quand elle s'obstine à considérer que «raison signifie présence de l'être ou représentation»[38]. Du moins est-ce le cas de Levinas. C'est en effet l'expérience acquise en camp de détention qui le pousse décidément à mettre en discussion l'idéal cognitif de la philosophie qui interprète l'être

---

38. D., p. 174 et 179.

comme présence dans la représentation et y discerne la seule source du sens et de la signification. Elle l'oblige à constater par son urgence qu'autour de la représentation s'étend une immense zone d'ombre dont les énigmes n'auraient pu être sondées que par une pensée qui ne compterait pas exclusivement sur la représentation dans sa tentative de compréhension.

Sous l'influence de l'angoisse provoquée par son emprisonnement, Levinas découvre que l'angoisse n'a pas son origine, comme l'avait prétendu Heidegger, dans l'exposition de l'être-là au néant, mais dans le poids qu'exerce l'être sur l'être-là et dans l'insuppressibilité de cet être et de son poids. L'angoisse se transforme en nausée justement quand l'être-là en sent tout l'effet et le vit, en même temps, comme impossibilité d'être ce qu'il est.

La nausée se manifeste ainsi comme «*l'expérience même de l'être pur*» et de l'antagonisme produit par cette expérience. Il s'agit d'une antinomie particulière. Tout en communiquant la sensation que «il-n'y-a-plus-rien-à-faire», l'exposition à l'être est aussi «la marque d'une situation limite où l'inutilité de toute action est précisément l'indication de l'instant suprême où il ne reste qu'à sortir». Dans la nausée, on expérimente l'impuissance radicale non seulement à agir pratiquement, à faire, mais même à agir théoriquement, à connaître. En effet, lorsqu'elle se produit, elle interdit radicalement l'élan de la subjectivité, et en paralyse les énergies jusqu'au point de neutraliser en elle-même l'intentionnalité, la faculté d'aborder les choses et de les reconnaître en les visant dans l'horizon du sens et de la signification. L'être-là se transforme donc en une «présence révoltante de nous-même à nous-même» qui, «considérée à l'instant où elle est vécue et dans l'atmosphère qui l'entoure, apparaît comme insurmontable». Or, c'est justement cette «expérience de l'être pur» qui, quand elle se détermine, demande qu'on recherche l'évasion. Mais l'évasion est difficile et problématique, parce qu'elle est surtout «le besoin de sortir de soi-même, *c'est-à-dire de briser l'enchaînement le plus radical, le plus irrémissible, le fait que le moi est soi-même*». Et, dans la mesure où le moi est soi-même seulement en tant qu'il est une articulation de l'être, outre que l'évasion demande le détachement du

moi irrémédiablement présent à soi-même, elle exige une également-
ment «sortie» de l'être. Pour se produire, elle veut pourtant qu'on
brise le lien inséparable fixé par la philosophie entre la pensée et
l'être et impose qu'on redonne vigueur à l'élan qui avait poussé
l'idéalisme, dans ses premières aspirations (la tentative platonique
de situer le bien au-delà de l'être) à essayer de «surmonter l'être».
«Toute civilisation qui accepte l'être, le désespoir tragique qu'il
comporte et les crimes qu'il justifie, mérite le nom de barbare.»
Et, pour se soustraire à la barbarie et «donner satisfaction aux
exigences légitimes de l'idéalisme» dont c'était le but, il ne faut
rien faire de moins que «mesurer sans crainte tout le poids de l'être
et son universalité» de manière à trouver un chemin pour «sortir
de l'être par une nouvelle voie», fût-ce «au risque de renverser
certaines notions qui au sens commun et à la sagesse des nations
semblent les plus évidentes [39].

Conclusion significative, car elle atteste que se présente à l'horizon la possibilité d'effectuer un tournant décisif. Mais, pour réaliser pareille transformation, il faut soumettre la philosophie à une
analyse impitoyable, analyse capable de démontrer que l'être à
partir duquel elle parle depuis toujours est le lieu de l'affrontement, de la lutte, de la guerre et que la philosophie, en tant que
connaissance de cet être, est essentiellement la capacité d'orienter les parties en lutte entre elles et qu'elle ne réalise son essence
que quand elle donne libre cours à ses intentions politiques. À cette
fin, il faut se poser une question décisive, que Levinas formule de
la manière suivante : «Mais le rapport de l'homme avec l'être est-
il uniquement ontologie? Compréhension inextricablement mêlée
à l'incompréhension, domination de l'être sur nous au sein même
de notre domination sur l'être? Autrement dit est-ce en termes de
domination que s'accomplit l'existence [40]?» Ou, mieux, pour
rappeler le titre d'un essai de 1951, *L'ontologie est-elle fondamentale?* Sachant bien que c'est le statut même du savoir qui est
mis en question lorsque l'on s'interroge ainsi, puisqu'alors on

---

39. De, p. 90, 89, 73, 98, 99.
40. Ed, p. 106-107.

s'interroge sur la légitimité de la relation de base dont dépend l'édification du savoir : la relation sujet-objet. Partant de celle-ci, il convient alors de déterminer si l'être qui connaît permet à l'être connu de se manifester dans son altérité et s'il respecte sa configuration, ou s'il l'altère, la réduit, l'annule ; si, donc, la connaissance est un moyen d'aborder l'être dans le respect de sa différence ou si elle n'implique pas au contraire que, face à l'être connaissant, l'être connu soit dépouillé de son altérité. L'ontologie occidentale a toujours été « réduction de l'Autre au Même ». À partir de Socrate, jusqu' à l'achèvement de la modernité, la connaissance a été conçue comme exercice de liberté et de pouvoir, affirmation de la permanence de la Raison, manifestation de sa liberté et annexion de l'altérité. Annexion accomplie au moyen de l'adoption d'une stratégie précise qui a consisté à « surprendre dans l'étant affronté ce par quoi il n'est pas cet étant-ci, cet étranger-ci, mais ce par quoi il se trahit en quelque manière, se livre, se donne à l'horizon où il se perd et apparaît, donne prise, devient concept ». Ce n'est qu'ainsi, ce n'est qu'au moyen de cette expropriation, de cette trahison, que « un être extérieur et étranger se livre à des intermédiaires ». Et cela concerne aussi bien les choses que les hommes. À une différence près, toutefois. « Pour les choses, une reddition s'accomplit dans leur conceptualisation », « pour l'homme elle peut s'obtenir par la terreur qui amène un homme libre sous la domination d'un autre ».

L'ontologie met donc en œuvre une manière de connaître qui ne vise pas ce qui caractérise le connu « dans son individualité » mais à ce qui le caractérise « dans sa généralité ». « La relation avec l'Autre ne s'y accomplit qu'à travers un troisième terme » que le moi trouve en soi et à travers lequel l'autre est reconduit en son pouvoir. C'est pour cela que la philosophie qu'elle construit est « égologie »[41].

La phénoménologie contemporaine se veut différente de la philosophie traditionnelle, mais, même si elle emprunte une autre voie, elle arrive elle aussi, après diverses péripéties, dans un lieu

---

41. TI, p. 12, 13, 14.

où «l'impérialisme ontologique est encore plus visible». En phénoménologie, ce n'est plus le concept mais «l'être de l'étant qui est
le *medium* de la vérité». L'étant ne se comprend que dans la mesure
où la pensée le transcende pour le juger du point de vue de l'horizon dans lequel se dessine son profil. La notion d'horizon joue
en phénoménologie un rôle équivalent à celui que joue le concept
dans l'idéalisme classique. Et cela non seulement dans la version
que Husserl en a donnée, parce que, au-delà des différences sensi-
bles qu'il a introduites, les choses ne se présentent pas différemment, en substance, dans l'herméneutique de l'effectivité de
Heidegger, où il n'y a certes pas coïncidence entre l'étant et la
pensée, mais où cette non-coïncidence est en tout cas commandée
«par une phosphorescence, une luminosité» qui fait que l'étant
est abordé «à partir de l'être», à partir donc de l'horizon où «l'étant
a une silhouette», mais «a perdu sa face», et s'est converti dans
«l'appel même adressé à l'intelligence». En affirmant «la priorité de l'*être* par rapport à l'*étant*», Heidegger se prononce, à sa
façon, sur l'essence de la philosophie et confirme les prérogatives
du savoir. Par sa conception il subordonne, en effet, la relation
avec tout étant, même celle avec l'étant qu'est l'homme, qui est
relation éthique, «à une relation avec l'*être de l'étant*» qui, conçu
d'une manière «impersonnelle», permet d'annexer l'étant, en l'en-
gageant «à une relation de savoir», et subordonne ainsi «la justice
à la liberté». À une liberté telle que celle du *Dasein* qui, à la différence de celle du sujet idéaliste, n'est pas libre arbitre, mais «surgit
à partir d'une obéissance à l'être» et qui malgré cela, malgré le
principe selon lequel «ce n'est pas l'homme qui tient la liberté,
mais c'est la liberté qui tient l'homme», liberté de celui qui connaît
et asservissement de celui qui est connu. «La thématisation et la
conceptualisation, d'ailleurs inséparables, ne sont pas la paix avec
l'Autre, mais suppression ou possession de l'Autre». «"Je pense"
revient à "je peux" – à une appropriation de ce qui est, à une exploi-
tation de la réalité». «L'ontologie comme philosophie première»
est «une philosophie de la puissance [42]. »

---

42. TI, p. 15 et 16.

La philosophie en tant que dévoilement de l'être met donc à nu le fait que, dans son essence, l'être « s'exerce comme une invincible persistance dans l'essence ». L'« esse » se déploie donc à travers l'essence en tant que « intéressement » et, à son tour, « l'essence » se révèle comme « intéressement » : « intéressement qui se confirme comme *conatus* des étants », « *conatus* qui se dramatise dans les égoïsmes », dans la lutte des uns contre les autres, de « tous contre tous », « dans la multiplicité d'égoïsmes allergiques qui sont en guerre les uns avec les autres et, ainsi, ensemble ». Et cela signifie que « la guerre est la geste ou le drame de l'intéressement de l'essence » et que sur le terrain de l'être « tout s'affronte, malgré la différence des régions auxquelles peuvent appartenir les termes en conflit » parce que « l'essence est l'extrême synchronisme de la guerre »[43].

Mais si les choses en sont ainsi, si tel est le terrain que le jeu de l'essence circonscrit, si dans ses limites il ne se produit rien d'autre que le conflit, la connaissance ne saurait être que le calcul des forces qui s'affrontent et le sens, si l'on peut encore parler de sens, ne saurait être déterminé que par les conséquences du conflit. Ce qui veut dire que, si la connaissance est essentiellement stratégie, art de la guerre, la philosophie qui en recueille les résultats n'a, en tant que telle, aucun rapport avec l'éthique, à moins que l'on n'entende par éthique un ensemble de tactiques visant à la réalisation du bonheur de l'individu particulier à travers l'utilisation avisée du monde, des autres et de soi-même. La philosophie s'adosse donc « à une condition politique » de sorte que, en elle, « la pleine expression de la vérité et de la constitution de l'État universel (à travers les guerres et les révolutions) coïncident »[44].

Comme dévoilement du fait que vérité et puissance convergent, elle ne saurait toutefois prétendre posséder le secret du sens, parce que, comme l'avait déjà compris F. Rosenzweig, le « sens ultime du réel se formule – et son salut se joue – au-dessus des guerres et des révolutions qui remplissent l'histoire universelle [...] – dans

---

43. A., p. 15.
44. DI, p. 125.

le temps eschatologique des religions, absolu auquel il convient de se référer» [45] et, pour se projeter vers celui-ci, il faut justement mettre en question le privilège de la philosophie. Mais, ce faisant, il faut se demander si l'humain «pensé à partir de l'ontologie comme liberté, comme volonté de puissance», capable d'assumer «dans sa totalité et sa finitude l'essance de l'être», ou «pensé à partir de l'angoisse (regard plongé dans l'abîme du néant) qui s'éprouverait dans toute émotion et toute in-quiétude», c'est-à-dire pensé «à partir de l'ontologie à laquelle se subordonne et sur laquelle se fonde et dont dériverait et où s'insérerait, pour la philosophie européenne, sa loi et son obéissance morale et politique et tout ce que la Bible semblait lui apporter», «si cet humain est encore à la mesure de ce qui dans la déficience humaine, frappe l'intelligence moderne "celle qui" à Auschwitz, vit l'aboutissement de la loi et de l'obéissance – découlant de l'acte héroïque – dans les totalitarismes, fasciste et non fasciste, du XXe siècle».

L'échec d'Auschwitz n'atteste-t-il pas, en effet, une impossibilité de rendre compte de la crise du sens, qui ne saurait être exorcisée, en convertissant la conscience de la déficience humaine en «désespoir et frivolité», en la transfigurant donc, comme le font certaines philosophies contemporaines, en «jeu»? En «jeu d'influences et de pulsions? Jeu joué sans jouer, ni enjeu, jeu sans sujet et non pas rigueur rationnelle, stoïcienne, spinoziste ou hégélienne»? En effet, n'est-elle pas précisément «ce retournement de la crise du sens en irresponsabilité du jeu» la manière la plus ambiguë, «perversement subtile» de donner une réponse?

Ici, il n'est pas possible de rebrousser chemin. L'expérience de la passivité inédite accomplie dans les circonstances jamais expérimentées d'une histoire tragique ne peut pas être annulée. Ici doit se concentrer le travail de la réflexion, en partant d'une question précise : «Le désaccord entre le Sens et l'Être – le risque permanent pour le Sens de s'expulser de l'être et d'y errer comme dépaysé, exilé et persécuté», «ne se rappelle pas à une rationalité qui se

---

45. Hs, p. 80.

passe de la confirmation par l'Être et à *qui le fiasco de la ratio-nalité du Même est une épreuve nécessaire et supportable ?».* Mais où chercher cette rationalité si ce n'est là où l'humain ne se reconnaît pas simplement dans l'«égalité à soi et à l'être, à l'activité dans la conscience de soi», c'est-à-dire, là où il faut prendre en considération la «synthèse passive du temps», à savoir dans «le vieillissement qui se fait, alors que personne ne le fait» et qui «signifie, sans que personne le dise, adieu au monde, à la terre ferme, à la présence, à l'essence»[46] ? Où la chercher, si ce n'est dans l'analyse de la passivité, qu'il ne faut donc pas confondre, comme on le fait quand on assume le point de vue de l'ontologie, avec la lâcheté et il ne faut pas traiter en termes négatifs comme si l'on était face à un simple renversement de la finitude.

Mais, pour ce faire, il faut une nouvelle confrontation avec l'œuvre de Husserl, qui pour Levinas n'est pas seulement à «l'origine de ses écrits» mais aussi la prémisse des développements originaux qu'il en a tiré. En exploitant les contributions qui, dans les années trente, à l'époque de ses premiers essais husserliens, étaient encore inédites, et sur lesquelles M. Merleau-Ponty s'est arrêté avec profit dans les années cinquante[47]. C'est une confrontation riche d'implications parce qu'en elle et par elle on décide les rapports avec le savoir et avec la philosophie, entendue en tant que fondement de tous les savoirs. Mais cette fois la confrontation ne peut pas s'achever avec une description et une exposition des propositions husser-liennes, elle comporte la nécessité d'accomplir un effort de réflexion capable de les penser «au-delà de leurs formulations».

---

46. D., p. 83, 84, 85, 86, 87.
47. En, p. 132. Le commentaire par lequel Levinas prolonge ses affirmations me paraît significatif. Ce n'est pas seulement ce développement théoréthique qui oriente sa recherche du sens : «Là – mais aussi dans les événements qui se sont déroulés de 1933 à 1945 et que le savoir n'a su ni éviter ni comprendre – est la raison pour laquelle ma réflexion s'écarte des dernières positions de la philosophie transcendantale de Husserl ou, du moins, de ses formulations», *ibid.*, p. 133.

4.

On l'a vu, dans la conception de Husserl, « la conscience se trouve
promue au rang d'un "événement" qui, en quelque façon, déroule
en *apparoir* – en manifestation – l'énergie ou l'essance de l'être »
laquelle « en ce sens se fait psychisme ». Selon cette perspective
l'essence de l'être est comparée « à une *ex-position* » qui d'une
part le renvoie « à sa position d'étant » à « un affermissement sur
un terrain inébranlable », « qu'est la terre sous la voûte du ciel »,
sur laquelle il s'installe selon les modalités « de l'ici et du maintenant », « la positivité de la présence », laquelle correspond au
« repos de l'identique » et de l'autre le remet à l'apparoir, au phénomène, le fait d'être remis au phénomène ne se décrivant pas comme
« une simple dégradation », mais comme « une emphase ». La
philosophie qui est la description de ce processus est aussi, hégé-
liennement, « le mouvement de l'être lui-même », l'être qui se
donne dans la présence et qui, en se transformant en réprésenta-
tion, s'exalte. Et l'aperception transcendantale dans laquelle et
par laquelle cet événement se produit, au moyen de l'activité
synthétique et englobant qu'il met en œuvre, ne confirme pas
seulement la présence, mais fait de sorte que la « présence » revient
sur elle-même dans la re-présentation et se comble ou, comme le
dira Husserl, s'identifie[48]. L'être, qui est le pensé, met en mouvement la pensée qui le pense et « détermine » ainsi « l'articulation
subjective de son apparaître », « détermine ses phénomènes ».

C'est ce que, en dernière instance, affirme la phénoménologie
qui fixe, certes, un « nouveau mode de la concrétude », mais, aussi
bien dans la conception husserlienne que dans la conception heideggérienne, la fixe d'une manière telle que par « cette concrétude de
l'esprit » et « conformément à une vénérable tradition occidentale », soit réaffirmé « le privilège du théorétique », de « la représentation » et « du savoir ». C'est, en effet, « dans le psychisme
comme savoir » qu'elle continue à situer « l'origine ou le lieu naturel du sensé » et c'est là qu'elle identifie l'esprit, qui assume pour

---

48. En, p. 76-77.

cette raison la configuration de la scène sur laquelle se déroule le processus de la connaissance. Processus qui se développe de telle manière que rien ne se soustrait aux pouvoirs de la conscience qui se dilatent au point qu'ils atteignent la conquête même des domaines secrets de l'inconscient. « Tout le vécu se dit légitimement *expérience* ». Toutes les expériences, provoquées ou véhiculées par la contemplation, par la volonté, par l'affectivité, par la sensibilité, par l'intellect, par la perception extérieure ou par la conscience de soi ou par la réflexion sur soi convergent également « en unité de savoir ». Et, « même réduit à l'indétermination du *vivre*, et à la formalité du *pur exister*, du pur être, le psychisme *vit* ceci ou cela sur le mode du *voir*, de l'*éprouver*, comme si *vivre* et *être* étaient des verbes transitifs, et *ceci* et *cela* compléments d'objets ».

Aucun mode, aucun acte du se-déterminer de l'être ne se soustrait à la présence et à la représentation du présent et tous en réaffirment continuellement le privilège. C'est pourquoi même la distension du temps dans la diachronie est toujours interprétée « en tant que privation de la synchronie ». Dans la mémoire, la conscience devient ostentation dans le présent du passé et du futur, en réaffirmant le privilège attribué à la pensée et au psychisme de tout reconduire à soi. Pouvoir de synthèse et d'identification, à travers l'entreprise conceptuelle qu'il met en mouvement, il l'emporte sur la « dispersion et l'incompatibilité de ce qui se donne comme un autre, comme *avant* et comme *après* ». Son activité renvoie toujours « à l'unité du sujet et de la perception transcendantale du *je pense* ». « L'unité du *je pense* est la forme ultime de l'esprit comme savoir. Et à cette unité du *je pense* toutes choses se ramènent en constituant système. Le système de l'intelligible est, en fin de compte, une conscience de soi » [49].

Mais ce jeu de la conscience épuise-t-il vraiment toute la vie de la conscience ? Intentionnalité et représentation coïncident-elles vraiment, comme le prétendaient Brentano et Husserl ? Et « l'intentionnalité est-elle le seul mode de donation du sens » ?

---

49. En, p. 132, 133, 134, 135.

Les recherches husserliennes semblaient justement démontrer qu'il est possible d'avancer dans une autre direction : celle précisément qui mène vers le dépassement de cette démarche. À partir de l'intentionnalité la conscience s'avère, certes, structurée selon la «modalité du volontaire» et caractérisée par la représentation. Cela veut dire que la vie de la conscience est faite d'actes visant à susciter la présence, la position du pensé face à soi-même. La conscience est donc toujours «dirigée sur le monde et sur les objets» toujours à même d'assumer l'un et les autres. Alors qu'elle fait ceci elle vise toutefois aussi «indirectement» elle-même, est «conscience d'elle-même», de ses activités se déroulant à travers des actes de représentation. Et cette conscience de soi est très particulière. Elle est «immédiate», et sans «visée intentionnelle», «implicite et de pur accompagnement». Certes, la conscience peut aussi se concentrer directement sur elle-même et transformer cette conscience indirecte en perception intérieure explicite d'elle-même, en envisageant ce soi à la manière d'un étant et en le transformant en un noème pour une noèse. Ce faisant, elle ne saurait toutefois éviter que cet acte soit accompagné, encore une fois, d'une conscience indirecte de soi. En transformant son propre espace intérieur en un terrain d'enquête offert à une psychologie qui pose l'esprit *(psyche)* comme objet de ses explorations, elle ne saurait éviter de continuer d'être indirectement conscience de soi. Comme si cela justement ne lui était pas permis : mener la vie sourde à travers laquelle son activité se déroule à la lumière de la présence. Comme si justement la racine de ses pouvoirs était destinée à échapper au pouvoir d'identification et de représentation. À s'échapper de sorte que justement ce qui permet à ce pouvoir de s'exercer ne puisse en aucune façon être saisi comme vie préréflexive, potentialité de la représentation.

L'analyse phénoménologique doit constater ici qu'elle est en présence d'une passivité irréductible. Comme si la philosophie et le savoir qu'elle produit se heurtaient à la limite insurmontable de leur possibilité. Sur cette ligne de frontières cessent ses pouvoirs. Elle ne peut rien faire d'autre que faire signe vers cette «conscience confuse», vers cette «conscience implicite précédant toute

intention» qui «n'est pas acte, mais passivité pure». Passivité qui
ne saurait être simplement entendue comme le fait d'être-donné
sans avoir eu la faculté de choisir, à la manière de la «*Geworfenheit*
heideggérienne», parce que cette conscience qui, «plutôt que signifier un savoir de soi», «est un effacement ou discrétion de la
présence», cette conscience que Levinas appelle significativement
«mauvaise conscience» et qui est «sans intentions, sans visées»,
«sans le masque protecteur» du «personnage se contemplant dans
le miroir du monde, rassuré et posant»[50] : cette «conscience non-
intentionnelle», «s'exerçant comme savoir, à son insu, du moi
actif qui se représente monde et objet», est «conscience passive
comme le temps qui passe et me vieillit sans moi» ; «pure durée
du temps» qui ne se laisse pas emprisonner dans une structure
construite à travers le jeu de rétentions et de protentions au moyen
duquel la conscience reconduit à la présence dans l'instant le temps,
en le soumettant à son entreprise de domination. «Durée soustraite
à toute volonté du moi, absolument hors l'activité du moi», «qui
– comme vieillissement – est probablement l'effectuation même
de la synthèse *passive* à partir de la passivité du *laps* dont aucun
acte de souvenir, restituant le passé, ne saurait revertir l'irréversibilité». «Durée comme pure durée», donc, «sans nom, sans situation, sans titres». «Présence qui redoute la présence, qui redoute
l'insistance du moi identique, nue de tous attributs.» Réalité inob-
jectivable et donc irréductible à la prise d'un savoir qui, comme
le savoir de la philosophie, comporte la définition d'un objet. Réalité
non connaissable, mais peut-être interprétable par une pensée qui
ne prétend plus être un exercice de connaissance mais une pensée,
qu'on fasse bien attention, qui ne se configure pas comme contes-
tataire du savoir de la philosophie, parce que cette pensée se trouve
engagée dans la recherche d'un sens, qui précède tout savoir,
comme savoir de l'être et qui, en le précédant, le fonde, l'oriente
et en quelque mesure le justifie.

---

50. *En*, p. 136, 137, 138.

Quelle configuration aura cette pensée ? Et comment se développera-t-elle ? Elle ne pourra être qu'interprétation. Mais interprétation de quoi ? Et interprétation à partir de quoi ? L'interprétation, on le sait, est toujours interprétation d'un fait, d'un message, d'un mot et ne saurait être rien d'autre. Comment, donc, peut se déclencher l'interprétation dans la situation qu'on vient de décrire ? Elle se déclenche, selon Levinas, parce que face à cette «présence qui redoute la présence», à cette «non-intentionnalité» située «en deçà de tout vouloir, avant toute faute» dans un lieu qui est un non-lieu «l'identité recule devant son affirmation», «s'inquiète devant ce que le retour à soi de l'identification peut comporter d'insistance» et la sent comme «mauvaise conscience», «timidité», «sans culpabilité, mais accusée», «responsable de sa présence même»[51]. Le moi rencontre la révélation de son imputabilité et est rappelé à la responsabilité pour l'autre, au moment précisément où il comprend que l'autre pourrait être mis en péril par l'installation de son soi en un lieu qu'il lui devrait nécessairement disputer par la force. Cette révélation est donc révélation du fait que le moi, avant même de s'installer royalement dans sa *Ichheit* et avant d'entrer en possession des pouvoirs qui sont liés à cette installation, est dans cette non-intentionnalité, «dans l'insomnie qui assaille» cette «veillée de l'éveil», «laquelle est inquiétée du cœur de son *égalité* formelle ou catégorielle par l'Autre qui dénoyaute tout ce qui, en elle, se noyaute en substance du Même, une identité, en repos, en présence». Révélation de l'«Autre dans le Même qui n'aliène pas le Même, mais précisément l'éveille». Révélation qui prend pour cette raison la configuration de «l'Inspiration ou subjectivité du sujet dégrisé de son être»[52].

C'est justement cette révélation qui redonne souffle à la religion, entendue comme affirmation de la primauté de l'Autre, une fois précisé que l'altérité de l'Autre ne saurait être considérée d'un point de vue ontologique et que cet Autre ne peut pas être identifié comme puissance d'être qui a la faculté de produire l'être.

---

51. En, p. 151, 152, 153, 154.
52. D., p. 98-99.

Dépouillé de toute référence à l'être et purifié de tout caractère de «démonicité», l'Autre n'est que cet appel à la responsabilité qui réveille dans le moi un psychisme qui se constitue selon une nouvelle modalité, différente de celle de l'aperception transcendantale et qui ne la fait coïncider ni avec la liberté et les pouvoirs qui en dérivent ni avec la représentation. Le lien qu'il établit avec ce psychisme, institué justement par ce lien, ne dépend d'aucune expérience. L'expérience, en effet, ne pourrait se produire que comme expérience d'un sujet, qui situe en soi-même le centre de tout, même quand il entre en contact avec l'autre-que-soi et l'accueille, dans un mouvement de sublime renoncement à soi, comme cela arrive dans l'expérience mystique. La révélation de l'Autre dont on parle ici présuppose, au contraire, «l'éclatement de la structure formelle de la pensée» qui est le fondement de toute expérience et expérimentabilité[53]. Elle se produit comme «brisure même de l'être», qui n'est pas «une expérience de la pensée» et qui s'obtient «par simple distinction entre des termes qui s'appellent ou, du moins, s'alignent». Ces termes se soustraient à la relation aliénante qui s'établit dans la connaissance et se conservent dans leur réciproque étrangeté : étrangeté dont provient un penser qui au lieu de transformer l'autre en objet lui parle, en instituant un rapport que «nous proposons d'appeler religion», dit Levinas[54]. Religion qui est éthique parce que la révélation d'Autrui qui l'institue suscite dans le moi, que de cette façon il rappelle à la conscience, un «Désir qui impose le respect et l'obéissance» et n'invite pas à la «lutte pour la reconnaissance», comme cela arrive dans la démarche dialectique qui demeure pour cette raison sur le terrain de l'ontologie. Quand l'Autre se révèle dans l'épiphanie du visage, il impose un accueil qui est «*ipso facto* la conscience de mon injustice – la honte que la liberté éprouve pour elle-même». C'est pourquoi, alors que la philosophie se crispe dans l'effort de «savoir d'une façon critique» et cherche «un fondement à sa liberté» et à sa justification, la religion commence

---

53. TI, p. XVII.
54. TI, p. 10.

quand surgit «la conscience morale où l'Autre se présente comme Autrui» et «où le mouvement de la thématisation s'inverse» de sorte que «cette inversion ne revient pas à "se connaître" comme thème visé par autrui», «mais à se soumettre à une exigence, à une moralité»[55].

La révélation de l'Autre institue le rapport comme responsabilité qui précède la liberté, et permet la concrétisation de la psyché qui n'a pas d'autre consistance que cette responsabilité pour l'Autre. Elle conduit donc à «une notion de sens antérieure à ma *Sinngebung*»[56]. Mais la révélation du visage, qui interrompt la «geste d'être» et ouvre un lieu ou un non-lieu au-delà de l'être dans lequel le moi prend forme comme responsabilité pour l'Autre, n'est rien d'autre qu'un «discours originel» «dont le premier mot est obligation». Et cela veut dire que le «dévoilement de l'être en général, comme base de la connaissance et comme sens de l'être» est précédé, non comme un avant par rapport à un après, tous deux insérés dans l'écoulement du temps, mais comme un avant qui est en deçà du flux temporel lui-même, par une relation avec l'autre qui est responsabilité pour l'autre et qui attribue donc une conformation éthique au plan qui précède l'ontologie.

Mais qu'est-ce qui se révèle dans la révélation? Et qui? Le témoignage est, certes, «attestation de soi», mais cette attestation «ne se peut que comme visage, c'est-à-dire comme parole». Ni un quoi, ni un qui, qu'il serait possible de revêtir d'un aspect mythique ou mystique ne se révèlent dans la Révélation[57]. En elle ne résonne rien d'autre qu'un appel à la responsabilité qui prend corps comme parole et qui, en instituant le sens, fournit une justification à la vérité de l'être. Laquelle est donc soutenue par ce qui l'excède et en quelque façon la précède. À la manière du sujet idéaliste qui avait été critiqué parce qu'il se situait en dehors de l'être

---

55. TI, p. 58-59.
56. TI, p. 22.
57. TI, p. 175, 176, 177. «La relation éthique, le face-à-face tranche aussi sur toute relation qu'on pourrait appeler mystique… Aucune peur, aucun tremblement ne sauraient altérer la droiture de la relation qui conserve la discontinuité du rapport qui se refuse à la fusion», *ibid.*

et qui pouvait s'en charger justement parce qu'il se trouvait dans cette position d'extériorité, la responsabilité pour l'autre qui, en instituant l'éthique, fonde le sens qui donne une signification à la vérité de l'être, se situe, elle aussi, selon Levinas, qui n'y voit pas une limite, au-delà de l'être comme temps, et donc au-delà de l'histoire dans une dimension d'*anhistoricité* achronique. Le visage qui échappe à la représentation et qui est «défection de la phénoménalité» est «immédiateté anachronique» qui, en suscitant par sa révélation «le désir du non-désirable», «la responsabilité pour le prochain», fait que la subjectivité se constitue dans et à travers l'élection. «Élection par sujétion»[58], dépouillement, abrogation de l'égoïsme qui nous pousse à persévérer dans l'être et à poursuivre «l'impérialisme du moi», dépouillement qui, ce faisant, introduit le «sens dans l'être», de sorte que le sens ne se mesure plus «par l'être ou le ne-pas-être», mais se détermine à partir de la responsabilité. Entendu de cette manière, le sens ne peut jamais être tenu captif dans l'univocité d'un thème. Le témoignage qui l'institue est, en effet, témoignage de l'infini et l'infini n'«apparaît pas à celui qui en témoigne». On ne peut pas le faire entrer dans un thème. Le témoin peut seulement, avec sa voix, prononcer la gloire de l'infini. Et cela a lieu quand l'idée de l'infini fait irruption dans sa pensée et s'impose à lui de sorte que, ne pouvant pas la contenir, il est écrasé sous son poids, sans limite, et ne peut faire autre chose que «éclater en Dire».

«L'extériorité de l'Infini se fait, en quelque façon, intériorité dans la sincérité du témoignage.» Mais, dans le témoignage, il ne s'annonce jamais comme thème. Et il ne s'impose pas d'autorité. En se faisant intériorité dans la sincérité du témoignage, qui n'est possible que dans et à travers la soumission à l'autre, dans l'accueil de la responsabilité pour lui, l'Infini s'abandonne à la pluralité des manières de réaliser cette responsabilité, s'expose à la multiplicité des interprétations, en réalisant un nœud qu'on peut seulement dire «religieux», même s'il s'agit alors d'une religion

---

58. A., p. 145, 196, 201.

«qui ne se dit pas en termes de certitude ou d'incertitude et ne repose sur aucune religion positive» [59]. Cette religion a les mêmes connotations que la religion juive qui, en parlant de son Dieu, met elle aussi en jeu la notion de création, en l'entendant de manière à éviter que la créature, le «produit» de la création, ne finisse par être définie, comme cela s'est toujours vérifié dans les autres religions monothéistes, comme un étant, et soit donc identifiée sur le fond d'un horizon ontologique. Dans cette tradition, le créé est seulement l'être assigné à une responsabilité qui précède la liberté et qui dérive de la conscience de la culpabilité, liée au fait d'être un moi, un sujet prêt à «engraisser» et en engraissant à se rebeller, à renverser tout ce qui s'oppose à son expansion. Ce qui est créé est donc la responsabilité qui donne lieu à la conscience morale, à une réalité qui précède et confère un sens au se déterminer de l'ontologie. La création n'est donc pas entendue ici comme création d'être et d'étants, mais comme création de responsabilité, de sens et de signification.

En tant que telle, elle est à l'origine de l'existence paradoxale du bien au sein de l'être, bien qu'il ne faut pas entendre d'une manière emphatiquement métaphysique, mais d'une manière modeste et humble comme ce bien qui va d'un homme à son prochain et qui, comme le démontre l'expérience du prince Mychkine décrite par Dostoïevski, va à contre-courant dans un monde dominé par l'égoïsme, par l'agressivité et par la violence qu'exerce le «conatus essendi».

C'est là une conclusion qui, à première vue, ne prête pas à équivoque et semble opposer la religion, ou la pensée nouvelle qui l'exprime, à la philosophie. Il le semble, mais il n'est pas ainsi. Toujours préoccupé de ne pas confondre sa position avec l'affirmation d'un irrationalisme aussi renouvelé qu'improbable, Levinas précise que si, pour parvenir à déchiffrer de ce paradoxe que représente la présence du bien au sein de l'être, il faut sortir de la philosophie comme savoir de l'être et s'engager sur les sentiers d'une

---

59. A., p. 204, 205, 229, 230.

pensée qui est libre interprétation d'un appel, d'une parole, à travers laquelle l'Autre se révèle, en fixant l'identité de celui auquel il se révèle, dans la responsabilité, cette pensée ne veut ni ne doit se débarrasser de la philosophie. Elle risquerait sinon de s'enfermer dans un particularisme, tel que pourrait précisément apparaître le particularisme juif qui s'oppose à l'universalisme de la philosophie. Et elle manquerait ainsi la spécificité du même monothéisme juif par rapport aux autres monothéismes, parce qu'elle se montrerait sourde à la sollicitation qui vient de la tradition qui la soutient, qui interdit d'enserrer le Très Haut dans un thème, et exclut que sa révélation puisse être retenue prisonnière en un dit. De même que la phénoménologie met à jour les structures d'une «réalité spirituelle», «dissimulées sous la conscience, représentative et conceptuelle, déjà inter-essée par le monde et, ainsi, absorbée par l'être», «le fait d'Israël», «ses Écritures et leurs interprétations […] constituent une *figure* où se montre un mode essentiel de l'humain et où, avant toute théologie et en dehors de toute mythologie, Dieu vient à l'idée». Il y vient comme «le défi d'un retournement ontologique» qui met en question la «persévérance originelle de l'être dans son être» et transfigure l'être attaché à son égoïté dans le lieu d'accueil du commandement de ne pas tuer et d'aimer son prochain. Commandement à travers lequel le Tu auquel il est adressé est instauré en tant que moi et sur lequel la vie et l'être de l'autre pèsent comme un devoir. Commandement ou révélation «où se pense concrètement la vérité "abstraite" du monothéisme».

Mais cette vérité n'est pas pensée en opposition à la philosophie, parce qu'à travers elle se dessine l'universalité d'un être assigné à la responsabilité pour l'autre, une élection qui n'est pas le privilège de quelqu'un, qu'on peut figer dans les limites d'un égoïsme individuel ou ethnique, mais qu'ont en partage tous les hommes sans distinction. Pour cette raison, le Dieu qui se révèle à travers ce commandement n'est pas différent de cet Infini qui vient à l'idée dont parle Descartes ou de ce Bien au-delà de l'être dont parle Platon et sa révélation ne se détermine pas exclusivement dans l'«inspiration prophétique» qui «garderait, dès lors, le secret» de ce «dire interprétant» «grâce auquel la Thora de Dieu se dit», mais se traduit, et ce sont justement les docteurs du *Talmud* qui l'affirmaient «en *langage des hommes*» où «dans le sens obvie de l'information pure, s'insère une sémantique absolue, inépuisable, toujours renouvelable par l'exégèse». En se déterminant comme commandement qui a comme effet une élection à la responsabilité, cette révélation prend donc la figure d'une «difficile universalité», parce qu'elle se rapporte, exclusivement, même dans l'exposition, à une infinité de manières de la réaliser fixées par les interprétations, à la «fraternité nécessaire à l'"extension logique" du genre telle que Homme»[60].

C'est pourquoi la pensée qui s'efforce d'être à sa hauteur est une pensée qui, tout en étant au-delà de la philosophie, n'est pas contre la philosophie. Et elle se sert pour cette raison de son langage universel, même si dans le moment où elle le fait, elle s'efforce d'éviter que son dire se traduise et se trahisse dans le dit où elle l'enveloppe immédiatement. Mais sans le nier, en adoptant même à son égard une stratégie qui, en procédant par emplois et déconstructions, d'une part elle se sert de lui et de l'autre le critique et le désarticule pour neutraliser la tendance qu'il a, et que dénonça à juste titre Nietzsche, à reporter toujours le discours sur le terrain de l'ontologie. En faisant voir, de cette façon, comment le sens, qui naît de la responsabilité pour l'autre, est susceptible, en s'affaiblissant, de se transfigurer dans le sens que la raison mène à la présence à travers la connaissance qui, ainsi, apparaît fondée par lui. Dire si cette entreprise réussit effectivement, c'est bien sûr une tout autre affaire.

---

60. Av, p. 53, 54, 55, 56, 57.

En situation

Quelques propositions certaines et incertaines

JACQUES ROLLAND

pour Alexandre Derczanski
qui patiente à m'enseigner le yiddish

« Être juif pour être juif... » Emmanuel Levinas
(Ce fut, dans les années 50, une remarque exaspérée lors d'une table ronde radiodiffusée. Je l'ai lue transcrite dans *Cahiers de l'Alliance israélite universelle.* La suite disait à peu près – et très précisément : « Cela ne vaut pas la peine. »)

I.

Je n'ai pas l'intention, dans les pages qui viennent, d'être « politiquement correct », pour reprendre une expression dont on nous rebat les oreilles. Cette réflexion n'a pas trouvé son origine propre dans une méditation *de* Levinas – dont un livre [1] certifie cependant vingt ans de « compagnonnage » – mais dans une relecture de Nietzsche débouchant sur une question non résolue à ce jour : pourquoi sa dernière et plus grande colère fut-elle contre les antisémites ?

---

1. *Parcours de l'autrement. Lecture d'Emmanuel Levinas*, à paraître aux Presses Universitaires de France (coll. « Epiméthée »).

Une telle approche rend libre. Dix ans de fréquentation de la «leçon chabbatique», ont par ailleurs donné à l'interprétation philosophique un peu de «l'assise juive» dont – en l'absence de toute maîtrise de l'hébreu – elle aurait péniblement manqué. Quelques récents mois de «bain nietzschéen» permirent une reprise en vue qui n'a pas besoin de «moraline» pour aborder une œuvre qui n'a pas eu tort de nous parler de morale sans aucun moralisme[2]. Comme en témoigne, dans l'œuvre, la présence, patente et secrète, jamais indifférente, de Nietzsche. Ainsi lira-t-on, à la page 10 d'*Autrement qu'être* : «L'histoire de la philosophie à quelques instants d'éclair a connu cette subjectivité rompant, comme dans une jeunesse extrême, avec l'essence. Depuis l'Un sans l'être de Platon et jusqu'au Moi pur de Husserl, transcendant dans l'immanence, elle a connu le métaphysique arrachement à l'être, même si aussitôt dans la trahison du Dit, comme sous l'effet d'un oracle, l'exception restituée à l'essence et au destin, rentrait dans la règle et ne menait qu'aux arrière-mondes. *L'homme nietzschéen par-dessus tout*. À la réduction transcendantale de Husserl une mise entre parenthèses suffit-elle ? Une façon d'écrire, de se commettre avec le monde qui colle comme l'encre aux mains qui l'écartent ? *Il faut aller jusqu'au nihilisme de l'écriture de Nietzsche, renversant le temps irréversible en tourbillon – jusqu'au rire qui refuse le langage.*» (Je souligne ; JR)

Il est *étonnant* de lire un tel texte sur le seuil d'un livre dédié «à la mémoire des êtres les plus proches parmi les six millions d'assassinés, à côté des millions et des millions d'humains de toutes confessions et de toutes nations, victimes de la même haine de l'autre homme, du même antisémitisme» – et dont la dédicace en hébreu *nomme* ces «proches». Que se passe-t-il, en effet, dans ces lignes – comme avec le fait que, dans *Humanisme de l'autre homme,* «Humanisme et an-archie» donne en exergue l'allemand

---

2. «Moraline» *(Moralin)* est le mot, que Nietzsche utilise dans les écrits de 1888, forgé à partir de la «judéine» *(Judain)* inventée par Paul de Lagarde, ici débarrassée de la charge antisémite que lui conférait ce dernier. Voir Charles Andler, *Nietzsche. Sa vie et sa pensée*, Paris, Gallimard, 1958 (nouv. éd.), vol. I, p. 486.

du Prologue de *Zarathoustra* : «J'aime celui dont l'âme est si pleine qu'il s'oublie lui-même, et que toutes choses sont en lui : ainsi toutes choses deviennent son déclin»? Rien de moins que ceci : Nietzsche, le «philosophe maudit», comme on l'entend dire parfois sottement, l'est si peu qu'il se voit finalement placé plus haut que Husserl lui-même dans la communauté intemporelle de ceux qui, pour parler avec Malebranche, vouent leur existence à la recherche de la vérité. Contrairement à ce qu'il pourrait en sembler, ce n'est pas par caprice qu'on a voulu rappeler cette «inspiration nietzschéenne» alors même que l'on est sur le pied d'un embarquement qui n'est sans doute pas pour Cythère mais que Baudelaire dirait peut-être pour *else where* – «*Anywhere, out of the world*», ou en son beau milieu.

2.

En 1948, Levinas n'était pas sioniste. Au vrai, il ne l'avait jamais été et, à proprement parler, il ne l'a pas été non plus par la suite. L'attachement à l'État fondé ne compense pas l'indifférence au cours des années de lutte pour la fondation de l'État. Dans les années trente, l'influence de Rosenzweig – «Cette terre n'est sienne [au Peuple] au sens profond que comme terre de la nostalgie, c'est-à-dire comme Terre Sainte…»[3] – était sans doute trop forte pour qu'il se ralliât à ce qui fut une réorientation globale du judaïsme se pensant lui-même. Mais il faut remonter plus haut pour comprendre véritablement ce dont il retourne. En 1923, à dix-sept ans, Levinas part de Kovno (Lituanie, alors détachée de ce qui avait été l'Empire russe), où il est né dans les tout premiers jours de 1906 et qu'il n'a quittée que durant la Première Guerre mondiale. Il est remarquable qu'il ait toujours évoqué cette conjoncture comme un épisode relevant des circonstances générales de la guerre – alors que «l'évacuation» des populations juives des régions du

---

3. Franz Rosenzweig, *L'Étoile de la Rédemption,* trad. A. Derczanski et J.-L. Schlegel, Paris, Le Seuil, 1982, p. 355.

front avait pris des allures de *déportation*, répondant à des phantasmes purement antisémites [4]. Il m'est arrivé d'esquisser la question devant lui – il l'a toujours esquivée. Étonnant « travail de deuil », étonnante façon aussi (Alfred Dreyfus le fit autrement) de « payer son tribut à la nation ». Non pas à la « France éternelle » : ici, à la *sviataïa Rous*, à cette « sainte Russie » qui, sans aucune naïveté de sa part, vivait encore, dans ses représentations, dans l'Union soviétique dont la chute signifia pour lui – au-delà d'Auschwitz – la ruine de toute philosophie de l'histoire.

C'est *ce* jeune homme, bien doué, heureux, élégant et beau, chaleureux et amical, qu'il faut se représenter arrivant à Strasbourg, assimilant vite le latin avant d'entreprendre l'apprentissage de l'histoire de la philosophie culminant dans celui de la phénoménologie. De sorte que, en 1928, au moment de rejoindre Husserl avec une avant-pensée pour Heidegger, il a « lu tous les livres » : les *Ideen,* bien sûr, et déjà les *Untersuchungen*, et encore « la philosophie qui voulait se faire aussi rigoureuse que la science »… Et, bien sûr, concernant l'autre « H », *Sein und Zeit.* Avait-il le temps, ce jeune homme-là, de s'engager dans des débats dont la rudesse préludait à de grands combats, qui n'allaient pas toujours être « d'idées » ? Et, déjà, avait-il le goût de se replier sur une appartenance qui devait lui paraître particulariste dans le moment même où il ne s'apprêtait nullement à la renier ? Mais quel témoignage a-t-on de ce « deux fois non » ? Un seul, à ma connaissance, mais qui pèse lourd. Et plus lourd encore en ce sens qu'il concerne Husserl et Madame Husserl – pour laquelle il semble avoir eu une vénération particulière. Or voici qu'un jour, cette dernière, rentrant de Strasbourg où elle était allée faire ses courses, dit à son mari, en présence du jeune homme : « *Die Leute obgleich Juden, sind sehr zuverlässig* – Bien qu'ils soient Juifs, ce sont des gens sur qui on peut compter. » Levinas rapporta l'incident en 1959, avec le

---

4. Voir Simon Doubnov, *Histoire moderne du peuple juif,* trad. S. Jankélévitch, Paris, Le Cerf, 1994 (nouv. éd.), p. 1620. On trouvera une importante relation de ces faits dans *Histoire d'un soldat juif* du même auteur (Le Cerf, 1988), édition comportant en annexe un rapport du député cadet Vinaver à la Douma.

commentaire suivant : «Je n'ai pas caché ma blessure. Alors Husserl : "Laissez cela, M. Levinas, je proviens moi-même d'une maison de commerçants et…" Il n'a pas poursuivi. Les Juifs sont durs les uns pour les autres ; bien qu'ils ne tolèrent pas les "histoires juives" que les non-Juifs leur racontent, comme les clercs qui détestent les facéties anticléricales venant des laïcs, mais qui doivent, entre eux, s'en conter. La réflexion de Husserl m'a apaisé.» – Aussi bien «l'apaisement» que «la blessure» ont une signification claire, et celle-ci consiste dans la *dignité*. Voilà donc que je repense au Capitaine, qui ne voulut jamais qu'une chose : être réhabilité dans sa dignité d'officier français. Si l'anecdote a bien le sens que je lui prête – mais je m'en convaincs en me rappelant comment il lui arriva d'évoquer, mi-sérieux mi-malicieux, la sonnerie au clairon lors de la montée des couleurs du «Régiment de la Tour d'Auvergne» – alors commence à s'esquisser une figure bien précise, celle d'un *Juif d'Europe*, qui plus tard réfléchira sur ce que veut dire «être occidental».

Il faut bien comprendre que cette «européanité» (qui a parfois chez lui viré en «européocentrisme», selon l'expression introduite dans nos mots par son «Juif honni», Claude Lévi-Strauss [5] est un héritage de «Kovno». A placer entre guillemets comme quand on parle de «Socrate» chez Nietzsche ou, chez Rosenzweig, de «Hegel» et de «Goethe», et qu'il faut prendre dans sa forme russe et non point lituanienne (Kaunas), pas plus d'ailleurs que yiddish (Kovné) ainsi que Marie-Anne Lescouret a grand tort de le faire dans sa navrante biographie. Car, dans le milieu familial et social de Levinas, petite bourgeoisie cultivée qui en russe s'appelle *intelligentsia* – il n'y avait pour ainsi dire pas de contacts avec la population lituanienne et, même si les parents parlaient yiddish entre eux, ils eurent grand soin d'élever les trois fils dans le russe, qui

---

5. Il y eut en fait trois «Juifs honnis» de Levinas. Outre l'ethnologue, le penseur politique Raymond Aron et le grand hégélien que fut Eric Weil. Voir *Difficile liberté* (Paris, Albin Michel, 2ᵉ éd. 1976), p. 260. Je ne présuppose pas ici une relation *personnelle* entre Levinas et Heidegger ; je veux seulement dire, sans preuve, que j'ai l'intuition que Levinas a pu ressentir *personnellement* le ralliement de Heidegger.

signifiait l'accès à l'Empire et, par ce biais – que l'on sache, ce n'est pas sur les bords de l'Irtych que Pierre a bâti Pétersbourg – à l'Europe. Dans la langue (russe), se fit donc pour cet homme l'identification d'homme, comme plus tard ce fut la langue (française) qu'il eut le sentiment de partir défendre lorsqu'en 1939 il sortit son uniforme de la penderie. Il le dit très joliment dans ses entretiens avec François Poirié et Alain David a su y être particulièrement sensible. Mais cette identification «par le russe» n'a jamais mis «en péril» ni même «de côté» la «part juive» de l'identité qui résulta de cette identification. En effet, si, dans la maison familiale, trônait sur la cheminée le volume russe des œuvres de Cervantès que le petit Immanouïl avait reçu en prix, je ne me souviens pas d'un aussi beau sourire sur son visage de vieillard que le jour où il me raconta que, la veille, un «pays» lui avait rendu visite qui, voyant un fort *Pouchkine* en bonne place, s'était écrié : «Ah ! M. Levinas, on voit qu'on est dans une bonne maison juive !» – Judaïsme russe… Quelques-unes de ces étranges circonstances qui «font une vie», m'ont permis d'en *deviner* quelque chose.

3.

Mais ces circonstances qui ont aiguisé mes facultés de «devination» m'incitent à «aller y voir» d'un peu plus près pour tenter de «deviner» qui était le jeune homme de 1930, beau et bien doué et doué de toutes les qualités, descendant, feutre sur la tête, canne à la main, lavallière au col, les rues qui dans Strasbourg mènent au Rhin. Je vais ici parler «sans filet». À ma connaissance, il n'y a aucune source qui permettrait d'étayer «philologiquement» aucune affirmation. Mais vingt ans de fréquentation de l'œuvre et de l'homme devraient permettre à mon «sens de la devination» d'avancer quelques propositions qui, si elles ne sont peut-être pas «vraies», ont du moins le mérite de la *vraisemblance*, pour reprendre la distinction d'Aristote. Ce qui me paraît ici déterminant, c'est que, dans ces années-charnière de Strasbourg, de Fribourg et de Paris, pour Levinas, le judaïsme relevait de ce que l'on peut qualifier d'*affaire privée*. Je ne veux certes pas dire qu'il y eut jamais chez lui tentation de «défroquer» d'une spiritualité qui faisait corps avec lui mais, dans la représentation philosophique qui déjà se bâtissait dans son esprit, le judaïsme n'avait pas encore trouvé le rang d'un concept. Pour que cela advînt, il fallut 1933 et – je pèse très lucidement mes mots – la *trahison personnelle* dont il ressentit l'outrage dans le ralliement de Heidegger au nazisme[6]. Car l'antisémitisme nazi a cette particularité – c'est le sens des petits textes publiés dans la revue de l'Alliance, *Paix et Droit*, comme des *Quelques réflexions sur la philosophie de l'hitlérisme* (1934) qu'il fut sur le point de renier parce qu'il ne supportait plus de voir le mot «philosophie» jouxter le nom de Hitler mais que Miguel Abensour a eu fine idée de redonner à lire[7] – *rive le Juif à son judaïsme*. C'est là sa nouveauté, dont le fait que l'opération passe par le «sang», par la «biologie» (dans le jargon de la bureaucratie nazie : «Deux parents ou quatre grands-parents juifs font un Juif…») est une conséquence. C'est là que le biologisme du racisme hitlérien acquiert sa spécificité meurtrière – et non point l'inverse. Et c'est aussi pourquoi, lorsque, vers 1975, je lui prêtai le beau livre de David I. Goldstein sur *Dostoïevski et les Juifs*, il me fit part de l'émotion qui avait été celle de son épouse à la lecture de l'ouvrage, mais m'affirma aussi que son jugement propre restait univoque : «C'est encore pré-hitlérien.» Il y a là *rupture*, en vertu de laquelle ce qui vient «après» est incommensurable à ce qui était «avant». Le nouveau, avec «1933», c'est l'être-rivé, qui «ghettoïse» le Juif en l'acculant à ce qu'il faut et suffit d'espace à un homme pour son cercueil, si je puis me revendiquer de l'inspiration du beau texte qui clôt *Noms propres*. Par là, l'être-juif accède à la dignité d'un concept, et c'est à partir de l'être-rivé que, en 1935, dans *De l'évasion*, Levinas envisagera l'être – *la question*

---

6. Je rappellerai à titre d'anecdote que lorsque, en 1980, je dressai une bibliographie sommaire pour la revue *Exercices de la patience*, j'omis volontairement de faire mention de cet essai – ce qu'il releva et dont il me remercia, ayant deviné mes raisons.

7. Mais on peut aussi et, me semble-t-il, aussi légitimement dire à l'inverse que c'est à la lumière de l'aventure juive au sein de l'aventure que l'événement prend cette dimension.

de la philosophie – comme «être pur», lequel sera repensé en 1947, dans *De l'existence à l'existant*, sous le titre d'*il y a* qui définitivement définira le sens lévinassien de «l'être comme être». Dans mes commentaires pour la réédition du petit écrit de 1935, j'avais montré comment la chronologie même des textes met au jour cette rupture à travers laquelle le judaïsme advient au concept. Sur ce point, Levinas n'eut jamais aucune objection, même s'il refusait de se rallier à mon enthousiasme pour un essai qu'il a toujours considéré comme «de jeunesse». Rien de cela n'aurait cependant suffi à le convertir au sionisme, l'amener à la décision (formulée par Herzl) pour la solution *étatique* de la «question juive». Les témoignages écrits sont extrêmement rares, je l'ai dit, mais il est un article, étonnamment publié le… *14 juillet 1939* dans *L'Univers israélite*, qui montre un Levinas tout à fait mûr, lucidement religieux mais indemne de tout fondamentalisme, dont on ne voit pas comment il aurait pu se définir autrement que comme Européen.

Dans quelques pages publiées en 1946 dans la *Revue de l'Alliance Israélite Universelle* – alors éditée à tirage limité sous forme «ronéotée»; il était émouvant d'avoir entre les mains l'exemplaire de la Bibliothèque Nationale – sous le titre «Tout est-il vanité?», au lendemain du judéocide, à peine rentré d'une longue captivité passée en toute ignorance de ce qui se déroulait en Europe, Levinas osait parler de la dimension *religieuse* de l'Événement et, à la lumière de celui-ci, de l'aventure juive au sein de l'aventure humaine[8]. Une dimension religieuse, cela est certes bon pour faire une métaphysique – pas une politique. Mais il est clair qu'il faut poser les problèmes en termes politiques pour pouvoir se dire sioniste, ou anti-sioniste, alors que l'on a ici affaire à un penseur aussi fondamentalement a-politique que a-historique.

---

8. *Lire Levinas*, Paris, Le Cerf, 1984, p. 45.

4.

C'est dans cet horizon que l'on doit se situer si l'on veut comprendre ce que fut la relation de Levinas avec Israël. On peut s'y risquer en se reportant à une déclaration qu'il fit au retour de son premier voyage, quelques années après la fondation de l'État : « Je croyais que Kovno était morte. Je sais que Kovno est éternelle. » Ces propos posent un problème philologique, puisqu'ils n'ont pas été *écrits* par le philosophe. Mais ils ont été rapportés par Salomon Malka[9], à une date où Levinas était au plus haut de son exigence et il n'était certes pas homme à « laisser passer » quoi que ce fût concernant sa pensée – et certainement pas quelque chose d'aussi grave – si celle-ci risquait d'être trahie. Si l'on accorde que ces considérants sont suffisants, il ne reste plus qu'à faire face à l'énormité du propos.

Qui tient en ce que Levinas ne dit pas « Kovno est immortelle », mais bien *Kovno est éternelle.* Dans les *Fragments posthumes* des années 1882-1883, Nietzsche – et c'est pourquoi j'avais *besoin* de le convoquer dès le départ – formule à plusieurs reprises cette pensée : *« L'immortalité est une métaphore. »* Comprenons ce que cela veut dire pour nous, au point où nous en sommes : « Kovno » ne saurait se contenter d'une « métaphore ». Mais de quoi, ou plutôt en quoi, « l'immortalité » est-elle « métaphore » ? Pour le comprendre, il faut partir de la première proposition et considérer que Kovno *est* morte. Deux de mes amis qui s'y sont rendus dans l'avant-dernière décennie de l'histoire de l'Union, m'ont rapporté avoir trouvé une ville (exclusivement dénommée *Kaunas* dans le « politiquement correct » communiste) soviétisée, où l'on pouvait certes découvrir une « Impasse de l'Armée rouge » *(sic !)* mais plus nulle trace de vie juive (avant la catastrophe la population juive représentait un tiers de la population globale de la ville). Gageons que le « retour à la liberté » n'aura pas suscité de « résurrection », pas plus que tant de villes et villages de Pologne, d'Ukraine et de Biélorussie n'ont jamais « ressuscité », ni par la grâce d'un Staline

---

9.   *Voir Moscou aller-retour*, Paris, Ed. de l'Aube, 1995, p. 69-70.

«libérateur des peuples», ni du temps d'une *perestroïka* qui élargit certes les *refuzniki* mais dont Derrida a bien tort de se laisser persuader qu'elle traduit le mot «déconstruction»[10], ni maintenant que prêtres ici et là, popes – sont rois. Mais c'est là qu'est le point : la mort est la mort et ne promet aucune résurrection. En tout cas – je ne suis pas théologien, et ne veux surtout pas l'être en ces matières – cette mort-là fut la mort et elle n'a pas été «rachetée». Le «rachat» est une (mauvaise) plaisanterie : la mort est-la-mort et n'est donc nullement un *moment* dans l'épopée de «l'immortalité» qui prétend la «racheter» après l'avoir «nécessitée». Avec cela, la route est barrée à l'interprétation *sacrificielle* du judéocide, mais ainsi est ouverte la voie pour une considération *non-chrétienne* de l'Événement. Une nouvelle fois, Nietzsche ne me semble pas de mauvaise compagnie : lorsque, dans *La Généalogie de la morale* (III § 22), il dit le respect qu'il a pour l'Ancien Testament, il me semble clair que c'est *aussi* par opposition au Nouveau – trop court, trop faible, trop «petit» pour s'exhausser à la gravité de «ce qui est». Qui ici est la mort, c'est-à-dire la mort aussi telle qu'elle fut infligée six millions de fois, et que seul un *flatus vocis* prétend rédimer. S'il fallait penser une proximité des deux philosophes, il me semble qu'on pourrait en situer là l'origine : dans ce sens aigu de ce qui est «grand» et qui, comme tel, est «à la hauteur». Une anecdote, pour être moins solennel. Lors de la décade de Cerisy-la-Salle en 1986, Levinas – qui eut toujours par ailleurs un véritable respect pour les chrétiens, dans la mesure où ils ne cherchaient pas à imposer une lecture «figurative» de la Bible[11] – avait eu un entretien avec une jeune dame protestante. Quand il m'en parla, il mentionna le moment

---

10. «Nous refusons, vous le savez, cette dignité de reliques» – dit la page 230 de *Difficile liberté,* remontant à une interpellation de Jean cardinal Daniélou. Mais on peut aussi rappeler comment, dans *Paix et Droit,* les lignes finales de 1939 «A propos de la mort du pape Pie XI» opposaient à la svastika, «la Croix à branches droites et pures». On se demandera cependant comment celles-ci peuvent garder droiture et pureté lorsque la croix est plantée en lisière d'Auschwitz.

11. Dans les années tardives, il aimait à insister sur l'ascendance biblique de toute littérature, par la médiation des «littératures nationales».

où son interlocutrice avait sorti de son sac « sa petite Bible chrétienne »... Tout, d'une certaine manière, est là : jamais, avec Onquelos et les gloses de Rachi, une Bible juive ne saurait être « petite ». Mais il est des sujets où l'on ne peut être frivole et en rester à l'anecdote. Il faut à nouveau songer à la double dédicace d'*Autrement qu'être* et en particulier à celle qui nomme « les êtres les plus proches ». Dont le jeune frère Aminadab. Qui ne sera pas même entré dans le « Livre de vie » grâce à la *littérature* (mot que Levinas n'a jamais prononcé en vain puisque, si je m'en réfère à un échange de propos avec Pierre Madaule le 22 septembre 1997, Blanchot ne songea en aucune façon à lui lorsqu'il intitula son roman homonyme en 1942, deux ans après la capture d'Emmanuel, un an sans doute après la mort de son jeune frère, alors qu'il s'affairait pour trouver un refuge à Raïssa et à Simone, épouse et fille Levinas. Aminadab qui donc est mort et seulement-mort – mais nous laisse à penser sa mort en tant que rien-que-la-mort.

5.

Comme encore reste à penser « l'éternité de Kovno » – différente de sa soi-disant « immortalité » en tant que rachat qui fait bon marché de ce qu'il prétend racheter et qui n'est rien de moins que cette mort. Que Kovno soit éternelle, cela veut dire que, assassinée, elle vit – en Israël. Plus précisément, que là-bas elle devient éternelle. Ce qui suggère que, en 1923, au moment du départ, quand Aminadab vivait dans la chaleur de l'affection fraternelle, elle n'était pas éternelle mais portait seulement en elle – peut-être – les germes de l'éternité. Pour que l'on passe des semailles aux moissons, il fallut cependant une triple circonstance : il fallut le judéocide, il fallut la création d'Israël et il fallut « M. Chouchani », dont on placera le nom entre guillemets, aussi respectueusement qu'on le fait dans le cas de Socrate, de Hegel ou de Goethe.

Il fallut le judéocide en tant que l'Événement (dont je ne prétends certes pas « dire le sens » comme dans les cours on « dit le droit » mais dont je crois que c'est désormais à partir de lui que l'on pensera ce qu'est un événement) où la mort s'est effectuée comme rien-que-la-mort et, dans la mise à mort d'Aminadab, a préventivement réfuté son interprétation chrétienne, qu'on la saisisse dans le Nouveau Testament ou dans la grandiose réinterprétation qu'en donna Hegel. Massacre qui a réfuté cette interprétation où la mort est « mise à l'œuvre » – aux fins de « l'immortalité » rachetant la mort dont, par le fait même, elle a *besoin,* de sorte que dans ce « besoin » l'interprétation sacrificielle est *appelée* par la lecture rédemptrice : c'est *là* qu'est *l'intolérable comme tel* – dans le stupéfiant intervalle qui va du vendredi au dimanche, éventuellement repris dans l'interprétation spéculative du « travail du négatif ». L'épreuve démentit la plaisanterie de l'immortalité, mais elle donne sur l'éternité. Mais il faut être clair : comme telle, la-mort-rien-que-la-mort ne dit rien et ne donne lieu à rien. Elle est pure ruine, elle est *désastre.* C'est pourquoi toute interprétation de l'Événement qui n'a pas la puissance d'en penser la négativité sans nulle promesse de rédemption, sans *relève,* est strictement, est épidermiquement intolérable. Elle est *petite.* On se rappellera encore Nietzsche : « Le sang ne fonde pas ; le sang ne rachète pas non plus [12]... »

Pour que Kovno devînt éternelle, il ne suffisait donc pas que la mort fût détachée de la mauvaise histoire de l'immortalité ; il fallait encore découvrir une interprétation qui permît d'interpréter la-mort-rien-que-la-mort. Il fallait rencontrer « M. Chouchani » qui réveillait une « sagesse juive » en éveil derrière notre « sagesse grecque ». Dans les toutes dernières leçons bibliques, Levinas semblait très attiré par la possibilité de proposer pour le type du Juif auquel il songeait de plus en plus, non point désormais l'être-rivé, mais... l'être-assis. La formule n'a pas plus de résonance rimbaldienne que de signification bourgeoise. Elle remonte à Genèse XXV, 27 qui oppose la jeunesse d'Esaü vouée à l'exercice de la chasse à celle de Jacob qui se passa « sous les tentes ». « L'être-assis » se penserait à partir du séjour de Jacob « sous les tentes » (l'opposé d'un mode d'habitation sédentaire ou bourgeois) où il

---

12. Nietzsche, *Fragments posthumes 1882/1884* 4 [17] in *Sämmtliche Werke. Kritische Studienausgabe,* vol. 10, p. 113.

serait resté assis *devant le Livre*. Se proposait alors un type humain à l'écart d'Esaü, effrénée «force qui va» qui «versera le sang», mais en phase avec l'éternité dans l'exercice infiniment recommencé de l'exégèse. On est ici au plus près de la pensée du temps chez Rosenzweig, où, grâce à la succession des sabbats, l'année s'enroule en «heure» et ainsi *s'éternise*. Mais la succession des sabbats est celle des *parachot* réveillant le geste exégétique. De sorte que «l'année prochaine» le même verset s'offrira à ce geste pour l'inviter à quérir de nouveaux possibles. Comme chez Héraclite, on se baignera dans le même fleuve, lequel cependant sera autre et, dans le retour annuel de la *paracha*, le verset accédera à son essence *potentielle*. Tout cela doit être compris comme «puissance éternisante» (Nietzsche), par laquelle «de l'éternité» est «plantée au milieu de nous» (Rosenzweig). On a compris que *l'éternité* ainsi obtenue ne saurait être confondue avec quelque «immortalité».

Il faut cependant rappeler que l'apprentissage du Talmud se fit après-guerre. Apprentissage tardif, donc. Il faut dès lors considérer que la formule que Levinas inventa plus tard encore pour caractériser sa propre position, «judaïsme lituanien», n'a rien de géographique ni de biographique, comme l'ont cru certains «demi-subtils». Mme Lescouret au premier chef, dont je crains qu'elle ne cause bien des dégâts. Le «judaïsme lituanien» se caractérise d'abord par son rationalisme ou son intellectualisme universaliste, dû à son attachement au Talmud lu tout autrement qu'en Pologne hassidique. Il faut lire ces phrases prononcées en 1963 : «Mon maître [M. Chouchani] disait : la Bible, c'est particulier à Israël, le Talmud c'est sa pensée explicitée sur un plan universel. Juste le contraire de ce qu'on dit d'habitude. Le Talmud va au-delà des incidents de l'histoire d'Israël ou du moins il les amplifie dans l'universel [13].» Dans la mesure où l'accès de Levinas à l'œuvre fut bien postérieur au départ de Kovno, il est absurde de supposer

---

13. Débats publiés à la suite du texte de la conférence «Temps messianiques et temps historiques dans le chapitre XI du "Traité Sanhédrin"», *La Conscience juive. Données et débats*, Paris, Presses Universitaires de France, 1963, p. 288.

que l'expression puisse se référer au *hic* et au *nunc* de l'enfance empiriquement vécue. Le «judaïsme lituanien» est, si l'on peut dire, une «métaphore», qui n'est pas un *donné* mais un «construit», rétrospectivement. De même que «l'éternité de Kovno», et de même aussi, remarquons-le en passant pour signaler un nouveau point de passage, qu'une «essence» ou une «nature» chez Nietzsche. Il est un mot pour tout cela : «devenu». Et, pour que le «devenir-soi-même» fût possible, il fallait une troisième chose – Israël. Car c'est en Israël que vit Kovno morte et éternelle. Mais où donc ? À Safed, à Haïfa, à Jérusalem ? La question n'est pas là ; elle n'est pas géographique mais se loge dans l'existence d'une communauté dont les circonstances historiques ont transporté les membres, des confins orientaux de l'Europe, certains vers New York et d'autres au Proche-Orient, qui tous font le Peuple. La question n'est ni politique ni géographique, et navigue au large de l'opposition entre sionisme et anti-sionisme. Rappelons-nous Scholem et son autobiographie, *De Berlin à Jérusalem*. Il y explique que, pour lui et les hommes de sa génération – celle des fondateurs de l'Université hébraïque sur les hauteurs du Mont Scopus – la question était d'une communauté permettant un *revival* du Peuple dans la pensée et la culture juives, qui ne (se) posait pas le problème de la forme politique – étatique ou non – à lui donner. C'est, ajoutet-il, le nazisme qui posa le problème de la forme étatique et peutêtre imposa celle-ci en tant que solution unique. Il me semble que l'on est ici plus près de Doubnov que de Herzl. À la présence juive en Palestine se voyait conférée un *sens :* spirituel. C'est alors qu'il faut se tourner vers le beau texte qui clôt *L'Au-delà du verset*, «Assimilation et culture nouvelle». Lui qui fut toujours si prudent quand il était question d'Israël (on le lui a reproché – à tort : c'était demander à une poule de donner du lait et ne rien comprendre au double «a» privatif) – voilà qu'il «met les pieds dans le plat», en philosophe, en posant la question du sens.

Sens d'Israël ? Du profond de la tradition juive saisie à la pointe de sa singularité monte une signification universellement humaine que la tradition grecque ne connaît pas ou que son «génie» ne fut pas d'interroger en propre. Mais, universelle, cette signification ne peut se dire universellement et *à* l'universel que dans la langue de l'universalité : «en grec». «Dans la singularité d'Israël est atteint un sommet qui justifie la pérennité même du judaïsme. Ce n'est pas une permanente retombée dans un provincialisme suranné. Mais singularité que la longue histoire d'où nous sortons a laissé à l'état de sentiment et de foi. Elle demande son explicitation à la pensée. Elle ne peut pas fournir d'ores et déjà des règles d'éducation. Elle a besoin d'être traduite en ce grec que, grâce à l'assimilation, nous avons appris en Occident. Nous avons la grande tâche d'énoncer en grec les principes que la Grèce ignorait. La singularité juive attend sa philosophie.» Tâche, cependant, si grande et si auguste, qu'elle ne pourrait s'accomplir en diaspora (vrai ? – *Autrement qu'être* n'en a-t-il pas été, en notre siècle, «la première pierre»?) mais seulement sur le mont Scopus et, dès lors, «les choses étant ce qu'elles sont», réclame l'État – avec ses institutions, sa police et son armée prête pour la guerre quand nécessité s'en fait ressentir. C'est sur le mont Scopus – à plusieurs kilomètres du «mont du Temple» – grâce à (la protection de) l'État – au moyen de Tsahal – que Kovno assassinée «devient éternelle». C'est ainsi que j'entends le dernier paragraphe de l'allocution : «En présentant ces réflexions dans le haut lieu du palais du président de l'État, à Jérusalem, je m'adresse certainement là où il faut. Seule une culture juive appelée à se développer à partir d'une vie nouvelle en Israël pourrait mettre fin – pour les Juifs surtout mais aussi pour les nations – au malentendu qui se perpétue. Elle fera ouvrir nos livres fermés et nos yeux. C'est notre espoir. Dans ce sens encore, l'État d'Israël sera la fin de l'assimilation. Il rendra possible, dans sa plénitude, la conception des concepts dont les racines vont jusqu'aux profondeurs de l'âme juive…»

On a ici une réorientation de la problématique de la bipolarité Israël/Diaspora, dans laquelle il me semble que Levinas a toujours eu tendance à privilégier, contre Scholem mais avec Rosenzweig, le deuxième terme sur le premier. Il n'est pas abusif de prétendre que lui-même fut un homme et un Juif foncièrement diasporique mais, ici, un sens est pensé, et conféré à l'État dans son existence

concrète : historique et politique – *malgré le double a-privatif.* Le
plus haut possible, puisqu'il ne concerne rien de moins que ce
qu'on appelle – en parlant, par pudeur, à mi-voix – la vérité. Cela
étant, fermement, affirmé, rien n'est résolu. Le sens conféré à Israël
est le plus haut, mais il en est ainsi parce que «les choses sont ce
qu'elles sont»... c'est-à-dire que nous vivons-et-pensons au lendemain du judéocide. Voici donc que «l'essentiel» se montre condi-
tionné par «l'empirique». On dira que «l'empirique» ne l'est pas
tant que cela – mais on tombera sur le deuxième problème : posé
que «l'empirique» n'est-pas-si-empirique-que-cela, il faudra encore
le considérer dans sa concrétude historique et, si l'on ose dire, sa
portée spirituelle. Or, pour peu que l'on veuille se prémunir d'une
interprétation à la fois «sacrificielle» et «rédemptrice» du judéocide, il faut oser le penser comme la-mort-rien-que-la-mort, la mort
pour rien – et certainement pas la mort pour Dieu comme ce fut
sans aucun doute, au XIᵉ siècle de notre ère, le cas pour les victimes juives des Croisés. La mort... parce que les grands-parents
avaient «oublié» de se convertir (la fantasmagorie nazie est si peu
cohérente que le biologique remonte en dernière instance à ce qui
ne saurait se dire en termes biologiques). Du côté des bourreaux,
la mise à mort par haine, par haine *pure* – sans raison, sans mobile,
sans motif, sans motivation autre que ce que Céline (dont Levinas
me dit un jour qu'il était pour lui l'un des deux pères tutélaires de
la littérature moderne, l'autre étant Kafka ; lui non plus n'était
guère «politiquement correct») appela une fois *(Mort à crédit)* la
«quincaille de conneries» que nous avons tous plus ou moins dans
la tête dès l'instant que nous ne nous rappelons plus à notre humanité, qu'elle soit «christianité» ou «citoyenneté républicaine»,
«judéité» ou «internationalité prolétarienne», et nous acceptons
comme «force qui va». Mais cette «haine pure» est un concept
absurde, tel que, si l'on souhaite respecter les nécessités élémen-
taires de la pensée, il faut traduire «mise à mort par haine pure»
en mise à mort... *par "jeu", par hasard, au nu de l'absurde,* haine
se *posant* seulement sur le Juif parce qu'une histoire bi-millénaire
le lui met «sous la main». Il faut oser penser jusque-là – pour saisir
alors comment le Vingtième Siècle [14] aura poussé le mal à sa limite

et sans doute en un sens qui ne rejoint pas le « mal radical » du paisible Kant (la *mauvaistié* d'Eric Weil), qu'on n'est pas cependant assez sot pour prendre pour un niais et qui ne fut « paisible » que parce qu'il vécut au XVIIIe siècle.

6.

Mais il faut alors faire un pas supplémentaire pour s'efforcer de penser le plus-redoutable et poser alors que c'est *cela* qui est au fondement de l'État qui préserve à Kovno morte sa fragile éternité d'assassinée. On mesure le danger d'un tel propos : on imagine comment une métaphysique hâtive inscrirait alors le « phénomène-Israël » dans le cours d'une « histoire du nihilisme », ou comment une politique hostile en tirerait argument pour dénoncer sa perversité. « Réprobation d'Israël » ! Rien cependant n'oblige à se laisser aller à d'aussi pauvres pensées ; elles ne témoignent que de l'indigence morale de leurs auteurs. Tout autre chose est le fait que la considération de Levinas s'effectue comme reconsidération globale, indissociablement intellectuelle et spirituelle. Sur ce point comme sur d'autres, sa pensée fut rien moins qu'irénique : redoutable, irritante, inquiétante tout au contraire, et nous arrêtant – comme en un fabuleux garde-à-vous – face à l'Inquiétant. Mais de cette pensée pourraient aussi découler quelques indications sur la question toujours vive d'une *politique d'Israël*. Laquelle, à nouveau, serait… inquiétante, dans sa façon-même de reposer, avec Claude Lanzmann, la question de la « réappropriation de la violence » par les Juifs, qui se serait posée entre 1943 et 1948, entre l'Insurrection et la renaissance de la vie nationale [15]. Tout ce qui vient d'être dit donne cependant à penser que, à partir des consi-

---

14. J'écris « Vingtième Siècle » avec majuscules, pour dégager son drame de la pure chronologie historique, ainsi que je m'en suis expliqué, en compagnie d'Elena Arseneva, dans l'essai du même titre publié dans le numéro de mai 1998 de la revue *Études*.

15. « De l'holocauste à *Holocauste* ou comment s'en débarrasser », *Les Temps modernes,* juin 1979, p. 1904, note 3.

dérations offertes par Emmanuel Levinas, cette *question* pourrait en venir à être posée de manière *critique – c'est-à-dire philosophique.* Mais c'est en ce point qu'un *goy*, qui se revendique comme tel, mais qui dans ces pages a probablement manié sans beaucoup de précautions l'exercice périlleux du franchissement de la limite, ne peut que se taire.

Une « herméneutique de la parole »

Emmanuel Levinas
et les Colloques des intellectuels juifs

PERRINE SIMON-NAHUM

Lorsque débutent les Colloques des intellectuels juifs de langue française en 1957, Emmanuel Levinas est déjà un philosophe reconnu. S'il ne fut pas à l'origine de leur création, il figure parmi les membres fondateurs et participe au comité préparatoire, chargé d'en choisir le thème chaque année. Il y assistera jusqu'en 1991. Ce n'est pourtant pas en qualité de philosophe qu'il va intervenir pour, ce qui deviendra, la leçon talmudique annuelle. La leçon talmudique clôturait les Colloques au terme de deux ou trois jours de discussions, parfois âpres, entre des interlocuteurs que réunissaient une flamme et un objectif communs. Des protagonistes des débuts, les principaux partirent en Israël et E. Levinas fut l'un des seuls qui resta en France. Certains disparurent rapidement comme Edmond Fleg, mort en 1963. Il est frappant de constater que, sans pathos le dialogue se poursuit à haute voix entre les membres fondateurs présents et ceux qui se sont absentés. Deux nouveaux entrants Georges Hansel et Claude Riveline peuvent prétendre à traiter des sujets religieux en lieu et place de leurs aînés. Georges Hansel promène sur la pratique juive une vue du quotidien, posant les questions de possibilité et de légalité au regard d'une existence contemporaine. Claude Riveline apporte son regard de scientifique, homme de raison, et de juif pratiquant. Conciliant foi et raison, il gère pour l'ensemble des Colloques, l'avènement des questions de la modernité et de l'ouverture au monde.

Emmanuel Levinas ne s'est pas toujours vu confier la leçon talmudique. Lors du second Colloque, il s'entretint en effet de sujets philosophiques à l'instar d'autres philosophes comme Vladimir Jankelevitch qui jouera un rôle important au cours des premiers, Robert Misrahi que l'on retrouvera très actif pendant les années 1970. Groupe auquel on peut également rattacher, même s'ils jouèrent un rôle plus discret, Jean Wahl, jusqu'à sa mort en 1974 et Jean Starobinski. C'est au cours de la préparation du IIIᵉ Colloque qu'il fut décidé qu'à A. Néher, J. Halpérin et E. Levinas reviendrait la tâche de traiter des «choses vraiment juives». Sans doute l'observation de l'assistance avait-elle permis de conclure que le public était suffisamment conscient de son judaïsme et surtout soucieux de le cultiver pour souhaiter en explorer les sources religieuses. Ce qui sonna au départ comme un défi, parler de la Bible et du Talmud à des juifs que l'on pouvait qualifier d'«assimilés», fit progressivement le succès, en même temps que la spécificité des Colloques. On y traitait des textes sacrés sans exiger un quelconque degré de pratique. On reconstruisait une identité non pas sur un vague accord concernant les valeurs de l'humanisme, mais on plongeait à leur source même. C'est cet «exigeant judaïsme» que réussirent à imposer les leçons bibliques de Néher et les commentaires talmudiques de Levinas. On verra que cette alchimie ne fut pas l'effet du hasard et que, sans en avoir explicitement formulé le vœu, c'est le projet même de Levinas qui rencontra l'attente des participants.

Un philosophe de la singularité juive

Levinas fut, on le sait, l'un des introducteurs en France de la phénoménologie et on lui reprocha souvent en tant que penseur «juif» d'avoir continué à diffuser après la Seconde Guerre mondiale la pensée de Heidegger. S'il se refusa à la mise au point définitive que certains attendaient, c'est que sa philosophie se situe dans le courant de la *Lebensphilosophie* qui, de Nietzsche jusqu'à

Heidegger, tente de s'imposer face à l'idéalisme absolu, incarné par la philosophie hégélienne. Ce n'est qu'ainsi que l'on peut comprendre le rôle que joua chez lui l'herméneutique talmudique, donnant une figure à la rencontre avec L'Autre que Levinas s'efforça de construire dans sa critique de Heidegger. Il n'y aurait donc pas deux versants de son œuvre : l'un philosophique, l'autre juif, mais une herméneutique venant remplir l'ouverture sur un Autre tenté par une philosophie, que la négation du moi en tant que sujet transcendantal, ne permettait pas de construire.

Le premier texte publié par Levinas en 1929 est une présentation des *Ideen* de Husserl. Sa thèse paraît un an plus tard sous le titre *La Théorie de l'intuition dans la phénoménologie de Husserl*. L'originalité de Levinas se profile déjà dans cette étude, où il souligne combien la théorie de l'intentionnalité ouvre un «champ infini de recherches», dès lors que l'on prend en compte l'horizon des visées sur lesquelles se déploie l'intention [1]. Mais c'est dans la ligne de la philosophie heidegérienne dont il reconnaît la fécondité dès son séjour à Fribourg en 1928 que Levinas inscrit sa volonté d'aller au-delà de l'intentionnalité husserlienne. Heidegger marque en effet pour lui la rupture la plus radicale avec l'idéalisme philosophique, en explorant l'oubli de l'être et en instaurant au premier rang le rapport de l'étant à l'être. Mais l'enfermement dans le *Dasein* que traduit encore la philosophie de Heidegger, où il y voit encore le sommet de la tradition de domination du concept du Même, le laisse insatisfait. C'est donc d'une certaine façon contre la philosophie du premier Heidegger, et en repartant de Husserl, que Levinas va tenter de repenser le chemin philosophique qui mène vers l'Autre. Dès 1935 dans *De l'évasion*, il exprime la nécessité de sortir de ce moi que laisse subsister en son centre la préoccupation heideggérienne. L'Autre qui émerge ici n'est pas, à la différence du «tu» de Martin Buber, plongé dans l'intersubjectivité mais reste dans l'horizon de la philosophie heideggérienne car cet Autre, qui est également le visage de la Loi, même s'il

---

1. E. Levinas, *Les Imprévus de l'histoire*, Fata Morgana, 1994, p. 11.

s'impose à moi, reste dans l'inatteignable de l'être. Dès lors que le moi n'est pas construit sur le modèle du sujet transcendantal kantien, quelle peut être la consistance de cet Autre qui le détermine ? Telle est l'une des questions majeures que la pensée de Levinas aura désormais à résoudre. C'est dans le Talmud qu'il trouvera une partie de la réponse.

La phénoménologie ouvrait à la pensée juive. À travers l'intentionnalité elle pressent déjà le langage comme commandement et la sortie du moi de l'immanence devant la force de cet impératif. Tout se passe, écrit Levinas en introduction du texte *Exigeant judaïsme*, comme si les gestes rituels prolongeaient les états d'âme, en exprimant, incarnant leur plénitude intérieure[2]. On trouve un écho de cette préoccupation dans la présentation que livrent de leur rapport au judaïsme les différents protagonistes du premier Colloque des Intellectuels juifs. Définissant le judaïsme comme un problème intérieur, quelque chose qui est du côté de mon essence mais que je cerne mal, Vladimir Jankelevitch le plaçait du côté de la métaphysique et de l'ontologie[3]. André Néher y voyait, à travers sa description du juif comme l'homme des contradictions, un «être-en-plus» qui déborde son être[4]. Le propre du juif est donc d'accéder à quelque chose qui le dépasse au sens physique du terme. Mais évoquant le rôle de la révélation dans la pensée juive, Levinas soulignait son insuffisance : «l'intentionnalité qui, dans la corrélation noétique-noématique, pense à sa mesure n'est-(elle) pas, au contraire, un psychisme suffisant, plus pauvre que la question, laquelle, dans sa pureté, est demande adressée à l'autre et, ainsi, une relation avec le non-investissable...»[5]. Dans la critique qu'il adresse à cette raison à l'œuvre dans la phénoménologie ressurgit le principe de la *Lebensphilosophie*, celui de la Vie, qui doit animer sans cesse et de toute part le mouvement philosophique. La connaissance «s'assoupit, s'embourgeoise dans la présence satisfaite de

---

2. E. Levinas, *Exigeant judaïsme*.
3. V. Jankelevitch.
4. André Néher,
5. E. Levinas, *Au-delà du verset, op. cit.*, p. 179.

son lieu et (…) la raison, toujours ramenée à la recherche du repos, de l'apaisement, de la conciliation, lesquels impliquent l'intimité ou la priorité du Même, s'absente déjà de la raison vivante[6] ». Or ce besoin de sortir de l'être comme être-là pour quelqu'un qui veut penser l'être dans ce qu'il a de non-représentable, comme nécessité proprement philosophique, est devenu, après l'extermination des juifs, une nécessité tout court. La violence radicale avait définitivement détrôné le sujet et plus aucun espoir ne pouvait être placé du côté du triomphe de la rationalité. C'est bien une autre Raison qu'il fallait construire. Cela ne signifiait pas pour autant sortir du cadre de la Raison, ni du schéma occidental. La Shoah ne s'imposait pas comme négation de l'assimilation ou du travail d'intégration dans les sociétés modernes qu'avait accompli le XIXᵉ siècle. La grande question d'Auschwitz, expliquait Levinas, est de savoir si « l'ultime raison de la violence guerrière (a sombré) dans l'abîme de l'extermination d'au-delà de la guerre ? ou si la folie de l'extermination (a conservé) un grain de raison[7] ? » Mais l'extermination impliquait que l'on pose désormais la question de la présence de Dieu dans le monde ou de l'accès de l'homme à la divinité selon des schémas différents. Il fallait donc à la fois repenser le chemin vers Dieu et donner existence à l'Autre, cet Autre dont la persécution traçait à la fois le visage de la victime et du bourreau. Tout au long de l'herméneutique talmudique, c'est ce que va s'efforcer de faire Levinas, en relation avec le cheminement propre des Colloques. À travers la Shoah, c'est la pensée de l'assimilation qui est remise en cause chez la plupart des intellectuels juifs. Ainsi Arnold Mandel résumait en ces termes lors du IIᵉ Colloque des Intellectuels juifs de septembre 1959 la situation du judaïsme occidental au sortir de la guerre comme un « état de désagrégation du judaïsme qui existe dans les pays occidentaux, dans toutes les parties du monde où le judaïsme s'est abandonné, s'est quitté lui-même, sans s'être réellement rejoint quelque part

---

6. E. Levinas, *Au-delà du verset*, *op. cit.*, p. 180.
7. E. Levinas, *Du Sacré au Saint. Cinq nouvelles lectures talmudiques*, Paris, Éditions de Minuit, « Critique », 1977, p. 165.

et s'être réellement perdu »[8]. Et Jean Halpérin de souligner lors de la même journée que le drame du judaïsme occidental était qu'il y avait bien une pensée juive mais que son destinataire avait disparu[9]. Sans doute est-ce sur ce constat que fut prise la décision de revenir aux sources et d'en confier l'étude à E. Levinas. L'objectif des Colloques était explicitement de ramener au judaïsme ou d'y établir ceux qui, après la guerre, avaient à cette occasion découvert une culture dont ils étaient d'abord porteurs aux yeux des autres et qui les vouait à la persécution, ou ceux qui, sans jamais renier leur appartenance au judaïsme, devaient rendre un sens positif à cette identité pour continuer de l'assumer. Les Colloques s'adressaient donc, aux dires mêmes de leurs fondateurs, d'abord à la communauté juive. À travers la Shoah, c'est le problème du Mal qui se trouve évoqué. La pensée de Levinas sert ici de fil conducteur. Le Mal ne peut être éradiqué ni de la vie, ni de la philosophie, même si cette dernière assure au Bien une place prépondérante à travers l'accueil à Autrui, qui est premier. Comme chez Paul Ricœur le Mal assure un sens à l'existence. Lors du VIIIe Colloque des Intellectuels Juifs, à l'occasion d'un commentaire du traité *Sanhedrin* (36b-37a), Levinas, réfléchissant sur la notion de justice, énonce que «sans enfer pour le Mal, rien au monde n'aurait plus de sens[10]». «Il fallait (dira-t-il) de toute éternité prévoir et tenir chaude une place pour Hitler et pour les hitlériens[11].» La responsabilité qui découle pour moi de cette présence du Mal face à autrui est précisément ce qui fait la grandeur du judaïsme face à la conception déterministe de la justice exprimée chez les auteurs tragiques grecs, au premier rang desquels Eschyle[12]. La responsabilité se trouve poussée à l'extrême, découvrant un sens à la persécution. Il faut pour qu'existe la morale un homme «otage» de tous les autres. «Le judaïsme l'a enseigné. Son exposition à la persécution

---

8. A. Mandel, *IIe CIJF*, Paris, PUF, p. 91.
9. J. Halpérin, *IIe CIJF, op. cit.*, p. 11.
10. E. Levinas, *Quatre Lectures talmudiques, op. cit.*, p. 185.
11. *Ibid.*
12. E. Levinas, *Quatre Lectures talmudiques, op. cit.*, p. 167.

n'est peut-être qu'un accomplissement de cet enseignement »,
« accomplissement mystérieux, ajoutait Levinas, car ignoré de ceux
qui l'accomplissent[13] ». Sans doute trouve-t-on définie de la manière
la plus radicale ici l'horizon inexprimable de l'être dans lequel se
trouve pensé cet Autre qui me persécute, par lequel j'existe, sans
toutefois que cela soit de ma propre initiative, ni en tant que sujet,
ni même en tant qu'essence au sens où le pensait Spinoza. Le
IVe Colloque sera consacré au thème du Pardon. E. Levinas pose,
dans le commentaire du traité *Yoma* (85a-85b), la question du pardon
de Dieu et de celui de l'Autre. Dans cette dialectique du collectif
et de l'individuel, l'individu offensé doit toujours être consolé indi-
viduellement, le Pardon de Dieu, celui de l'histoire, ne pouvant
intervenir que dans un second temps et en aucun cas s'y substituer.
Mais ce dernier se joue en revanche dans mon intériorité et comme
tel est de mon ressort[14].

Une herméneutique de la parole

La conjonction d'une situation historique particulière, à laquelle
les Colloques des Intellectuels juifs souhaitaient apporter une réponse
commune et le développement d'un mouvement interne à sa pensée
amenèrent E. Levinas à trouver dans l'herméneutique talmudique
une définition de l'Autre qu'il s'agisse de l'individu ou de la transcendance. Dans sa définition du Talmud comme la vie, on peut voir
à la fois un prolongement de cette *Lebensphilosophie* et la réponse
au traumatisme de la Shoah. L'idée revient comme un leitmotiv au
cours des premiers Colloques mais seul Levinas l'élève au rang de
principe herméneutique et philosophique. C'est chez Franz
Rosenzweig auquel il consacre sa communication lors du second
Colloque et sur lequel il revient en 1982 qu'il trouve l'inspiration
de l'articulation entre philosophie et pensée religieuse. Il se reconnaît en effet dans la contestation par Rosenzweig de l'ordre de la

---

13. E. Levinas, *Quatre Lectures talmudiques*, *op. cit.*, p. 186.
14. E. Levinas, *Quatre Lectures talmudiques*, *op. cit.*, p. 234.

rationalité qui culmine avec la philosophie hégélienne. Plus encore la pensée de la religion chez Rosenzweig comme nouvel horizon de sens, conférant une dimension inédite à la temporalité, annonce la philosophie de Levinas. Deux éléments vont particulièrement retenir son attention. Le rôle de la Révélation, antérieure à l'intentionnalité, «geste, qui, dira-t-il, arrache les éléments aux profondeurs de l'immémorial où ils se trouvent isolés en soi [15]» et les relie au travers du langage ou de l'amour. Et à travers les relations qu'elle établit entre les manifestations de la transcendance que sont la Création et la Rédemption, une forme de manifestation de la vie qui n'est pas persévérance dans l'être mais ouverture vers l'Autre, vers l'homme. Même si l'on n'y trouve aucune allusion dans l'œuvre de Levinas, cette idée d'une Révélation antérieure à la Raison nous renvoie à la querelle du panthéisme et à la critique que Jacobi adressa à Spinoza. Jacobi oppose en effet à la rationalité spinoziste triomphante qui fut celle des Lumières, la Révélation comme condition de déploiement d'une rationalité oublieuse de sa source. Il est intéressant d'y revenir pour apprécier la position de Rosenzweig et de Levinas face à Hegel. De toutes les philosophies de l'idéalisme absolu le système hégélien est en effet le seul à intégrer la critique de Jacobi. Hegel ne définit rien au départ du système dans la mesure où il lui faudrait alors reconnaître que ce que l'on pose au départ ne peut être que révélé. La philosophie commence avec le presque rien, «une évidence sensible» que pose *La Phénoménologie de l'Esprit* et c'est dans le mouvement de la réflexivité de l'esprit, à travers les prédicats qu'il construit puis déconstruit, que s'élabore un système de la Raison. La Révélation achevée intervient au terme du mouvement de l'esprit qui est le mouvement même de Dieu dans la philosophie de l'histoire. Ni Rosenzweig, ni Levinas, à sa suite, n'ont perçu cette dimension, ou s'ils l'ont fait, ils ne l'ont pas discuté, se contentent de s'opposer à la totalité de la Raison. On est ainsi ramené chez Rosenzweig à une dimension antérieure à l'intelligibilité ontologique. Levinas y trouvera une nouvelle forme de cercle herméneutique. À travers la méthode qu'il appelle paradig-

---

15. E. Levinas, *Quatre Lectures talmudiques*, *op. cit.*, p. 182.

matique, et applique à la lecture du Talmud, le principe de vie du
judaïsme est mis en lumière, légitimant ainsi en retour l'herméneutique qui en découle et retrouvant les étincelles de vie qui infor-
ment le texte. D'où *a contrario* la fréquence des références à la
catégorie de l'impureté qui, dans le judaïsme, entoure la mort et
revient comme un leitmotiv au cours des différentes leçons. Levinas
a à maintes reprises présenté son approche du Talmud. S'inspirant
de Chouchani et de Jacob Gordin, ce qu'il appelait, avant que les
historiens n'en reprennent l'expression, «l'École de Paris», il cher-
cha à justifier par plusieurs côtés ses choix herméneutiques. De
toutes les explications, celle qui se réfère à la vie domine et fonde
la pratique adoptée. Il faut être conscient du fait que dans son rapport
à la tradition juive, Levinas opéra des choix très conscients qu'il
justifia, sans peut-être les référer à son choix ultime, l'option philosophique de l'héritage d'une *Lebensphilosophie*, se livrant ainsi à
une pratique interprétative qui ne fut pas toujours du goût des talmudistes traditionalistes. De tous les grands textes de la tradition, c'est
le Talmud que choisit Levinas. Sans doute cela rejoint-il la tradition de pensée dont il était issu, ce judaïsme d'Europe de l'Est qui,
à la suite du Gaon de Vilna, affirmait contre le mysticisme le primat
de l'étude talmudique. Dans un article consacré à l'image de Dieu
chez le rabbin Haïm Voloziner, qui fut l'une de ses sources spirituelles, Levinas expliquait ainsi que la Haskalah d'Europe se soit
tournée vers d'autres sources que la Torah, contrairement au
judaïsme occidental [16]. Dans le rappel du lien entre Loi écrite et loi
orale, Levinas ira même plus loin faisant de cette dernière le lieu
de la spécificité du judaïsme : «c'est le Talmud qui permet de distinguer la lecture juive de la Bible de la lecture chrétienne ou "scientifique" des historiens ou philosophes. Le judaïsme, c'est bien
l'Ancien Testament, mais à travers le Talmud» [17]. Levinas se sépare
très nettement d'une étude purement philologique ou historienne
des textes. Et sa critique tient autant d'une herméneutique que d'une

---

16. E. Levinas, *Au-delà du verset*, *op. cit.*, p. 198.
17. E. Levinas, *Au-delà du verset*, *op. cit.*, «La révélation dans la tradition juive»,
    p. 166.

prise de position philosophique. On la trouve exprimée une première fois dans un court texte qu'il consacre à Spinoza. Critiquant l'historisme de la démarche spinoziste, rejetant toute inspiration dans le domaine de l'imagination et davantage préoccupé de mettre en lumière la genèse du texte que d'en faire l'exégèse, Levinas y dénonce une «réification» du texte, présent à lui-même dès le début et ainsi figé. Dans sa pratique philologique, Spinoza assimile l'interprétation du texte à l'étude de la Nature. À travers la dénonciation d'une philologie quasi positiviste, c'est en filigrane le thème de la *Krisis* husserlienne qui se déploie. On trouve une autre formulation de cette méfiance à l'égard de l'historien dont le regard réifie les textes, dans le commentaire du traité *Sanhedrin* 99*a* et *b*. L'idolâtrie appliquée à la Torah consiste en effet à réduire le texte «aux histoires et aux anecdotes vécues par les individus du passé, au lieu d'y sentir la prophétie des personnes et le génie des peuples» [18]. Le caractère vivant de la tradition pourrait servir de fil conducteur à la philosophie comme à l'herméneutique de Levinas. «La Thora ne serait pas un genre littéraire parmi d'autres, mais le lieu où, à partir des lettres, des propositions et des verbes commence une vie» affirme-t-il lors d'une leçon consacrée au modèle de l'Occident [19]. Voilà pour la profession de foi. Mais c'est sans doute dans les Avant-Propos de chacun des quatre volumes de leçons talmudiques qu'il est le plus explicite. Il y présente chaque fois un exposé dans lequel il décrit sa méthode d'approche des textes. Il y mêle des excuses pour le caractère néophyte de ses exposés, autre façon de dire que les gens de la tradition n'y reconnaîtraient pas leur façon de procéder. C'est par accident que le Talmud fut consigné par écrit. Il était donc important de le rappeler à la vie en faisant apparaître la multiplicité de sens qui éclôt derrière dialogues et polémiques [20]. «Les significations enseignées par les textes talmudiques, dont nous voudrions montrer la permanence, sont suggérées par

---

18. E. Levinas, *À l'Heure des nations*, Paris, Éditions de Minuit, «Critique», 1988, p. 77.
19. E. Levinas, *Le Modèle de l'Occident*, XVII CIJF, Paris, PUF, 1977, p.
20. E. Levinas, *Quatre Lectures talmudiques, op. cit.*, p. 13.

des signes dont la matérialité s'emprunte à l'Écriture, à ses récits, à sa législation [...] ainsi qu'à un certain nombre d'événements, de situations, ou plus généralement de repères contemporains des rabbins [...] qui parlent dans le Talmud[21]. » L'originalité du judaïsme réside dans cette notion de tradition vivante. En ce sens le Talmud n'est pas seulement le prolongement de la Bible. Peut-on décrire la méthode paradigmatique de Levinas qui compose l'ensemble des leçons talmudiques ? Son principe premier consiste à établir un certain nombre de préalables qui ne sont pas l'effet du hasard. Le premier s'adresse à une assistance souvent peu érudite et que ne doit pas décourager un retour aux sources dans sa quête du judaïsme, quand bien même celui-ci ne revêtirait pas le visage de la pratique religieuse. Le second préliminaire consiste à faire résonner le Talmud d'accents résolument modernes. Il s'agit non pas de faire vibrer l'ensemble des traités du Talmud à propos du passage évoqué, comme le veut la tradition, mais d'interroger le texte en fonction du thème particulier du Colloque, qu'il s'agisse du pardon, de la femme ou de la terre d'Israël. Le questionnement se trouve donc ici inversé en vertu du principe cher à Levinas que le Talmud peut être lu en langage moderne, « c'est-à-dire en problèmes qui préoccupent un homme instruit des sources spirituelles autres que le judaïsme et dont le confluent constitue notre civilisation. Les vues universelles qu'il s'agit de dégager, ajoute-t-il, du particularisme apparent où nous enferment les données empruntées à ce que, improprement, on appelle l'histoire nationale d'Israël, voilà le but dominant de notre exégèse[22]. » Il définit ainsi dans l'héritage de Chouchani une quête de vérités nécessaires à un judaïsme désireux de conserver une conscience de soi dans la modernité. L'effort consiste à dégager l'unité des textes présentés répondant aux exigences d'un public non averti et raisonnant selon les critères d'une logique occidentale. C'est seulement dans un second temps qu'il laisse s'ouvrir et résonner le texte de manière à répondre aux problèmes de l'heure. Ce seront tour à tour le judaïsme après la

---

21. E. Levinas, *Quatre Lectures talmudiques*, *op. cit.*, p. 17.
22. E. Levinas, *Quatre Lectures talmudiques*, *op. cit.*, p. 15.

Shoah, les rapports entre la diaspora et l'État d'Israël, la spécificité de la Bible ou de Jérusalem, la guerre ranimée par les deux guerres que connut Israël en 1968 et 1973, le problème de l'Autre vu sous l'aspect de l'Occident et de la tentation d'assimilation ou des thèmes plus transversaux comme l'argent, les idoles, la mémoire et l'histoire, les rapports entre politique et religion, enfin plus iréniques ceux du Shabbath ou de la place de la femme dans le judaïsme. Mais le Talmud n'est pas seulement, dans la mesure où il reprend les interrogations tourmentées d'un judaïsme contemporain, une tradition ininterrompue. Il est vivant, en un sens pourrait-on dire quasi nietzschéen, à travers la multiplicité des sens, c'est la vie elle-même qui prolifère. Telle est l'essence de la méthode paradigmatique : mettre au jour une pensée « où l'exemple n'est pas la simple particularisation d'un concept mais où l'exemple maintient une multiplicité de significations[23].» Selon une image familière à Levinas, les lettres s'animent alors pour laisser place à des sens chaque fois nouveaux. Ces procédés de lecture suggèrent que l'énoncé contient plus qu'il n'y paraît, « qu'un surplus de sens, peut-être inépuisable, reste enfermé dans les structures syntaxiques de la phrase, dans ses groupes de mots, dans ses vocables, phonèmes, lettres, dans toute cette matérialité du dire visuellement toujours signifiant[24]». La réponse à une contextualisation abusive est fournie par la leçon traitant de la traduction de l'Écriture, à l'occasion d'un commentaire du traité *Meguila* 8b et 9a-9b. De la même façon que la traduction de la Bible n'en fausse pas le sens en plaçant les mots dans un contexte qui leur serait étranger, de la même façon la traduction ne soustrait-elle pas le fidèle à l'authenticité de son rapport au texte[25].

Il ne s'agit pourtant pas de rester dans une indétermination du sens mais de savoir qu'une autre ouverture est possible. Cette multiplicité du sens repose sur une sagesse antérieure à la philosophie grecque qui parcourt l'ensemble des textes bibliques et talmu-

23. E. Levinas, *Quatre Lectures talmudiques, op. cit.*, p. 129.
24. E. Levinas, *Au-delà du verset, op. cit.*, p. 135.
25. E. Levinas, *À l'Heure des nations, op. cit.*, p. 47.

diques. Le principe de lecture repose sur l'existence d'un ordre du sens écrit qui en appelle toujours à une tradition. L'Écriture, dès lors, est intimement liée à une « Thora orale » à la fois « préliminaire et novatrice [26] ». Le rapport Loi écrite-Loi orale va chez Levinas au-delà de ce que l'on trouve dans les commentaires traditionnels de ce principe de prolifération. La Loi orale en sait plus que la Loi écrite. « Elle va plus loin que le sens obvie du passage étudié, mais dans l'esprit du sens global des Écritures [27]. » Ce débordement a un équivalent philosophique dans le passage du moi à l'éthique. Le Talmud est en effet le texte où se règle la pratique religieuse. En ce sens c'est l'aspect concret de la Loi qui commande la dialectique talmudique [28]. Prolifération de la vie à travers celle du sens et ouverture à l'éthique expliquent que c'est dans l'étude de l'Écriture, et du Talmud en particulier, que l'homme s'ouvre à la connaissance de Dieu. Dans son corollaire, à savoir les ellipses et les manques, se place la parole de Dieu. On trouve appliqué là le principe de l'ontologie fondamentale. L'oubli de l'être demeure l'horizon dans lequel s'inscrit l'Autre et au terme duquel je peux trouver Dieu, l'herméneutique inscrivant en plein ce que la philosophie figurait en vide, à travers un procédé qui relèverait presque de la psychanalyse. « Il faut du non-dit pour que l'écoute demeure un penser ; ou il faut que la parole soit aussi un non-dit pour que la vérité (ou la parole de Dieu) ne consume pas ceux qui écoutent ; ou il faut que la parole de Dieu puisse se loger sans danger dans les hommes, dans la langue et le langage des hommes [29]. » Le sens naît aussi par le langage et le rapport à la transcendance est inséparable du discours.

À quoi correspond, au-delà d'un commentaire des textes, cette approche herméneutique ? Il permet de donner figure à cet Autre qui, dans la philosophie de Levinas, fournissait la clé de la sortie du moi. Par le Talmud et à travers lui, l'Autre devient l'humain,

---

26. E. Levinas, *À l'Heure des nations*, op. cit., p. 62.
27. E. Levinas, *Au-delà du verset*, op. cit., p. 55.
28. E. Levinas, *Au-delà du verset*, op. cit., p. 98.
29. E. Levinas, *Au-delà du verset*, op. cit., p. 100.

voire la transcendance elle-même. Elle fonctionne tout d'abord dans le cadre d'une histoire générale de la pensée qui trace le contour de l'humanité. Paysage dessiné par Levinas, en introduction aux quatre Lectures talmudiques lorsqu'il montre que son exégèse repose sur le postulat que tout fut dit et inventé en un temps donné, autour de l'espace méditerranéen. Second postulat, mais qui lui est lié : l'unité de conscience de cette humanité, dont dit-il «Israël avait dessiné l'idée». C'est une même leçon qu'il tirera dans son commentaire de *Sanhedrin* 36b-37a. Ce qui compte aux yeux des rabbins est «la découverte des convergences des efforts spirituels de l'humanité[30]». Ainsi peut se justifier l'exégèse rabbinique appliquée à une institution – le Sanhédrin – empruntée à la Grèce. Cette humanité, qui revêt le visage de l'Autre, permet à Levinas d'écarter les allusions à l'idée d'élection. Cet Autre trouvera par la suite des incarnations concrètes à travers les figures historiques ou politiques illustrées à travers les différents Colloques : l'Histoire Sainte par rapport à l'histoire universelle, Israël par rapport à la diaspora, le problème de la culpabilité allemande, Israël face au monde arabe, la pensée grecque et la pensée juive, le christianisme et le judaïsme. Ainsi s'éclairent dans cette herméneutique très particulière les deux notions que sont l'érotisme et la transmission. L'Autre se trouve en effet construit à travers l'intersubjectivité qu'établit l'herméneutique. L'érotique, que définissent la justice et l'amour dans la tension qu'ils installent entre le moi et ce qui lui fait face, est, si l'on en croit Levinas lui-même, le point central de toute lecture talmudique[31]. Revenons au commentaire sur la justice à travers le traité *Sanhedrin* 36a-36b. Levinas y mettait en résonance avec le texte talmudique le Cantique des Cantiques, montrant comment la justice se fonde dans la maîtrise de la passion, c'est-à-dire non pas dans une contrainte qui m'est imposée par un destin aveugle, comme dans les Euménydes mais que celle-ci s'impose sur la maîtrise d'un trop-plein. Seule l'herméneutique propre au Talmud peut nous y amener, en déga-

---

30. VIIIᵉ CIJF, p. 161.
31. E. Levinas, *Quatre Lectures talmudiques, op. cit.*, p. 163.

geant l'esprit par-delà la lettre. Mais l'Autre se constitue aussi sous la figure du docteur. Ces enchaînements ne font jamais disparaître sous l'argument la personne de ceux qui les nomment. L'universalité de la vérité n'efface pas le nom de ceux qui la profèrent. Ce sont les positions multiples des docteurs qui en constituent la vie même, formant la longue chaîne de la tradition vivante. Reste que si l'échange et l'intersubjectivité sont aisément représentables à travers ces controverses et la façon dont elles ressuscitent pour le commentateur, on peut se demander pourquoi cette herméneutique ne gomme pas une fois de plus la figure de l'herméneute. La puissance attribuée au texte, la présence de l'Autre, voire l'ouverture à la transcendance qu'il assure, n'inversent-elles pas le processus herméneutique lui-même ? Ce n'est pas moi qui interprète le texte ; c'est le texte qui m'investit.

À aucun moment le cercle herméneutique n'est donc susceptible de se refermer. Ainsi la lecture lévinassienne des textes sacrés peut-elle se définir comme une « herméneutique de la parole », différente en cela de toutes celles qui l'ont précédée. Cette herméneutique du soupçon a un écho particulier dans la mesure où elle concerne un texte qui ne saurait avoir le statut d'œuvre et s'applique à la langue hébraïque dont la particularité est de régler la place du judaïsme dans le monde. L'ouverture au texte et sa mise en résonance indiquent qu'il signifie toujours plus qu'il n'y paraît. Ces jeux de renvoi, loin d'être arbitraires ou fantasmatiques, par la référence à la tradition qu'ils impliquent, apparaissent néanmoins réglés. Si elle reste constamment ouverte, c'est que cette herméneutique répond en réalité à des règles philosophiques fixées par la recherche de la transcendance. Le déchiffrement, l'interrogation midrachique fait déjà participer le lecteur à la Révélation. C'est en effet à partir du Talmud que Levinas repose la question de la subjectivité. On sort ici de la rationalité sans pour autant tomber dans l'irrationnel. Ce qui se joue va au-delà de la dimension proprement scripturale du texte, car le sens se trouve dans le récit de la parole inspirée que contient en réalité le texte. C'est à travers l'inspiration et le dérangement de l'ordre rationnel qu'elle impose que se jouent la rupture de l'immanence et l'irruption de la transcendance. Le langage est lui-même prophétique. Il est déjà herméneutique car il signifie plus qu'il ne dit ; il « lit l'énoncé et l'interprète [32] ». Commentant le traité *Berakhot* 61a, Levinas écrira à la lumière du Psaume 139 : « La parole n'est pas encore sur ma langue que déjà elle t'est dévoilée tout entière [33]. » Se joue ici en réalité la conception moderne du rôle assigné au judaïsme dans l'histoire. Ainsi peut-on comprendre le succès grandissant que rencontrèrent les conférences auprès du public. C'est une pensée juive qui est offerte en alternative à la pensée philosophique, qui par la rhétorique dit le beau au détriment du vrai, de même que la Révélation est opposée à la logique. À travers ce thème d'une sagesse juive ancestrale, c'est donc le langage qui est élevé au rang de catégorie philosophique chez Levinas. Ce qui est en jeu est la possibilité d'une rupture dans l'étant qui ne remettrait pourtant pas en cause sa rationalité. Levinas propose alors de substituer au modèle d'une pensée « stable et identique » celui d'une pensée où l'injonction donnée ne tienne aucun compte de la possibilité pour moi d'accomplir un tel acte. La Raison débouche sur la praxis, sur la raison pratique. Il repousse ainsi le modèle de connaissance du divin tel que l'établit la conception kantienne de la religion, laquelle conduit « à la mort de Dieu et à la fin de l'humanité de l'homme pour fonder un nouveau mode de connaissance de Dieu » [34]. À la logique philosophique, théorie du tiers exclu, définie par l'esprit grec, s'oppose donc une sagesse juive, elle aussi contenue dans les articulations du discours, que l'exégèse talmudique met au jour et qui répondent à la logique de l'inspiration et de la Révélation. Ainsi s'explique l'opposition marquée par la plupart des participants, et Levinas en particulier, à la pensée structuraliste de Lévi-Strauss. En aucun cas les renouvellements interprétatifs ne pourraient se concevoir à la manière des modulations qui caractérisent la reformulation des mythes. Mettant à jour cette sagesse ancienne du judaïsme, antérieure à l'apparition de la pensée philosophique,

---

32. E. Levinas, *Au-delà du verset, op. cit.*, p. 7.
33. E. Levinas, *Au-delà du verset, op. cit.*, p. 12.
34. E. Levinas, *Au-delà du verset, op. cit.*, p. 119.

Levinas répondait au vœu secret de la plupart des intellectuels, même de ceux chez qui, elle ne renvoyait pas directement à la Révélation. Mais c'est en fait tout un programme qu'il fixait, pensant ne pouvoir l'accomplir que de façon partielle. « La singularité que la longue histoire dont nous sortons a laissé à l'état de sentiment et de foi [...] demande son explicitation à la pensée. Elle ne peut pas fournir d'ores et déjà des règles d'éducation. Elle a encore besoin d'être traduite en ce grec que, grâce à l'assimilation, nous avons appris en Occident. Nous avons la grande tâche d'énoncer en grec les principes que la Grèce ignorait. La singularité juive attend sa philosophie [35]. »

Force est de constater un parallélisme entre les thèmes qui inspirèrent la philosophie de Levinas et ceux qui préoccupèrent tout au long de ces années les colloquants. Nul doute qu'à travers ces Colloques, Levinas n'ait influencé la relation que les générations de l'immédiat après-guerre aux années 1990, en passant par les années 70 où celles-ci furent plus tendues, entretinrent avec le judaïsme. Levinas joua pour plusieurs générations le rôle de passeur, offrant tour à tour aux philosophes français qui le découvraient après guerre un heideggérianisme au visage éthique donc acceptable, désignant aux idéologies tombées en désuétude la force d'une pensée où l'individuel rencontre le religieux. Il fit le succès des Colloques.

---

35. E. Levinas, *Au-delà du verset, op. cit.*, p. 234.

L' éducation juive
dans la pensée d'Emmanuel Levinas

ANNETTE ARONOWICZ

Dans le cadre de mon étude de la pensée de Levinas concernant
l'éducation juive, j'ai choisi de m'attacher à ceux de ses ouvrages
qui traitent directement du sujet : les essais réunis dans *Difficile
Liberté*. *Difficile Liberté*, comme on le sait, est une compilation d'essais écrits par Levinas entre 1950 et 1963 [1]. À cette époque, il était
directeur de l'École normale israélite orientale, le centre de formation des professeurs de l'Alliance Israélite Universelle dans le
Bassin méditerranéen [2]. La plupart, si ce n'est la totalité de ces
écrits, fut d'abord publiée dans les revues et journaux de la communauté juive. Écrits simultanément à son premier grand travail philosophique, *Totalité et Infini* (publié en 1961), ils nous offrent l'image
d'un homme travaillant et pensant dans deux mondes distincts, le
monde juif et le monde occidental.

---

1. La première édition fut publiée en 1963. La seconde, publiée en 1976, contient à
   la fois des ajouts et des retraits par rapport à la précédente. Je me réfère surtout à
   la première édition ici, parce que j'ai travaillé sur certains essais qui n'apparaissent plus dans la seconde ; mais je ferai aussi occasionnellement référence à la
   seconde parce qu'elle contient un article important qui n'apparaît pas dans la
   première. *Difficile Liberté* a été traduit en anglais sous le titre de *Difficult Freedom*
   par Sean Hand, édition John Hopkins Press, 1990. Je me suis de toute façon basée
   sur l'original français.
2. L'école en question est l'École normale israélite orientale, connue sous le sigle
   ENIO. Elle est toujours en fonctionnement, mais, depuis l'émigration massive des
   Juifs d'Afrique du Nord, elle ne forme plus à la même mission.

Et, en fait, le sujet principal de sa réflexion sur l'éducation sera la recherche de la juste articulation – si articulation il doit y avoir – entre ces deux mondes. L'analyse de Levinas débute non pas par ce que cette articulation devrait être, mais par le constat de ce qu'elle est en réalité. Sa description de la situation contemporaine des Juifs d'Europe s'articule autour de plusieurs présupposés philosophiques. Le premier d'entre eux est qu'il est en définitive impossible pour quoi que ce soit de spirituel de survivre sans une expression au niveau de l'État. Cela est lié à la nature même de la spiritualité [3]. Elle se manifeste, selon Levinas, dans des formes publiquement reconnues, dans la façon dont l'espace et le temps sont organisés. S'il n'y a pas de signes visibles d'une pratique religieuse individuelle possible dans l'espace et le temps à l'intérieur desquels une société fonctionne, cette pratique ne fait plus autorité, se délite en rêverie individuelle. Mais qui décide que la pratique religieuse se reflète dans la division des jours ouvrés et des jours fériés ? Qui décide qu'elle se reflète dans l'organisation de l'espace, que certaines constructions sont centrales et d'autres périphériques ? En définitive, c'est l'État. Ainsi donnant à la subjectivité une expression publique, l'État, dit Levinas, assure la survivance de l'esprit qui a présidé à sa constitution, en tant que réalité objective.

Ceci étant dit, la situation des Juifs en tant que Juifs en Europe depuis l'Émancipation a été très fragilisée précisément parce qu'ils ont été autorisés à s'intégrer dans l'espace et le temps occidentaux. En effet, cet espace et ce temps sont fondamentalement chrétiens. On aurait pu penser que la séparation de l'Église et de l'État garantissait la neutralité de l'espace public. Levinas explique que cette neutralité n'est en fait qu'apparente. L'espace et le temps publics, incarnant comme ils le font des réalités spirituelles, demeurent fondamentalement chrétiens [4]. Les jours fériés des États d'Europe découlent prioritairement du calendrier chrétien. Les

---

3. L'essai dans lequel cette position est la plus présente est «Judaïsme privé», in DL, 1, p. 293-295.
4. Ce thème apparaît pratiquement dans tous ses essais. Voir, par exemple, DL, 1 ; p. 269-270, 295, 302.

circonscriptions administratives sont, comme si c'était naturel, toujours découpées autour des églises et des cathédrales. Ainsi, malgré l'affaiblissement de la croyance et de la pratique religieuse au niveau individuel, le domaine public objective des réalités chrétiennes, non seulement dans les jours fériés et le découpage topographique déjà mentionnés, mais aussi dans les écoles publiques, où les classiques européens, imprégnés de référence et de langage chrétiens, constituent l'épine dorsale du cursus scolaire. Le problème, selon Levinas, n'est pas que les Juifs vivent dans une culture à dominante chrétienne. Après tout, c'est le cas depuis deux millénaires. Il réside plutôt dans le fait que, depuis l'Émancipation, les Juifs en sont venus à réserver la pratique des traditions juives au domaine strictement privé sans répercussions possibles ou souhaitables dans le domaine public. C'est en fait l'un des principes de base de l'accord tacite qu'ils ont conclu pour être acceptés comme citoyens à part entière dans l'État moderne [5]. Les Juifs y ont souscrit en toute conscience, pensant qu'en préservant un judaïsme privé, le judaïsme de la synagogue et de la pratique individuelle, ils préserveraient sa meilleure part, la vie spirituelle. Ils imaginaient une vie séparée en deux moitiés, l'une, juive, visible au sein du foyer, dans les replis intimes du cœur, et l'autre occidentale, active dans les domaines de la politique, des affaires et dans tous les corps de métiers. Ceci, toutefois, était fondé sur une méconnaissance des mécanismes de fonctionnement de la spiritualité. Lorsque la prière et la pratique religieuse ne rencontrent aucun écho dans le domaine public, la spiritualité perd tout crédit, et éventuellement dépérit. En spiritualisant le judaïsme, l'État moderne et ses citoyens l'ont fait disparaître comme par enchantement.

Le problème auquel l'éducation juive se trouve confrontée, selon Levinas, ne concerne donc pas tant le nombre et la qualité des enseignants, ni la nécessité d'un changement dans le cursus scolaire, ni le renouveau de la pédagogie – bien qu'il admette que

---

5. DL, 1 ; p. 267, 289, 292.

tout cela mérite attention –, le véritable problème est que la culture juive classique ne retrouve pas ses principes fondamentaux dans la réalité quotidienne dans laquelle les Juifs sont plongés [6]. Sans écho dans le domaine public, elle a perdu sa force.

Il est important de noter que cette perte de crédibilité découle directement, selon Levinas, non pas d'une perte de la foi, mais du changement de la situation politique des Juifs, dont découle un changement des univers symboliques [7]. Aujourd'hui, les Juifs vivent dans un espace et un temps chrétiens, utilisent un langage chrétien, et cela d'une façon totalement inédite. Il n'y a cependant pas dans l'analyse de Levinas le moindre déterminisme simpliste, qui tendrait à faire croire que les réalités politiques déterminent la pensée, car la pensée elle-même a contribué à la construction de la réalité de l'État moderne. D'ailleurs, le problème de la portée de la religion dans la société n'est pas un problème réductible à des intentions individuelles, à la croyance ou à la non-croyance. Beaucoup plus largement, des structures impersonnelles sont en jeu.

Que peut-on donc faire, si ces éléments structuraux exercent leur influence indépendamment de la volonté des individus ? La première chose à faire, bien entendu, est un bilan de la situation, la seule aptitude à le faire étant déjà le signe d'un changement. Ce changement, insiste Levinas, est lié à la fondation de l'État d'Israël [8]. Sa seule existence a permis de replacer le judaïsme dans le domaine public. Bien que ses fondateurs et partisans aient pour la plupart été laïques, la tradition juive apparaît soudain comme une force publique et historique, contrairement à son image de pratique privée, individuelle, réservée au service religieux et à quelques organisations caritatives. L'existence de l'État d'Israël, en déprivatisant et en despiritualisant le judaïsme, rend possible la renaissance d'une culture juive car elle permet aux Juifs d'appréhender à nouveau leurs sources propres comme des ressources pour la vie publique, indiquant de nouveaux marquages possibles de l'espace

---

6. DL, 1 ; p. 286, 303.
7. DL, 1 ; p. 271, 289.
8. DL, 1 ; p. 273-4, 290-1, 295, 306, 319.

et du temps publics. Levinas espère sincèrement qu'un tel renouveau des études juives aura lieu en Israël qu'il charge d'ailleurs de propager une nouvelle compréhension du sens de la tradition juive [9]. Mais il pense aussi que cet élargissement des perspectives sur les sources juives, la restauration de leur pouvoir d'intervention dans des questions d'ordre public, se mettra aussi en place dans la Diaspora. La création de l'État d'Israël doit avoir un impact tangible pour les Juifs du monde entier.

On pourrait se demander ce que Levinas est en droit d'attendre de la communauté de la Diaspora, étant données les conditions de concurrence voire d'oppression culturelle dans lesquelles elle se trouve, noyée parmi tant d'autres. N'est-elle pas condamnée à rester une pâle copie de la nouvelle culture qu'Israël va finalement instaurer ? Mais ici, Levinas insiste avec véhémence sur le besoin réciproque d'Israël envers la Diaspora et de la Diaspora envers Israël [10]. Une fois de plus, pour Levinas, c'est une question de réalités historiques brutes. L'État d'Israël, dans sa lutte pour l'existence, a tendance à promouvoir une image de l'homme-soldat, et du paysan. Mais cela ne suscite qu'un attachement localisé, alors que l'expérience historique des Juifs de la Diaspora les a conduits à avoir une reconnaissance de l'être humain universelle, au-delà de tout particularisme régional. C'est cette vision de l'être humain en tant que tel que les Juifs de la Diaspora sont invités à propager, étant donné leur position dans l'espace et dans le temps [11]. Pour Levinas, ce n'est pas seulement un contrepoint à l'image du patriote-soldat institué par Israël, mais c'est une correction profonde, exprimant le véritable héritage de la tradition juive et sa véritable contribution au genre humain.

---

9. Emmanuel Levinas, *Neuf Lectures Talmudiques* par Emmanuel Levinas, traduit par Annette Aronowicz, Indiana University Press, Bloomington ; p. 9-10 : «(…) Que l'Université hébraïque de Jérusalem traduise dans un langage moderne la sagesse du Talmud, la confronte avec les problèmes propres à notre époque comme une de ses tâches les plus élevées. N'est-ce pas l'essence la plus noble du Sionisme ? Le Judaïsme de la Diaspora et tout un peuple, émerveillés par le renouveau politique d'Israël, attendent la Torah de Jérusalem… »

10. DL, 1 ; p. 306-8, 317.

Cependant, alors que Levinas pose en principe la nécessité d'une relation entre le spirituel et l'État, il affirme par ailleurs que le spirituel doit aussi trouver une expression et un point d'ancrage au-delà de l'État. Selon lui, le judaïsme ne peut être réduit ni à un assortiment personnalisé de croyances, ni à un nationalisme. Il a besoin de l'État mais il n'est pas contenu dans ses frontières.

Les implications culturelles de cette vision du judaïsme, et c'est le point principal de l'ouvrage *Difficile Liberté* de Levinas, sont que la communauté diasporique doit recréer ses propres institutions éducatives, redécouvrant dans les sources de la culture juive cette vision de l'être humain si étroitement liée à son expérience historique et si indispensable au monde. Mais comment s'y prendre, si, comme on l'a déjà noté, l'existence d'Israël crée un nouveau contexte mais ne résout pas à elle seule les problèmes. Ici nous arrivons à un nouveau postulat philosophique de base.

Pour le dire simplement, Levinas affirme que ce qui motive les gens en dernier ressort c'est la vérité, une vérité surgie de l'intellect, par le biais d'investigations et d'analyses subtiles [12, 13]. Dans le cas de la tradition juive, la découverte de sa vérité implique la maîtrise de plusieurs langues, d'un univers mental avec ses conventions propres et une traduction de la sagesse qui s'y trouve dans

---

11. Dans un autre bel essai de *Difficile Liberté*, « Heidegger, Gagarine et Nous », Levinas analyse le sens du vol de Gagarine dans l'espace, en l'opposant à la philosophie de Heidegger, qui n'y aurait vu qu'une aliénation de plus de l'être humain, imposée par la technologie. Il voit cela différemment, en se basant sur une vision juive de l'homme : « Mais ce qui compte peut-être par-dessus tout, c'est d'avoir quitter le Lieu. Pour une heure, un homme a existé en dehors de tous horizons — tout était ciel autour de lui, ou, plus exactement, tout était espace géométrique. Un homme existait dans l'absolu de l'espace homogène. Le judaïsme a toujours été libre à l'égard des lieux. Il resta fidèle à la valeur la plus haute. La Bible ne connaît qu'une Terre Sainte. Terre fabuleuse qui vomit les injustes, terre où l'on ne s'enracine pas sans conditions... » DL, 1 ; p. 258.
12. DL, 1 ; 284.
13. L'insistance de Levinas sur la prépondérance du travail intellectuel comme seul chemin de retour possible vers un judaïsme vivant est un thème central que l'on retrouve dans tous les essais. Sa façon d'insister révèle une partie de l'attitude des Juifs Français à son époque. Voir DL, 1 ; p. 274, 275, 286, 292, 299, 301, 311. DL, 2 ; p. 377.

un langage philosophique occidental. C'est seulement à travers un tel processus que la tradition peut vraiment revivre, redécouvrir son universalité, son incidence dans le domaine publique plutôt que dans la sphère privée. La vérité ainsi dévoilée n'est évidemment pas une question d'informations mais une « illumination » quant aux structures fondamentales de l'existence.

Pourtant, il serait incorrect de penser que Levinas, en valorisant le rôle de l'intelllect, minimise complètement le rôle de l'émotion ou du sentiment. Un attachement, une confiance, doivent préexister à la réintégration de l'individu dans sa culture [14]. L'intellect est impuissant à créer cet attachement. Il peut seulement l'influencer si cet attachement existe déjà. Assez étrangement, dit Levinas, cet attachement irrationnel est souvent plus violemment ressenti par les personnes qui ont abandonné toute pratique et toute croyance. C'est précisément à travers elles que le chemin de retour vers la tradition, qui passe par l'intellect, s'ouvrira inéluctablement, contrairement à toutes les prévisions sociologiques annonçant la mort de la religion [15].

L'autre façon qu'a l'intellect de se combiner avec une émotion ou un désir qu'il n'a pas créé est en rapport avec la façon de Levinas de comprendre la sociologie de la connaissance. La question, au fond, revient à savoir comment les sources juives peuvent reconquérir un pouvoir d'enseignement et de formation dans une société dans laquelle elles ne font plus autorité. Levinas affirme qu'elles ne regagneront cette autorité que si les personnes qui les prennent au sérieux sont aussi versées dans les sources occidentales, et bien placées dans la société occidentale. Il suppose que si la communauté juive constate que son élite et ses intellectuels étudient les textes juifs et en tirent des enseignements, elle va elle aussi accorder du crédit à ces textes, les considérer comme porteurs d'une valeur éducative nécessaire et urgente [16].

---

14. DL, 1 ; p. 292.
15. DL, 1 ; p. 287.
16. DL, 1 ; p. 286-7, 318.

On pourrait ne voir là qu'une simple observation de l'émulation qui se crée entre des personnes par rapport au statut social, chose caractéristique de beaucoup sinon de toutes les sociétés. Si des personnes ayant un statut social élevé font certaines choses, alors d'autres ayant un statut moindre seront poussées à faire de même. Mais Levinas a en tête quelque chose de plus subtil. Dans un monde qui considère comme acquis le fait que les nourritures spirituelles ou que le développement intellectuel viennent des sources occidentales, il est naturel de se nourrir de ces sources [17]. La connaissance ne peut être transmise sans soif préalable de connaître. Ainsi, dans l'Europe occidentale telle qu'elle est constituée aujourd'hui, la soif de culture juive dépend d'une certaine façon de la place qui lui est faite par la culture occidentale. Tout au moins pour commencer. Une fois que l'on a goûté à la culture juive, le renouveau de la vie intellectuelle peut prendre son essor. Mais pour entrer en contact avec cette culture oubliée, c'est la culture occidentale elle-même qui doit restaurer l'autorité perdue.

Levinas imagine donc un noyau d'intellectuels au centre d'une renaissance de la tradition juive. Il n'espère en aucun cas que la grande majorité des Juifs deviennent des érudits. Mais, dit-il, cela n'a aucune importance. La survivance du judaïsme a toujours dépendu d'une petite élite d'érudits. Ce qui compte, c'est que cette petite élite change le comportement de la majorité, lui faisant respecter les sources juives comme la voie vers la vérité. Enfin et à nouveau reconnu comme véritable cheminement intellectuel, le Judaïsme rejoint ainsi les rangs des autres cultures et le débat public avec un véritable désir d'intervention dans la vie humaine.

En conséquence, Levinas propose la création d'un certain nombre de nouvelles institutions dont le propos serait de faire atteindre à la vie intellectuelle juive un très haut niveau. Par exemple, il souhaite que la communauté juive s'investisse plus dans les études juives telles qu'elles sont pratiquées à l'Université [18]. Il existe déjà un certain nombre de chaires, mais les programmes doivent être

---

17. DL, 1 ; p. 319.
18. DL, 1 ; p. 275, 299.

élargis et leur approche des sources juives modifiée [19]. Il suggère aussi la création d'un centre international pour les études juives, qui permettrait de réunir des universitaires de différents pays et de les amener au meilleur niveau [20]. Ce centre fonctionnerait d'ailleurs indépendamment des universités et serait surtout consacré à la traduction de la sagesse juive dans le langage du monde moderne. Il préconise aussi vivement l'organisation de rencontres régulières et fréquentes entre des personnes compétentes dans le domaine de la culture juive, venant de différentes origines sociales et idéologiques, dans le but de mettre en commun leur savoir et de pérenniser la constitution d'un groupe d'érudits juifs [21].

Toutes ces institutions dédiées aux études juives de haut niveau doivent nourrir l'école de tous les jours, non seulement grâce à leur contribution à la façon d'enseigner et au cursus scolaire, mais aussi grâce à la présence même d'un groupe d'intellectuels juifs érudits, dont les étudiants savent qu'ils rejoindront les rangs à l'âge adulte. Levinas était tout à fait conscient du fait qu'en proposant de se consacrer en priorité à l'amélioration du niveau des études juives, il se heurtait à un cercle vicieux. D'où proviendraient ces intellectuels éduqués dans la tradition juive et invités à faire partager cette nouvelle vision de la tradition, sinon des écoles qui les prépareraient à cela et qu'eux-mêmes doivent contribuer à améliorer ? Cependant, il pensait que ce cercle vicieux pourrait être brisé plus aisément en s'attaquant directement au sommet de la pyramide et que les étudiants juifs déjà lancés dans des études universitaires non-juives seraient immanquablement attirés par le prestige d'un cursus scolaire juif éminemment intellectuel. Sans l'aiguillon du prestige intellectuel, qui ne peut être gagné que par un travail réel, le talent du professeur, la justesse de la conception des programmes, sont impuissants, à eux seuls, à stimuler l'appétit à l'égard des études juives.

---

19. Pour sa critique de la Wissenschaft das Judentums, dont les méthodes dominent l'Université, voir DL, 1 ; p. 300, 304-5.
20. DL, 1 ; p. 319-20.
21. DL, 1 ; p. 276.

Il est implicite dans cette description du rôle de l'intellect que la renaissance qu'il va amener doit être strictement laïque[22]. Ce point de la pensée de Levinas mérite d'autres explications et j'y reviendrai plus tard. Je me contenterai pour l'instant de dire que pour pénétrer dans la tradition juive et découvrir sa vérité, il n'est pas nécessaire de croire en Dieu[23]. Il faut par contre avoir confiance dans la capacité de la tradition à enseigner, mais cela ne définit pas le moins du monde le contenu de cet enseignement[24]. Levinas ne fait pas non plus de l'acceptation des *mitzvot* une condition obligatoire[25]. Bien sur, il n'exclut pas non plus la croyance en Dieu ou l'acceptation des *mitzvot*, qui se déclarerait avant ou pendant le processus d'enseignement. Mais le but de cet enseignement demeure la découverte d'une vérité qui n'est pas déterminée à l'avance par le genre de question qu'elle peut soulever ou par le genre de réponses qu'elle peut recevoir, c'est-à-dire par une connivence préalable et tacite envers certains principes. Ce libre vagabondage intellectuel est lié au désir de Levinas de faire accéder le commun des mortels (le même mot « laïque » se référant à la fois à séculier et à commun), c'est-à-dire à des personnes qui ne limiteraient pas la pertinence des textes à certaines occasions religieuses mais qui voudraient qu'elle éclaire tous les aspects de leur vie[26].

Mais pourquoi les Juifs devraient-ils surmonter tant d'obstacles pour accéder à la vérité, s'il est vrai que la recherche de la vérité est le but de toute vie humaine ? N'existe-t-il pas suffisamment de vérité disponible dans les sources occidentales dont ils sont devenus familiers ? Avec Platon, Montaigne, Goethe et pléthore d'autres, pourquoi les Juifs devraient-ils se donner la peine d'apprendre l'hébreu et de se casser les dents sur des textes difficiles d'abord, sibyllins ?

---

22. DL, 1 ; p. 274, 285, 312-13.
23. DL, 1 ; p. 292.
24. DL, 1 ; p. 300-1 ; voir aussi NTR p. 4-6.
25. DL, 1 ; p. 316.
26. DL, 1 ; p. 274, 285.

Levinas ne nie jamais que l'on peut trouver la sagesse dans l'étude des sources occidentales classiques. Mais sa réponse à cette question est structurée autour d'une nouvelle présupposition : il existe une vérité particulière aux sources juives, que l'on ne peut trouver dans les sources occidentales et qui ne peut que renforcer le message universel de la culture occidentale bien qu'elle procède différemment de celle de l'occident. Cette dialectique du particulier et de l'universel est un thème à entrées multiples dans le travail de Levinas. Ici, je voudrais attirer l'attention sur un passage de *Difficile Liberté* pour faire comprendre sa complexité. Dans la préface, il écrit :

Au lendemain des exterminations hitlériennes qui ont pu se produire dans une Europe évangélisée depuis plus de quinze siècles, le judaïsme se tourna vers ces sources. C'est le christianisme qui l'avait jusqu'alors habitué, en Occident, à considérer ces sources comme taries ou submergées par des eaux plus vives. Se retrouver juif après les massacres nazis, signifiait donc prendre à nouveau position à l'égard du christianisme. Mais le retour aux sources s'ordonna aussitôt à un thème plus haut et moins polémique. L'expérience hitlérienne a été pour bien des Juifs le contact fraternel des personnes chrétiennes qui leur ont apporté tout leur cœur, c'est-à-dire ont risqué tout pour eux. Devant la montée du tiers monde, ce souvenir demeure précieux. Non pas pour se complaire dans les émotions qu'il suscite. Mais il nous rappelle un long voisinage à travers l'histoire, l'existence d'un langage commun et d'une action où nos destins antagonistes se révèlent complémentaires.

Dieu merci, nous n'allons pas prêcher de suspectes croisades pour «se serrer les coudes entre croyants», pour s'unir «entre spiritualistes» contre le matérialisme montant ! Comme si, à ce tiers monde ravagé par la faim, on devait opposer quelque front ; comme si on devait penser à autre chose qu'à assouvir cette faim ; comme si toute la spiritualité de la terre ne tenait pas dans le geste de nourrir ; et comme si d'un monde délabré nous avions d'autres trésors à sauver que le don – qu'il reçut tout de même – de souffrir par la faim d'autrui. «Grand est le manger !» dit Rabbi Yochaman au nom de Rabbi Yossi ben Kisma (Sanhedrin 103 b). La faim d'autrui – faim charnelle, faim de pain – est sacrée ; seule la faim du tiers en limite les droits ; il n'y a de mauvais matérialisme que le nôtre. Cette inégalité première définit peut-être le judaïsme. Condition difficile. Inversion de l'ordre apparent. Inversion toujours à recommencer. D'où le ritualisme qui voue le Juif au service sans récompense, à une charge exercée à ses frais, conduite à ses risques et périls. Ce que, au sens originel et irrécusable du terme, signifie le mot grec liturgie [27].»

Difficile Liberté, 2e édition, Albin Michel, p. 9-10.

Ce passage commence par une prise de distance des Juifs par rapport à la tradition chrétienne dont les valeurs furent incapables de résister à la barbarie qui submergea l'Europe, bien qu'elles aient eu beaucoup de temps pour imprégner les mœurs. Dans les essais de *Difficile Liberté*, Levinas va suggérer que, à cet égard, le judaïsme, grâce à une attention constante portée au particulier, aux actes précis à faire ou à ne pas faire, empêche son message de devenir une abstraction abandonnant l'être humain concret dans sa situation concrète où elle ne lui est d'aucun secours. Il appelle cela la «compréhension mendelssohnienne» de la singularité de la tradition juive [28]. Je reviendrai bientôt sur ce point.

Mais, immédiatement après avoir pris en défaut la tradition chrétienne – en fait, la tradition occidentale – il rappelle à ses lecteurs qu'il y eut des chrétiens qui donnèrent tout pour sauver des Juifs. À ce moment du texte, les deux traditions s'avèrent complémentaires. Malgré leurs destins historiques différents, les actions de leurs fidèles convergent et révèlent une spiritualité commune. Ainsi, la singularité, précédemment citée, est annulée, dans la mesure où Juifs et chrétiens partagent une même vision de l'être humain et de ses devoirs.

Il admet que la reconnaissance d'une similarité entre Juifs et chrétiens est aussi partiellement due à la naissance du tiers monde. Plutôt que d'insister sur la différence qui existe entre l'Europe et

---

27. DL, 2 ; p. 9-10.
28. DL, 1 ; p. 313.

le tiers monde, il affirme aussitôt qu'il faut remédier à sa faim. À ce moment du texte, la singularité de la tradition juive apparaît une nouvelle fois. En effet, être juif, c'est placer la faim de l'Autre avant la sienne propre et inverser ainsi l'ordre apparemment naturel qui veut que l'on se nourrisse d'abord soi-même. Cette priorité donnée à autrui doit être réinstaurée dans toute situation. Le lieu de formation à cette obligation est le rituel juif, que Levinas comprend non pas comme la recherche d'une récompense à travers un service rendu mais comme un service en soi, dans lequel on s'engage peut-être gratuitement.

C'est dans cette façon de parler du rituel que Levinas répond à la thèse mendelssohnienne sur la tradition juive. Le judaïsme n'est pas la révélation d'une vérité, car la vérité est accessible à tout être humain à travers la raison. C'est plutôt la législation révélée, une Loi. Ces interdits et ces obligations destinés uniquement aux Juifs, préservent les vérités que la raison a validées en les enracinant dans la réalité du comportement, créant une personnalité à part entière. La raison, abandonnée à elle-même, s'égare souvent dans la nébuleuse de ses propres préceptes si elle n'est pas soutenue par une discipline quotidienne. Cependant, Levinas n'affirme pas ici que les Juifs sont les seuls qui savent se dévouer aux autres, car les chrétiens, dans le passage précédent, le faisaient aussi. Ce que les Juifs possèdent cependant, c'est une discipline des actes, les *mitzvot* ; qui préservent ce dévouement des assauts de la passion [29].

Levinas dit peut-être aussi dans ce passage, comme il le dit ailleurs, que la formulation même du spirituel dans la tradition juive est différente de sa formulation dans la chrétienté. Il ne serait donc plus question des valeurs, identiques ou non à celles des chrétiens et mieux préservées dans le judaïsme. L'ensemble des valeurs véhiculées par le judaïsme serait irréductiblement différent [30]. Le fait que l'acte de nourrir l'autre ait la plus haute valeur spirituelle

---

29. Levinas va revenir longuement sur ce thème dans presque tous ses commentaires talmudiques. Voir surtout « Vieux comme le monde » NTR, p. 70-88.
30. DL, 2 ; p. 391.

témoigne d'un intérêt pour les besoins physiques et concrets de l'humain que l'Occident a souvent choisi de classer dans les préoccupations matérialistes. C'est dans cette insistance et dans la notion du moi qu'elle implique que réside la véritable différence. Mais, si la singularité du Judaïsme est ici mise en évidence, Levinas, aussitôt et une fois de plus, la rattache à quelque chose d'universel. Le don de compatir à la douleur et à la faim d'autrui est en effet accordé à chacun et pas aux seuls Juifs. Ainsi, même si la tradition juive insiste sur cette valeur d'une façon particulière, elle est valable pour tout être humain. En outre, cette particularité des Juifs que sont leurs pratiques rituelles, peut aussi être décrite d'une façon précise, dit Levinas, par le mot grec « liturgie », qui signifie service public offert à la communauté par un individu et à ses frais. Ainsi, aussi spécifique que soit le rituel juif, une corrélation peut être établie avec un mot-clé de la culture occidentale.

Toutefois le mouvement entre le particulier et l'universel ne s'arrête pas à cette occurrence de l'universel, comme il pourrait sembler étant donné que la référence à la liturgie apparaît à la toute fin d'un passage qui doit être compris comme un tout. Car certainement le mot grec liturgie a été reconquis, investi d'un sens nouveau, grâce à la juxtaposition avec la tradition juive opérée par Levinas. Le devoir de nourrir celui qui a faim d'une part, et le fait de payer un tribut pour la flotte athénienne ou pour les pièces de théâtre grecques, d'autre part, n'appartiennent pas à la même catégorie de geste. La singularité juive résonne pour elle-même dans le mot grec dans le même temps que sa signification est universalisée.

Ces allers et retours entre le particulier et l'universel montrent que la redécouverte de la tradition juive est toujours déjà un dialogue avec autrui, un dialogue incessant. Ils démontrent aussi que, bien que Levinas affirme parfois la supériorité du judaïsme, ces déclarations ne sont que les moments d'une dialectique.

Du point de vue de l'éducation, un certain nombre de choses sont claires. La première d'entre elles est qu'il est nécessaire de redécouvrir les sources juives, de devenir érudit à leur sujet, pour repenser l'être humain et s'opposer aux horreurs du siècle. Levinas pense bien sûr aux chambres à gaz, mais il pense à beaucoup d'autres horreurs[31]. On pénètre dans les sources juives, non pas pour se retirer dans un monde clos, mais au contraire parce que le monde dans son ensemble a besoin d'une formulation nouvelle et meilleure de ce qu'est l'être humain.

La seconde implication de la pensée de Levinas est que la singularité juive, la vérité différente transmise par l'enseignement juif, ne peut émerger qu'en confrontant ses sources à celles des autres traditions. Levinas est résolument européen et c'est aux traditions européennes qu'il se réfère. Je ne vois cependant aucune raison pour que cette confrontation des voix doive se limiter à l'Europe, si des Juifs se trouvent dans d'autres parties du monde ou même s'ils en sont absents. Dans le même ordre d'idées, la particularité d'une tradition est toujours conditionnée par sa compréhension de la particularité des autres et, dans la mesure où l'on n'a jamais fini de comprendre autrui, on n'a jamais fini non plus de se comprendre soi-même, et il faut donc sans cesse remettre en question une pensée qui semble acquise.

Par ailleurs, il est une chose sur laquelle Levinas insiste vigoureusement. Cette redécouverte des sources juives doit être faite en hébreu car le caractère unique de la tradition juive ne réside pas dans des concepts mais dans le caractère concret de la langue dans laquelle ils sont exprimés[32, 33]. Cette langue est la seule objectivation de la réalité présente dans le texte immédiatement disponible pour les Juifs de la Diaspora[34]. Elle crée un espace et un temps qui leur sont propres, une complicité entre ceux qui la parlent. C'est seulement grâce à l'hébreu que les Juifs peuvent, en tant que tels, engager le dialogue avec le reste du monde.

Car, en outre, selon Levinas, le texte central qui doit être étudié est le Talmud, et ce n'est pas seulement parce que la Bible appartient aussi aux chrétiens[35]. C'est dans le Talmud, déclare-t-il, que l'on

---

31. Pour des mentions précises de l'Holocauste dans sa pensée, voir DL, 2, p. 406. Pour une liste plus complète des horreurs du siècle dans lequel nous sommes, voir DL, 2, p. 390.
32. Ici, une fois encore, nous rencontrons un thème très souvent abordé. Voir DL, 1 ; p. 274, 291, 296, 297, 303, 315.
33. DL, 1 ; p. 274.
34. DL, 1 ; p. 297.

rencontre cette extraordinaire attention portée au particulier, à la fois dans la pensée et dans les actes, qu'il a présentée comme la contribution majeure du judaïsme au monde [36, 37]. En plaçant l'accent sur les textes rabbiniques classiques, sur la Michna et la Guemara, Levinas n'élude pas l'importance de la Bible. Il affirme, dans la ligne de la tradition, mais peut-être dans un langage nouveau, que la compréhension par les Juifs de la Bible repose sur la lecture de ses commentateurs rabbiniques.

Ce sont, en bref, quelques-unes des idées de Levinas sur l'éducation, telles qu'elles sont exprimées dans *Difficile Liberté*. On pourrait, sans doute, poser un certain nombre de questions. L'une concerne l'État et sa relation avec l'entreprise éducative. Dans le but de cerner ce qui est en jeu concernant l'État, j'aimerais confronter rapidement la pensée de Levinas à celle de Franz Rosenzweig. Comme Levinas, Rosenzweig souhaitait, dans sa philosophie comme dans son programme éducatif, briser la mainmise d'une universalité occidentalisée qui ne laissait pas de place à la particularité de la tradition juive. La vérité juive n'est pas seulement une autre version de la vérité occidentale. C'est une vérité différente, même si elle aboutit à affirmer le même type d'universalité que celle prônée par l'Occident ; mais l'universel n'apparaît qu'à travers une particularité qui refuse de s'effacer complètement. Pour les deux penseurs, insister sur cette particularité c'était répondre à ce qu'ils interprétaient comme l'effondrement des valeurs occidentales dans la grande débâcle de ce siècle.

Cela a pour résultat, pour les deux auteurs, qu'il y a des implications politiques spécifiques aux programmes éducatifs qu'ils proposent. Ils proposent de créer non seulement un travail intellectuel d'une autre sorte, mais aussi une communauté qui maintienne ses distances à l'intérieur de l'État moderne. Les membres de cette communauté honoreraient pleinement leurs responsabilités de citoyens et cependant ils constitueraient dans le corps politique

35. DL, 1, p. 315.
36. DL, 1 ; p. 300, 301, 305.
37. DL, 1 ; p. 314.

un groupe social uni par des liens plus forts que ceux créés par les seules croyances. On constate cela, bien sûr, dans le désir de Levinas de créer une association des Juifs élevés dans la judéité, indépendants aussi bien de l'Université que de la Synagogue, et dans son désir de faire que les textes juifs s'adressent aux questions politiques faisant des Juifs un peuple constitué. Dans la pensée de Rosenzweig, de même, la dimension de l'indépendance de la communauté est cruciale. Son « Lerhaus » devait être non seulement un centre de propagation du savoir, mais aussi le point de départ de la reconstruction d'une communauté dans laquelle cette connaissance pourrait être vécue.

Mais ici, précisément, apparaît le point sur lequel les deux penseurs divergent. Rosenzweig comme nous le savons grâce à *l'Étoile de la Rédemption* propose une constitution du peuple juif en perpétuelle opposition à l'État, représentant un modèle de communauté humaine différent de celui affirmé par l'État et résistant à l'affirmation d'absolu et de totalité de ce dernier. Dans les références occasionnelles au sionisme qu'il fait plus tard dans ses écrits, il ne s'y oppose pas. Pourtant, dans la place qu'il fait au sionisme, il met l'accent sur la reconstruction d'un peuple, sur la tâche concrète de recréer une communauté et non pas sur une souveraineté juive, à laquelle il reste indifférent.

Dans les essais de Levinas sur l'éducation juive, au contraire, l'État d'Israël, précisément par sa souveraineté, apparaît comme une cause nécessaire, même si elle n'est pas suffisante, au renouveau de la vie juive. On pourrait présumer que, ayant été témoin à la fois des destructions nazies et de la création de l'État d'Israël, il en soit venu à une prise de conscience que Rosenzweig, mort en 1929, ne pouvait avoir eue. Je répondrai cependant que la différence provient d'une autre source. Aussi importante que soit la constitution d'un peuple juif pour Levinas, il la voyait surtout comme un moteur de la renaissance de la vie intellectuelle. Dans *Difficile Liberté*, malgré son insistance sur une compréhension différente de l'universel, on perçoit aussi une approbation profonde et générale de l'État français, de l'Émancipation qu'il a garantie, de la culture qu'il incarne. La séparation qu'il souhaite semble beaucoup moins radicale que celle envisagée par Rosenzweig, pour qui la vie communautaire juive est la seule solution. Les rythmes communautaires – jours fériés, synagogue, pratiques quotidiennes – séparent immédiatement et concrètement les groupes.

Cela ne signifie pas que Rosenzweig veut réduire la vie juive aux rythmes religieux ni que Levinas veut la réduire à une différenciation intellectuelle. Cela serait vraiment caricaturer les deux. Néanmoins, l'image qu'ils proposent de la séparation juive a une portée différente, du moins à ce qu'il me semble. Dans la pensée de Levinas, l'accent porte plus sur la création d'une communauté intellectuelle juive, dont la communauté dans son ensemble tirera sa ligne de conduite. Il laisse le travail de la séparation politique réelle à l'État d'Israël qui devient le corollaire visible et public de la vie de la Diaspora nécessairement moins publique, bien qu'une partie de cette réalité communautaire publique, affirme-t-il clairement, doive aussi être recréée dans la Diaspora. Alors que pour Rosenzweig, la vie communautaire juive contient par essence la nécessité de se tenir éloignée de toute forme d'État, elle ne peut jamais se fier à des structures étatiques, même celles d'Israël, en ce qui concerne sa réalité publique. L'importance, et donc la difficulté de demeurer une communauté à part, sont beaucoup plus présentes dans sa pensée.

Dans tous les cas, la question en face de laquelle nous laissent ces deux penseurs est le thème épineux de la constitution d'un peuple juif dans le contexte de l'État moderne. Car l'État juif n'est pas non plus une solution en soi. Pour les deux, la porte de sortie se trouve dans un travail intellectuel rigoureux. Mais la question de savoir comment rester séparés tout en demeurant à l'intérieur de l'État moderne, que ces penseurs soulèvent mais à laquelle ils répondent d'une façon différente, demeure. Dans les deux cas, les institutions éducatives sont invoquées pour insuffler parmi les étudiants un sens de la séparation, non comme des individus refusant la norme commune, mais en tant que membres d'une autre communauté que celle du courant dominant. Il nous reste à réfléchir si une telle séparation est, en fait, possible dans l'État moderne dans sa forme actuelle.

Lire la parasha avec Emmanuel Levinas

De shabbat en shabbat, revenir au non-dit du verset

BERNARD DUPUY

Ayant approché d'abord Emmanuel Levinas sous l'angle de sa philosophie, et l'ayant écouté dans le cadre des premiers Colloques des Intellectuels juifs, qui se tenaient alors rue d'Auteuil, je savais qu'il donnait aussi chaque samedi matin un commentaire de la *parasha* hebdomadaire. Je lui fis part de mon désir de pouvoir me joindre à ceux qui avaient le privilège de l'entendre et c'est ainsi que, vers 1970, il m'invita avec un large sourire à être du nombre de ses auditeurs. Un jeune lecteur lisait le verset et le commentaire de Rachi. Les participants, très attentifs, se tenaient, eux silencieux. Que disait d'autre Levinas à cet instant par rapport à ce qu'il pouvait dire dans ses cours? Dans ses ouvrages de philosophie, Emmanuel Levinas, à l'époque du moins, ne citait jamais l'Écriture. Ce n'était pas une discipline voulue par souci de laïcité ou par respect pour l'usage autonome de la raison. Peut-être était-ce égard pour le texte sacré? Mais, précisément, le texte de l'Écriture n'est pas «sacré». Il est le texte, et cela suffit. Entre la *yeshiva* et l'Université, la séparation apparente des inspirations n'allait pas jusqu'à provoquer la séparation des langages, comme cela se voit si souvent chez certains clercs, ni à susciter une hétérogénéité des thèmes chez celui qui parle. Rien donc qui puisse créer une étrangeté, une distance, ni une atmosphère particulière de séduction. Le commentaire était sans affect ni sans présupposé d'aucune sorte.

Il mettait parfaitement à l'aise l'auditeur non prévenu. Le contraste était frappant avec tant de discours, de prédications, de bulletins de journaux, où le jargon, dès le premier mot, domine. Lecteur de l'Écriture, Emmanuel Levinas appelait cette lettre qu'il s'agissait d'approcher une lettre ouverte. Lire une lettre ouverte, c'est lire une lettre que tout le monde va pouvoir lire. Le contraire d'une lettre privée, scellée, secrète. Le contraire d'une lettre pour moi, allant d'un moi à toi, d'une lettre qui serait privauté, mise à distance du monde, d'une lettre initiatique, promise à une opération mystagogique.

Cette lecture s'attachait toujours au fameux «*pshat* de Rachi» : car cette lettre est écrite en langage clair ; elle n'est pas elliptique et si, par hasard, elle le paraît, c'est probablement nous-mêmes – nous ou bien même parfois la tradition des scribes ! – qui nous trompons. Rachi, c'était d'abord cela : remettre le char du texte sur les rails, sur ses roues ; retrouver la phrase, la situer dans son sujet, son objet, son verbe. Il y aurait donc du logos dans la prophétie ! Pourquoi l'Écriture serait-elle à moins ? Serait-elle illumination ? Serait-elle, selon une tradition de lecture bien enracinée chez les philosophes, pour les ignorants et non pour les sages ? Elle appelle, on le sait, des méthodes d'exégèse, parce qu'elle a sa logique, sa syntaxe, sa grammaire. L'Écriture n'est pas d'abord le lieu de l'apologue, de la légende, du mythe, de la fable et de toutes sortes d'apophtegmes ou des procédés employés pour susciter notre extase ou conçus spécialement parce que Dieu a parlé. Rachi ne méprise pas forcément le trésor d'une tradition qui parle au cœur, mais il est d'abord celui qui entend n'être pas trompé : le commentaire s'inscrit dans la rigueur du texte.

Mais le commentaire n'en reste pas là. On a certes hautement célébré ce retour médiéval au sens nu, littéral. Mais il y a dans Rachi un autre sens, non moins littéral, mais supérieur. La lettre s'ouvre, elle est faite pour être «ouverte». *Le texte ne s'épuise jamais dans son dit.* Combien de fois ai-je entendu Emmanuel Levinas prononcer cette parole. Avec le texte commence l'aventure du sens, non pas une fois donné, délivré, mais du sens qui, au long de cette étonnante ouverture parmi les contre-sens, les non-sens multiples, va vers des textes ultérieurs, à venir infini. L'Écriture ne cesse de se répercuter comme une voix en écho. «Une voix vient de l'autre rive. Une voix interrompt le dire du déjà dit [1].» Cette lettre dépliée, déployée, recoupe d'autres textes, annonce toute une littérature. Elle a «comme les ailes repliées vers de nouveaux envols». Elle garde les raisons séminales de ce dit premier initial, mais elle ne s'arrêtera pas à ce stade du premier récit.

De quoi donc nous entretient-elle cette voix qui a été couchée dans l'Écriture, mais qui se fait entendre encore et toujours? Serait-elle la répétition, l'éternelle confirmation d'une parole adressée depuis l'origine? Trace d'un moment fondateur, anachronique, n'aurait-elle pour statut que de maintenir l'inouï de la révélation, le spécifique de la relation interpersonnelle, du face à face avec Celui qui est ainsi «venu à la parole», qui a le pouvoir de «venir à l'idée». La voix qui vient à nous est une présence pleine de conscience, mais toujours marquée, dans la Bible comme ailleurs, par la différence, le non fusionnel, par le sceau de l'asymétrie. Tel est le trait qui marque l'exégèse de Levinas et à laquelle il tient comme à la prunelle de ses yeux.

On pourrait croire que ce point central, dans la pensée de Levinas, aurait son fondement en lui-même et serait une donnée étrangère à son exégèse. On toucherait ainsi du doigt l'hétérogénéité de ces domaines. Or, il n'en est rien. Ce serait même plutôt la Bible qui témoignerait de l'extérieur, de ce qui est ici le plus essentielle pierre de touche : «La Bible, écrit Levinas, c'est la priorité de l'autre par rapport à moi. C'est dans autrui que je vois toujours la veuve et l'orphelin. Toujours autrui passe avant. C'est ce que j'ai appelé en langage grec la dissymétrie de la relation interpersonnelle. Aucune ligne de ce que j'ai écrit ne tient, s'il n'y a pas cela et c'est cela la vulnérabilité. Seul un moi vulnérable peut aimer son prochain [2].» Or, comment comprendre, bibliquement, cette asymétrie qui paraît s'imposer dans la relation? N'y a-t-il pas dans la structure biblique, place pour le peuple, pour une société,

---

1. *Autrement qu'être*, La Haye, 1974, p. 230.
2. *Du Dieu qui vient à l'idée*, p. 145.

une socialité issue de la descendance ? Bref, où s'inscrit, où commence la judéité ? Entre le moment fondateur de la loi et la durée de la vie prophétique, il y a une continuité, une secrète affinité, une réciprocité. C'est même le grand risque de l'institution juive de pouvoir être lue, selon le régime familial, national, d'une part et selon le régime éthique, impératif, de la responsabilité, d'autre part. Or ces deux niveaux, de soi, ne se rejoignent pas, ne se recouvrent pas. La judéité biblique excéderait la judaïcité. « La responsabilité, dit Levinas, est sans souci de réciprocité[3]. »

La « responsabilité infinie » est ce que Levinas appelle, en langage biblique, le Messie, et en termes philosophiques, le « sujet[4] ». Quel est donc celui dont l'Écriture, de l'origine à la fin, à travers tant de personnages, de « figures », de pères et de fils, ne cesse de nous entretenir ? Le Messie ne serait pas un individu désignable ou objectivable. On sait combien Levinas était réservé sur l'objectivation messianique, sur la venue, sur toute reconnaissance messianique. Il cacherait sous ses noms. Plutôt Levinas se référait-il à la sentence décisive : il est celui dont il a été dit : « Il était changé, il portait nos souffrances, alors que nous, nous le prenions pour un malheureux, atteint, frappé par Dieu, humilié[5]... »

De quoi s'agit-il ? « Seulement de celui qui ne se dérobe pas à la charge. » Seule l'assignation absolue, imprévisible, qui advient, soit à autrui, soit même à soi : l'ipséité même. N'importe qui peut devenir Messie, puisque c'est la vocation même de l'homme. Il n'y a pas place pour la moindre démarche d'automessianisation, mais seulement celle de porter le fardeau pour autrui. Le Messie n'a qu'un mot : il ne peut être que celui qui dit « *hinnéni* », Il serait celui qui endosse sa mission jusqu'au bout, jusque là où conduit l'écriture *ad kô* (Gn, 15,5).

Énigme d'une Écriture où c'est par la bouche de l'homme que Dieu parle et où il ne faut compter sur aucun dieu. Énigme d'une

---

3. *Ibid.* p. 13.
4. F. Ciaramelli, *Emmanuel Levinas : la métaphysique de la subjectivité et la question de l'autre*, Louvain, p. 7.
5. *Difficile Liberté*, p. 118.

parole qui ne doit pas être prise comme un discours de révélation. Chaque fois que se lève un dit, le point d'interrogation que soulève le commentaire est le pivot même de la question et est la clef de l'énigme. Ainsi parle ce texte scellé qui n'est pourvu d'aucun scellé. Seule certitude : la trace fait signe vers une altérité.

Le « sujet » dont il est sans cesse question, loin d'être renforcé dans sa position dans l'existence, comme il pourrait s'y attendre dans une lettre qui s'adresse à lui, perd sa souveraineté. Il n'est de force que dans cette faiblesse, dans cette reconnaissance d'une profondeur oubliée ou refoulée. Sans origine, sans privilège, sans réponse, le sujet n'a d'autre issue que de faire front à la violence, sans jamais s'en remettre à ses armes, sans s'éclipser non plus dans une résistance au mal. Vertige de l'illusion ou mysticisme larvé ? Façon de survivre à la mort des dieux ? C'est précisément la réponse qui doit être donnée et cette réponse doit être négative. Cette relation sans certitude ni avenir entrevu, sans garantie, n'a d'autre possibilité que de m'ouvrir dans le champ de gravité d'autrui. Elle subvertit mon moi le plus protégé.

Que la parole transcendante soit ouverture à l'autre ici et maintenant, comme inconnu, m'appelant, c'est cet étonnement qui, pour Levinas, jaillit à tout instant de la parole biblique et qui s'inscrit en lieu et place de l'étonnement grec, relayant le dit vers un « autrement dit » et vers un « non dit » sans limite et sans retour, qui serait le dernier mot d'une parole dont la transparence et la transcendance est, au premier abord, indécidable et cachée.

Une lecture chrétienne

GUY PETITDEMANGE

« L'étrange alors, c'est que plus l'œuvre semble assurée de son public, plus son attrait semble à l'abri des variations des goûts et des circonstances, plus difficile est la tâche de la lire librement, c'est-à-dire de faire droit à ce qu'elle a de singulier et d'inassimilable par sa postérité, et qui la fait encore future contre ceux qui l'imaginent passée » (Claude Lefort, *Sur une colonne absente*. Gall. 1978, p. 2).

On vient à une œuvre par des sentiers particuliers. Ce particulier est peut-être la chose à ne jamais oublier dans l'interprétation. L'œuvre ne s'adresse pas d'abord à l'esprit pur en nous, elle touche l'être de parti pris, de désir, en mouvement. En 1968, Ignacio Silone, dans *L'aventure d'un pauvre chrétien*, avait esquissé une belle et humble silhouette d'un chrétien dans l'histoire qui, non pas sait tout de tout par la garantie d'une universalité chimérique, mais décide en son temps et son lieu de ce que la tradition lui impose sans aussitôt la caution d'une institution triomphale. Levinas eut tant d'incidence parce qu'il surprit des chrétiens *dans l'histoire*. Il ne parlait pas à des essences. Lui-même d'ailleurs, même s'il reprit souvent une polémique anti-chrétienne traditionnelle, même s'il semblait parler à partir d'un judaïsme en et pour lui-même, ne le faisait pas à partir d'une essence ; c'était une voix, non pas « l'éminent spécialiste », ni l'historien, ni le détenteur d'une vérité intangible, assurée hors de lui. Une liberté appelait des libertés. L'écho de Levinas fut tardif – dans tous les milieux –, mais il grandit sans cesse, parce que nous nous entendions sur une langue commune dans un même monde, les uns et les autres exposés. Ces quelques pages ne sont qu'un récit de voyages, lacunaire, qui ne prétend ni saisir le secret d'une pensée, ni entrer dans le labyrinthe des effets d'un texte sur ses lecteurs. Il s'agit plutôt de noter des aperçus, de faire voir un relief, des bifurcations, des signaux.

Le contexte

Il est difficile de résumer ce que Levinas insinua de neuf au monde chrétien dans les années 60 d'abord aux Pays-Bas, puis ailleurs. C'était comme une voix étrangère montée d'un pays perdu en nous-mêmes. Il y eut des réappropriations moralisantes, théologiques aussi ; elles étaient hâtives. La voix s'est réémancipée de ces cloisonnements. Elle rappelle à nouveau à l'attention, l'attention qui est peut-être sa leçon le plus profonde, «mode de conscience sans distraction, c'est-à-dire sans pouvoir d'évasion par d'obscurs souterrains, pleine lumière projetée, non pour voir les idées mais pour interdire la dérobade ; sens premier de l'insomnie qu'est la conscience, rectitude de la responsabilité avant tout apparoir de formes, d'images, de choses» [1]. Levinas aime cet air matinal, comme si la lumière pacifiait après les extravagances de la nuit : «quelque chose se passe entre le Crépuscule où se perd (se recueille) l'intentionnalité la plus extatique, mais qui vise trop court – et l'Aube où la conscience revient à soi, mais déjà trop tard pour l'événement qui s'éloigne» [2]. Au lieu d'oppositions d'apparence dialectique – lumière / ténèbres, dedans / dehors, présence / absence... Levinas introduisait une sorte de nouvelle catégorie, déranger, qui romprait avec le positivisme de tout savoir et de toute révélation, d'où émergerait une autre figure de l'esprit, «non dans le dit une fois pour toutes. Il est le Dire qui se fraie un passage du Même à l'Autre, là où rien n'est encore commun» [3].

---

1. *Noms propres*, 1976, 63 Désormais MP.
2. *En découvrant l'existence avec Husserl et Heidegger (EDE)*, 211.
3. Respectivement, «Énigme et phénomène» (datant de 1965), *EDE,* 203 sv et NP, 12.

Il y avait deux foyers à cette surprise, non pas deux univers séparés. D'un côté Levinas se réclamait avec force et science de la phénoménologie apprise très tôt, mais il n'en était pas qu'une variante, puisqu'il voulait faire place à l'autre de toute phénoménalité, par nécessité d'une pensée, qui cherche un sens à la transcendance, «la modalité inouïe de l'autrement qu'être». D'un autre côté, il y avait aussi le versant juif de Levinas, incontestable, non dissimulé, particulier. Martin Buber avait alors un immense écho. Ses textes si divers, dont certains très précieux[4] avaient éveillé à tout un monde ignoré, le hassidisme, porteur d'une énergie multiplement déployée; c'en était peut-être la face exotérique[5], mais une initiation se fit par lui, incomparable. Levinas, qui le regardait avec hauteur, s'exprimait autrement. En 1967, Derrida finit son article retentissant par une double interrogation : «Sommes-nous des Juifs? Sommes-nous des Grecs?... Sommes-nous des Grecs? Sommes-nous des Juifs[6]?» Levinas remettait en jeu des identités, révisait leur entrelacement et leur distinction. Le discours, ostensible, était neuf.

Indéniablement la note juive fut un fort point d'accrochage. Ou plutôt l'affirmation plus que la «note». En monde chrétien de grandes voix, après Péguy et quelques autres, pas très entendues pour autant, avaient contesté le schéma du fameux dépassement. Du fond de son christianisme intégral Jacques Maritain avait approché tout autrement «le mystère d'Israël»; à l'idée de peuple révolu survivant par la magie de rites ésotériques, un monde vivant habitait le présent, monde de chair et d'intelligence par qui une lumière unique mettait toujours en alerte et de manière ou d'autre déconstruisait les «accomplissements» suspects. Sans aucune ambiguïté, Maritain tira les conclusions politiques de la proximité de l'incontournable commencement[7]. Un jésuite, le père Gaston Fessard,

---

4. «Le message hassidique», *Dieu vivant*.
5. G. Scholem, «Martin Buber et son interprétation du hassidisme», *Le messianisme juif*, 1974, 333-359.
6. «Violence et métaphysique», *L'écriture et la différence*, 1967, 227-228.
7. Jacques Maritain. *L'impossible antisémitisme*. Précédé de *Maritain et les juifs* par Pierre Vidal-Naquet. DDB, 1994.

avec la même netteté dans la conduite, mettait aussi en relief le lien spirituel absolument original entre le chrétien et le juif, non pas dans l'éther des idées, mais dans l'histoire concrète[8]. D'autres encore, comme le puissant Karl Barth, participèrent à la sortie des interprétations réductrices et redoutables.

Bien d'autres circonstances encore convergèrent sinon pour affaiblir, au moins pour déplacer le différend. D'un coté l'essor prodigieux de l'exégèse historico-critique sous la houlette de savants protestants, une connaissance approfondie de l'hébreu, le rôle de savants inclassables comme le jésuite Joseph Bonsirven, la sensibilité aux métamorphoses décisives que toute traduction fait subir à un texte, et ici en premier lieu à la Bible, bref le retour au « mystère de la lettre », en même temps que celui de la chair, si bien vu par Maritain, donc à l'histoire et à la culture, tous ces phénomènes, d'autres encore évidemment conduisirent parfois à des néosyncrétismes, parfois à davantage de cassure, mais dans l'ensemble à sortir quelque peu de l'imaginaire d'ontologies théologiques, si l'on peut dire. D'un autre côté, Edmond Fleg, André Neher à partir d'un judaïsme inspiré, ensuite une pléiade d'initiateurs donnèrent à lire le mouvement d'une interprétation se renouvelant sans cesse en répandant dans le public une littérature ignorée. Enfin la shoah, dans l'inconscient d'abord comme pour tout le monde, puis au grand jour quand les langues se délièrent, imposait avec une évidence cruelle, de repérer et de combattre la réitérante tentation marcionnite : à un Ancien Testament ténébreux, archaïque, provincial, s'opposerait le miracle de l'universalité pure porté par des textes évangéliques arrachés à tout contexte significatif.

Sur cette voie, Levinas avait eu un précurseur d'envergure, Franz Rosenzweig, dont l'œuvre commençait à étonner comme un soleil levant. Levinas ne lui ménagea jamais sa reconnaissance et il accrut sa renommée. Avec une extraordinaire intelligence du christianisme, à la fois intuitive et documentée, avec en particulier la mesure très exacte prise du moment Luther qui fait surgir

---

8. Par exemple dans *Pax Nostra*, 1936.

ensemble la question de la langue, du sujet et du pouvoir [9], Rosenzweig, à l'étonnement consterné de Scholem, mais en qui Walter Benjamin voyait une sorte d'apax tragique, analogue à celui de Kafka, dans le flou de la symbiose judéo-allemande et l'omni-présence d'un christianisme égalé à la culture, Rosenzweig choi-sit *ici et maintenant* la différence juive, répercussion de sa nais-sance, d'une histoire et d'une «mission» dans l'être. Païen, juif, chrétien sont autant de modes historiques de rapport avec le divin. Homme profondément religieux, Rosenzweig ne comparait pas les individus : pour lui, où qu'on soit, l'intention droite – la kawan-nah – fait le droit chemin [10]… Mais l'histoire ne se configure pas à partir des individus. Elle est un avant et un après. Le peuple juif, non pas nécessairement chaque individu, a été institué et distin-gué par une forme de la parole de Dieu qui ne le vieillit jamais ni ne le remplace jamais. Sa persévérance n'est pas un durcissement infantile. Tout au contraire, le Bien est donné à tous, mais dans la contingence de l'histoire, mystérieuse à coup sûr. Il faut la récal-citrance juive pour maintenir, en face d'un gnosticisme chrétien qui est sa pente naturelle, *le fait* de la parole, moment premier de l'appel du dehors, de l'autre, qui ne s'efface pas dans la logique d'un système.

L'illumination religieuse n'était pas le point de départ de Levinas. Autrui était le phénomène originaire, qui dans son empi-ricité, rompt l'enchantement ou la boursouflure du discours théo-rique. La loi, la loi de l'autre, toute loi donc, y compris celle de Moïse, marquait le moment indépassable de la critique et de la relance. La loi devenait une sorte de point-carrefour, un concept

---

9. Franz Rosenzweig. *L'écriture, le verbe et autres essais*. Traduction, notes et présen-tation par Jean-Luc Evard, PUF, 1998.

10. «Non, aucun chemin ne part du Sinaï ou du Golgotha, sur lequel on pourrait à coup sûr rencontrer Dieu qui ne peut pas davantage refuser d'aller à la rencontre même de celui qui le cherche sur les sentiers muletiers de l'Olympe. Aucun temple n'est assez proche de lui pour que l'homme puisse se rassurer à l'idée d'une telle proximité, aucun n'est assez éloigné que son bras ne soit capable d'atteindre aisé-ment ; aucun horizon dont il ne puisse venir ; aucun bout de bois où il choisirait une fois d'élire domicile, aucun psaume de David qui toujours parviendrait à son oreille», *La pensée nouvelle,* Cahiers de la nuit surveillée, 1982, 55-56.

nouveau. À partir de cet étrange commencement, Levinas, c'était à la fois une ouverture et une signature. Il séduisait parce que l'écriture était belle, honorant une langue d'accueil dont il éprouvait toutes les ressources. En plus, sans souci d'un laïcisme vieillot il rapatriait dans l'expression de la pensée toutes sortes de notions communément interdites (révélation, liturgie, visitation, expiation, kénose...), parce qu'elles auraient été porteuses d'une théologie qui passait pour inconvenante dans le discours français de la raison.

Dans l'un de ses derniers cours, Merleau-Ponty affirmait qu'avec Hegel, quelque chose avait fini en philosophie, que Husserl et Heidegger, bien plus radicalement que Marx, Kierkegaard, Nietzsche tous encore prisonniers du système, avaient lancé un nouveau commencement; celui-ci était parfaitement perceptible chez Levinas [11]. L'œuvre enfin était liée à l'histoire toute récente : cette «tumeur dans la mémoire», ce «délaissement qui fut unique entre 1940 et 1945», cette sensation de «chaos et de vide», «l'incommunicable émotion de cette Passion où tout fut consommé» [12], ces évocations discrètes comme toujours disaient la localisation historique d'une pensée. Rien d'étonnant à ce que plus tard Levinas ait vu, sans peur et sans tristesse, «la mort de Dieu» comme le défi du temps et l'horizon de la pensée [13].

L'étonnement

Quand *Totalité et infini* parut, il y eut peu de bruit. Il fallut du temps pour s'accoutumer à cette sorte de fleur sauvage, mais la chose était relativement courante en phénoménologie. Levinas avait déjà beaucoup publié – et des textes dont l'importance allait grandir – mais aucun n'avait cette jeunesse, «celle qui vient d'autrui».

---

11. «Quelque chose a fini avec Hegel. Il y a après Hegel un vide philosophique...».
    Résumés de cours, Tel, Gallimard, 1968, 142-156.
12. *NP*, 178.
13. Un exemple magnifique dans «Philosophie et religion» (discussion avec Jean Lacroix), *NP*, 119-130.

Levinas maniait magnifiquement la description, «éclatement du panoramique»[14], avec d'un côté la surprenante définition du phénomène, «l'être qui apparaît et demeure absent»[15], et de l'autre, la subversion du même phénomène par «l'apparaître de l'autre», excès de l'autre sur toute représentation, non pas l'acte d'une générosité de moi, mais parce que l'autre parle : «À travers le masque percent les yeux, l'indissimulable langage des yeux. L'œil ne luit pas, il parle[16].» Le visage, venu des hauteurs, «enseignant sa nouveauté même» rompt la trame, il fait un trou ; davantage il met ordre ou désordre, mais dirige. L'être, l'action d'être, ce que Levinas allait appeler *l'essence* de l'être, fait-elle ce décentrement ? Levinas en disconvenait. Autrui commande comme personne, comme rien. Autrui n'a pas souci du souci de soi, il investit. Par «l'énigme sensible d'une altérité», par cette idée d'une chair comme «intrigue interhumaine où je suis noué aux autres avant d'être noué à mon propre corps»[17] [...], par l'investiture de la responsabilité, véritable principe d'individuation, Levinas faisait passer des grandes étendues des idées et du voir au corps qui ressent et subit avant de s'exhaler en «âme». Le corps redevenait premier.

L'itinéraire de la «conscience de soi» dans *Totalité et Infini* n'est pas sans réminiscences hégéliennes, mais il est plutôt «le corps à l'ombre de Dieu» que conduit par un esprit absolu souterrainement à l'œuvre. La mise en scène du désir métaphysique remis dans le rythme et le labyrinthe de notre expérience du monde où rien ne l'éteint ni ne le sature ; le parcours, d'étape en étape, de la jouissance et de la satisfaction de l'être naturel vers le souci des lendemains et l'effroi devant la mort, l'ajustement maladroit et indispensable que fait la représentation pour que le monde se consolide et se protège, le basculement introduit par le visage, «principe derrière lequel il n'y a rien», qui surmonte «la paralysie inévitable de la

---

14. TI 270.
15. *Ibid.*
16. *Ibid.*, 62.
17. *Autrement qu'être,* 123. Qu'on me permette de renvoyer à une étude préliminaire : «Levinas. Phénoménologie et judaïsme», *Recherches de Science religieuse*, avril-juin 1997, 225-250.

manifestation » ; puis l'infini incommensurable, par-delà les calculs de l'immanence, rencontré dans la diachronie des générations lorsque par le fils il y a recommencement : quelle « pensée chrétienne », toujours trop vite emportée dans les transfigurations, n'aurait pas été « ravie » par cet éloge du *corps* et de la vie, d'une certaine suffisance et bonté de la création, donnée à elle-même par son créateur, bref par l'incarnation comme statut du sujet [18] ?

Davantage : en retournant le métaphysique par « l'apparaître d'autrui » qui n'est pas du monde, Levinas modifiait et l'approche et la notion de l'*infini*. Qu'est donc la sainteté, sinon la séparation, qui ne se surmonte pas par l'ouvrage de la représentation, mais se vit et inaugure des chemins absolument neufs par « la bonté sans attente de récompense ». Décrochage du souci de soi, oubli ontologique, entrée dans la communauté avec autrui qui n'a plus pour mesure l'image de soi ou la caution divine ou l'oblation sacrificielle : dans sa prose sévère Levinas semblait redonner substance à des courants mystiques, jésuites par exemple, dont l'expression plus imagée n'était que la marque d'une époque [19]. Avec l'incarnation anarchique dans un corps séparé, Levinas faisait du corps propre le sol, mais en même temps, par l'incision d'autrui, il métamorphosait ce corps, le « dénaturait », l'arrachait aux charmes et envoûtements de l'enracinement dans un lieu, en faisait le « souffle « qui circule partout et nulle part [20]. C'en était fini du moi héroïque, dans la complaisance ou dans l'exaltation : « L'existence héroïque, l'âme isolée peut faire son salut en cherchant pour elle-même une vie éternelle comme si sa subjectivité pouvait ne pas se retourner contre elle en retournant à soi dans un temps continu, comme si dans ce temps continu, l'identité elle-même ne s'affirmait pas comme une obsession, comme si dans l'identité qui demeure au sein des plus extravagants avatars, ne triomphait pas « l'ennui, fruit de la morne incuriosité qui prend les proportions

---

18. Simone Plourde développe cet aspect dans *Altérité et responsabilité*, Le Cerf, 1995.
19. Michel de Certeau. *La Fable mystique*, Gallimard, 1986.
20. E. Levinas. *Quelques réflexions sur la philosophie de l'hitlérisme*. Suivi d'un essai de Miguel Abensour. Rivages. 1997.

de l'immortalité » [21]. L'autre, l'autre quelconque, si cher à Hannah Arendt, remettait au cœur de la contradiction, si essentielle en christianisme. Le contenu était prosaïque. Il ne plongeait pas d'abord dans les abîmes du moi. Ce faisant, Levinas semblait réveiller une pensée occidentale censée chrétienne, et même s'adresser à elle surtout, au nom de « l'irrelevable ». Par cette éminence d'autrui, Levinas fait en quelque sorte fond sur le meilleur de nous-mêmes. « Il ne s'agit pas de subjectiviser la transcendance, mais de s'étonner de la subjectivité » [22].

Le tournant éthique : une nouvelle articulation

« Autrui m'ordonne avant d'être reconnu » [23]. Violente, la sentence est aussi ambiguë. Peut-on s'empêcher d'y entendre la formulation cryptée de l'événement de la révélation divine, l'Autre alors passant déductions et attentes, imposant comme d'emblée l'obéissance au plus haut, ce « plus fort que moi » pour reprendre la formule d'Augustin chère à Rosenzweig ? [24] Levinas est trop subtil pour récuser pareille ambiguïté du langage. Mais il ne donne tout son sens à cette affirmation que dans *Autrement qu'être*, œuvre d'excès, « d'abus de langage » et d'hyperbole [25] pour cerner les profondeurs de la subjectivité. La phrase signifie autre chose aussi : un ordre de priorités pratiques qu'impose l'excellence d'autrui. Qu'est-ce donc qui est premier, le dévoilement, ou la déconstruction, ou d'autres formes de parler ? [26]

---

21. *TI, 284.*
22. E. Levinas. *Dieu, la Mort et le Temps.* Grasset, 1993, 196.
23. AE, 109.
24. *L'Étoile de la rédemption.* Le Seuil, 1976, p. 191.
25. AE, 10 et ailleurs.
26. «… ce simulacre de la présence entendue par la voix qui s'écoute : présence et possession de soi unies dans la conscience de soi… ajournement sans échéances à respecter qu'est le temps ou plus exactement qu'est le passe-temps lui-même », NP, 84. Autrui arrêterait le mauvais infini de la déconstruction.

Il ne faut pas contourner le prosaïsme de Levinas. *La pratique* pour lui compte plus que tout. « Le pauvre, la veuve, l'orphelin », autant de « manières » d'autrui, ce ne sont pas des fleurs de rhétorique. Arriver « les mains pleines », la pratique n'est pas une réponse parmi d'autres à la présence sollicitante d'autrui ; c'est la seule réponse adéquate à celui qui, par-delà le site privilégié du tu ou dans l'idée de l'essence humaine en général, afflue par milliers dans la pauvreté, le délaissement, l'hébétude, que nos yeux ne veulent pas voir. Le premier contenu est concret, « me voici du dire qui me signifie au nom de Dieu au service des hommes qui me regardent », et pourtant Levinas, ce n'est pas la philosophie de l'action caritative. La reconnaissance spirituelle ne signifie rien sans la remise en dignité matérielle, sans la reconnaissance des corps. Il s'agit de tous les corps, non seulement de celui-ci ou de celui-là que j'aide par l'aumône ou par l'amour dans mon voisinage, par une bénévolence comme naturelle. Le tiers, « incessante correction de l'asymétrie de la proximité » [27], fait voir par le rappel biblique du souci des milliers, le but final de la responsabilité : « être ensemble dans un lieu », où tous « nous comparaissons sur un pied d'égalité comme devant une cour de justice » [28]. Ils furent peu, en monde chrétien aussi, à comprendre comme Levinas un courant aussi compliqué que la théologie de la libération en Amérique latine, où il fut entendu comme rarement ailleurs. La justice n'est jamais qu'une affaire de pouvoir administratif ; c'est une tâche venue de plus loin, d'une distorsion dans l'homme même : « La justice, à la rigueur, peut un jour s'installer, mais que peut la justice contre la concupiscence et le vice ? [29] » Aucune institution ne remplacera le moi.

Pour autant *la question de la religion*, déploiement total de la relation à l'autre, n'est pas renvoyée dans les marges. Elle hante l'œuvre de Levinas. Il faut être aveugle pour ne pas la voir, affleurant, disparaissant, tantôt sur le devant de la scène, tantôt dans un retrait où elle veille, insistant dérangement, non pas qu'elle importe, mais Dieu importe. Des formules somptueuses, ineffaçables, non

---

27. AE, 201.
28. AE, 200.
29. E. Levinas : « Lettre ouverte », L'Herne, 1991, 364.

métaphoriques, s'entrechoquent : «L'impossibilité d'échapper à Dieu gît au fond de moi comme soi, comme passivité absolue» [30], mais «aller vers Lui, ce n'est pas suivre cette trace qui n'est pas un signe, c'est aller vers les autres qui se tiennent dans la trace» [31]. Levinas semble comme effrayé par l'indiscrétion des humains, venue de peurs mythiques, alors que l'absolu s'annonce si clairement, de prime abord et sans aura de sacré, dans l'appel d'autrui. «Le langage théologique sonne faux…» La curiosité est intempestive en théologie comme en art : «c'est la curiosité qui se manifeste là où il faut baisser les yeux, l'indiscrétion à l'égard du divin, l'insensibilité au mystère, la clarté projetée sur ce dont l'approche demande de la pudeur» [32]. L'institution religieuse est toujours menacée de brûler les étapes, de remplacer l'obéissance à l'expérience par la souveraineté du connaître. «La façon de Dieu est étrangère à la connaissance.», «L'infini n'apparaît pas à celui qui en témoigne», «Sa voix (celle de l'infini) doit se taire dès qu'on écoute le message. Il faut que sa prétention puisse s'exposer à la dérision et à la réfutation, jusqu'à laisser soupçonner dans le "me voici" qui l'atteste un cri ou un lapsus d'une subjectivité malade» [33]. Il ne s'agit pas d'une pure nuit ; malgré tout, Dieu fait entrer dans un régime de la connaissance tout autre que celui de la théorie pure, que Levinas qualifie par «le clignotement», des scintillements qui ne sont ni le grand jour ni la nuit, mais un rythme, des intervalles où «le propre» de Dieu ne nous est jamais donné comme un objet : «Le fond du Dire n'est jamais proprement dit.» C'est le langage dans son essence : «le dire sans dit est le premier mot du langage» [34]. L'énonciation dans «la sincérité» suscite une sorte de nouvel horizon, l'Illéité [35], comble de la transcendance dans le prolongement de la relation à autrui, dans, si l'on peut dire, sa

---

30. AE, 165. Il faudrait lire cette phrase affirmative et très prudente en son entier.
31. EDE, 202.
32. *Du Sacré au Saint,* 96.
33. Successivement EDE, 284, AE, 187, AE, 194.
34. AE, 73 et NP, 49-50. En fin de compte on lâche un jour le scepticisme qui porte sur le dit et qui est essentiel dans la pensée de Levinas.
35. L'Illéité énigmatique «qui n'apparaît pas, n'est pas présente, a toujours déjà passé, ni thème, ni teos, ni interlocuteur», AE, 282.

mesure. Proximité et séparation, plus que présence et absence. Levinas ne craint pas ces conclusions vertigineuses, ces exaspérations pour dire tout à la fois une sorte de certitude, la netteté, la retenue. Il n'est pas seul à tenir ce langage.

Mais si fascinantes que soient les perspectives qui s'entrouvrent dans la percée éthique, Levinas maintient la primauté de la pratique jusque dans *la forme du discours* et du discours qui prétend au plus haut. Pour se protéger de l'exaltation mystique ou sentimentale prise dans son propre vertige et dans l'oubli du vrai dehors, Levinas durcissait en quelque sorte la requête d'intelligibilité dont « le tissu est toujours l'intrigue humaine ou inter-humaine ». Quels que soient les moments aveugles, il est nécessaire, au nom même du Bien, de comprendre et de se comprendre dans le tout des interactions qui font le monde humain. Il y a toujours, chez Levinas, comme une nostalgie de la *République* de Platon : « ne jamais commettre une injustice ni toucher au bien d'autrui ». Seuls les calculs et ajustements de la raison rendent pareil idéal, non pas raisonnable, mais praticable, hors des chimères du bon vouloir dans son immédiateté et sa certitude. Le discours introduit « la sagesse de l'amour » et en cela il lui est indispensable. Les délires de l'amour ont leurs mystérieux héros. Pour le moi non-héroïque que rien ne protège de délires moins sublimes, il y a nécessité de la raison, une nécessité de principe, non pas un surplus, mais une exigence d'essence. La raison fait la part, elle divise, elle raccorde, elle est le lien spirituel qui accepte le langage. Elle est aussi apories et par là même l'heureuse critique, le moment de l'interrogation et du soupçon, du recul et de la mise en doute, de la bonne inquiétude, peut-être sardonique, qui secoue les « cités de Dieu » établies et sûres de leur droit divin. « La philosophie ne se sépare pas du scepticisme qui la suit comme une ombre qu'elle chasse en le réfutant pour la retrouver aussitôt sur ses pas » [36]. Théorique, critique, autocritique, la raison est au cœur de l'éthique, parce qu'elle garde de l'illimité. L'obsession de la limite, du mesurable, du logique, du périmètre en philosophie peut passer – et l'est en partie – pour

---

36. AE, 213.

une extension bien vaniteuse du moi, mais polémiques et arguties sceptiques valent toujours mieux que le monologue du moi religieux, ou généreux, ou bienheureux, qui n'a plus d'interlocuteur que lui-même. Ce fut une chose étrange : Levinas critiquait l'égoïsme plat et suffisant de la philosophie et celle-ci devenait le meilleur rempart, par les règles d'un langage commun, contre tous les délires de la présomption.

Interrogation

Nous savions bien – ou apprenions à penser – que la pensée de Levinas ne se réduisait pas à ce découpage presque scolaire – tel qu'il est ici proposé – où la pensée se fait claire sur tout, évitant par l'éthique la fausse lumière qui vient du monde. Une aussi belle simplicité est apparente. L'incessante dénonciation de l'étreinte, de la camisole de l'être, certain débat très violent sur l'art, la réflexion tourbillonnante et comme désemparée sur le féminin, la nudité, la pudeur, le débat intérieur et le tour polémique dont témoignent tous les textes qui traitent de religion, la problématique du retard irrattrapable sur une transcendance révolue, le tournoiement qu'entraîne «l'allégeance du Même à l'Autre, s'imposant avant l'exhibition de l'autre»[37], l'idée revenante d'une pensée qui est plus qu'une pensée, l'obsession de la non-coïncidence, la pesée «d'un caché qui ne se dévoile pas, d'une nuit qui ne se disperse pas»[38] et du mensonge de la vision, autant d'indices d'une sorte d'atmosphère dramatique, orageuse qui entoure cette pensée de «l'évidence éthique», laquelle d'ailleurs appellera vite d'autres termes qui disent la rupture avec l'évidence : «traumatisme», «pathologie», «psychose» etc., ne sont pas que des images[39]. En

---

37. AE, 32.
38. TI, 291.
39. AE, 227. Pages extraordinaires (227-233) sur «l'énormité du sens» (233) dans «la consumation pour autrui» (*id.*) s'exprimant dans «la respirations *humaine* [c'est moi qui souligne]… respiration profonde jusqu'au souffle coupé par le vent de l'altérité» (227).

deçà de «disputes» sur l'exégèse, sur le messianisme, sur les rites, une question tout à fait singulière peut venir à l'esprit formé à une pensée chrétienne. Esquissons-la maladroitement. La relation éthique atteint le sujet dans sa profondeur ultime. Dans *Autrement qu'être* le Soi est «la dénucléation» du Moi; il reste de lui que le pronom personnel, à l'extrême opposé du «on» de Heidegger. Théorie sans faille assurément, mais qui, si l'on peut dire en ouvre une, immense. Le point de départ éthique n'oblige-t-il pas à figer jusqu'à l'extrême l'extériorité des êtres les uns face aux autres? «Relation où les êtres s'absolvent de la relation», «rapport sans rapport», autant de phrases frappantes, obscures. L'extraposition si entière, n'est-ce pas une pulvérisation en «uns», une «substitution» générale si radicale qu'il y a comme un éclatement de la relation dans l'excès même de la division, de la séparation? Levinas n'a cessé de dire son horreur pour toute forme de fusion, d'indistinction, d'inclusion, qu'en philosophie représenteraient Spinoza ou Hegel. «Créatures», le mot revient souvent, mais elles sont comme si coupées de leur source, si éloignées que le monde même de la création devient la région du malheur ou du mal, que l'Être n'est que prison et tromperie. L'extériorité serait devenue si grande que le bien de toute création se serait retourné en son contraire. «L'expiation», au cœur de l'éthique, serait le prix à payer dès lors que nous existons. Le «devoir» devient ce qui est dû pour sortir de l'illusion et du malentendu originel, sans fin autre que de sortir. L'essence – ou, mieux l'essence –, le mouvement enveloppant de l'Être, serait l'ensorcellement dans l'un faussement donné, tyrannie ontologique, visage originel de la création. Comment comprendre un tel éloignement, une telle séparation qui tourne à la malédiction dans l'exclusion? Levinas évite, esquive peut-être, la question de l'origine, parce que connotant une unité trop proche et dangereuse. L'infini est abîme, mais si la séparation est infinie, n'est-ce pas tout l'ordre du fini et du sensible qui devient mensonge, peut-être mal, en tout cas malheur? Même l'élection? Toute la problématique de la bonté, lentement et prudemment apparue chez Levinas, qui jamais ne prend le nom d'amour, de façon tout à fait délibérée – que n'a-t-on pas fait «au nom de l'amour»?

– indique peut-être un mouvement de recul face à une contradiction «ontologique» presque désespérée. Des textes, magnifiques, disent presque un destin : «J'ai été depuis toujours exposé à l'assignation de la responsabilité, comme placé sous un soleil de plomb, sans ombre protectrice, où s'évanouit tout résidu de mystère, d'arrière-pensée, par où la dérobade serait possible»[40]. Destin de la subjectivité ?

Pour conclure

Levinas ? Plus on le lit, d'où que ce soit, plus il s'arrache aux accaparements. Il parle *d'un lieu*, comme peu osent le faire*, et* son trait le plus propre est de s'enquérir d'un *universel*, le plus immédiat, le plus concret, plus obligeant aussi que celui donné par le repérage sur une cartographie des savoirs ou des identités constituées par avance, constituées par essence ou même par vocation. C'est l'une des pensées les plus hospitalières qui soient, qui ne préjuge de rien, si droite est la pensée de celui qui parle, si elle ne cache pas de fourberie meurtrière, si demeure dans le langage la trace du dire, qui ne trompe pas, privilège de la poésie, de toute «écriture sainte». Il convient donc que le dit ait la sobriété de la raison, dans la discussion, non dans la communion ; il y aurait là comme une mesure, une prudence, une sauvegarde contre les excès de la représentation, idéologique, abstraite qui oublie les lenteurs de la chair, contre les excès aussi de tout enracinement dans quelque élémental que ce soit, qui prescrirait un chemin par la force du sol ou du sang. Difficile liberté.

Un climat, semble-t-il, entoure cette œuvre, nuée fine et discrète, qui la rend pathétique dans sa modération même, violente aussi, indéchiffrable, alors même qu'elle inspire : *l'exil*. Le texte audacieux sur Agnon évoque un monde miraculeusement chaleureux, celui de la proximité des uns et des autres, mais il est devenu si lointain, si inaccessible par quelque révolution que ce soit, éradiqué

---

40. AE, 185.

par le verbe exterminateur de l'antisémitisme, que seule la résurrection des corps en fournirait l'équivalent[41]. Après cette figuration mythique, nous sommes tous désormais dans un ensemble
froid, les uns face aux autres, les uns liés aux autres, où chacun est
appelé, chacun est élu, pour composer un monde humain bien plus
instable encore que le merveilleux du passé. Le prix est élevé :
descendre dans le gouffre du soi, tolérer l'accusatif, l'accusation,
la charge qui effrite l'identité du je et en fait jaillir, comme du
rocher du désert, la parole, le souffle qui dit l'esprit qu'est l'éthique,
l'alliance, la liaison dans la dépossession. Il n'y a pas de consolation au don, pas de récompense ; mais ce sont là des « conditions »
qui sont oubliées dans l'acte du « pour autrui ». Levinas n'aimait
guère Simone Weil qu'il admirait et entendait bien. Il la cite en
des endroits stratégiques. Il n'est pas sûr que dans cette pensée si
libre, des affinités apparaissent, si profondes que soient et demeurent les mésententes, dès lors qu'il s'agit de « l'intrigue spirituelle
tout autre que la gnose »[42].

Au fond, à mesure que nous prenions connaissance de cette
œuvre et la recommençant, elle faisait faire un voyage : de l'éblouissement devant les phénomènes aux horizons nocturnes, elle menait
au plus proche de « l'intranquillité de l'âme »[43], à la remémoration d'une destination oubliée. Demeure sur la route ce qui appelle
depuis toujours, le désir de l'infini, ou son appel, constitutif. Celui-
ci n'est pas que nostalgie. Ici et maintenant il contraint : « L'idée
de l'infini affranchit la subjectivité du jugement de l'histoire pour
la montrer à tout moment mûre pour le jugement »[44]. Mais aussi
une dimension d'absence est donnée, un irréel selon le monde, le
surréel qui fait la subjectivité sans identité : « La merveille de l'infini dans le fini d'une pensée est un bouleversement de l'inten-

41. « Poésie et résurrection. Notes sur Agnon », NP, 15-25. « Elle (la mort) perdrait le
    surplus dont elle exalte la vie, laquelle, portant jusqu'aux confins de la mort ses
    fidélités, déborde par là même son essence, dépasse dans ses limites ces limites
    et, d'au-delà de l'essence, goûte le goût de la Résurrection ».
42. *Transcendance et intelligibilité*, Labor et Fides, 1996, 19.
43. Pour reprendre le titre du beau livre de Catherine Chalier.
44. TI, XIV.

tionnalité, un bouleversement de l'appétit de lumière qu'est l'intentionnalité : contrairement à la saturation où s'apaise l'intentionnalité, l'infini désarçonne son Idée»[45]. Sous les gravats et les
ruines d'une histoire d'exil toujours en un sens malheureuse, ce
monde n'est pas voué à la tristesse radicale de n'être pas la terre
promise. Il y a des bonheurs vrais, fragiles, mais flottant au-dessus
de tout comme la colombe après le déluge, il y a « le bonheur
austère de la bonté» accordé par l'infini qui «dans sa bonté décline
le désir qu'il suscite en l'inclinant vers la responsabilité d'autrui»[46]. Levinas n'aura pas évité ce monde-ci dans sa concrétude,
paysage de nos actes, source de nos pensées, le puits de la parole
dans la chair et le souffle en elle du dire. Une philosophie tourmentée, qui se risque dans l'inquiétant entrelacement de la philosophie et de la théologie, aura radicalement alerté les chrétiens –
pas seulement eux – sur la plus grande tentation, le spiritualisme,
matérialisme inversé ; et ce qui vaut pour l'un vaut pour l'autre.

---

45. *Humanisme de l'autre homme*, 54.
46. TI, 268 et AE, 196.

Difficile sionisme

Pensée d'Israël et allégorie de la politique

Paolo Amodio

I.

Essayer de reconstruire un plan sur lequel la réflexion de Levinas sur la politique puisse trouver son propre équilibre descriptif et interprétatif est peut-être une vaine entreprise. Le fait que les *plans* différents et entrecroisés sur lesquels ce discours s'articule (tantôt directement, tantôt allégoriquement, tantôt par suggestions), se montrent en effet irréductibles à l'équipement logique qui synthétise traditionnellement le langage de la politique sur la paix, la guerre, la société, la liberté, la justice, le droit, l'État, pour le formaliser en science et en doctrine. C'est justement pour cette raison que, dans ce domaine plus que dans tout autre de l'extraordinaire production intellectuelle de Levinas, il faut procéder par sélections et renoncements.

Toutefois, il y a, à mon avis, une lumière très vive qui éclaire de l'intérieur et invite à un parcours : cette réflexion politique «concerne», dans le sens contextuel et non dans le sens exclusif du mot, le judaïsme ; ou, mieux, afin d'éviter de redoutables heurts avec des paradigmes dont les généralités pourraient produire des contractions ou dilatations d'analyse inattendues, il s'agit d'une ample région spéculative constellée par la *pensée d'Israël*. Et je ne crois pas que cet avertissement soit une précaution inutile. En effet, de part et d'autre, on sent le risque que, une fois affirmée la source juive du fil qui ourdit la trame de la philosophie lévinassienne, puisse se perdre, dans le *mare magnum* de l'herméneutique et de la phénoménologie qui absorbe le débat philosophique le plus actuel en Occident, l'articulation interne de ces relations qui conservent au contraire le judaïsme dans son noyau et dans les multiples rayons qui en jaillissent : en tant que corps de doctrines propre à une religion, en tant que pensée éthique et Écriture, et en tant que condition historique, sociale et politique des Juifs. D'autre part, bien que le penseur lituanien entre très rarement, ce qui est compréhensible, dans ses textes «plus philosophiques» (si l'on peut se permettre d'effectuer cette distinction intérieure dans sa production) dans le récit des événements historiques qui l'ont frappé et inspiré, il est évident que sa pensée se montre encore plus transparente et plus riche, si l'on la mesure à l'aune de l'histoire du judaïsme des cent cinquante dernières années et en particulier à la fracture anthropologique marquée par l'expérience de la Seconde Guerre mondiale et de la *Shoah*[1]. Il n'est pas même nécessaire de se référer au Levinas «commentateur» des Écritures et aux pages concernant le sionisme et l'État d'Israël qu'il propose dans leur sillage (rappelant tout de même *Totalité et infini* et *Autrement qu'être*) pour ne pas perdre de vue cette donnée : le fait est que, si la pensée de Levinas traverse et s'impose comme une des voix philosophiques souveraines de l'Europe contemporaine, il est évident que la tradition occidentale tout entière, dans sa constitution même et dans les structures qui permettent de l'identifier, porte en elle la marque incontestable de la présence juive[2]. Il y a donc un horizon dans lequel il convient de se situer, si l'on veut essayer de prononcer une parole capable de traduire en quelque façon les pensées consacrées à la politique par Emmanuel Levinas. Mais il s'agit tout de même d'un horizon très problématique, qui ne rend compte pour l'instant que d'un domaine.

En quels termes est-il possible (et vraiment correct) alors de parler d'une *inspiration* politique de la pensée lévinassienne ? Ne risque-t-on pas, étant donnée l'ample étendue de regard et l'irréductibilité des thèmes à un unique registre, de faire passer pour connexions paradigmatiques quelque chose qui ressemble en tout cas à une série de syntagmes d'un genre intellectuel extraits, dans le meilleur des cas, par la force de l'intention communicative? Conscient de l'arbitraire de ce procédé, je réduis mon analyse à une triple direction.

Dans le cas de la réflexion lévinassienne, il s'agit d'une méditation politiquement inspirée, politiquement *rapportée*, avant tout dans la mesure où la critique de la philosophie trouve un lien clairement explicité avec l'histoire politique de notre temps, de la même façon que la phénoménologie du Visage est *aussi* une

---

1. Il ne suffirait au fond que d'un simple échange de répliques entre Levinas et Philippe Nemo à propos de *Totalité et infini* pour éclaircir tout le cadre de la réflexion lévinassienne : «P. Nemo : "Dans les pensées de la totalité il y a du totalitarisme, puisque le secret y est inadmissible?"; Levinas : "Ma critique de la totalité est venue en effet après une expérience politique que nous n'avons pas encore oubliée"», E. Levinas, *Éthique et infini. Dialogues avec Philippe Nemo* (= EI), Paris, 1982 [les numéros des pages se réfèrent à l'édition Paris, par Brodard et Taupin, 1997, dans la collection «Le Livre de Poche» (= lp). Dorénavant, même pour ce qui concerne d'autres textes, quand il s'agit de cette même collection, on utilisera le sigle «lp» suivi de l'année d'édition et du numéro de la page, et ensuite les seules parenthèses avec l'indication des pages] (lp, 1997, p. 73). Mais j'aime à rappeler le paroles de Jacques Derrida dans son *Adieu à Emmanuel Levinas* (Paris, 1997, p. 131), texte plein de tristesse et lourd de sens : «À travers des allusions discrètes mais transparentes, Levinas orientait alors nos regards vers ce qui se passe aujourd'hui, aussi bien en Israël qu'en Europe et en France, et en Afrique, et en Amérique, et en Asie, depuis au moins ce que Hannah Arendt appela *Le déclin de l'État-nation* : partout où des réfugiés de toute espèce, immigrés avec ou sans citoyenneté, exilés ou déplacés, avec ou sans papier, du cœur de l'Europe nazie à l'ex-Yougoslavie, du Moyen-Orient au Rwanda, depuis le Zaïre jusqu'en Californie, de l'église St Bernard au XIIIᵉ arrondissement de Paris, Cambodgiens, Arméniens, Palestiniens, Algériens et tant et tant d'autres appellent l'espace socio- et géopolitique à une mutation – mutation juridico-politique mais d'abord, si cette limite garde encore sa pertinence, conversion éthique.» Si l'on pense que la référence de Derrida, dans cette occasion, c'est la phénoménologie du Visage et le mot d'accueil de *Totalité et infini*, il est évident que le niveau théorique, l'analyse phénoménologique, n'acquiert de sens que dans un appel éthique qui les sous-tend et leur donne leur substance.

2. Je ne peux pénétrer dans les détails de cette question qui me semble toutefois d'une importance vitale. Je renvoie donc aux pages riches et stimulantes de S. Trigano, *Européodicée. L'économie symbolique du signe juif de l'Europe après la Sho'ah*, qui concluent le volume *La Sho'ah tra interpretazione e memoria*, Atti del Convegno, Napoli 5-9 maggio 1997, établi par P. Amodio, R. de Maio e G. Lissa, Napoli, 1999.

manière de penser une nouvelle socialité. Toutefois la *pensabilité*
même de la socialité, au moment où elle s'exprime, en se conden-
sant dans le langage de la philosophie, ne réussit pas à ne pas
contraindre le *mode* en un *modèle* signifiant dialectiquement par
spécularité/opposition.

En d'autres termes, la critique de l'onto-
logie de la guerre déployée sur le terrain théorique émet les signaux
d'une eschatologie de la paix, mais elle n'en épuise pas les devoirs,
là où la possibilité du couronnement mondain du sens (la justice
qui accorde éthique et État) est la réponse forte déjà incluse dans
le point d'interrogation métaphysique de toute question politique
lévinassienne. Au défaut de secours de la philosophie pourvoit
alors l'Écriture : si le «commentateur» des textes sacrés, dans la
tradition juive, n'est ni le sculpteur du monde ni le poète de l'Être
de Dieu, mais un maître qui martèle une pierre en se confiant aux
étincelles, cette *pensée d'Israël* peut éclairer, dans une langue plus
connue en Occident, une constellation éthico-politique – et non
pas une extase mystique – capable d'interpréter, de juger et de
traduire en termes de justice et de loi universels, dans les «arra-
chements» de l'histoire – c'est-à-dire dans le déroulement de l'existence terrestre soustraite à toute totalité humaine et divine – les
événements de cette histoire[3]. L'horizon dans lequel je propose
de lire politiquement Levinas est précisément la *pensée d'Israël*,
comme identité/responsabilité pré-originaire à l'existence même,
possibilité de penser un fondement éthique universel pour une
fondation métaphysique de la paix au-delà de l'ontologie de la
guerre. Langage et philosophie, donc, révélation et vocation, option
philosophico- et éthico-politique, sorte de *modus philosophandi*
en tant qu'expérience personnelle, et même déjà *histoire* d'un
peuple ; *pensée d'Israël* en tant qu'eschatologie d'une paix d'ores
et déjà *otage* de l'Être ; pensée d'*Israël* qui est la terre entière,
possibilité extrême de l'humain, «destinée d'un peuple bousculé
et bousculant»[4] la vie dans ses genres naturels et historiques ; religion et éthique qui, en érodant sans le dissoudre dans le jeu de
l'Être, dé-placent l'empirique hors de l'histoire, à travers une allégorie politique qui se donne littéralement comme αλλη αγορευω
de la politique et qui, en transcendant le monde en tant qu'exis-

tence et guerre, suggère la paix, en la remettant à l'infinité éthique
du sens ; désir métaphysique de l'Autre qui n'aspire pas au retour,
« car [le désir métaphysique] est désir d'un pays où nous ne naquî-
mes point. D'un pays étranger à toute nature, qui n'a pas été notre
patrie et où nous ne nous transporterons jamais [5]. »

Toutefois – et c'est avec ce dernier élément que j'entends bali-
ser définitivement mon analyse – dans la mesure précisément où
la pensée éthico-politique est *pensée d'Israël,* il faut qu'elle se
mesure avec l'*État* d'Israël et avec l'histoire du sionisme qui, en
tant que réalisation géopolitique, ne peut ne pas contenir, en lui et
dans les discours qui se rapportent à lui, les déchets et les ambiguïtés de toute « réalité effective ».

3.   C'est là une direction clairement indiquée par Levinas dans *Totalité et infini. Essai
     sur l'extériorité* (= TI), La Haye, 1961 : « Entre une philosophie de la transcen-
     dance qui situe ailleurs la vraie vie à laquelle l'homme accéderait, en s'échappant
     d'ici, aux instants privilégiés de l'élévation liturgique, mystique ou en mourant –
     et une philosophie de l'immanence où l'on se saisirait véritablement de l'être quand
     tout "autre" (cause de guerre), englobé par le Même, s'évanouirait au terme de
     l'histoire, nous nous proposons de décrire, dans le déroulement de l'existence
     terrestre, de l'existence économique comme nous l'appelons, une relation avec
     l'Autre, qui n'aboutit pas à une totalité divine ou humaine, une relation qui n'est
     pas une totalisation de l'histoire, mais l'idée de l'infini. Une telle relation est la
     métaphysique même. L'histoire ne serait pas le plan privilégié où se manifeste
     l'être dégagé du particularisme des points de vue dont la réflexion porterait encore
     la tare. Si elle prétend intégrer moi et l'autre dans un esprit impersonnel, cette
     prétendue intégration est cruauté et injustice, c'est-à-dire ignore Autrui. L'histoire,
     rapport entre hommes, ignore une position du Moi envers l'Autre où l'Autre
     demeure transcendant par rapport à moi. Si je ne suis pas extérieur à l'histoire par
     moi-même, je trouve en autrui un point, par rapport à l'histoire, absolu ; non pas
     en fusionnant avec autrui, mais en parlant avec lui. L'histoire est travaillée par les
     ruptures de l'histoire où un jugement se porte sur elle. Quand l'homme aborde
     vraiment Autrui, il est arraché à l'histoire » (lp, 1996, p. 44-45).
4.   Cf. Levinas, *L'au-delà du verset. Lectures et discours talmudiques* (= ADV), Paris,
     1982, p. 18.
5.   TI (p. 22).

2.

Fidèle au sens le plus intime de la tradition juive, Levinas situe l'identité du judaïsme et du peuple juif dans le *sens* et non pas dans l'*existence*. Cette distinction, qui affirme une priorité (dans le même sens où dans *Totalité et infini* il est dit, ce qui fonde le discours tout entier, que la métaphysique *précède* l'ontologie), au moment précis où elle se révèle d'une façon paradoxale au regard politique traditionnel, assume une valeur absolue. En fait, elle offre immédiatement les deux seuls modèles possibles de socialité.

Si elle est construite sur l'existence, suggère Levinas, la condition humaine dans le monde se définit à travers les sujets-agents historiques qui s'imposent en tant que vie et volonté de puissance dans le jeu de l'Être. Par conséquent, la connaissance est le déploiement de cette identité ; connaissance : réduction de l'Autre au Même. Cette relation théorique, espace de *lucidité*, ordre objectif où l'être se révèle comme thème de guerre, dessine la politique comme raison et art de prévoir et de gagner la guerre par tous les moyens. Il n'y a pas d'autre espace : et, sur le plan pratique, l'Autre est moi ou bien ennemi, et il est ennemi justement parce qu'il est Autre. Dans ce cas, le sujet historique (existentiel) n'est rien d'autre que le *moi biologique* qui a toujours besoin de « mythologie et de guerre », *conatus essendi* assoiffé d'« extériorité dogmatique » parce que le mythe

> « introduit dans l'âme… cette ivresse du sacré et de la guerre qui prolongent l'animal dans le civilisé » [6].

Ce modèle de socialité (l'autonomie du politique) est donc, dans son essence même, *biologique* (aujourd'hui nous dirions *éthologique*), et structure empiriquement la société de sorte que

> « on ne peut… pas vivre sans tuer, ou du moins sans préparer la mort de quelqu'un » [7].

---

6. Cf. Levinas, *Difficile liberté* (= DL), Paris, 1976 (Ip, 1997, p. 75).
7. Cf. EI (p. 119).

Qu'il le cite ou non, la référence de Levinas à la théologie politique de Carl Schmitt est très claire et fait presque parvenir l'écho
des paroles du juriste allemand[8]. Bien que cela puisse paraître
paradoxal, si l'on choisit le plan de l'Être (justement comme l'a
pensé Heidegger, responsable sur le plan philosophique – et ensuite
politique – de l'enracinement du sens dans l'essence et donc de
l'ontologie de la guerre), Levinas donne raison à Schmitt, tout en
marquant son désaccord : la donnée est φυειν, le fait est la guerre
ou, mieux, il n'y a pas d'autre «donnée de fait» que la guerre.
Même et Autre (sujet et sujet, symétriquement déterminés par
«l'un-contre-l'autre» et synchroniquement «libres» de s'affronter) ne peuvent se rapporter ici qu'en tant qu'ami/ennemi et agir
selon des impératifs territoriaux, si bien que l'identité de l'un coïncide avec l'existence souveraine dans la mesure précisément où
elle a détruit l'autre (ou bien sûr vice versa). Le cercle rationalité-
politique-guerre se renferme dans un fondement absolu, configuration d'une destinée qui rejette à jamais la morale du domaine
des aventures humaines et renvoie la justice et le droit aux effets
arbitraires des décisions souveraines dans des situations historico-
empiriques déterminées[9].

L'objection de Levinas est explicite et se retrouve tout au long
de sa réflexion philosophique. À Philippe Nemo qui lui demandait, de façon peut-être un peu provocatrice, de parler de «philosophie politique» (et, ce qui est très significatif, en référence à

---

8. Un passage de *Begriff des Politischen* de C. Schmitts (Berlin, 1927) apparaît en
ce sens très significatif : «Il faut prendre les *concepts* d'ami et ennemi dans leur
signification concrète, *existentielle*, non pas en tant que métaphores ou symboles»
(c'est moi qui souligne).

9. Je ne veux pas pénétrer plus avant ; le sujet a été déjà traité d'une manière exhaus-
tive et stimulante par G. Lissa (auquel je dois ces remarques) dont il faut rappeler
au moins : *L'ontologia della guerra, ovvero il primato della politica*, dans «Annali
della Facoltà di Lettere e Filosofia dell'Università di Napoli», n.s. XVIII (1987-
1988), p. 609-655 ; *Critica dell'ontologia della guerra e fondazione metafisica
della pace in E. Levinas*, dans «Giornale critico della filosofia italiana», LXVI
(LXVIII, 1987), p. 119-174 ; l'*Introduzione* (p. 5-50) à la traduction italienne (qu'il
a établie) d'ADV (Levinas, *L'aldilà del versetto*, par G.Lissa, Napoli, 1986) ; et
enfin *Filosofia ebraica oggi*, dans «Rivista di Storia della Filosofia» 4 (1994),
p. 689-722.

Totalité et infini), Levinas répondait avec une simplicité désarmante et offrait toutefois à l'auditeur le plan sur lequel il est possible de comprendre le labyrinthe de sa proposition de *sens* :

« Seulement, je tente de déduire la nécessité d'un social rationnel des exigences mêmes de l'intersubjectif tel que je le décris. Il est extrêmement important de savoir si la société au sens courant du terme est le résultat d'une limitation du principe que l'homme est un loup pour l'homme, ou si au contraire elle résulte de la limitation du principe que l'homme est *pour* l'homme. Le social, avec ses institutions, ses formes universelles, ses lois, provient-il de ce qu'on a limité les conséquences de la guerre entre les hommes, ou de ce qu'on a limité l'infini qui s'ouvre dans la relation éthique de l'homme à l'homme ?... La politique doit pouvoir en effet toujours être contrôlée et critiquée à partir de l'éthique. Cette seconde forme de socialité rendrait justice à ce secret qu'est pour chacun sa vie, secret qui ne tient pas à une clôture qui isolerait quelque domaine rigoureusement privé d'une intériorité fermée, mais secret qui tient à la responsabilité pour autrui, qui, dans son avènement éthique, est incessible, à laquelle on ne se dérobe pas et qui, ainsi, est principe d'individuation absolue »[10].

Cette responsabilité-pour-Autrui (le «pour-l'autre» de la responsabilité, transcendance absolue et priorité de l'Autre qui *sub*ordonne ma liberté même d'être, hétérogénéité radicale dans la démesure de l'ordre du Bien – *autrement qu'être* qui redéfinit la subjectivité dans la transcendance irréductible du *face-à-face*) comme principe d'individuation absolue est justement l'*avènement* éthique – le *sens* – qui précède l'histoire et qui, «aube d'une humanité sans mythes» [11], engendre la possibilité *sociale* de la vie humaine dans le monde.

Donc, dans une sorte de paradoxe phénoménologique, le *sens* transcende toute congruence théorique et ainsi, en se donnant comme épiphanie du Visage excédant la mesure de l'extériorité[12], transcende le niveau même dans lequel il se manifeste dans l'inter-

---

10. EI (p. 74-75).
11. TI (p. 75).

subjectivité, en venant se placer dans une sorte d'*entre-temps*. Le *sens* qui s'ouvre à la possibilité sociale ne correspond plus alors à la façon de la *Sinngebung*, mais ad-vient à l'*idée* de paix en tant que désir infini de justice. En définitive et pour reprendre les termes paradigmatiques dont je me suis servi au début, l'identité construite sur le *sens* prépare une dia-chronie (le temps irréversible de la différence où le subjectif excède la connaissance pour *se faire amour*) et redessine même une situation sémantique : il ne suit plus le schéma onto-logico-formel genre/individu, où l'altérité demeure réciproque, où l'individu est figé dans l'objectivation et dont la déchéance ontique est haine, violence et agression entre sujets. La situation sémantique où l'individu humain « reçoit un sens » et « se revêt de droit », est la description de l'altérité de l'*unique*, accès originaire à l'individu, *unique avant individuel*,

« accès caractéristique où l'accédant appartient lui-même à la concrétude de la rencontre sans pouvoir prendre la distance nécessaire au regard objectivant, sans pouvoir se dégager de la relation et où ce ne-pas-pouvoir-se-dégager, cette non-in-différence à l'égard de la différence ou de l'altérité de l'autre – cette irréversibilité – est non pas le simple échec d'une objectivation, mais précisément le *droit* fait à la différence d'autrui qui, dans cette non-in-différence, n'est pas une altérité formelle et réciproque et insuffisante dans la multiplicité d'individus d'un genre, mais altérité de l'*unique*, extérieur à tout genre, transcendant tout genre. Transcendance qui ne serait pas alors le simple *raté* de l'immanence, mais *l'excellence irréductible du social dans sa proximité, la paix même* [c'est moi qui souligne ces derniers mots]. Non pas la paix de la pure sécurité et de la non-agression, qui assure à chacun sa position dans l'être, mais la paix qui est déjà cette nonin-différence même. La paix où par la non-in-différence il faut entendre non pas le neutre de quelque curiosité désaffectée, mais

---

12. De manière significative, Levinas précisait à Philippe Nemo : « Je ne sais si l'on peut parler de "phénoménologie" du visage, puisque la phénoménologie décrit ce qui apparaît. De même, je me demande si l'on peut parler d'un regard tourné vers le visage, car le regard est connaissance, perception. Je pense plutôt que l'accès au visage est d'emblée éthique », EI (p. 79).

le «pour-l'autre» de la responsabilité. Réponse – premier langage ; bonté primordiale que la haine déjà suppose dans ses attentions, amour sans concupiscence où prend sens le droit de l'homme, le droit de l'aimé c'est-à-dire la dignité de l'unique [13].»

Or, la description ou, si l'on le préfère, la phénoménologie de cette socialité est justement, dans le lexique de Levinas, la phénoménologie du Visage. Bien que je ne veuille pas pénétrer dans l'analyse des pages de *Totalité et infini* et d'*Autrement qu'être* qui entraîneraient trop loin le discours, il est nécessaire de citer encore quelques passages. À travers une série de concepts, chargés d'«énergie aphoristique» (l'observation de Derrida est très juste dans ce cas [14]), et certainement plus «opératoires» que «thématiques», étant donné le court-circuit que l'épiphanie du Visage produit sur le plan théorique (les italiques suivants renvoient à cette intention), la notion de Visage et le *Dire accueillant* qui offrent la *demeure* et le temps infini de la *fécondité*, conduisent à une véritable redéfinition de la subjectivité capable de remettre en marche, dans ses termes originels, tout le discours sur la paix et la justice.

La subordination de la liberté à la responsabilité que la relation métaphysique institue dans la mesure où elle impose l'Autre et *sépare* le Même, signifie immédiatement dé-position du sujet, expropriation de sa souveraineté dans les thèmes de l'Être. L'*esse* de l'homme n'est plus alors originairement *conatus*, volonté de puissance, mais *otage* (dans le signe qui rappelle l'*hospes* et non pas l'*hostis* [15]), otage d'autrui. Le sujet déposé se pose donc comme *hôte/otage*, la subjectivité du sujet peut «renaître», s'il est permis d'employer ce terme, dans l'accueil du Visage. La demande de *sens* ainsi produite donne en fait une possibilité à l'*existence* subjec-

13. Levinas, *Entre nous. Essai sur le penser-à-l'autre* (= EN), Paris, 1991 (Ip, 1993, p. 200). Sur l'inspiration rosenzweigienne de cette question, cf. R. Cohen, *La non-in-différence dans la pensée d'Emmanuel Levinas et de Franz Rosenzweig*, dans *Cahier de l'Herne. Emmanuel Levinas*, Cahier dirigé par C. Chalier et M. Abensour, 1991 (= CHEL) (Ip, 1993, p. 380-393).
14. Cf. Derrida, *op. cit.*, p. 100 sgg.
15. *Hospes* (dérivé de *hosti-potis*) : étranger, étranger accueilli ; *hostis* : ennemi, étranger qui porte la guerre.

tive, au moins en ce sens que l'existence subjective reçoit ses traits de la *séparation*. La conscience de soi du sujet produite dans la *séparation* n'est plus extériorisée par l'idée (ou par l'intention), n'est donc pas une réplique dialectique de la conscience que j'ai de l'Autre ou une représentation de soi. Elle ne se réduit pas non plus à une négation de l'être dont elle se sépare. La subjectivité n'est donc pas une modalité de l'essence : dans l'*Autrement qu'être* lévinassien, la *conscience-de* est désir métaphysique qui produit la séparation radicale et est donc *attention* au Visage, hospitalité et non thématisation, qui *s'actualise*, avant toute vision de soi, *en s'établissant en soi* comme corps et en se tenant dans sa propre intériorité, dans la *demeure* : le monde est accueil et le sujet un hôte. L'*esse* humain n'est donc pas *conatus essendi*, qui contient constitutionnellement réciprocité et interchangeabilité, mais « désintéressement et adieu » [16] – *dés-intér-essement* : séparation radicale ; *à-Dieu* : tension comme bénédiction, appel du bien, salutation de l'autre au-delà de l'être [17].

Or, si l'ordre du sens est primaire et se rend accessible par la relation interhumaine et par l'unicité de l'individu, le Visage est le début de toute intelligibilité morale et philosophique. Et il peut même devenir, en ce sens, le début de l'intelligibilité politique pour autant que l'on est disposé à reconnaître que la philosophie n'est pas cause nécessaire de la politique et de la guerre, à savoir dans la mesure où l'eschatologie de la paix est annoncée par la responsabilité sous les espèces de la justice. La politique s'effondre en fait dans les abîmes du néant et dans la guerre alors que les hommes sont dans une relation de réciprocité et de symétrie qui les définit comme « affrontement de forces », tandis que

> « la justice consiste à rendre à nouveau possible l'expression où, dans la non-réciprocité, la personne se présente unique. La justice est un droit à la parole. C'est peut-être là que s'ouvre la perspective

---

16. Levinas, *Dieu, la Mort et le Temps* (= DMT), Paris, 1993 (lp, 1994, p. 17).
17. Cf. Levinas, *De Dieu qui vient à l'idée* (= DQVI), Paris, 19922 : « L'à-Dieu n'est pas un processus de l'être : dans l'appel, je suis renvoyé à l'autre homme par qui cet appel signifie, au prochain pour qui j'ai à craindre », p. 264-265.

d'une religion. Elle s'éloigne de la vie politique à laquelle la philosophie ne mène pas nécessairement [18].»

Dans ce sens, les pages finales de *Totalité et infini* parachèvent impérieusement la critique radicale de la philosophie que l'*incipit* du livre –

« On conviendra aisément qu'il importe au plus haut point de savoir si l'on n'est pas dupe de la morale. La lucidité – ouverture de l'esprit sur le vrai – ne consiste-t-elle pas à entrevoir la possibilité permanente de la guerre?»

– avait annoncée d'une manière presque brutale. La philosophie *nous* a été transmise dans la forme du psychisme humain entendu comme savoir, poussé jusqu'à la conscience de soi. La philosophie recherche donc l'esprit dans le savoir et dans la conscience : dans l'autoréférentialité constitutive de la réflexion philosophique, la pensée est intelligibilité de l'être et du vrai, et chaque intelligibilité réclame un savoir de l'être. Là se trouve l'origine de la philosophie comme telle et c'est toujours là qu'a été situé le lieu naturel du sensé. Le «sensé», alors, est déjà savoir d'un Moi, et il est pour cette raison spoliation de l'étrangeté de l'Autre, réduction thématique de l'identité du Même. Dans le jeu de l'être, l'essence de l'Autre implique l'objectivation du *su par moi* et cette intelligibilité a un sens à l'intérieur d'une totalité (la philosophie même qui se fait histoire ou destin) qui absorbe et ordonne impersonnellement toutes les formes.

L'intelligibilité paradoxale du Visage réclamée par Levinas – source d'où surgit tout sens – peut seulement consister dans l'absolue inadéquation à l'être : l'éthique, qui n'est plus paradoxe philosophique, est métaphysique, philosophie première, dans l'acte où elle rompt définitivement avec la philosophie du Neutre et de l'impersonnel définitivement affirmée par Hegel et ensuite par Heidegger. Levinas rattache résolument

« la raison impersonnelle de Hegel qui ne montre à la conscience personnelle que ses ruses »

---

18. TI (p. 332).

et le « matérialisme honteux » du dernier Heidegger qui

> « pose la révélation de l'être dans l'habitation humaine entre Ciel
> et Terre, dans l'attente de dieux et en compagnie des hommes et
> érige le paysage ou la "nature morte" en origine de l'humain » [19].

Aussi bien la raison hégélienne, qui engloutit le sujet, que l'être
de l'étant heideggérien se donnent donc comme un anonyme *il y
a* : et un Logos qui n'est verbe de personne a pour Levinas une
possibilité philosophique unique et un développement mondain
unique : à savoir, respectivement, la politique comme exercice
même de la raison, et la guerre. Par conséquent, dans la totalité du
savoir philosophique, le Visage est exposé, menacé, « invité » à un
acte de violence et de mort. Dans la fracture de l'être qui produit
la relation éthique,

> « Le visage est ce qu'on ne peut tuer, ou du moins ce dont le *sens*
> consiste à dire : "Tu ne tueras point" [20]. »

La signification qui appartient à la subjectivité réside donc dans
la *proximité*, révélation de l'altérité dans la rupture de la synchronie entre Même et Autre, mais, comme Levinas le souligne dans
Autrement qu'être,

> « la proximité est la signifiance même de la signification, l'ins-
> tauration même de l'un-pour-l'autre, l'instauration du sens que
> toute signification thématisée reflète dans l'être » [21].

L'infini signifie la subjectivité à travers l'aventure humaine de
l'approche de l'Autre, à travers la substitution de l'Autre, à travers
l'expiation pour l'Autre.

La subjectivité renouvelée par l'excédence éthique de la responsabilité qui instaure le sens dans le mondain ouvre l'autrement dit
de la politique. Pour reprendre littéralement l'explication donnée

---

19. Cf. TI (p. 332-333).
20. EI (p. 81).
21. Levinas, *Autrement qu'être ou au-delà de l'essence* (= AE), La Haye, 1974 (lp,
    1996, p. 135).

par Levinas à Philippe Nemo dont je suis parti, l'ouverture à une *autre* socialité provient

> « de ce qu'on a limité l'infini qui s'ouvre dans la relation éthique de l'homme à l'homme » [22].

L'infini me vient à l'idée dans la signifiance du Visage, dans l'assujettissement à la responsabilité pour Autrui : Autrui m'appelle à ma responsabilité illimitée. Toutefois, quand je réponds à la présence d'autrui, c'est-à-dire quand je reconnais la responsabilité qui m'incombe, le mot « Je » signifie « Me voici » [23] et cette réponse n'est pas « savoir d'autrui » mais précisément « témoignage » qui témoigne de l'Infini dans le sujet. « Me voici » devient le lieu grâce auquel l'infini, en se limitant, entre secrètement dans le langage. La limitation de l'infini *est* le langage : c'est-à-dire que le Visage me parle, se fait présence dans le langage fraternel de la communauté humaine parce qu'il *est* justice : en tant que présence-du-Visage, il

> « n'invite pas à la complicité avec l'être préféré, au « je-tu » se suffisant et oublieux de l'univers »,

« mais renvoie plutôt au *tiers* : le tiers qui me regarde toujours dans les yeux d'autrui. Et alors si l'épiphanie du Visage ouvre l'humanité, l'ouvre dans la mesure où le Visage, dans sa nudité de Visage, me présente la misère du pauvre et de l'étranger. Mais cette présentation ne consiste pas à se remettre à moi, à mon pouvoir de transfigurer la misère en donnée. La pauvreté et l'exil demeurent expression d'un Visage et l'étranger, le pauvre, se présente comme égal. L'ordre de la Justice jaillit justement de cette présentation du pauvre :

> Son égalité dans cette pauvreté essentielle, consiste à se référer au *tiers*, ainsi présent à la rencontre et que, au sein de sa misère, Autrui sert déjà. Il se *joint* à moi. Mais il me joint à lui pour servir, il me commande comme un Maître. Commandement qui ne peut

---

22. Cf. *supra*, note 10.
23. Cf. AE (p. 180).

me concerner qu'en tant que je suis maître moi-même, commandement, par conséquent, qui me commande de commander. Le *tu*
se pose devant un *nous*. Être *nous*, ce n'est pas se «bousculer»
ou se côtoyer autour d'une tâche commune. La présence du visage
– l'infini de l'Autre – est dénuement, présence du tiers (c'est-à-
dire de toute l'humanité qui nous regarde) et commandement qui
commande de commander. C'est pourquoi la relation avec autrui
ou discours est non seulement la mise en question de ma liberté,
l'appel venant de l'Autre pour m'appeler à la responsabilité, non
seulement la parole par laquelle je me dépouille de la possession
qui m'enserre, en énonçant un monde objectif et commun ; mais
aussi la prédication, l'exhortation, la parole prophétique. La parole
prophétique répond essentiellement à l'épiphanie du visage, double
tout discours, non pas comme un discours sur des thèmes moraux,
mais comme moment irréductible du discours suscité essentiellement par l'épiphanie du visage en tant qu'il atteste la présence
du tiers, de l'humanité tout entière, dans les yeux qui me regardent. Toute relation sociale, comme une dérivée, remonte à la
présentation de l'Autre au Même, sans aucun intermédiaire
d'image ou de signe, par la seule expression du visage. L'essence
de la société échappe, si on la pose semblable au genre qui unit
les individus semblables» [24].

Et Levinas peut ainsi conclure sur la «question» de l'État
quelques pages plus loin :

«Dans la mesure où le visage d'Autrui nous met en relation avec
le tiers, le rapport métaphysique de Moi à Autrui, se coule dans
la forme du Nous, aspire à un État, aux institutions, aux lois qui
sont la source de l'universalité. Mais la politique laissée à elle-
même, porte en elle une tyrannie. Elle déforme le moi et l'Autre
qui l'ont suscitée, car elle les juge selon les règles universelles et,
par là même, comme par contumace» [25].

Mais il me semble que la contradiction et la limite que le tiers
introduit dans la relation métaphysique, en instituant autour du

24. TI (p. 234-235)
25. TI (p. 334-335).

langage la communauté fraternelle qui appelle et aspire à un État, sont seulement annoncées dans *Totalité et infini* et n'y sont pas encore déployées. En ce sens, *Autrement qu'être*, tout en reprenant le même lexique, est au contraire d'une clarté limpide. Ici, le fait que l'autre, mon prochain, est aussi tiers par rapport à un autre, prochain lui-même, indique directement que cette proximité est

« la naissance de la pensée, de la conscience et de la justice et de la philosophie » [26].

Si la proximité ne m'ordonnait qu'à autrui dans sa solitude, il n'y aurait pas de «question» de la société humaine (et de la politique). La responsabilité pour l'autre est en fait pure proximité, Dire infini, illimité, pré-originaire (*an-archique*, écrit significativement Levinas) et donc immédiateté antérieure à toute interrogation. Elle est cependant troublée et devient «problème» à partir de l'entrée du tiers. Le tiers est autre par rapport au prochain, mais aussi un prochain de l'Autre et non seulement son semblable. Le tiers introduit une contradiction dans le Dire dont la signification devant l'autre allait, dans le *face-à-face*, dans un sens unique : le tiers est

« de soi, limite de la responsabilité naissance de la question : Qu'ai-je à faire avec justice ? Question de conscience. Il faut la justice c'est-à-dire la comparaison, la coexistence, la contemporanéité, le rassemblement, l'ordre, la thématisation, la *visibilité* des visages et, par là, l'intentionnalité et l'intellect et en l'intentionnalité et l'intellect, l'intelligibilité du système et, par là, aussi une coprésence sur un pied d'égalité comme devant une cour de justice. *L'essence*, comme syncronie : *ensemble-dans-un-lieu*. La proximité prend un sens nouveau dans l'espace de la contiguïté. Mais la pure contiguïté n'est pas une «nature simple». Elle suppose déjà la pensée thématisante et le lieu et le découpage de la continuité de l'espace en termes discrets et le tout – à partir de la justice » [27].

---

26. AE (p. 204).

Entre ainsi en jeu la question de l'identité, redéfinie au service de la justice. L'identité de l'élu qui *signifie* avant d'*être* (l'*unique avant l'individuel*, dont la signification réside en l'expiation pour l'Autre) est transfigurée, mais non perdue, dans l'opération thématique qui rattache l'individu au monde et en fait un sujet-existant social. La thématisation, la représentation : la philosophie, donc. La politique, donc. Les grands exclus du discours lévinassien récupèrent un nouveau rôle au service de la justice, et concernent jusqu'à la possibilité de la discipline phénoménologique : la nouvelle manière d'être de la subjectivité sociale en tant que proximité et expiation pour l'autre découvre une ambiguïté dans l'intériorité de la conscience du sujet, et cette ambiguïté (l'énigme du sens) se donne comme différence et diachronie, brèche dans l'être qui interrompt toute unité spatio-temporelle :

> «La philosophie sert la justice, en thématisant la différence et en réduisant le thématisé à la différence. Elle apporte l'équité dans l'abnégation de l'un pour l'autre, la justice dans la responsabilité. La philosophie – dans sa diachronie même – est la conscience de la rupture de la conscience» [28].

Il y a plus : la proximité réduite à la représentation thématique est simultanément ouverture à l'Autrement Dit de la Politique : comme quelques pages avant Levinas l'avait déjà annoncé :

> «À partir de la représentation se produit l'ordre de la justice modérant ou mesurant la *substitution* de moi à l'autre et restituant le soi au calcul. La justice exige la contemporanéité de la réprésentation. C'est ainsi que le prochain devient visible, et dé-visagé, se présente, et qu'il y a aussi justice pour moi. Le Dire se fixe en Dit – s'écrit précisément, se fait livre, droit, science» [29].

---

27. AE (p. 245). On lira à ce propos l'essai tout à fait stimulant de E. Baccarini, «*L'altro* im-presentabile. *Amore e/o giustizia*», qui forme l'Introduction à la traduction italienne (établie par lui) d'EN (Levinas, *Tra noi. Saggi sul pensare-all'altro*, a cura di E. Baccarini, Milano, 1998) p. 9-25.
28. AE (p. 256).
29. AE (p. 247).

Par conséquent, et finalement,

> « la philosophie justifie et critique les lois de l'Être et de la Cité et en retrouve la signification qui consiste à détacher de l'un-pour-l'autre absolu, et l'un et l'autre » [30].

La politique inaugurée par l'autrement dit de la proximité peut s'exprimer aussi en tant que commandement de paix et non en tant que thème de guerre : l'Autre se *montre* au monde dans la justice, et c'est même cette visibilité qui est déterminée par la pré-occupation de justice. Le Dire *anarchique* de la proximité originaire, devoir sans fin, demande la signification du thématisable et cette signification est le peser et juger de la justice, l'« esprit » de la société. L'origine de l'État, sa pensabilité, ne saurait s'appuyer, comme chez Hobbes et dans toute la modernité politique, sur une limitation de la violence mais doit consister en une limitation de la charité. L'ordre de la Justice n'est donc pas seulement compatible avec la responsabilité, sa « limitation » ne consiste pas du tout en une dégénération de l'Infini mais dans l'effectivité d'une société

> « où l'égalité de tous est portée par mon inégalité, par le surplus de mes devoirs sur mes droits. L'oubli de soi meut la justice. »

La conclusion de Levinas nous ramène à notre point de départ, mais elle s'est enrichie en chemin :

> « Il n'est pas dès lors sans importance de savoir si l'État égalitaire et juste où l'homme s'accomplit (et qu'il s'agit d'instituer et, surtout, de maintenir) procède d'une guerre de tous contre tous ou de la responsabilité irréductible de l'un pour tous et s'il peut se passer d'amitiés et de visages. Il n'est pas sans importance de le savoir pour que la guerre ne se fasse pas instauration d'une guerre avec bonne conscience. Il n'est pas non plus sans importance de savoir, en ce qui concerne la philosophie, si la nécessité rationnelle que le discours cohérent transmue en science et dont la philosophie veut saisir le principe a, ainsi, le statut d'origine c'est-à-dire d'origine de soi ou de présent ou de contemporanéité

---

30. AE (p. 256).

du successif (œuvre de la déduction logique) ou de la manifestation de l'être ; ou si cette nécessité suppose un *en-deçà*, un pré-
originel, un non-représentable, un invisible et, par conséquent, un
en-deçà supposé autrement qu'un principe n'est supposé par la
conséquence dont il est syncrone. *En-deçà* an-archique témoigné
– énigmatiquement, certes – dans la responsabilité pour les autres.
Responsabilité pour les autres ou communication, aventure qui
porte tout discours de la science et de la philosophie. Par là, cette
responsabilité serait la rationalité même de la raison ou son universalisation, rationalité de la paix [31]. »

Résumons : la conscience naît sur le terrain de la justice, comme
présence du tiers, et la justice est le véritable fondement de la conscience. Levinas en arrive donc à établir un lieu, le lieu de la communauté, proximité humaine fixée dans le monde par la conscience
de l'interruption de l'Infini, où la diachronie s'est faite histoire et
la subjectivité, citoyen. L'acte de la conscience est donc simultanément geste politique et essoufflement éthique. Le lieu de la
communauté sociale n'est pas en fin de compte un lieu réconci-
liateur de la conscience, il relance au contraire une tension, parce
que c'est toujours à partir de la responsabilité que mon existence
a un sens. Et l'État est *toujours sur le point de* transformer cette
annonce de paix en stratégie de guerre.

Mais c'est justement à ce point, à savoir quand la philosophie
a, pour ainsi dire, donné son consentement à la constitution d'un
lieu fréquentable par le nouveau sujet « porteur d'éthique », et a
offert ses signes pour un « autrement dit » de la politique, que
commencent les problèmes. Du lieu identifié par Levinas, il semble
qu'on puisse seulement en entrevoir les limites, situé qu'on sera
alors au bord d'un abîme conceptuel. L'analyse phénoménologique
ou, mieux peut-être, cette phénoménologie de la phénoménologie,
ne semble-t-elle pas proposer, plutôt qu'un résultat ou une issue,
et si l'on me passe cette métaphore, une multiplicité de fils chargés d'électricité laissés à découvert qui, si on les relie, ne peuvent
provoquer qu'un court-circuit ? Il n'est pas facile, en fait, pour le

---

31. AE (p. 248-249).

lecteur de Levinas parvenu à ce stade, de ne pas essayer de regrouper le tout sur un plan historico-empirique, et de faire «fonctionner» cette primauté de l'éthique sur l'être. Ou au moins d'essayer d'en mesurer le degré d'utopisme, étant donné qu'à vouloir préserver le niveau éthique des griffes de l'être, le philosophe semble rendre inimaginable toute historicisation. Quoi qu'on fasse, en somme, un sens d'inachèvement demeure. La question est délicate et les critiques en ce sens n'ont pas manqué [32]. Alors que les instruments critiques élaborés par Levinas dans l'analyse de la socialité semblaient pouvoir préluder y compris à une technique de l'organisation politique, on se trouve au contraire en présence d'une allégorie politique sûrement suggestive mais empiriquement indéterminable, et il n'y a pas de doute que le thème de la Justice génétiquement déterminé par le Tu-ne-tueras-point, où la réponse éthique précède même le commandement, se réduit à une allusion désincarnée plutôt qu'en un principe pratique. Mon impression personnelle est que, au moment où l'on exclut le plan historico-empirique, il y a chez Levinas saut d'un plan bien structuré vers un plan pas très bien défini : toutefois la profondeur du déséquilibre peut s'atténuer si l'on relit cette aventure philosophique dans le sillage de l'aventure de pensée du Levinas talmudiste [33], de cette *pensée d'Israël* qui, rencontrant l'histoire des Juifs, le sionisme et l'État d'Israël, et se heurtant à eux, se fait *destinée d'Israël* et *désir*

---

32. Je donne seulement quelques indications générales, mais suffisantes, au moins je le crois, pour focaliser la question : voir, avant tout et en général, les pages de Derrida sur Levinas (l'essai de S. Petrosino, *L'umanità dell'umano o dell'essenza della coscienza. Derrida lettore di Levinas*, qui introduit la traduction italienne de Derrida, *Addio a Emmanuel Levinas*, Milano, 1998, p. 9-51, est très utile de ce point de vue ; du même Petrosino, voir, au moins, *Fondamento ed esasperazione. Saggio sul pensare di Emmanuel Levinas*, Genova, 1992) ; R.C. Kwant, *De Verhouding van Mens tot Mens volgens Emmanuel Levinas*, dans «Streven», 19 (1965-66), n. 7, p. 609-621 ; J. De Greef, *Éthique, réflexion et histoire chez Levinas*, dans «Revue philosophique de Louvain», 67 (1969), p. 431-460 ; P. Ricœur, *Le socius et le prochain*, dans *Histoire et vérité*, Paris, 1955 ; Lissa, *op. cit.* Voir, enfin, pour un débat très informé sur Levinas les riches mélanges *Levinas's Contribution to Contemporary Philosophy*, ed. by B. Bergo and D. Perpich, «Graduate Faculty Philosophy Journal», New School for Social Research, New York, vol. 20, no. 2 – vol. 21, no. 1 (1998).

d'Israël. Le risque apologétique est déjà évident dans la formulation de cette nouvelle question : mais, pour Levinas, il s'agit, et
cela nous ouvre plusieurs perspectives, d'un risque calculé.

3.

Le sens qui envahit l'advenir éthique de l'humain, *pensée d'Israël*
qui défie l'ontologie de la guerre, et qui connote l'identité irréductible de l'élu (l'*unique avant individuel*), est avant tout la *Tora* :
Israël, peuple du Livre, Livre du «sensé», «comment» même de
l'éthique qui trouble l'ordre de l'être. En d'autres termes, c'est
l'Écriture qui sanctionne la primauté de l'éthique sur l'être et offre
la possibilité du lieu de l'humain : le sens de l'être, ou pour mieux
dire le sens de la création, à savoir le fait que «le monde est là»,
c'est pour que l'ordre éthique s'accomplisse. Levinas est déjà sur
le sentier des mille sorties du «commentaire», dans l'*au-delà du
verset* qui ouvre le regard sur les temps de l'histoire humaine :

> «En contestant l'absurde "c'est comme cela" de la Puissance des
> puissants, l'homme de la Tora transforme l'être en histoire
> humaine. Le mouvement sensé secoue le Réel. Si vous n'accep-
> tez pas la Tora vous ne partirez pas d'ici, de ce lieu de désolation
> et de mort, de ce désert qui désole toutes les splendeurs de la terre,
> vous ne pourrez pas commencer l'histoire, briser le bloc de l'être
> qui se suffit stupidement comme Haman buvant avec le roi
> Ahasvérus, vous ne conjurerez pas la fatalité cohérente comme
> le déterminisme des événements. La Tora, savoir en apparence
> utopique, assure seule un lieu à l'homme [34].»

Le judaïsme est donc déjà destin : destination et condition d'une
subjectivité qui entend habiter le lieu du monde. Le Levinas talmudiste accomplit définitivement le passage qui s'annonce mais qui,

33. Voir, en cette direction, A. Aronowicz, *Les commentaires talmudiques de Levinas*,
CHEL (p. 413-427) : et D. Banon, *Une herméneutique de la sollicitation. Levinas
lecteur du Talmud*, in *Les Cahiers de La nuit surveillée. Emmanuel Levinas*, Textes
rassemblés par J. Rolland, 1984 (= CNSEL), p. 99-115. Sur le Levinas «maître»,
voir les suggestions intéressantes offertes par les mélanges édités par l'Alliance
Israélite Universelle, *Levinas : Philosophe et Pédagogue*, Paris, 1998.

on le comprend, n'est pas proprement réalisé dans les œuvres
«philosophiques» : l'analyse philosophique devient, par super-
position et fusion, dans une sorte de passage sans mouvement,
discours religieux. Mais d'un «religieux» très particulier, lieu du
saint qui ne contemple pas le sacré, compréhensible seulement
dans le dire éthique de Dieu au peuple d'Israël. Élection, pacte :
témoignage du saint, ordre du bien. «Exigeant judaïsme» donc,
ainsi que Levinas intitulera un essai particulièrement lourd de
sens [35], qui exige qu'on réfléchisse sur l'identité de l'être juif et
du Juif en tant que destinataire d'une expérience, exigence de
lumière et de justice plus urgente encore face à l'ombre qu'a laissée sur le monde le point d'interrogation de la «Passion qu'on
appelle "holocauste"» [36]. Conscience de la dureté du monde et en
même temps témoignage et martyre : l'être-juif est le signe, lisi-
ble dans le monde, du fait que *ma* souffrance et *mon* angoisse de
mort se sont transfigurées en pré-occupation de l'*autre* homme.
Cette identité d'élu – comme cela est peut-être plus clair maintenant – est identité de sens dans le pacte avec Dieu – présente Israël

---

34. Levinas, *Quatre lectures talmudiques* (= QLT), Paris, 1968, p. 85-86. À ce propos,
    voir les suggestions intéressantes de F. Ciaramelli, *Le rôle du judaïsme dans l'œu-*
    vre de Levinas, dans «Revue philosophique de Louvain», 52 (1983), p. 588-600 ;
    et encore, dans la riche production sur Levinas du même auteur, voir au moins
    Soggettività e metafisica. Emmanuel Levinas e il tema dell'Altro, dans «Atti
    dell'Accademia di Scienze Morali e Politiche», XCI (1980), p. 239-265 ; *Défense*
    de la subjectivité et approche de la transcendance chez Emmanuel Levinas, dans
    «Cahiers du Centre d'Études Phénoménologiques» (Louvain), (1981), p. 7-20 ;
    De l'évasion à l'exode. Subjectivité et existence chez le jeune Levinas, dans «Revue
    philosophique de Louvain», (1983), p. 580-599 ; *Dal soggetto alla soggezione*,
    dans «aut aut», 209-210 (1985), p. 117-128 ; *Levinas ou l'altérité impossible*, in
    Phénoménologie et analyse existentielle, Bruxelles, 1989, p. 97-116 ; *Transcendance*
    et éthique. Essai sur Levinas, Bruxelles, 1989 ; *De l'errance à la responsabilité*,
    in «Études phénoménologiques», 12 (1990), p. 45-66 ; *The Riddle of the Pre-origi-*
    nal, in *Ethics as First Philosophy. The Significance of Emmanuel Levinas for*
    Philosophy, Literature and Religion, ed. by A.T. Peperzak, New York and London,
    1995, p. 87-94 ; *L'enigma del bene e l'origine del senso*, in *Levinas vivant. Riflessioni*
    sul pensiero di Emmanuel Levinas, édité par F. Fanizza, F. Fistetti et A. Ponzio,
    Modugno (Bari), 1998 ; *The Posterity of the Anterior*, in *Levinas's Contribution*
    to Contemporary Philosophy, cit., p. 409-425.
35. Cf. ADV, p. 17-25.
36. ADV, p. 17.

parmi les nations. Situation parmi les nations elle-même
«exigeante», parce qu'elle exige la fidélité à la Loi avant même
de se poser comme Lieu. Israël – hospitalité avant même l'exemplarité universelle de lieu, message universel qui dépend et réclame
un dé-placement à l'écart de l'empirique et de l'historique en tant
que moment prophétique d'un temps messianique [37]. Non pas
simple nationalité, espèce d'un genre mondain ou contingence de
l'Histoire, «curiosité ethnographique» dont le sort est confié à la
guerre. Moment prophétique de la raison humaine même, certes,
mais d'une humanité qui veut dire, ou mieux *dit autrement* «tout
l'homme». Destinée d'Israël, dans un sens encore plus profond,
comme si la destinée juive était justement cette fissure dans «la
carapace de l'être imperturbable», «éveil» à l'insomnie de l'in-
humanité de la politique. Judaïsme en tant qu'interruption et rupture
de nature et d'histoire, mais incessamment reconstruites

«et, ainsi, Révélation toujours oubliée. Elle s'inscrit, elle se fait
Bible, mais aussi révélation continuée; elle se produit en guise
d'Israël : destinée d'un peuple bousculé et bousculant à travers
sa vie quotidienne ce qui, dans cette vie, se contente de son sens
naturel ou "historique"».

Destinée d'Israël – *pensée* d'Israël :

«Pensée précocement et inlassablement dénonçant le cruel, les
excès de pouvoir et l'arbitraire... Dissidence originelle, nuque

---

37. C'est là, selon Levinas, la grande voie du «peuple éternel» découverte par son
«maître idéal», Rosenzweig, dans *Der Stern der Erlösung* : «L'éternité d'Israël
c'est... son indépendance à l'égard de l'Histoire et sa capacité de reconnaître les
hommes comme à tout moment mûrs pour le jugement, sans attendre que la fin de
l'Histoire nous livre leur sens prétendument ultime. Et Israël, par-delà l'Israël char-
nel, englobe toutes les personnes qui se refusent au verdict purement autoritaire
de l'Histoire», Levinas, *Hors sujet* (= HS), Montpellier, 1987, p. 94-95. Et toutefois c'est toujours là, on le verra, que les pages lévinassiennes sur le sionisme, qui
ouvrent une direction parallèle ou bien opposée, deviennent profondément problématiques. Sur la relation Levinas-Rosenzweig voir R.A. Cohen, *Elevations. The
Height of the Good in Rosenzweig and Levinas*, Chicago and London, 1994;
J.-L. Schlegel, *Levinas et Rosenzweig*, CNSEL, p. 50-70. Mais à propos du chemin
ouvert par Rosenzweig pour la «nouvelle pensée», voir, avant tout, le très bon livre
d'E. D'antuono, *Ebraismo e filosofia. Saggio su Franz Rosenzweig*, Napoli, 1999.

raide, arrière-pensée, résistance à la pure force de choses, dérangement» [38].

Judaïsme comme religion et religiosité qui ne se renverserait
pas dans la sacralité d'un lieu, où s'agiterait un δαιμων capable
de traduire le pacte en mythe et raison (en théologie politique).
Plutôt, religiosité en tant que sainteté et Révélation, dégagée de
toute théorie du divin, *Me voici* du répondre de Dieu à l'homme
juste qui traduit cette élection sur le plan éthique comme *surplus*
de devoir et sur le plan du religieux comme *Passion d'Israël*.

Passion d'Israël : autrement dit, sentiment que sa «destinée», son
Histoire *sainte*, depuis les temps «humains» de l'esclavage en
Égypte jusqu'à Auschwitz, n'est pas seulement

> «celle d'une rencontre entre l'homme et l'Absolu et d'une fidé-
> lité ; mais qu'elle est, si l'on ose dire, constitutive de l'existence
> même de Dieu» [39].

C'est seulement par cette «reddition» à la destinée juive, paradoxale précisément en ce qu'elle dé-mesure l'être humain de
l'homme en le privant de toute volonté de puissance et en le signifiant dans le Tu-ne-tueras-point de la Révélation, que l'éthique
peut imposer une politique et un droit. Et s'ouvrir à l'histoire en
tant qu'advenir universel de paix. C'est pourquoi l'élection juive
n'affirme aucun orgueil national : elle enseigne plutôt, en pesant
sur le Juif, ce qui est possible à l'homme. Aller vers la terre d'Israël,
fonder l'État d'Israël, c'est donc remettre la terre à la justice,
acquérir le droit à la justice et à l'existence (Terre promise qui
s'est faite enfin terre permise, pour paraphraser Levinas lui-
même [40]). Non pas État national mais État juste, universel : État
qui est déjà au-delà de l'État, politique en tant qu'idée de pouvoir
sans abus de pouvoir, à la rigueur en tant qu'excédence de devoir,
mesurable sur un plan métaphysique. Difficile existence d'Israël

---

38. ADV, p. 18.
39. ADV, p. 20.
40. Cf. QLT (Troisième leçon).

et difficile liberté d'Israël qui irrite la conscience des nations puisque, dans son éternelle mise en évidence de la possibilité extrême de l'humain, elle en indique le sens [41]. Mais il faut ajouter : le Talmud reconnaît des situations qui ne peuvent être soutenues par des principes messianiques de l'avenir, et justement parce que la guerre demeure une réalité présente. Dit en termes pratiques : la société qui prépare un advenir de justice risque de succomber dans le présent :

«Ce danger exige selon une expression talmudique des *directives de l'heure*. Ainsi la législation absolue rencontre le concept *de l'histoire*. L'histoire exige une législation politique. L'originalité du judaïsme consistera à poser le pouvoir politique à côté du pouvoir de la morale absolue, sans limiter, pour autant, le pouvoir moral au destin surnaturel de l'homme (contre le christianisme), sans subordonner le pouvoir moral au pouvoir politique qui serait seul concret (contre Hegel)» [42].

Cette interdépendance éthico-politique du pouvoir (qui en garantit la laïcité), sanctionne, selon Levinas, la nouveauté de la pensée politique inaugurée en Israël : dans l'antimachiavellisme viscéral du nouvel État de David, le «prince» devient «principe de la Loi».

Or, cet engagement éthique – rentrer dans l'histoire par l'expérience de la paix – constituerait l'essence même du sionisme.

Mais ce «saut» ambigu dans l'histoire et dans l'État à travers le sionisme – ambigu parce que, même avec toute sa bonne volonté herméneutique, le lecteur y arrive trop brusquement – n'est, pour Levinas, ni improvisé ni imprévoyant. Et avant toute accusation, plausible, d'apologie, qui est peut-être un effet physiologique de toute mise en cause de la politique et de l'État [43], il convient d'essayer d'entrer dans l'ambiguïté lévinassienne.

Le parcours sioniste de Levinas, illustré par les chemins conceptuels inhabituels du commentaire [44], progresse toujours sur une

---

41. Cf. ADV : «État dont l'existence reste en question dans tout ce qui en constitue l'essence», p. 226.
42. Levinas, *La laïcité et la pensée d'Israël* (1960), à présent dans Levinas, *Les imprévus de l'histoire*, Montpellier, 1994, p. 190.

double voie : d'un côté il est reconnaissance lucide du fait d'une
existence géopolitique, l'État d'Israël avec Jérusalem pour capi-
tale et un gouvernement aux prises avec des questions de politique
étrangère, de l'autre il est résistance métaphysique aux nécessités
de l'histoire, message éthique, cohérent et solidaire avec l'enseignement des Écritures. Politique qui est déjà non-politique, histoire
qui est déjà méta-histoire, en somme, et non seulement dans la
langue sainte de l'Écriture, mais dans toute la « tradition politique »
du judaïsme, y compris Theodor Herzl :

> « Car, derrière l'idée politique apparemment si occidentale de
> Herzl, comptait par-dessus tout l'identification entre *Judenstaat*
> et Terre promise et le réouverture des perspectives eschatolo-
> giques, toujours planétaires, de l'Histoire sainte » [45].

---

43. On ne doit donc pas s'étonner de l'aisance avec laquelle Levinas peut commen-
ter un verset où le Juif persécuté par le mal de la politique préfigurerait « un homme
d'un type nouveau » : « Ce texte comporterait-il un brin d'apologie ? Pourquoi pas ?
Je me demande s'il y eut jamais discours au monde qui ne fût pas apologétique,
si le logos comme tel n'est pas apologie, si la première conscience de notre existence est une conscience de droit, si elle n'est pas d'emblée conscience de responsabilités, si d'emblée nous ne sommes pas accusés au lieu d'entrer confortable-
ment et sans demander pardon dans le monde comme chez soi. Je pense que c'est
un peu comme cela qu'on essaie d'être juif, que c'est comme cela qu'on mérite
de s'appeler être humain », QLT, p. 175.

44. L'esprit avec lequel le talmudiste célèbre et correspond à l'appel éthique de Dieu,
ne saurait en aucune manière s'épuiser dans une simple exégèse philologique de
l'Écriture. La tradition talmudique, « lecture du sens dans le texte ou du texte dans
le sens […] ni paraphrase ni paradoxe ; ni philologie ni arbitraire » [cf. Levinas,
Du Sacré au Saint – Cinq nouvelles lectures talmudiques (= DSAS), Paris, 1977,
p. 15] – pensée dont la particularisation en un concept ou en un exemple n'épuise
pas une signification, mais conserve la multiplicité des significations – est par
essence réactualisation et confrontation avec la modernité, recherche d'une vérité
pour sa propre époque et ses difficiles problèmes. Pour Levinas, le « commentaire » talmudique est en somme le seul accès à tout discours « historique » sur la
société, la loi, la justice et la paix. Il ne s'agit pas, cela va sans dire, d'opportu-
nisme herméneutique, mais bien plutôt de la reconnaissance résolue du fait que le
Logos qui répond à nos discours est cependant toujours une totalité linguistique
sourde à l'interrogation plurielle de l'éthique. Il s'agit d'une donnée fondamentale qui, même si elle ne dissipe point les ombres apologétiques, demande, en
quelque manière, une contextualisation bien plus ample que celle qu'offrent les
catégories traditionnelles du politique.

45. ADV, p. 225.

En somme, si l'approche sioniste, dans ses modalités d'histoire et de géographie politique, semble s'opposer à l'«exigeant judaïsme» et en faire disparaître corps et âme, il se présente d'autre part, au moins dans son intention, comme irréductible eschatologie d'Israël, eschatologie qui, selon l'enseignement biblique, veut dire sentiment de responsabilité face à l'avenir à l'avantage des autres, quelque chose d'inhérent à la création, à l'humanité de l'homme, et qui ne saurait être la cause de guerres. C'est pourquoi le droit à la terre juive est immédiatement un devoir universel de paix, responsabilité sans indulgence, fidélité sans interruption : seuls ceux qui sont toujours disposés à accepter les conséquences de leurs actes et à assumer l'exil quand ils ne seront plus dignes d'une patrie, ont le droit d'entrer dans cette patrie[46]. Ce qui veut dire, sans hésitation mais, je le répète, avec quelque ambiguïté, que le sionisme est, dans son essence, eschatologie de la paix, même quand il s'est développé sur un terrain qui est structurellement politique à la manière traditionnelle. Par conséquent, si, d'une part, certaines concessions lévinassiennes aux instances de nécessité politique du monde moderne (qui rendent peut-être faibles tant les ouvertures que les déclarations d'intention de quelques-uns des ses écrits) ne sauraient pas ne pas susciter quelque perplexité :

«Nos trois études groupées sous le titre de «Sionismes» tendent seulement à montrer comment l'œuvre historique de l'État, dont il n'est pas possible de se passer dans le monde politisé à l'extrême de notre temps, œuvre de courage et de travail qui se veut laïque, s'imprègne en Israël, dès le début, et progressivement, des pensées jeunes, mais issues de la Bible ; comment la continuation et le développement de cette culture biblique se montrait inséparable des fins temporelles de l'État et débordait ces fins. Impénitente eschatologie d'Israël»[47] ;

d'autre part, l'eschatologie de la paix verteusement interprétée par le sionisme a une finalité immédiatement visible et plus appropriée

---

46. Cf. QLT, p. 139 sgg.
47. ADV, p. 12. Voir, à ce propos, mais aussi plus généralement, le livre de B. Lévy, *Visage continu. La pensée du Retour chez Emmanuel Levinas*, Vendôme, 1998.

à la nouveauté éthique de la pensée d'Israël : ce n'est pas une doctrine politique compréhensible en termes de volonté de puissance, mais la charge significative d'un langage nouveau pour l'invention politique, volonté morale et engagement éthique pour réaliser concrètement les conditions dans lesquelles il est possible de repenser la paix dans l'histoire.

Jusqu'à quel point cet « experimentum salutis » [48] universel peut effectivement se traduire dans les difficultés de la réalité politique contemporaine et dans ses conflits régionaux – Levinas écrit et raisonne sous le feu du conflit arabo-israélien et de la question palestinienne – il est décidément difficile de le vérifier. Jusqu'à quel point l'État d'Israël l'a effectivement réalisé, c'est même plus problématique encore à évaluer. Mais je ne crois pas il soit utile de continuer le long de ce versant, parce que, quelques efforts d'interprétation qu'on fasse, les ambiguïtés du philosophe – qu'elles soient « bonnes » ou « mauvaises », pour parler avec Merleau-Ponty – demeurent présentes. Et il ne suffit pas de souligner l'incontrôlable dimension apologétique. On essaiera plutôt de relire ce difficile sionisme en suivant une trace plus évidente, c'est-à-dire en tant qu'appel contraignant à la responsabilité historique et politique après Auschwitz. Ce qui, tout en réduisant les prétentions d'éternité du sionisme (porteuses de préjugés conceptuels et idéologiques), ne veut pas dire renoncer à la composante eschatologique et messianique du désir d'Israël. Dans cette direction, le sionisme se propose, serrant de plus près la réalité, comme « directive de l'heure » du judaïsme post-hitlérien, et comme exigence d'existence visant à sauvegarder sa propre identité de sens[49]. On peut remarquer comment changent les couleurs du cadre général quand, dans certains passages sur le retour en Israël, Levinas actualise la question d'Auschwitz :

> « C'est qu'il n'y a plus de différence entre le jour et la nuit, entre le dehors et le dedans. Ne sentons-nous pas ici, par-delà toute violence encore soumise à la volonté et à la raison, plus fortement que tout à l'heure, l'odeur des camps ? La violence, ce n'est plus

---

48. Cf. Lissa, *Introduzione* à la trad. it. d'ADV, cit., p. 47 sgg.

par-delà la morale un phénomène politique de la guerre et de la paix. L'abîme d'Auschwitz ou le monde en guerre. Monde qui a perdu sa "mondanité même". C'est le XXᵉ siècle. Il faut rentrer à l'intérieur, même s'il y a terreur à l'intérieur. Le fait d'Israël, est-ce un fait unique ? N'a-t-il pas son plein sens parce qu'il s'applique à toute l'humanité ? Tous les hommes sont au bord de la situation de l'État d'Israël. L'État d'Israël est une catégorie» [50].

Ou, dans un style plus propre à l'essai, illustrant comment notre temps a imposé au Juif une sorte de seconde conscience de soi :

«Les événements dramatiques de ce XXᵉ siècle et le national-socialisme qui ont bouleversé le monde libéral sur lequel, tant bien que mal, reposait – et se reposait – l'existence juive, ont arraché à l'antisémitisme son secret apocalyptique et ont laissé deviner l'extrême, exigeante et dangereuse destinée de l'humain que, par antiphrase, il dénote. Par les séquelles que l'hitlérisme laissa dans les cerveaux se pense encore aujourd'hui l'antisémitisme de droite et de gauche, même s'il se dissimule sous d'autres noms» [51].

La déclaration d'engagement éthique pour l'expérience de la paix, d'abord énoncée en termes d'«essence» du sionisme, c'est-à-dire en termes méta-historiques, se retrouve, au contraire, dans la perspective post-hitlérienne, rivée à l'histoire sous le signe d'une date, 1948. Ce qui a effectivement changé, ce n'est pas tant le message éthique de la Révélation que la modalité d'accueil de ce message. Comme si Hitler avait irréversiblement destiné le savoir et le courage éthique d'une Diaspora bi-millénaire au ghetto, et ses

---

49. Les appels de Levinas à E. Fackenheim, *God's Presence in History*, New York, 1970, sont en ce sens très significatifs (mais il faut au moins rappeler, du même auteur, *The Jewish Bible after the Holocaust. A Re-reading*, Bloomington and Indianapolis, 1990 ; et *Jewish Philosophers and Jewish Philosophy*, ed. by M.L. Morgan, Bloomington and Indianapolis, 1996). Cf. par ex. EN : «D'où, pour Émil Fackenheim, l'obligation pour les Juifs de vivre et de rester Juifs pour ne pas se faire complices d'un projet diabolique. Le Juif, après Auschwitz, est voué à sa fidélité au judaïsme et aux conditions matérielles et même politiques de son existence» (p. 109). Cf. aussi H. Peukert, *Unconditional Responsibility for the Other : the Holocaust and the Thinking of Emmanuel Levinas*, in *Postmodernism and the Holocaust*, ed. by A. Milchman and A. Rosenberg, Amsterdam-Atlanta, 1998, p. 155-165 (mais voir en général le volume entier et en particulier les sections six à neuf).

50. DSAS, p. 170.

forces vives à l'extermination[52]. Si, deux mille ans durant, Israël ne s'est pas engagé dans l'histoire et, en conséquence, s'est gardé pur, innocent de tout crime politique dans son éternité, se donnant aux nations comme patience infinie, il était devenu incapable de penser une politique ou ne serait-ce qu'un simple lieu de la communauté sociale qui pût accomplir son message monothéiste (transmission éthique qui s'oppose à l'idolâtrie de l'État et de la raison politique) pour se donner comme refuge pour les persécutés, otage et hôte lui-même de la déréliction du pauvre et de l'étranger :

> «L'engagement désormais est pris. Depuis 1948. Mais tout ne fait que commencer. Israël n'est pas moins isolé pour achever sa tâche inouïe que n'était, il y a quatre mille ans, Abraham qui la commen-

---

51. ADV, p. 223-224. Et – soit dit en passant – dans le *face-à-face* avec ce monde, la pensée d'Israël se fait encore plus exigeante et plus ambitieuse, parce qu'elle doit aussi abattre le séduisant édifice philosophique qui subordonne l'humain aux jeux anonymes de l'Être – le monde devenu jeu ou «café [...] lieu de la socialité facile, sans responsabilité réciproque», pour reprendre les termes symboliques d'une très belle lecture talmudique (DSAS, p. 41) – et «malgré ses «lettres sur l'humanisme», portant compréhension à l'hitlérisme lui-même» (DL, p. 391). Sur ces questions, la critique de Levinas contre Heidegger est permanente, elle est très dure et ne vise pas seulement, c'est évident, les choix politiques, mais tout le parcours philosophique – et c'est dans cette direction qu'il faut lire aussi, par exemple, Levinas, *Quelques réflexions sur la philosophie de l'hitlérisme* (1934) [ora in Chel (p. 113-121)]. Je suis convaincu que tout le travail de Levinas peut être lu non seulement comme un contrepoint à Heidegger, mais encore comme un véritable corps à corps, dont l'issue peut se résumer dans l'implacable séquence contenue dans QLT : «On peut à la rigueur pardonner à celui qui a parlé sans conscience. Mais il est très difficile de pardonner à Rav qui était pleinement conscient et promis à une grande destinée, prophétiquement révélée à son maître. On peut pardonner à beaucoup d'Allemands, mais il y a des Allemands à qui il est difficile de pardonner. Il est difficile de pardonner à Heidegger. Si Hanina ne pouvait pas pardonner à Rav, juste et humain, parce que c'était aussi le génial Rav, encore moins peut-on pardonner à Heidegger. Me voici ramené à l'actualité, aux nouvelles tentatives de dédouaner Heidegger, de dégager sa responsabilité, tentatives incessantes qui sont – il faut l'avouer – à l'origine du présent colloque», p. 55-56.

52. En ce sens, le sionisme est pour Levinas la seule possibilité de penser aujourd'-hui la place du Juif dans la civilisation occidentale. Ce qui veut dire que le sionisme réduirait définitivement le hiatus entre assimilation et judaïsme de la Diaspora : «Sous les espèces d'une existence politique et culturelle autonome, le sionisme rend possible *partout* un juif occidental, juif et grec. Dès lors, la traduction «en grec» de la sagesse du Talmud est la tâche essentielle de l'Université de l'État juif, plus digne de ses efforts que la philologie sémitique, à laquelle les universités d'Europe et d'Amérique suffisent», QLT, *Introduction*, p. 24.

çait. Mais, ainsi, ce retour sur la terre des ancêtres, par-delà la solution d'un problème particulier, national ou familial, marquerait-il l'un des plus grands événements de l'histoire intérieure et de l'Histoire tout court[53].»

À l'ombre d'Auschwitz, même les blessures du conflit judéo-arabe et la question palestinienne proposent de nouvelles perspectives d'interprétation de l'action sioniste. En premier lieu, la délimitation des frontières géographiques et politiques n'est pas un impératif territorial qui décrirait l'étranger en termes d'inimitié, et n'est donc pas le prélude à l'exercice d'une volonté de puissance. Cette délimitation, bien qu'elle implique les principes parfaitement politiques de protection et de distribution de la justice (le droit à l'existence sur une terre) a une valeur profondément éthique. Le droit à l'existence sur une terre, «directive de l'heure du judaïsme post-hitlérien», est nécessaire pour qu'il n'y ait plus un peuple martyr et pour que l'extermination des Juifs ne soit plus synonyme de crime incontrôlé et impuni. L'exigeant judaïsme ne saurait «exiger» le martyre, il veut même la reconnaissance réciproque de la responsabilité et de l'existence :

«La grande idée éthique – la plus grande – de l'existence pour le prochain s'applique sans réserve *à moi*, à l'individu ou à la personne que je suis [...] Je pense que, dans la responsabilité pour les autres que prescrit un monothéisme non archaïque [...] il ne faut pas oublier que *ma* famille et *mon* peuple sont, malgré ces pronoms possessifs, mes "autres", comme les étrangers, et qu'ils exigent justice et protection. Amour de l'autre – amour du prochain. Mes proches sont mes prochains aussi».

En termes pratico-politiques, cela veut dire que, si Israël réclame, par sa constitution même, l'hospitalité pour le réfugié, il exige aussi les frontières de la coexistence pacifique, pour que le peuple juif cesse d'être une minorité, «des sauterelles devant des géants», dans son propre cadre politique. Le crime d'Auschwitz est, certes, un crime commis sur le corps du Juif, mais imprimé

---

53. ADV, p. 220.

sur l'âme de l'humanité toute entière : Israël est alors le lieu du refuge qui témoigne de la responsabilité illimitée et indivisible des hommes pour tous les hommes. Levinas reprend en vue l'histoire contemporaine et lui imprime toute sa réflexion éthique :

« Bien entendu, c'est l'Occident, ce n'est pas le monde arabe qui assume la responsabilité d'Auschwitz. Sauf si l'on admet que la responsabilité des hommes ne se divise pas et que tous les hommes sont responsables de tous les autres. J'ai publié dans *Difficile liberté* les lignes suivantes rédigées il y a plus de dix ans : « Qu'est la suppression des distinctions nationales sinon une humanité indivisible, c'est-à-dire responsable tout entière des crimes et des malheurs de quelques-uns ? [...] Tous les rapports humains se réduisent-ils aux calculs des dommages et intérêts et tous les problèmes aux règlements de comptes ? Quelqu'un d'entre les humains peut-il se laver les mains de toute cette chair partie en fumée ? [...] Au geste de reconnaissance qui viendrait à Israël de la part des peuples arabes répondrait sans doute un élan fraternel tel que le problème des réfugiés en perdra ses inconnues ». Je ne dirai plus aujourd'hui réfugiés, je dirai Palestiniens. Le sionisme ne prend pas fin pour autant. Il n'est pas fini si juifs et Israéliens reconnaissent que l'exister de l'État d'Israël requiert la reconnaissance du monde arabe et, pour Israël, une entrée dans l'intimité de ce monde [54]. »

Difficile liberté d'Israël : écrasé par un monde menaçant et responsable de ce monde même auquel il a offert un refuge. Difficile sionisme : ce qui apparaît faible en termes de *Realpolitik* est la véritable force de la pensée d'Israël et ce qui apparaît fort et puissant dans l'État d'Israël est vulnérabilité et fragilité. Difficile sionisme qui subit les tentations de la guerre, mais la conçoit dans la dimension inédite des faibles et des vaincus[55]. Difficile sionisme, désir de socialité qui subordonne la politique au message éthique et qui met en crise les catégories de violence pré-fabriquées par la sociologie et la politologie occidentales. Et qui, pour se révéler au monde, est obligé à sortir à nouveau de l'histoire.

---

54. ADV, p. 13-14.

L'importance que Levinas a accordée au voyage de Sadate en Israël – que nous pourrions ici réactualiser à la lumière des dernières péripéties du dialogue de paix israélo-palestinien, dialogue tourmenté mais qui a ouvert la possibilité de la fondation de l'État palestinien malgré la recrudescence du terrorisme et l'assassinat de Rabin – trouve toute sa signification dans cette brusque interruption des clichés par lesquels la politologie avait rendu impensable toute perspective de résolution pacifique du conflit. Levinas n'en doute pas : ce voyage est l'événement trans-historique qui élève l'humain au-dessus des règles de prudence dictées à l'homme d'État par la raison politique. Qui le pousse au-delà de l'histoire. Qui le fait survivre dans les ruptures des processus, qui le rend incommensurable au calcul des temps, qui le rend vivant dans l'événement de paix. Mais qui dira la durée des vrais événements ou de l'avènement du vrai ? Qui a jamais mesuré le secret travail de l'éphémère dans les années de l'Histoire ?

> « Sadate n'a-t-il pas compris, d'autre part, les chances qu'ouvre l'amitié avec Israël – ou déjà sa simple reconnaissance, le simple fait de lui parler – et tout ce qui se dissimule de promesses prophétiques derrière l'invocation sioniste des droits historiques et ses contorsions sous le carcan politique ? Toutes les injustices – réparables. Tout l'impossible qui devient possible. Ce que des esprits moins élevés, parmi les ennemis de Sadate du Proche-Orient ou ses amis dans notre fier Occident, n'ont jamais deviné, plongés dans leur comptabilité politique [56]. »

Le difficile sionisme, auquel reste irrémédiablement rivée l'ambiguïté de Levinas, est précisément l'espoir d'une science de la

---

55. Cf. DL : « La guerre contre Amalek, symbole sous lequel le judaïsme pense la guerre, tire toute sa force de la résistance et de l'élévation. Mais est-ce le judaïsme qui a perpétué la guerre dans la guerre faite à la guerre ? Son humanisme a-t-il pu se contenter de la paix des vainqueurs ? A-t-il jamais cessé d'être l'humanisme de la patience ? De l'histoire, a-t-il jamais éliminé les vaincus ? Dans les symboles du serviteur souffrant se retrouvent toutes les souffrances qui exigent justice jusqu'à la fin des temps, justice par-delà le triomphe des triomphateurs et leur conversion de la onzième heure au Bien dans l'optimisme de leur triomphe » (p. 399).

56. ADV, p. 227.

société et d'une société pleinement humaine[57], d'une humanité de paix, construite sur la possibilité paradoxale que ce qui, dans les données de la science politique traditionnelle, apparaît politiquement faible, est au contraire l'*expression* de ce qui est audacieux et fort. Mais c'est une *expression* de sens qui n'a pas encore été traduite dans le grec du monde occidental.

En conclusion, la dialectique qui s'inaugure ici est sans aucun doute peu convaincante selon les critères habituels du raisonnement historico-politique, parce que la paix ne peut répondre à la guerre en tant que donnée historique que comme événement transhistorique. Le difficile sionisme éthique de Levinas n'a ni la force ni la prétention de « convaincre », comme si les *logoi* ne pouvaient se rencontrer que dans la médiation d'une relation cognitive.

Nulle réponse donc, et nulle « idée » de paix, que l'on pourrait tirer d'un calcul de la raison. Nulle vérité : rien qu'une suggestion, que l'homme peut mettre en pratique sur les chemins inhabituels et « déraisonnables » où le sens se concentre dans l'humain, par exemple dans la

> « suggestion que la paix est un concept qui déborde la pensée purement politique »[58].

Suggestion de la paix : dissonance dans le verbe de guerre, mais qui résonne dans le rythme, serait-il ambigu, de l'allégorie de la politique, et qui apporte un nouveau contenu de signification dans les termes secrets d'une justice qui, en venant à l'idée de paix dans le destin d'Israël, fait de ce destin un désir éthique – et une suggestion politique – aussi im-puissant qu'universel.

---

57. En ce sens, la conclusion de la lecture talmudique dédiée aux villes-refuges est très significative : « Ce qui est promis à Jérusalem, c'est une humanité de la Thora. Elle aura pu surmonter les contradictions profondes des villes-refuges : humanité nouvelle meilleure qu'un Temple. Notre texte, parti des villes-refuges, nous rappelle ou nous enseigne que l'aspiration à Sion, que le sionisme, n'est pas un nationalisme ou un particularisme de plus ; qu'il n'est pas non plus simple recherche d'un refuge. Qu'il est l'espoir d'une science de la société et d'une société pleinement humaine. Et cela à Jérusalem, dans la Jérusalem terrestre, et non pas hors tout lieu, dans de pieuses pensées », ADV, p. 70.

58. ADV, p. 228.

Le messianisme dans la pensée d'Emmanuel Levinas

Une éthique du pro-nom

STÉPHANIE LAHACHE

> Le fait de ne pas se dérober à la charge qu'impose la
> souffrance des autres définit l'ipséité même. Toutes
> les personnes sont Messie.
>
> *Difficile Liberté*, « Textes messianiques ».

L'exposition du soi à son humanité le signifie à la distension insomniaque de sa responsabilité : incessible, inspirée, infinitive. Anarchique élection de l'homme par le Bien, cette humanité du sujet lévinassien, braise réveillée à son éveil dans le bouleversement de la rencontre du visage-*panim*, se tisse en renversement de toute égologie pour se révéler dans l'« un pour l'autre », dans « l'idée de l'Infini » en l'homme, dans le témoignage. Dans l'éthique pour l'autre homme. Et, affleurant entre les lettres de ces points systoliques de la pensée d'Emmanuel Levinas, c'est bien la messianicité qui ici s'ex-pose : clé de voûte d'une judaïque humanité, signifiance même des notions centrales d'élection et, bien sûr, de substitution.

Au cœur d'une pensée portant à la lumière grecque le souffle de la Tradition hébraïque, palpite le messianisme lévinassien, atteignant l'acmé de son éthiquement-dire dans cette notion de *substitution*. C'est ainsi que l'espérance messianique se dépouille, se libère, de l'ensorcelant espoir de la parousie d'un autre. C'est alors que la figure du Messie vient découvrir, exposer les traits d'un soi : de cette anarchique destinée d'un moi pronominé à l'éthique avant même son inaugurale position au nominatif de l'égo. Que soit dénudée l'insistance et frémit la chair, résonnant de l'infinie profondeur de l'élection de l'un à un lui sans même !

Car il ne s'agit pas d'un avènement messianique, mais bien d'un événement : celui d'une révélation de la singularité à son ipséité, dans une éthique prophétie, un kerygmatique « me voici ! » lancé à l'autre homme au cœur du bouleversement de la demeure. Annonce qui, déjà, appelle, assigne à l'accomplissement de la Création ainsi dévoilée dans la destination qu'elle ordonne à la singularité : celle d'une responsabilité universelle, sans possible assomption, en insoutenable et unique propriété du sujet éthique, humain.

Comment s'organise philosophiquement cette problématique d'un accomplissement de l'an-archique élection de l'homme à la gravité de sa spiritualité, à l'absence de tout ressaisissement en satisfaction identitaire, à sa présence à l'appel sans possible évasion ; élection au pour-l'autre ?

Impossible adhérence en-soi du sujet ; l'éthique lévinassienne est une éthique pro-nominale, celle d'un soi créé, inspiré, révélé et en perpétuel devoir d'« autrement qu'être », être Messie.

L'élection, une nomination à l'être-éthique : à l'« autrement qu'être »

La responsabilité de « l'un pour l'autre », incessible élection du soi à l'habitation de sa demeure par un visage qui lui assigne le bouleversement par-delà toute familiarité, cette élection est celle de la vie en tant qu'elle est humaine.

Dès l'originelle inspiration, dans cette originelle animation de l'homme, était posée la trame de l'« intrigue de l'Infini », qui choisissait cette créature afin qu'elle devienne : qui l'élisait à être l'unique disciple du Maître, à marcher toujours « *dans Ses voies* » (Deutéronome 11, 22).

L'élection remonte à la vie même, à sa possibilité d'être et de devenir humaine, de se voir tissée en temporalité inédite des paramètres catégoriaux, en détente inespérée de l'inaugurale claustration. Mais détente tendue jusqu'à trembler de nier la paradoxale sincérité de l'éthique.

C'est dans la rencontre du visage que s'expose l'élection : éclair dessillant de la proximité de la signifiance, rappel à une dette « *d'avant tout emprunt* » [1], venant signifier le départ du présent vers son « autrement qu'être »-là. Rappel depuis la diachronique matrice de la stance. Depuis cette diachronie qui ôte toute possibilité au soi d'accueillir dans une demeure qui soit encore sienne : dans un présent qui ne soit pas, *déjà*, lieu et temps de l'autre. Cet indéclinable vocatif s'embrase en provocation, bouleversant le *Dasein*, étirant les fils de sa position jusque dans leurs intimes inconsciences, enflammant le structural tissage de l'insistance pour en désensorceler les anarchiques braises. Il s'agit d'un départ, exilique projection dans un autrement que l'être-là, vers un à-venir en exclusive responsabilité du soi, dans un à-venir qui lui est pourtant toute extériorité : impossible conjugaison de la possession au futur, dépossession du temps sans pour autant néantir le soi dans son unicité, dans son anarchique responsabilité.

Réveil-dans l'interdiction du ressaisissement de l'intentionnalité, il grave les traits d'un être privé de sistance : d'être*té* d'un être sans rémission d'infinitif.

Le kerygme de l'éthique est ainsi chez Levinas cette extraordinaire consécration de l'un : en renversement de toute volition et de tout possessif d'intentionnalité. Il s'agit d'une enfreinte ; d'un langage supplantant l'inaugural logos et tissant, par l'exaltation (sans gré) de la singularité à sa tâche, la temporalité sans même du sujet, ipséité révélée à son élection par la trame de sa création.

Révélation en patience de ce soi assigné à un destin sans identité : au temps perturbateur de son intériorité, temps qui « *signifie ce toujours de la non-coïncidence, mais aussi ce toujours de la*

---

1.   Emmanuel Levinas. *Autrement qu'être ou au-delà de l'essence*, Ed. Nijhoff, La Haye 1974/Le livre de Poche, p. 175.

relation » [2], au sens de cette incapacité du présent à l'ultimité du plein acquittement de la dette ; tension toujours plus étirée jusqu'à ce que le soi se fasse – soit fait – fil tendu, tremblant et ténu, fil dénoué sans homéostase et ainsi sans possible repli. Cet effilement du soi en un présent sans rémission de son à-venir est cette temporalité sans même, don de soi à tisser un futur qui ne soit pas *sien*. Il semble qu'au soi lévinassien soit interdit jusqu'au repos de l'ombre, cette fraîcheur en-*propre*, par laquelle le corps jouit de sa corporéité même.

Le sujet de l'éthique est un soi sans même. Une singularité dont la corporéité se fait entière approche de la proximité, don en diachronie d'un lui-même et qui s'exige encore en responsabilité de voir l'autre enfin à l'abri de la tyrannie d'un moi-même. Une singularité révélée à la tension messianique qu'est la substitution pour l'autre homme. Réveillée dans sa chair, exposée à la sensibilité de son âme. Une singularité révélée à son « autrement qu'être ».

À sa non-indifférence.

À cette responsabilité prise à pleins poumons : implosant en ce *repons* gravé dans la chair de celui qui l'énonce – en prophétie – le centre gravitationnel du *Dasein*, brisant l'écorce magnétique de l'intentionnalité, celle-là même qui pourrait encore intimer le silence. Là où s'expose cette prophétique inspiration du *pour* ne peut plus être occultée l'assignation. Il est ici intéressant de mettre cette impossibilité de taire la prophétie en parallèle avec le texte que l'on trouve dans le traité Sanhedrin, 89a-b.

Responsabilité sans équivoque. Responsabilité de la religiosité d'un discours qui n'engage pas que l'éclat de l'ego, mais qui l'engage au-delà du contrat d'un engagement – la prophétie comme contraire d'une ego-logie. C'est la crainte de Dieu en crainte « pour l'autre homme », en sincérité du soi « débusqué sans dérobade possible » et excédé de son même au témoignage d'une Gloire qui le dénude des derniers oripeaux de sa nominative identité. C'est la messianicité du soi, en impossible assomption de son affection.

---

2.   E. Levinas. *Le temps et l'autre*, Ed. Fata Morgana 1979/PUF (1994), p. 10.

La tension de l'élection est ainsi tension de l'humain vers le non lieu de son humanité, *Dort-sein* de « l'un pour l'autre ». Et l'irrémissible « au-delà de l'essence » qui caractérise le rapport de la singularité humaine à cette signifiance, irrémissible exposition du soi à son intégrité, à sa sincérité, ne saurait évidemment s'épuiser dans l'impudeur d'une logie. Et si elle demande le dit, l'exige même, ce n'est que par la caresse du langage – *logos* ouvert à l'infini de sa prophétie – que l'humanité de l'homme consent à se laisser signifier : *infinitive*. En infinie approche du sens.

L'éthique, concrétude de l'élection confirmée dans un « me voici » ! s'interdisant le tiède murmure, réside déjà mais sans arché, en ces lettres qui tissent le nom d'homme, en cette humaine temporalité déployée dans l'éclatement des articulations de l'onto-logie. L'homme est un soi, pronominalement élu à cet accusatif avant même d'accéder à son nominatif : anarchique signifiance « latérale » avant d'être « littérale », transcendante avant de se signifier sans l'immanence du je et du patronyme. Et c'est cet intime tissage d'une provocation : tissé du fil de l'élection, qui rend impossible toute apostasie par le soi de sa non-identité, de son unicité (d'otage). Alors à l'autre homme il ne peut qu'ouvrir grande sa demeure afin de lui offrir un accueil dé-mesuré : *jusqu'à la substitution* de l'hôte *pour* son invité.

L'autre est le roi et le mendiant, la force et la vulnérabilité du visage qui assigne et demande. Judaïsme des hommes devant Dieu et pour l'humanité. Judaïsme de la tension, de la responsabilité im-médiate pour le prochain. Sans altruiste compromission. Le « pour » de l'éthique juive s'*incarne* dans l'exposition du sujet à sa destination. Dès lors,

« Qui est Messie ? »

Loin d'être un mythe rédempteur et consolant, le Messie est d'abord *messianicité* : tension à l'infinitif d'accomplir sa tâche. Le Messie est, dans l'œuvre de Levinas, cette singularité assignée à l'exposition de son unicité au cœur de l'insubstantialité de cet unique attribut revendicable par elle : *sa* messianicité. Le Messie est la singularité convoquée à l'ex-istence de sa propriété privée

– celle-là même qui ne peut s'appliquer à la terre. Le Messie est l'homme de l'accomplissement infini. L'homme du « me voici » dit et redit sans vacillement, l'ipséité réunissant en elle l'obéissance à la Loi et le gouvernement intérieur. « *Le Messie, c'est Moi, Être Moi, c'est être Messie* » conclut Levinas [3]. « Difficile liberté » de la singularité ! Difficile messianicité de sa destinée. La tension messianique est celle du « *réveil dans l'éveil* » [4] ; vigilance sans relève ni « état d'âme ». Parole donnée en un immémorial passé, parole à toujours confirmer.

La dignité messianique du langage

Comment, dès lors, dire, exprimer, ce qui est le moins thématisable : ce non-engagement – cet engagement sans volition – qui, par la force de cette négation de l'intentionnalité se mue d'emblée en inassumable positivité ; ce non-engagement : par-delà les mots et en deçà de son propre nom : cette promesse pro-nominale ?

Le langage se tisse comme l'une des problématiques centrales de la pensée lévinassienne. Et nombre de fois retrouvons-nous un souci de différencier le *logos* de la com-préhension et le langage de l'humanité de l'homme, le *logos* de la monstration et le langage de la mauvaise conscience : conscience tourmentée, sans cesse livrée à l'incessante déprise de son identité, conscience livrée sans délivrance, sans assomption de cette assignation.

Il s'agit de l'opposition de l'instant et du temps ; de la sécurité homéostasique dans la théorisation de l'altérité de l'autre et du risque encouru par un plus-que-conscient criant « me voici ! » avant même de savoir le contenu de la demande qui lui sera présentée. Avant même tout savoir. Avant tout savoir du même. En effet, dans le « me voici » de la maturité – réponse du fini à l'Infini –, monte, sacrifié à la vision prophétique du visage, un conceptuel savoir qui, dans son énoncé même, réduirait ce dernier à la séche-

---

3. E. Levinas. *Difficile liberté*, « Textes messianiques », p. 129.
4. E. Levinas. *De Dieu qui vient à l'idée*, Ed. Vrin 1982 et 1986 (poche : 1992), p. 60.

resse d'un signifiant (pour) suivi par une énumérative virgule.
Invocation et non évocation, le langage de l'humanité de l'homme
commence alors par cet extraordinaire renversement de la logique
hellénistique signifié par le «Nous ferons» et «Nous entendrons» :
inversion du logos grec en en gardant les termes (sans les conserver, les mettre à l'abri : sans les recueillir). Levinas souligne ces
«*principes que la Grèce ignorait*» [5] : l'irréductibilité de la vie
sous l'écrasement de l'onto-logie ; vie habitée, vie éthique, éthique
kerygme de l'être qui déjà s'excède dans la tâche qui lui incombe :
infinitif pro-jeté – par une divine élection d'avant toute possible
conjugaison – dans un «*autrement*», un au-delà qui est celui de
sa signifiance, déposée dans le (non) lieu de l'autre. En cette insaisissable altérité du prochain. En cette irréductibilité du «pour» à
un totalitarisme du *cogitatum*. Il s'agit de l'opposition du mythe
et de l'écriture...

C'est dans cette non indifférence que la singularité est faite
dimension humaine, espace et temps, inassumable distension
humaine entre le ciel et la terre, entre l'anarchie d'un passé et
l'inanticipabilité d'un futur qui ne sera jamais sien. La temporali-
lité de l'un s'y fait insomnie du présent en étirement de sa tension ;
patience, passion, substitution pour-l'autre homme. Rupture de
l'ensorcellement du *conatus essendi*, «halètement» ontologique
à l'habitation du fini par l'Infini qui le surexpose à sa Trace et lui
assigne une sincérité qui l'excarne, irrémissiblement. Car dans
l'impossible réduction de la diachronie séparant anarchiquement
la singularité du visage qui lui fait face, réduction à une rassurante
synchronie ; dans l'impossible ressaisissement de la non indifférence en une tiède mêmeté ; dans l'impossible démission du soi à
se faire don, pulsative signature, le présent du «me voici!» devient
d'emblée présent du non-engagement du soi pour le visage, présent
élancé, déjà irrattrapable, présent du «*pour*» : qui se glisse hors
de la substantialité singulière en emportant avec lui l'incarnation
qui s'y fait signe, sincérité. Le présent de l'éthique du soi se signi-

---

5. E. Levinas. *L'au-delà du verset*, «Assimilation et culture nouvelle», p. 234.

fie d'office et *sans possible rétention* en à-venir pour-l'altérité, de l'altérité : en don de la temporalité de l'existence, messianique tension du soi appelé, rappelé. Levinas nous (dé)dit la diachronie comme temporalité du sujet, comme *temporalité au-sujet*, temporalité de la relation non dialogique de l'Infini au sujet, temporalité de l'in-sujétissement [6].

La pureté du dire de l'éthique est ainsi tissage d'un vertical recevoir et d'un horizontal donner, tissage pour l'universalité, tissage d'un manteau pour l'autre homme. Et le témoignage de la sainteté : témoignage qu'est la sainteté, est témoignage à l'infinitif du fini : un devenir, un à-venir de l'être-pour-l'autre. Si Levinas nous dit la « *dignité prophétique du langage, capable de signifier toujours plus qu'il ne dit* » [7], il nous amène ainsi et également à une dignité *messianique* du langage de la proximité, de la responsabilité, de la patience d'une singularité alors faite témoin témoignant de la « *Gloire de l'Infini* ». Langage, dit à l'infinitif de la messianique tension qui l'habite. Dit qui est alors *dire*. Dire qui ne cesse de venir signifier l'exposition du soi au visage, de confirmer cette anarchique élection.

Langage *œuvrant* à son inassumable tâche de dire au-delà du *logos* : langage sans résidence-langage *puisque* sans résidence. Il témoigne du mystère, de la temporalité du temps comme temporalité diachronique de sa linéarité songée, et de l'être en devenir vers le lui sans même du Messie… annoncé par son existence même.

Langage pur, invocation de l'un par l'autre avant toute prime et indécente convocation du Tu à la synchronie du même. En lui, voyelles enflammant les consonnes sans jamais les consumer [8], ne cesse de s'exiger le « témoignage de la Gloire de l'Infini », ne cesse la prophétie inhérente au pro-nom même, à ce soi. Il semble que la gravité de la responsabilité incombant à la singularité soit encore plus évidemment décelable dans la langue hébraïque, dans laquelle

---

6. Rompant par ce préfixe avec le privatif de l'assujétissement, et dé-montrant par l'intrusion de ce *in* dans l'univers ontologique la possibilité d'une fécondité du temps. L'autre – l'Autre – dans le cœur du même.

7. E. Levinas. *L'au-delà du verset*, avant-propos, p. 7.

«soi» n'est même plus fait de trois lettres, solidaires substances matérielles assurant encore une terre ferme. En hébreu, le je désigné, assigné devient le *youd*, signe sans prise à la terre, entre le ciel et la terre. Signe sans jonction à la matérialité de la ligne tracée et sur quoi repose cependant la responsabilité universelle. Signe ne reposant que sur l'énigmatique blanc, il vient ordonner. En effet, il s'accole au mot dont il prend la charge et en termine l'écriture. Après soi, il n'y a pas d'autre à partager le fardeau. Le poids de la Création repose sur les épaules de ce tout petit signe, sans lieu d'appui, *sans insistance*. En outre, nous pouvons remarquer que le *youd* n'acquiert signification qu'en tant qu'il est au-mot, *pour-le-mot* ; au-mot mais seulement à sa fin. Humilité du *youd* ! Unicité endossant la responsabilité, il est la non-identité d'homme. Son «*incondition d'otage*».

Le messianisme et la substitution

L'Éternel vit qu'il s'approchait pour regarder ; alors Dieu l'appela du sein du buisson, disant : «Moïse ! Moïse !» Et il répondit : «Me voici.» (Exode 3, 4)

«*Hineni*», c'est l'Alliance confirmée à la manière d'un point qui s'ouvre, distendu, sur l'horizon de l'Infini, en dénouant le présent par la force de cette lettre, la plus petite de l'alphabet hébraïque : par ce petit *youd* qui recèle en lui toute la force du je, toute sa respiration : depuis la réponse *jusqu'à* l'appel de cette première personne du singulier. Dans ce point qui devient œuvre, le je cesse d'être pour-lui-même. Par le youd exposé au terme de ce dont il prend responsabilité et non propriété, priorité, se donne la parole humaine. Dans ce point dilaté par la responsabilité – poumon en défaut de capacité respiratoire ! se tisse l'intersubjectivité, la temporalité : la possibilité du Messie.

---

8. David Banon. *La lecture infinie, les voies de l'interprétation midrachique*. Ed. du Seuil 1987, en particulier le chapitre «Lecture et signification».

Le «*hineni*» est un cri; celui de la singulière tension vers son humanité, vers sa sensibilité, vers la signifiance de son nom et en ce nom : de son pro-nom. «Hineni» est un cri qui ne contient pas, le cri de la prophétie – promesse! – de l'excarnation. «Hineni» ne saurait contenir, ne saurait plus contenir. Il s'agit du «oui!» inconditionné à la diachronicité de la proximité comme unique relation possible à l'altérité, «oui!» à l'exil du moi. «Hineni» est à l'opposé du démonstratif de par l'ajout de ce qui vient signifier la possibilité de l'humanité du discours. «Hineni» est en défaut de son contenu; il est le «halètement» emporté vers sa destination, son exposition, son exil. Le nominatif s'y signifie déjà parole donnée : irrévocable départ vers l'irrémissibilité de l'éthique à l'instant même de cette affirmation. Il n'y a ainsi de nominatif du je qu'en tant qu'il se décline! Chez Levinas, la force de l'ipséité *provient* de sa messianicité. «*Le Messianisme n'est que cet apogée dans l'être qu'est la centralisation, la concentration ou la torsion sur soi – du Moi. Et, concrètement, cela signifie que chacun doit agir comme s'il était le Messie*[9].»

Le pronom est vocation et vocatif intérieur du nom, pronom qui vient agiter le nom depuis un anarchique au-delà : faisant fi de l'avant et de l'après de la conscience, pour se poser comme originalité, départ et arrivée de toute singulière signification; comme transcendance. Le je est ainsi invoqué par lui-«même» à la responsabilité. Invocation, convocation de l'intérieur, par la voix de ce qui se fait palpitant réceptacle de l'«idée de l'Infini». Le soi préexiste au je et l'assigne donc à son ex-sistance, dans cette hétéronomique autonomie, *l'éthique liberté*. Mais cette convocation rompant le cercle magique de la pause en «état d'âme» provient. Elle est *intrusion* dans la somnolence, réveil à l'éveil, réveil à l'inaugurale animation, réveil – par le visage infini – du pronom pris dans le nom. La liberté du sujet éthique *est* l'impossible assomption de son exposition, l'exigence de l'exil, l'assignation au don de la demeure. Éthique rupture de l'essence qui l'expulse vers son au-delà, ex-carnation

---

9.   E. Levinas. *Difficile liberté*, «Textes messianiques», p. 129-130.

pour vêtir de ce manteau la frissonnante nudité de l'altérité. Dans la pulsative patience de l'exposition, dans ce lieu et temps de l'autre homme : dans le *pour* de la responsabilité à laquelle s'est désigné le sujet lévinassien, se dénoue l'hypostase ; et se noue le fil tendu d'une messianique destination.

«*Cette rupture de l'identité* [en éthique] – *cette mue de l'être en signification, c'est-à-dire en substitution* – *est sa subjectivité du sujet ou sa sujétion à tout* – *sa susceptibilité, sa vulnérabilité, c'est-à-dire sa sensibilité*» [10], nous dit Levinas. Substitution immédiatement identifiée à l'expiation.

Dans la déconstruction – traumatique – de la position de l'être propre à l'ontologie rationaliste peut enfin s'offrir cette sincérité de l'être-homme. Elle déplace la première – dans l'interdiction du remplacement – dans la dimension d'un au-delà de l'ontologie, dans la «non essence» qui est celle de l'être-otage assigné à un rapport à-lui sans possible ressaisissement, assigné à une inassumable *proximité de lui-même.* Cette messianique distension de la singularité que fait témoigner le langage d'un être-touché, cette guise d'un don, d'une «extra-version», s'expose dans toute l'œuvre de Levinas : dans la notion centrale qu'est la *substitution*. Parce que la substitution, c'est l'agir du Messie! En tant que cet agir est passivité de la passivité, mise en otage du sujet qui n'a ainsi pas le choix de l'approche, de sa liberté : de l'exposition de son unicité à l'incandescence du pour-l'autre. La passivité de la passivité est cette impossibilité de la synchronie, de la synthèse : de la contemplation en «état d'âme». Il s'agit du redoublement de la patience – où l'Infini se passe – dans l'impossible récupération de la régularité du rythme de cette animation. La substitution, dans son impossible ressaisissement, *devient* (de par son ex-position de l'essence) l'accomplissement – inactuel – du prophétique «me voici». En effet, dans son incessibilité et son inassumabilité, elle dépossède le sujet lévinassien de l'horizon du débat : de l'entendu avant le faire. Vertige qui n'a pas le choix de sa hauteur, en devoir de cette

---

10. E. Levinas. *Autrement qu'être ou au-delà de l'essence*, p. 30.

hauteur même. La substitution, c'est l'agir du Messie : sa temporalité messianique, l'acte sans intentionnel ressaisissement : par lequel il accomplit la prophétie qui le désigne tel.

La substitution est expiation pour l'autre homme, sainteté accomplie (mais toujours en défaut) pour la paix. Mais l'altérité de l'éthique à la dialectique de l'être et du ne-pas-être – puisque la dette ne fut *jamais* contractée, ce qui la rend étrangère à toute correspondance à une quelconque *phénoménalité*, « autrement qu'être » ! – la rend irreprésentable, tension à jamais inactuelle, présent d'un étirement qui n'en finit de s'accomplir au futur. La rupture du *conatus essendi* signifiée à la singularité dans cette approche est à la fois incessible et inexigible de l'autre homme. La substitution est vocation du nominatif, terriblement exigeante : jusqu'à la fission ; terriblement anarchique : irrécusable sous peine de mauvaise foi, d'irreligiosité. Elle est fille de la mauvaise conscience, de cette arythmie compagne d'un passé du soi engendrant le présent de l'altérité, d'un présent qui détermine son futur et d'un futur qui réside en son lieu. La substitution est cette *« fécondité du temps »* entraînant le temps en temporalité : entraînant le temps en avance (non prédicative) sur sa linéarité onto-logique : en dé-position, en dépositaire de sa signifiance.

Voici donc une *éthique-pour*, et non pas une éthique-de. L'homme n'*est* donc jamais ; il ne cesse de faire promesse d'être, à chacune de ses respirations. A-temporelle tâche au sens d'un temps d'intentionnalité, et qui devient temporelle tâche dans le sens d'un temps inassumable : d'une temporalité tissée en diachronie. « A » comme le « non » de la non indifférence, ou quand la négation du ressaisissement (im-pensable privation du domaine privé !) est faite pleine positivité. « Humanisme de l'autre homme », humanisme *pour* l'autre homme. Humanisation. A-temporelle tâche d'être, perpétuelle inactualité de l'humanité. L'unique temporalité du sujet est (elle aussi) interdite de résidence. L'humanité est humanisation, effort infini vers le soi sans même de sa messianicité, sur une voie qui, provenant de Dieu, mène au prochain, et qui, du prochain, s'élève vers sa Source. Il n'y a pas chez Levinas de téléologie du soi. Il n'y a qu'un à venir de la subjectivité dont la seule alternative serait l'indifférence du moi pour le visage, surdité qui n'est même plus hésitation, mais qui, *déjà*, dessine la forme de l'in-humanité.

Le Messie n'est pas un autre que le soi dans l'œuvre de Levinas, et les temps messianiques commencent dès la pro-nomination – provocation au Bien ! – de la singularité à sa tâche d'humanité. Les temps messianiques sont au singulier. *Le temps messianique.* Et il est temps d'ex-istence, d'ex-sistance : temps d'exode du moi pour aller vers un soi à l'impossible même, à l'impossible identité. Temps de l'urgence. Temps de lecture et d'écoute, temps de l'engagement sans volition : temps d'agir-pour-l'autre dans cette récurrence de la passivité se muant alors en inassumable et éthique activité. Temps de la gravité du présent : temps à l'infinitif de la tâche. Temporalité.

« *Quand le Messie viendra-t-il ?* » Aujourd'hui même [11] !

Levinas nous parle de l'aujourd'hui messianique qui est aujourd'hui d'un présent du soi décliné d'office – dans cette incessible patience – comme à-venir de l'autre homme. Il nous parle d'un messianisme de la temporalité de la singularité, d'une singularité dans l'étirement du « à » de sa destination, du devenir de cette subjectivité en perpétuelle diachronie d'un elle-même. Il nous parle de cet aujourd'hui de la responsabilité qui, à l'instant de sa phénoménalité, appartient déjà à sa signifiance : s'échappant irrévocablement, dans l'interligne de ce visage habité et toujours au pluriel de son universalité.

---

11. Talmud de Babylone, traité Sanhédrin, 98b.

Ce qui ne peut être dit

Une lecture esthétique chez Emmanuel Levinas

En mémoire de Jacques Rolland

Ma lecture des écrits d'Emmanuel Levinas n'est ni érudite ni savante, ni en synchronie avec l'histoire de la philosophie. Elle est comme une intrusion, une manière de dette à l'endroit de celui qui m'amena progressivement, pendant de longues années, à écouter autrement la question de l'œuvre d'art et par glissements ostensibles de la musique. Paradoxe de cette écoute singulière dont je me garderai ici de faire la genèse, elle m'a été transmise par un philosophe qui n'a pas placé explicitement l'esthétique au centre de ses préoccupations, à l'exception de la littérature et de la poésie, qu'il aimait à désigner par l'expression « mes expériences préphilosophiques » ; et à l'exception d'un regard habité sur quelques artistes[1].

Cette lecture est prise dans l'ellipse de cette incessante attention qu'il portait à l'art, une proximité tout à la fois respectueuse et vigilante. Il lui fallait maintenir avec la question artistique un écart, un intervalle dans lequel on pouvait percevoir une inquiétude, peut-être même une méfiance identifiable à ses silences ou

---

1. Sosno et Atlan.

ses propos et écrit raréfiés. L'art musical représentait pour lui le domaine privilégié de son épouse Raïssa, pianiste, et de son fils, Michaël, pianiste et compositeur.

Toujours stupéfié, étonné, inquiet de me savoir liée intellectuellement à cette discipline, il me demandait souvent, comme un moment de vérification quasi philosophique, si je n'avais pas encore cédé à une forme de mélancolie dont est chargée la musique. J'entendais cette question comme le paradigme même de son inquiétude ; je l'entendais sur le ton de la plainte, une litanie spéculative qui me renvoyait à la précarité du discours, de son logos, de ses cadres normatifs, loin de ce que Hegel appelait les *Oh* et les *Ah* de l'âme.

L'écart auquel j'ai fait référence, la difficile articulation entre l'éthique et l'esthétique suppose une connaissance de l'une et de l'autre, mais aussi, et de façon plus paradoxale, le retrait de l'une par rapport à l'autre, la conscience d'une rupture, ou d'une césure comme acte de vigilance à la fois historique et critique. Il y aurait chez Levinas un ajournement de la question esthétique qui la rend indissociable de son œuvre, tendue vers un *ailleurs* selon son expression, dont je dirais qu'il est volontairement raréfié, pris à son tour dans l'ellipse dramatique de l'avant et de l'après Auschwitz.

Il n'est pas vrai, comme d'aucuns le pensent et parfois l'écrivent, que sa philosophie a résolument déserté l'art et l'esthétique. Il ne m'appartient pas de recenser quantitativement le nombre de ses écrits consacrés à cette question si névralgique, y compris dans le non dit, le non écrit et le non référencié. Trois de ses textes jettent un véritable anathème sur cette perception toute réductible : *La réalité et son ombre* [2] ; seize ans plus tard, en 1964, dans *La signification et le sens* [3], Levinas exprimera des affinités convergentes et divergentes avec Merleau-Ponty ; en 1974, dans *Autrement qu'être ou au-delà de l'essence*, il reprendra une réflexion laissée

---

2. Paru pour la première fois dans *Les Temps Modernes* en 1948.
3. Parue dans la *Revue de métaphysique et de morale* en 1964, puis repris ultérieurement dans *Humanisme de l'autre homme*, éd. Fata Morgana, Paris, 1974.

en suspens dans *La Réalité et son ombre*.

Levinas s'interroge sur la nature des liens entre langage et art, entre le philosophe et l'artiste, et plus encore, entre le philosophe et l'art ; il y aurait une autorité du dehors, l'œuvre, qui serait assimilable à un tiers doué de non parole, un tiers dépourvu de langage, ou plus exactement, un tiers dont la parole ne se joue dans aucun répondant, aucune adresse signifiante. D'où la méfiance à l'égard du discours sur ou autour de l'œuvre d'art. D'où la méfiance à l'égard de l'esthétique. Si, comme il l'entend dans *La réalité et son ombre*, l'art n'est pas un lieu d'engagement, au sens adornien du terme, mais de *dégagement*, au sens où il n'appelle pas de réplique ou de complément par le verbe, alors cette autorité du dehors sera toujours comme intouchable et intouchée par le regard qui la croise, ou la parole qui tente de s'en approcher. Levinas explique que l'art ne fait pas signe, « comme fait signe l'homme muet que je rencontre », écrit Guy Petitdemange, « dont le silence semble toujours annoncer l'orage ou le matin d'une parole possible »[4].

Cette conception de l'œuvre d'art est relativement classique. Idée que le propre de l'œuvre soit son achèvement ; œuvre comme totalité repliée sur elle-même, dont le sens coïncide avec la forme ; idéal hegelien, qui conduit à ce que Levinas exprime en raccourci par « plus un mot à ajouter, plus un mot à retrancher ». Comme si l'œuvre avait pour finalité de se déprendre du monde et de s'ériger en soliloque absolu, dont la précarité est telle qu'elle souligne incessamment sa défaillance au langage. Elle serait toujours en situation d'aveu et non pas de souveraineté.

Il semble bien aussi que cette conception soit le corollaire d'une critique sous-jacente à la philosophie esthétique de Levinas. Les théories esthétiques en vigueur jusqu'à la fin du XIXe siècle butent contre une difficulté principale : elles sont dans l'impossibilité de traiter de l'art en recourant à un système de catégories philosophiques qui par ailleurs dépendent traditionnellement des théories de la connaissance qui leur servent de présupposés. En ce sens,

---

4. Cf., « L'art, ombre de l'être ou voix vers l'autre ? un regard philosophique sur l'art d'Emmanuel Levinas », in *Revue d'Esthétique,* Jean-Michel Place, Paris.

Levinas rejoint Adorno : les grandes esthétiques philosophiques sont en concordance avec l'art tant qu'elles réduisent au concept son caractère d'évidente universalité. Le fait par exemple qu'un même esprit régnait en philosophie et en art permit à la philosophie de traiter d'une manière substantielle de l'art sans se livrer aux œuvres. D'où le fait que Levinas conclut l'ensemble de son propos sur l'art en 1948, par l'invocation du langage – du langage sur l'art, autrement dit, de la critique et de l'exégèse philosophique. Celles-ci indiquent d'emblée une prééminence du verbe sur l'image et par glissement de singularités, nous pourrions en déduire qu'elles soulignent en filigrane, et toujours dans le non dit, une prééminence du son sur l'image. À cette époque, Levinas, tout comme Adorno, condamne un art qui constituerait, selon lui, « dans un monde de l'initiative et de la responsabilité, une dimension d'évasion ». Pour le Adorno de la *Théorie esthétique*, tout le bonheur esthétique se réduit au plaisir de la dissonance : sensation négative, évoquant, sans l'admettre, le bonheur d'une réconciliation que l'art aujourd'hui s'interdit pour ne pas servir d'*apologie* du monde tel qu'il est. Par *aujourd'hui,* il faut comprendre dans le pressentiment et l'antichambre d'Auschwitz et de son lendemain sans appel. Un lendemain, dira Adorno, « qui ne répond pas à la question de savoir comment combler l'abîme entre la réalité actuelle de l'art et l'art comme promesse de bonheur ». Cet art qui ne répond pas ou ne répond plus est à relier avec celui de Levinas, parole fermée à toute réplique, à toute « interruption » par le discours.

De sorte que l'on est amené à se demander où est la singularité de l'art chez Levinas. Où réside *cette* singularité de l'ailleurs qui n'est ni l'évasion, ni la prise de pouvoir ? Que dit cette singularité et comment l'écouter, une fois écartée l'idée kantienne, entre l'indétermination du beau et l'idée esthétique qui rapproche l'art de la philosophie ; une fois écartée l'idée post kantienne que l'esthétique se doit d'aborder, à sa façon, les problèmes fondamentaux de la philosophie, et le cas échéant de leur apporter une solution ; une fois écartée la recherche du dépassement de la subjectivité par l'idéal d'une science du beau ou de l'art ; et une fois écartée la pratique esthétique comme interprétation de la succession des œuvres dites significations ou révélatrices par une philosophie de l'histoire ?

Chez Levinas, il n'y a aucune dimension d'appel propre à l'œuvre d'art, et surtout pas l'appel du beau, l'appel de la beauté ; catégorie esthétique par excellence. L'art, écrit-il dans « La réalité et son ombre », « c'est l'avènement même de l'obscurcissement, une tombée de la nuit, un envahissement de l'ombre ». Il serait un phénomène de reflux, la rencontre avec l'aphasie, le verbe muet. Qu'y a-t-il encore à dire après la chose artistique, après l'événement artistique ? Levinas rejoint Adorno. Comment faire de l'art après Auschwitz ? Comment écrire un poème ? Comment penser le beau, le représenter, le raconter, le traduire, le lire, l'écouter, le faire parler, chanter, sonner ? L'art est une expérience de la déprise et de la dépossession, ; dépossession de soi et dépossession de l'histoire. Exclusion du concept, et par conséquent, cessation du récit.

Je voudrais ici introduire une autre référence qui ne me paraît pas étrangère à cette sensibilité esthétique, à la fois radicale et tragique. Pour le Levinas de *La réalité et son ombre*, la souveraineté de l'art serait celle de la mort ; c'est le sans parole, le sans répondant, le sans émetteur, le sans récepteur. On peut en effet se demander si au-delà de la mort comme symptôme de la souveraineté de l'art, il n'y aurait pas une mort annoncée de l'art, ou du moins ajournée, jusqu'à *Autrement qu'*être, qui serait en définitive une mort annoncée ou/et du récit, de ce que l'art raconte, de ce qu'il nous raconte, plutôt que de ce qu'il *se raconte*.

Je voudrais évoquer un instant l'interprétation que Ricoeur fait du texte de Walter Benjamin, « Der Erzähler », paru sous le titre *Le Narrateur* dans *Walter Benjamin, Poésie et Révolution*[5]. Texte rédigé entre 1935 et 1940, traduit par Maurice de Gandillac, mais dont il existe une traduction française de Benjamin lui-même, qui avait été revue par un correcteur inconnu et remise en 1939 entre les mains d'Adrienne Monier. Benjamin exprime dans « Der Erzähler » la crainte que les hommes ressentent de vivre la fin d'une

---

5. Denoël, 1971.

ère où la place et la fonction du récit sont contestées, voire réduites à néant. Il explique comment tous les *narrateurs* ont puisé une expérience transmise de bouche en bouche ; et puis comment la mort est la sanction de tout ce que peut rapporter le narrateur[6]. Ricoeur relève la crainte de Benjamin au travers des commentaires sur la mort de Nicolas Leskov (né en 1831, mort en 1891) : «Et pourtant... et pourtant... peut-être faut-il malgré tout faire confiance à la demande de concordance qui structure aujourd'hui encore l'attente des lecteurs et croire que de nouvelle formes narratives que nous ne savons pas encore nommer sont déjà en train de naître, qui attesteront que la fonction narrative peut se métamorphoser mais non pas mourir. Car nous n'avons aucune idée de ce que serait une culture où l'on ne saurait plus ce que signifie raconter».

Le récit, comme laboratoire de formes, et de formes narratives mais également et essentiellement comme laboratoire du temps. Nous savons que pour Ricoeur la narration manifeste d'autant plus ses limites qu'elle ne parvient pas toujours à répliquer aux apories de la temporalité. Ce qu'exprime la situation intermédiaire du récit, entre le descriptif et le prescriptif, entre une phénoménologie ou une analytique et une éthique.

Le discours philosophique sur l'art est également chargé de médiations pour Levinas : c'est le rapport au temps. Un temps sans espace, un temps de fuite, «le temps au présent impossible», selon l'expression de Jean-Luc Nancy[7]. L'aporétique d'un temps en concordance, d'un temps coïncidant, provoque pour Levinas un ajournement du jugement esthétique ; ajournement grâce auquel le monde et la conscience accèdent à la dimension temporelle de l'œuvre.

L'art a tout à voir avec le temps ; avec l'autre temps, qui n'est pas, comme on pourrait le croire, une image d'éternité, mais son envers, son négatif : à savoir, le destin.

Ce que Levinas considère comme l'adversaire absolu, en deçà de toute parole ; destin auquel l'artiste est soumis et le jugement

---

6. *Temps et récit*, vol. II, Paris, Seuil, p. 48.
7. *Le poids d'une pensée*, 1992.

esthétique aussi. De même que dans la tragédie antique antérieure à Euripide, chez Eschyle notamment, le cours des événements et du récit, le cours des choses, le cours du monde, peuvent à tout moment être interrompus par l'irruption toujours fracassante du chœur, l'art installe une diachronie au cours même de la synchronie du récit, du monde et du temps ; et c'est pourquoi il n'éclaire en rien l'histoire ; et c'est pourquoi il est « dégagé », selon l'expression de Levinas, de toute lumière, de toute connaissance, de toute résistance et combat pour la liberté. Il est un lieu d'enchevêtrement et pour l'enchevêtrement. « Le commerce avec l'obscur », écrit Levinas, « comme événement ontologique totalement indépendant, ne décrit-il pas des catégories irréductibles à celles de la connaissance ? »

Ces dires et non dits s'appuient sur la manière dont s'effectue pour Levinas le travail propre à l'art ; le travail de l'art pourrait on suggérer, entraîne une rupture épistémologique permanente ; et le travail de l'art pour Levinas en 1948 est essentiellement producteur d'images :

> « Le procédé le plus élémentaire de l'art », écrit-il, « consiste à substituer à l'objet son image ».

Or, pour Levinas, l'image exclut le concept. On pourrait dire qu'avec le surgissement de l'image, le concept se fixe ; il devient une icône de la pensée et de l'activité philosophique. Levinas anticipe un horizon non verbal à venir. Ne pas céder à la mélancolie plaintive de l'art, à sa puissance d'obscurcissement, à celle de la musique en particulier car le prix à payer serait fatal : la perte de l'écoute, la perte de l'intellection essentielle des affects et de l'entendement. Ne pas céder au fameux et classique désintéressement de la vision artistique, car nous finirions par tomber dans la cécité ; dans la cécité à l'égard des concepts, et par conséquent, à l'égard du langage.

L'image est un lieu de représentation magique, mortuaire, elle marque une emprise sur nous, puisqu'elle éteint notre vigilance et nous retire l'initiative en nous retirant la parole. Critique de l'image, critique de la phénoménologie qui réduit l'image et méconnaît son opacité, car l'opacité est supposée par la ressemblance qui caractérise l'image. La ressemblance pour Levinas implique, ou du moins suppose, un arrêt de la pensée ; une cécité et une surdité de la pensée sur l'image, et donc une véritable opacité de celle-ci. D'où l'idée philosophique, mais également poétique, que la réalité, par le mouvement de la ressemblance, suscite secrètement ses propres images : « la réalité », écrit Levinas, « ne serait pas seulement ce qu'elle est, ce qu'elle se dévoile dans la vérité, mais aussi son double, son ombre, son image ».

Nous voici au carrefour si complexe et latent de l'art, du destin, de l'insécurité, ce que j'appelle l'effet de paganisme et d'idolâtrie intrinsèque à l'activité artistique. Est de l'art ce qui est en proie au destin. « Là encore », écrit Levinas, « il convient de rapprocher art et rêve : l'instant de la statue est le cauchemar ». On pense à la statue du commandeur dans *Don Juan* de Mozart. Est-elle une fiction, l'artefact d'une vérité, l'envers du concept ? Entrer dans le destin, c'est être représenté ; « mais », ajoute Levinas, « c'est précisément cela l'œuvre d'art, événement de l'obscurcissement de l'être parallèle à sa révélation, à sa vérité ».

Un point essentiel est soulevé dans *La réalité et son ombre* : la philosophie de l'art, l'esthétique, doit faire intervenir la relation à autrui, « sans laquelle l'être ne saurait être dit dans sa réalité, dans son temps », écrit Levinas.

La question de l'exégèse fera l'objet d'une analyse dans *Autrement qu'être*. L'art, l'œuvre d'art, picturale, musicale, ou poétique, fait résonner des propositions prédicatives, et l'esthétique, ou du moins l'exégèse, consiste à les écouter, à les entendre, à les déceler. L'esthétique serait alors une parole qui accompagne l'œuvre d'art, « non éliminable métalangue ».

« L'exégèse », écrit Levinas, « ne se plaque pas sur la résonance de l'essence dans l'œuvre d'art. La résonance de l'essence vibre à l'intérieur du dit de l'exégèse ». Dans *Autrement qu'être*, le langage est intérieur à l'œuvre d'art, sous une forme inattendue peut-être, mais prompte à accueillir la vibration de l'art. Est-ce une manière de chant ; la plainte qui ourdit le langage ? L'esthétique n'est plus un discours venu d'ailleurs, comme une parole étrangère à l'œuvre. Elle est une force d'actualisation. Elle rend explicite ce qui est implicite.

L'œuvre, non seulement sa représentation, sa plastique, son image, mais également son support, et je dirais, sa matérialité, se met à résonner de son essence, et, écrit Levinas, « à partir de l'art, ostension par excellence ».

L'art devient ici surtout un lieu d'insomnie philosophique, un lieu qui maintient en éveil le concept et l'empêche de tomber, d'être en chute dans le destin. « C'est la recherche de formes nouvelles dont vit tout art en éveil portant les verbes, sur le point de retomber en substantifs ».

Temporalisation de l'art par le verbe, et peut-être même narrativité de l'art par le verbe, y compris lorsque cet art se « produit comme contours », expression de Levinas, et « vaquent de leur vacuité de formes ».

Levinas avait une conception plutôt platonicienne de la musique ; de même que dans le *Banquet*, au moment où les protagonistes doivent s'accorder pour faire la vraie philosophie, on fait sortir le joueur de flûte ; celui qui incarne une présence de déshumanisation et de défigurisation par le simple fait que sa bouche est occupée à produire des sons et non pas à prononcer des paroles. La musique serait trop spectrale, comme si elle voulait avoir le dernier mot. Comme si elle l'avait. Avec Michaël, son fils, à ses côtés, et quelques autres compositeurs issus de la classe Messiaen, il vit naître un des principaux courants de la création musicale de la moitié du XXe siècle : le courant dit spectral. Il me semble que c'est cette identique spectralité là que Levinas a entendu dans *Nomos Alpha* de Iannis Xenakis, « le violoncelle qui violoncellise » est le paradigme même du temps de l'œuvre exprimée dans le matériau.

Le son serait un matériau du dit qui ne s'efface pas devant ce qu'il évoque. Plus encore, ce qu'il évoque cède la place à ce qu'il représente, et ce qu'il représente est sa pure matérialité. Tautologie de l'art qui consiste à maîtriser les procédures musicales au travers la matérialité de l'instrument, au travers ses fonctions vibratoires et résonantes qu'en musique on appelle des sons inharmoniques, et des partiels : autrement dit, le spectre du son. L'attaque du son est un effet de la réalité extérieure du musical. Ce qui résonne est son double ; ses vibrations infinitésimales plus éloquentes dans leur abstraction que la représentation acoustique purement formelle. La narration a glissé chez le narrateur.

Le lien avec Adorno est explicite. L'art vit dans et par son matériau, dont les exigences contrecarrent à l'avance toute institutionnalisation, toute tentative de réduction par le langage. Les concepts adorniens de modèle et de constellation, rebelles à toute fixation, sont également issus de l'expérience musicale. En ce sens, le rythme de la pensée chez Adorno reste indéniablement liée à son objet, à tel point qu'elle ne peut rendre compte que de la relation qu'elle entretient avec lui.

« L'idéal platonique serait de rendre superflu la justification de ce que l'on fait en le faisant. »

Je voudrais revenir sur la plainte. La plainte, et non pas la mélancolie plaintive que j'évoquais au début. À la différence du langage dont les mots tranchent parfois sans équivoque aucune, la musique ajourne le jugement, ajourne la décision, ou l'explication. Certes, le langage est la condition première de la plainte. Car au fond, si on lui donnait le langage, si on le lui prêtait, je ne suis pas loin de penser que c'est avec lui que l'œuvre d'art se plaindrait. Et de quoi se plaindrait-elle ? Sans doute du langage. D'où une extraordinaire avancée de Levinas qui, entre 1948 et 1974, joue ostensiblement d'une critique de l'œuvre d'art comme entité absolument autonome au langage, voire autoritaire et son appel, à une conception où l'œuvre est un arrachement ; arrachement au langage, et par conséquent, une émanation plus ou moins proche ou lointaine de la plainte. Toute plainte s'arrache. Le son s'arrache à la corde, la couleur à la toile, la poésie au mot. La plainte se tient au seuil du langage, là où le langage simultanément commence et finit ; là où se fait le sens. Ou plus exactement, là où il passe.

J'ai toujours entendu ce que dit Levinas comme ce moment névralgique du passage du sens, ce moment où le son par définition infralangagier et totalement dépourvu de sens fait entendre sa matérialité. Réflexion esthétique, réflexion sur le musical qui n'est pas, qui n'est plus l'expression de l'inexprimable, ou de l'ineffable, chère à Vladimir Jankélévitch, ou d'un ordre supérieur. Il n'est plus seulement cette force qui délie les subjectivités, cette représentation sensible d'un contenu insensible. Il est le musical, la vibration qui naît de l'interruption du sens, de l'arrachement au langage ; du renversement quasi dialectique des occurrences ; d'un contenu qui déborde le contenant et l'entraîne avec lui. De cela, il nous faut méditer.

Libres propos

ALEXANDRE DERCZANSKI

Pour évoquer la réception de Levinas en milieu juif, c'est plutôt de non-réception qu'il faudrait parler. C'est initialement par la communauté universitaire et plus particulièrement chrétienne qu'il s'est fait connaître, et non par sa propre communauté. Je ne parle pas seulement du Consistoire, mais également des traditionalistes, de ceux qui avaient des exigences intellectuelles en milieu juif-religieux. Tous l'ont certes croisé, à un moment ou à un autre, mais ils l'ont laissé au bord de la route. Et ils l'ont laissé au bord de la route parce que, au fond, c'est un midrachiste; ce n'est pas un maître de la halakha et, pour les religieux, il aurait fallu qu'il se mette à faire de la halakha. Or, je n'ai pas l'impression qu'il y était prédisposé; ce n'était pas son genre. C'était vraiment un homme profondément libéral au sens de l'ouverture de l'esprit. Par ailleurs, il faut se rappeler qu'il faisait du Rachi, qu'il faisait de la Bible – alors que les talmudistes, les halakhistes, au fond, ne font que citer la Bible d'après un commentaire de la Guémara, le *Toledot Aaron*, qui constitue un index des citations bibliques du texte talmudique. Alors que Levinas, du fait qu'il a fréquenté le gymnase hébraïque de Kovno où il a étudié la Bible comme on étudie Corneille ou Racine – où on lisait la Bible comme on lit un texte littéraire, et où l'on donnait à la littérature une dimension sacrée que lui accordaient les Juifs de stricte observance d'Europe occidentale mais surtout pas ceux d'Europe orientale – avait très fortement le sens du texte, du texte biblique, et comprenait le *fait du texte*. Dans la Bible, il voyait un texte qu'il fallait non seulement comprendre, mais aussi assumer et sentir. C'est d'ailleurs pour cela qu'il n'y a pas chez lui une très grande différence entre le mode de traitement d'un texte purement littéraire et d'un texte traditionnel (biblique ou talmudique).

Il faut se souvenir qu'une autre disciple juive de Husserl – lui-même converti au protestantisme – s'est convertie au catholicisme et est entrée au Carmel. C'était Edith Stein. Cela pour rappeler que, du fait de l'héritage du milieu familial, Levinas n'a jamais été tenté ni par le mysticisme ni par le christianisme. Si l'on peut parler de ce milieu – j'y reviendrai plus tard – en termes de «garde-fou», alors il faut dire que ce n'était pas un garde-fou à l'égard de la rationalité, mais bien en fonction de la santé intellectuelle et spirituelle. Et Levinas était un homme parfaitement sain. C'est d'ailleurs pour cela aussi que c'était un homme qui avait des lacunes. C'est ainsi qu'il n'a jamais cru devoir s'identifier ou admettre la validité du militantisme. De même n'a-t-il jamais eu le souci de la formation du peuple. En revanche, il ne faut pas négliger ce que d'aucuns négligent ou ne comprennent pas, je veux parler de son enseignement et de sa fonction directoriale à l'Ecole Normale Israélite Orientale qui ont constitué une véritable révolution pédagogique dans ce cadre puisqu'il a exigé de ses élèves une connaissance aussi parfaite des textes traditionnels que des textes de la littérature française et universelle. C'est l'influence de Jules Braunschvig, vice-président de l'Alliance Israélite Universelle, qui a provoqué une formation *complète* des maîtres des écoles de son réseau scolaire. Dans l'immédiat après-guerre, pour Levinas, cela impliquait une participation active à la reconstitution et à la reconstruction des structures intellectuelles et spirituelles du judaïsme français. Cette participation active ne s'est pas seulement vérifiée dans la direction de l'Ecole mais également dans le contexte des Colloques des intellectuels de langue française et, par l'entremise de Léon Algazi, il a su prendre une part active aux émissions radiophoniques «Écoute Israël». C'est ce qui a poussé Wladimir Rabi à définir ce faisceau d'activités comme constituant *l'école juive de Paris.*

J'évoquerai maintenant quelques personnalités juives qu'a fréquentées Levinas et qui l'ont marqué, certes à des degrés divers. Si l'on doit suivre un ordre chronologique, alors c'est bien de Jacob Gordin qu'il faut partir, puisqu'ils se sont rencontrés dès 1933 à Paris, où Gordin arrivait de Berlin, pour les raisons que l'on sait, et qu'ils ont collaboré aux *Recherches philosophiques*, véritable tribune philosophique de l'après-1933 à Paris. Or, il faut dire qu'il y avait chez Levinas de la déférence à l'égard de la démarche de Gordin, mais qu'il y avait aussi une fin de non-recevoir, parce qu'il y décelait un manque de pudeur. C'est qu'en fait, chez Gordin, il y a eu le recours – plus que le recours, l'identification – à la démarche kabbalistique, et c'est pourquoi il a eu une descendance, chez Léon Askénazi (Manitou) par exemple. Ce que les gens n'ont pas vu, c'est que Gordin était devenu kabbaliste. Or, dans son assimilation de la pensée allemande – il avait fait sa thèse sur le jugement infini chez Kant – tout ce qu'a représenté la phénoménologie pour Emmanuel Levinas était absent dans la démarche de Jacob Gordin. Et ce qui fait l'originalité de Levinas, c'est d'avoir assumé la démarche philosophique de Husserl, pas seulement avec les *Ideen* – dont il donna une analyse dès 1929 – mais en commençant par les *Recherches logiques* elles-mêmes. Par le fait qu'il avait été marqué par Husserl, il n'avait pas besoin d'avoir recours à la Kabbale – et Gordin s'est tourné vers la Kabbale parce qu'il n'avait pas lu Husserl. Il n'est que de voir ses petits articles dans les *Cahiers juifs* (récemment repris dans les *Écrits*, «Présence du judaïsme»), et par exemple son texte sur Maïmonide. On se rend très bien compte qu'il y a un monde entre Gordin et Spinoza. En cela, Levinas était d'accord avec lui pour émettre une fin de non-recevoir envers Spinoza. Encore faut-il savoir ce que cela veut dire. Chez Gordin, la fin de non-recevoir, cela tournait autour de Spinoza, mais la kabbale lui permettait de ne pas engager le débat avec lui. Tandis que, en ce qui concerne Levinas, Spinoza l'a accompagné toute sa vie. Il est beaucoup plus post-spinoziste qu'anti-spinoziste, alors que Gordin était résolument anti-spinoziste. Et c'est d'aillleurs pour cela qu'il a pu, ultérieurement, rencontrer Paul Ricœur : non seulement en raison de la phénoménologie, mais aussi de leur commun postspinozisme. Un dernier mot, puisque la question m'en a été posée. Ce n'est pas par Gordin que Levinas a eu initialement accès à Rosenzweig, mais par Marc Cohn, garçon issu du judaïsme de stricte observance, venu de Strasbourg à Paris pour faire des études de Bible, et où il avait découvert la critique historique. Mais, à la différence des orthodoxes pour qui la critique biblique est le comble de l'abomination, Marc Cohn avait pu, grâce à Rosenzweig, retrouver le chemin de la pratique. Après avoir été un brillant sujet au lycée puis à la faculté des Lettres de Strasbourg, il fonda à Paris le premier établissement d'enseignement secondaire juif, l'école Maïmonide. Mais le fait qu'il poursuivait des études bibliques amena après la guerre la fondation de l'école Yavné, explicitement contre lui, parce qu'il restait un Juif de stricte observance sous l'influence de l'œuvre de Franz Rosenzweig, tout autant philosophique que biblique. Dès la création de l'école Maïmonide en 1935, Levinas y a enseigné la philosophie. Dans l'après-guerre, il initia les élèves de «Maïmonide» à la pensée de Rosenzweig.

Marc Cohn était un ami d'enfance du Docteur Nerson, figure exceptionnelle du judaïsme strasbourgeois et parisien. Il réussit non seulement à faire de la nièce d'André Gide son épouse, mais une excellente Juive de stricte observance. Dans la foulée de la transplantation strasbourgeoise à Paris, Nerson emmena dans ses bagages un personnage exceptionnel, «M. Chouchani». C'est un produit des yeshivot lituaniennes de Jérusalem qui étaient le berceau naturel de la culture juive traditionnelle. Levinas, qui avait respiré ce que l'autre avait dû acquérir, a compris et a été marqué par l'éternité des yeshivot transfigurées par Jérusalem. La rencontre de Chouchani, dans les années qui suivirent la Shoah, permit à Levinas de découvrir la qualité de la réflexion lituanienne, comme Heidegger lui avait fait découvrir la référence à Aristote et à Kant. Cette rencontre, ce fut aussi, chose décisive, la prise en compte de la dimension réflexive du Talmud, qui lui permit d'envisager sa mise en parallèle avec la philosophie.

Il ne faudrait pas croire ni laisser dire que, chez Levinas, la présence d'un certain judaïsme aurait – à partir d'une certaine date, à déterminer (1933 ? 1946 ?) – élargi son horizon philosophique. Il faut bien plutôt affirmer : c'est Levinas qui a élargi l'horizon philosophique, ce n'est pas le fait juif qui l'a élargi. Il faut parler en termes de découverte des racines, de manifestation d'un enracinement, ce qui fait bien comprendre qu'il n'y a pas eu chez lui génération spontanée. On peut certes enregistrer l'impact de « 1933 » – et les textes sont là pour l'attester – tout autant que le tournant d'après-guerre – sans oublier cependant que l'apprentissage du Talmud fut accompagné par une relecture systématique de Hegel, doublée par la fréquentation assidue d'Eric Weil. Il ne faudrait pas pour autant oublier le fait lituanien dans la conscience juive – ni la conscience aiguë que Levinas en eut, même s'il faut ajouter que ce fut tardivement et, en un sens, rétrospectivement. Or, aujourd'hui, nous assistons à une mise sur orbite de la Lituanie juive, à laquelle Levinas lui-même n'aura pas véritablement assisté. Prenons un exemple. Dans les années soixante, l'*Encyclopaedia Universalis* commande à Levinas le chapeau de l'article « Judaïsme » dont Georges Vajda dresse le tableau. Dans ses conclusions, ce dernier affirme que le rayonnement du judaïsme, à la date de rédaction, privilégie le hassidisme. Il n'était alors pas le seul à le penser, comme le confirment les articles de la *Britannica.* Or il y a eu un renversement. Aujourd'hui, le « nec plus ultra » du fait juif, c'est « l'être-lituanien ». Dans les dernières années, on a assisté à l'étrange imprégnation du rayonnement du monde lituanien sur celui des Juifs d'Afrique du Nord et des Juifs orientaux. Il faut dire que, aussi bien le grand rabbin Ovadia Yossef que sa pâle copie Joseph Sitruk sont les produits de, ou ont été marqués par la spiritualité lituanienne. Il y a peu encore, on ne croyait pas qu'un tel événement fût possible, parce qu'on ne croyait pas que la Lituanie pût donner autre chose que des aristocrates. Or il s'est fait que c'est le style même du judaïsme de stricte observance qui, ces dernières années, s'identifie à la Lituanie. Levinas, quant à lui, « savait d'où il venait ». Il avait le sens de ses racines et exigeait une reconnaissance de la spiritualité de ce monde de la part des autres, mais il était quand même conscient de sa dimension minoritaire – alors qu'aujourd'hui c'est la juiverie ou le milieu juif le plus rayonnant.

Il faut bien faire ce constat, mais il faut aussi s'efforcer de définir ce «judaïsme lituanien». Puisque nous sommes français de culture et que nous savons que le jansénisme a marqué la chrétienté française, qu'elle forme la spiritualité de la chrétienté de ce pays – je m'avancerai jusqu'à dire que ce qui correspond aux jansénistes chez les chrétiens français, ce sont les Lituaniens – que le jansénisme des Juifs, c'est le «judaïsme lituanien». Caractérisé par le souci de la rigueur avant toutes choses. Disant cela, il ne faut pas oublier que, par pudeur, Emmanuel Levinas ne tenait pas à se mêler des spéculations kabbalistiques. On a dit : pudeur, rigueur. Cette dernière, chez les «Litvaks», jouait à tous les niveaux et ne connaissait pas de limite. On peut dire que, pour eux, c'était une façon de se placer derrière le Talmud – parce que c'étaient des gens qui ne voulaient pas mettre en avant leur propre aventure spirituelle. Il y a une discrétion fondamentale, et il ne faut jamais oublier que le sens premier de «discrétion», étymologiquement, c'est «jugement». Or, la qualité pédagogique du jansénisme français et l'exemple des Messieurs de Port-Royal correspond à la qualité pédagogique du Gaon de Vilna. En cela, Emmanuel Levinas était parfaitement français et Juif lituanien. Là, il n'y a pas d'ambiguïtés. Et la pudeur et la discrétion lui ont fait penser que l'athéisme était la *catharsis* même de la réflexion. Il faut toujours se souvenir que c'est ce qu'écrit Jean Lacroix dans son petit livre sur l'athéisme ; cela me paraît fondamental. Il faut situer l'athéisme comme partie intégrante de la spiritualité et non pas comme un autre monde par rapport à la tradition. D'aucuns voudraient certes montrer qu'il y a d'un côté le monde de l'athéisme et de l'autre celui des gens qui sont fidèles à la tradition, tradition spirituelle et culturelle. Or, chez Levinas, l'athéisme permet de jauger la valeur et la structure même de la spiritualité juive. C'était un homme qui avait le sens de l'authenticité, et l'authenticité implique que l'on assume l'humanisme (dont l'athéisme est une dimension) en le dépassant. Ce n'est pas pour rien qu'il a intitulé un de ses livres *Humanisme de l'Autre Homme*.

Pour finir, je voudrais, d'un mot, souligner le parallèle existant entre l'itinéraire de Levinas et celui de Paul Ricœur, parce qu'ils ont su l'un et l'autre l'ambiguïté fondamentale de leurs options philosophiques et religieuses comme éclairantes de la condition humaine tout court.

Propos recueillis par
Danielle Cohen-Levinas
et Jacques Rolland

Annexe

« Juive » n'est pas un attribut…

La signification de la notion de « philosophie juive »

Shmuel Trigano

Le problème essentiel que pose à notre compréhension la philosophie juive est un problème de définition. Si l'on voit bien en général ce qu'est la philosophie, on ne voit pas toujours immédiatement ce que peut être une philosophie « juive ». C'est l'adjectif qui fait problème dans cette expression, comme dans bien d'autres, un problème typiquement moderne. La modernité a représenté en effet une rupture pour l'existence juive : depuis l'Émancipation, l'identification des Juifs au judaïsme a perdu son évidence de sorte que le qualificatif de « juif » s'est appliqué à toutes les actions et pensées des Juifs (qui, eux, ne sont plus nécessairement proches du judaïsme). Les débats sans fin que nous connaissons sur le fait de savoir si l'œuvre d'un créateur d'*origine* juive est « juive » ou pas sont stériles. Comme il est évident que tout ce que font les Juifs n'est pas identifiable au judaïsme (car le judaïsme, s'il porte une grande pluralité d'options, n'est pas n'importe quoi), j'avais proposé il y a quelques années [1] un modèle de critères pour se repérer dans le domaine intellectuel, en distinguant entre la « pensée juive » (en rapport avec le judaïsme, c'est-à-dire, essentiellement, le texte sinaïtique. Par exemple : Maïmonide), la « pensée des Juifs » (productions intellectuelles des Juifs qui se reconnaissent

---

1. « Festival de la Culture juive », Émile Weiss (dir).

une appartenance historique et culturelle au peuple juif sans se reconnaître dans le judaïsme. Par exemple Moses Hess) et la « pensée de Juifs » (productions de penseurs d'origine juive qui n'ont d'intérêt, dans leur propre réflexion, ni pour le judaïsme ni pour le peuple juif, par exemple, Bergson).

Ce classement, qui a quelques côtés désagréables, n'a qu'une finalité clarificatrice mais le malaise n'est pas là où l'on croit. Il serait rationnellement absurde par exemple de rassembler dans la même catégorie de pensée juive la pensée du Maharal de Prague et celle de Karl Marx à moins que l'origine ethnique ne soit le critère de la judéité de la pensée, un piètre critère intellectuel. Il y aurait bien un autre moyen terminologique d'échapper à ce problème : c'est de qualifier de « judaïque » ce qui est en rapport avec le judaïsme comme système de pensée, de valeurs et de « juif » ce qui relève de l'origine ethnique. A mon sens, en l'occurrence, dans le domaine de la pensée, le terme de « judaïsme » ne dépend pas de l'origine ethnique ni ne réfère à un système dogmatique mais à un ordre de la pensée humaine et de la vérité : un ordre « noétique ». Il s'agit là d'un universel de la pensée porté par la Cité des Juifs ou certains de ses secteurs. C'est le cas de toute pensée. Au fait, pourquoi trouve-t-on normal de dire la « philosophie » tout court pour la philosophie grecque, née dans l'ethnicité (si hostile aux « barbares » comme on le sait) et le polythéisme grecs ? Comme le remarque Aristote, la philosophie est une sécrétion intellectuelle propre à la langue grecque... C'est le regard de l'Occident qui indexe la philosophie des Juifs à la judéité, à un supposé particularisme, comme pour l'exclure de son universel ethnocentrique. Les milieux philosophiques ont ainsi une tendance permanente à décréter que la philosophie juive n'existe pas ou qu'elle n'est qu'une forme adroite de l'apologie du judaïsme et donc une théologie militante, particulariste et certainement pas de la philosophie...

Reste le problème de savoir si la pensée de Juifs ou des Juifs a des accointances avec la pensée juive comme l'avancent ceux qui se livrent à de grandes prouesses herméneutiques pour montrer que Freud, Marx ou Bergson étaient déjà dans le Talmud. C'est possible, on constate souvent des convergences étonnantes, mais cela ne prouve pourtant rien car on ne peut rattacher une pensée (des Juifs ou de Juifs) à un ordre symbolique qu'elle a récusé dans sa théorie, à moins que l'on suppose qu'il existe une hérédité (biologique ?) de la pensée.

La philosophie juive n'est pas plus « particulariste » ni identitariste que la philosophie grecque. Son projet est justement de penser l'universel sans cesser de penser le singulier (c'est ce qui la différencie d'elle, en fait). C'est le premier philosophe juif, Philon d'Alexandrie (mort en 40 apr. J.-C.), qui a inventé l'universel, en opérant une synthèse de deux cultures, de deux ordres de pensée différents : la Grèce et Israël.

Si je me réfère à ces catégories, il ne fait donc aucun doute que la philosophie juive relève de la pensée « judaïque » car ses auteurs s'expriment au nom des idées et des valeurs du judaïsme (dans le sens large de ce terme) dont ils vantent l'exigence et l'excellence : Saadya Gaon, Maïmonide, Rosenzweig sont bien dans ce cas-là. Avec cependant une particularité : ils avancent en effet que la pensée du Sinaï est de même niveau, de même nature, de même vérité que celle d'Athènes : la philosophie.

C'est justement cette synthèse gréco-juive qui pousse certains Juifs à rejeter la philosophie juive comme une sortie hors du judaïsme. Certaines époques, chez les philosophes alexandrins, au début de l'ère chrétienne, chez les maïmonidiens espagnols, chez les philosophes d'après l'Émancipation, peuvent confirmer ce jugement. Mais ce furent des époques de décadence pour la philosophie juive, dont les grandes figures sont toujours restées dans le sillage de la Parole du Sinaï. Il faut cependant remarquer que toute grande époque intellectuelle de l'Occident a connu en parallèle une grande époque de la philosophie juive comme s'il fallait en quelque sorte une grande pensée à laquelle se mesurer pour que la philosophie juive se déploie. Si le judaïsme se sent alors obligé de se mesurer à une telle pensée, c'est la preuve qu'il porte en lui l'ambition de l'universel… En réalité, ces milieux juifs ne mettent en question l'adjectif « juif » que parce que leur conscience de l'universel, portée par la pensée du Sinaï, s'est affaiblie dans la modernité. Tant que les Juifs sont vivants et florissants, ils ne savent pas qu'ils sont «juifs»… Les philosophes juifs se croyaient ainsi tout simplement des philosophes…

À l'avantage de ceux qui excluent la philosophie juive du judaïsme, il faut cependant reconnaître qu'elle diffère effectivement grandement de la pensée nourrie aux sources de la tradition mais qui ne se soucie pas d'une synthèse avec la philosophie grecque. Elle n'en est pas moins «juive», pourtant, ou plutôt judaïque, dans le sens essentiel de ce terme. Dans *La Demeure oubliée*[2], j'ai tenté justement de rationaliser cette différence en montrant qu'il y avait deux modalités de la pensée judaïque : la «pensée juive» proprement dite et la «philosophie juive». La pensée du Gaon de Vilna ou des auteurs kabbalistiques, par exemple, relève du type de la «pensée juive». Le philosophe Yosef Albo ou Hasday Crescas relèvent de la «philosophie juive». Mais il y a des auteurs inclassables comme le Maharal de Prague ou Yehuda Halévi qui participent des deux genres, quoique en tendant davantage vers la «pensée juive».

Si l'on cherchait à définir rapidement le profil de ces deux types d'intelligence, nous dirions que la philosophie appréhende la vérité dans le cadre d'une dialectique du particulier et de l'universel, de la Tora et du logos, de la révélation et de la raison. Cela transparaît dans toute une herméneutique du texte biblique marquée par la dialectique de la lettre et de l'esprit, d'un dédoublement du sens donc, que le philosophe dépasse grâce à une problématique de l'allégorie. Le problème essentiel du philosophe est celui des anthropomorphismes auxquels le texte sinaïtique recourt pour décrire l'action de Dieu et de l'historicité de la cité juive (le pourquoi de l'élection d'Israël). Il choisit en général de les reconnaître par la voie négative (par défaut d'une positivité possible) et non par la voie positive. La «pensée juive», quant à elle, suit une tout autre problématique, non plus dédoublée mais unifiée : la vérité est abordée dans son unicité et sa transparence. Ainsi ne se pose-t-elle pas

---

2.   «La demeure oubliée, genèse religieuse du politique» Gallimard, Tel, 1994.

la question des anthropomorphismes et de l'historicité et aborde-t-elle le texte dans sa translittéralité, dans une perspective où l'écrit est spontanément «lecture» (*miqra*, la lecture, désigne en hébreu ce que nous appelons l'«Écriture») et où l'«écoute» (*mishma*, l'auditif, dans la langue talmudique) désigne ce que nous qualifions de «littéral».

Si l'on met en parallèle la «pensée juive» et la «philosophie juive», on est ainsi conduit à voir la qualification «juive» adjointe au terme «philosophie» autrement que comme un adjectif qualificatif mais comme une caractéristique intrinsèque de cette modalité du penser juif, aussi «juive» que la «pensée juive» et pas moins philosophique que la philosophie grecque. En d'autres termes, «juive» ne renvoie pas à une identité mais à un univers de pensée et de culture qui peut s'exprimer dans différentes langues (au carrefour de quatre langues, comme nous le montre l'histoire : grec, arabe, allemand et français) car la philosophie juive ne s'est jamais écrite en hébreu, autre signe de son universalité, bien que le texte hébraïque de la Bible soit au centre de son investigation. C'est comme si, implicitement, l'hébreu était caché au cœur des autres langues… Pour souligner ce fait, j'ai proposé d'écrire dorénavant «philosophie-juive» pour montrer que «juive» n'est pas un prédicat délimitant la philosophie mais fait corps avec le philosopher.

Table des matières

En situation

Annexe

Dans la même collection

- *Morale juive et morale chrétienne*
  Élie Benamozegh

- *Pour une historiographie de la Shoah*
  Dan Michman

Achevé d'imprimer en novembre 2002
sur les presses de la Nouvelle Imprimerie Laballery
58500 Clamecy
Dépôt légal : novembre 2002
Numéro d'impression : 210178

Imprimé en France